L'intégralité de votre livre accessible en ligne

avec une simple connexion Internet !

OFFERT
LIVRE EN LIGNE

+ Des outils utiles et intuitifs :

- sommaire interactif
- surlignage en couleurs
- notes personnelles et marque-page.

W0376155

Pour ACTIVER votre livre en ligne

- Rendez-vous sur www.nathan.fr/livre-en-ligne .
- Créez un compte Nathan en suivant les indications en ligne
  OU connectez-vous simplement avec vos identifiant et mot de passe Facebook si vous disposez déjà d'un compte Facebook.
- Cliquez sur « Activer un livre », saisissez votre clé d'activation personnelle puis le mot du livre qui vous sera demandé.

Votre clé d'activation personnelle :

8SL3US-MQD-B24G

Pour toute CONNEXION ULTÉRIEURE

Connectez-vous sur www.nathan.fr/livre-en-ligne avec vos identifiants Nathan OU Facebook.

IMPORTANT

Votre clé d'activation est unique et personnelle : une fois utilisée, elle ne sera plus valide. Elle offre un accès de 24 mois à compter de la date d'activation. Elle est réservée à un seul utilisateur et ne peut être partagée.

Configuration minimale requise : Internet Explorer 8, Mozilla Firefox 3.4, Chrome, Safari, Opera toutes versions.
Retrouvez les conditions générales d'utilisation sur www.nathan.fr/livre-en-ligne.

Nathan

Bac STMG RH et communication 978-2-09-165107-1

BAC STMG

Réflexe
Terminale

Ressources humaines et Communication

Toutes les matières

Les fiches « Je gère mon BAC »
Jean-Louis CARNAT
Jean-Luc DIANOUX
Muriel DOREMBUS
Anne-Sophie GROSSEMY
Mathilde IROLLO

Ressources humaines et Communication
Aure BONNET-NAVARRO
Anne-Sophie GROSSEMY
Corinne SALAUN
Anne VÉRÉ

Économie
Nancy BARANÈS
Olivia LENORMAND

Droit
Patrick MERCATI

Management des organisations
Patrice GILLET
Xavier LE VEN

Mathématiques
Jean-Luc DIANOUX
Muriel DOREMBUS

Anglais
Claire DELAROCQUE
Marie-Hélène FOUGERON

Espagnol
Soledad SAN MIGUEL
Martine TEILLARD

Histoire - Géographie
Jean-Louis CARNAT

Philosophie
Mathilde IROLLO

Nathan

Crédit photographique

p. 296 : établissements d'enseignement français à l'étranger

Édition : Aude Benkaki, Julie Besné, Clarisse Léon
Fabrication : Maria Pauliat
Coordination artistique : Évelyn Audureau
Couverture : Vincent Rioult
Maquette intérieure : Graph'm : Aude Paradis/Évelyn Audureau
Composition : Nord Compo
Cartographie : Légendes cartographie

Nathan – 25 avenue Pierre de Coubertin – 75013 Paris – 2018
ISBN : 978-2-09-165107-1

Sommaire

Je gère mon bac

RESSOURCES HUMAINES ET COMMUNICATION

Savoirs

ÉCONOMIE

Savoirs

Sommaire

DROIT

Savoirs

MANAGEMENT DES ORGANISATIONS

Savoirs

MATHÉMATIQUES

Savoirs

Sommaire

ANGLAIS

Savoirs

ESPAGNOL

Savoirs

HISTOIRE-GÉOGRAPHIE

Savoirs Histoire

Sommaire

PHILOSOPHIE

Les épreuves de Terminale

Intitulé de l'épreuve	Nature de l'épreuve	Coefficient	Durée	Dates de mes épreuves
Sciences de gestion, spécialité Ressources humaines et Communication	Écrite	6	4 h	
	Pratique : • Conduite du projet (CCA, sur 12 points)	6	–	
	• Soutenance du projet (sur 8 points)		20 min	
Économie-Droit	Écrite	5	3 h	
Management des organisations	Écrite	5	3 h	
LV1	Écrite (50 % de la note)	3	2 h	
	Orale : • Compréhension (CCA, 25 % de la note)		–	
	• Expression (CCA, 25 % de la note)		–	
LV2	Écrite (50 % de la note)	2	2 h	
	Orale : • Compréhension (CCA, 25 % de la note)		–	
	• Expression (CCA, 25 % de la note)			
Histoire-Géographie	Écrite	2	2 h 30	
Mathématiques	Écrite	3	3 h	
Philosophie	Écrite	2	4 h	
EPS	CCA	2	–	

CCA : contrôle en cours d'année

Comment organiser votre année ?

Installez une dynamique de travail

Il est important de travailler dès le début de l'année, et ce, très régulièrement. Cela signifie qu'il faut travailler un peu tous les soirs – et de manière plus importante le week-end – dans un endroit calme, en éliminant toute source de distraction (votre téléphone portable par exemple). Cela vous permettra de vous mettre dans une dynamique de travail jusqu'au bac.

Révisez

Il est indispensable de réviser régulièrement vos cours. Pour cela, les fiches Savoirs de cet ouvrage seront vos plus fidèles alliées ! En effet, suffisamment détaillées, ces fiches vous donnent l'essentiel du cours ainsi qu'un plan facilitant l'apprentissage des notions. Insistez particulièrement sur les notions qui figurent dans la rubrique mots-clés à la fin de chaque fiche. Ce travail doit se faire tout au long de l'année, au fur et à mesure de l'avancement des chapitres dans les différentes matières.

Rangez vos cours

Vous devez être très vigilant quant au classement de vos cours. En effet, rien de plus stressant que de découvrir quelques jours avant l'examen qu'il vous manque un chapitre ! Rassurez-vous, les fiches présentes dans cet ouvrage vous aideront là encore à structurer votre rangement. S'il vous manque un chapitre dans une matière, vous avez de toute façon en votre possession la fiche de révision correspondante. Petit conseil : n'hésitez pas à y ajouter des exercices faits en classe, des corrections de sujets, des articles de presse…

Fixez-vous un planning de révision

Planifier vos révisions est indispensable, car l'année va défiler à toute allure… Commencez dès le début de la terminale pour bien revoir les contenus de première. Pour que votre travail de révision porte ses fruits, il vaut mieux prévoir un planning alternant matières technologiques (éco-droit, management et spécialité) et matières générales. En période de vacances, vous disposerez de plus grandes plages horaires pour travailler. Pour cela, inutile de passer une journée entière sur une matière, cela serait totalement contre-productif ! Il est plus judicieux d'alterner des séquences de deux heures, en faisant tourner les matières. Et cochez les cases de l'encadré « Lu, su, revu » au fur et à mesure pour savoir où vous en êtes.

Entraînez-vous

Enfin, une bonne préparation au bac repose sur un entraînement régulier. Vous devez soigner la préparation de chacune des évaluations auxquelles vous serez soumis(e) pendant l'année. Plus important encore, vous devez être très à l'écoute des éléments de correction fournis par vos enseignants. La clé de la réussite réside dans une écoute attentive et une prise en note rigoureuse des corrections. Durant celles-ci, vos professeurs prodiguent des conseils essentiels pour progresser. Pour consolider vos acquis, cet ouvrage vous propose des exercices complémentaires, les corrigés vous aidant à faire le point sur vos acquis !

Construisez votre orientation

Bien sûr, votre travail de préparation au bac est essentiel et sera très intense, mais il ne faut pas perdre de vue qu'après le bac, vous allez continuer vos études ! S'informer, se rendre à des portes ouvertes, contacter d'anciens élèves, des professionnels, poser des questions autour de vous… sont autant de pistes à explorer. Attention, vous n'avez pas toute l'année devant vous puisque vous aurez des délais à respecter pour enregistrer vos vœux sur l'application Parcoursup.

Comment préparer votre orientation post-bac ?

« Parcoursup », c'est quoi ? !

C'est une plateforme internet mise en place afin de rendre plus faciles et efficaces vos démarches de pré-inscription dans l'enseignement supérieur. Elle remplace la plateforme APB.

La poursuite d'études après une terminale STMG

DSCG Diplôme supérieur de Comptabilité et de Gestion		Master 2	GRANDES ÉCOLES
		Master 1	
DCG Diplôme de Comptabilité et de Gestion	Licence professionnelle	Licence 3	
	BTS ou DUT 2	Licence 2	CGPE classe préparatoire aux grandes écoles
	BTS ou DUT 1	Licence 1	

Terminale STMG

Vous êtes attiré(e) par des études courtes ?

Le BTS

Les études en BTS durent deux années. Elles se déroulent au sein d'un lycée. Ce type de formation vous permet de bénéficier d'un bon encadrement et d'un suivi similaire à celui que vous avez connu pendant vos années au lycée.

À vocation professionnelle, ce type d'études vous permet d'acquérir les compétences nécessaires à l'exercice d'un métier, notamment grâce à des cours théoriques et périodes assez longues de stages. Intégrer un BTS permet donc de s'insérer rapidement dans la vie active. Toutefois, si vous avez envie de continuer vos études, vous aurez la possibilité, une fois le diplôme en poche, d'accéder à une licence professionnelle (en gestion, marketing… en 1 an) !

Exemples de formations : Support à l'action managériale, Gestion de la PME, Négociation et digitalisation de la relation client, Comptabilité et gestion, Manageur commercial opérationnel, Commerce international…

Taux de réussite : environ 77 % pour les bacheliers technologiques.

Le DUT

Les études en DUT durent deux années et se déroulent au sein d'un Institut Universitaire de Technologie.

Les études en DUT sont plus généralistes qu'en BTS. Elles permettent de poursuivre ses études, que ce soit en licence professionnelle ou en école de commerce, mais il est aussi possible de s'insérer dans la vie active après l'obtention du diplôme. L'IUT permet de bénéficier des avantages de l'université comme l'accès à la bibliothèque universitaire, par exemple, tout en bénéficiant d'un encadrement plus important que celui accordé à un étudiant qui poursuit des études « classiques » à la fac : en particulier sous la forme de projets tutorés. D'ailleurs, cette formation s'articule autour de cours magistraux, de travaux dirigés (TD) et de travaux pratiques (TP).

Exemples de formations : Carrières juridiques, Techniques de commercialisation, Gestion des entreprises et des administrations (options : ressources humaines / gestion comptable et financière / gestion et management des organisations / Information et communication)…

Taux de réussite : 60 à 65 % pour les bacheliers technologiques.

Vous êtes attiré(e) par des études longues ?

Suivre des études à l'université

Articulé autour de cours en amphithéâtre (pas forcément obligatoires) et de TD en groupes lus restreints, ce type d'études requiert de votre part un fort niveau d'autonomie et de responsabilisation. En effet, personne ne vous dira à quel moment faire votre travail ! Il faut donc être particulièrement motivé pour envisager de poursuivre ses études à la fac !

Autre élément important à prendre en considération : il vous faudra rattraper tout ce que vous n'avez pas acquis au lycée, notamment sur le plan des méthodes : dissertation... Il s'agit donc d'une poursuite d'études à envisager avec précaution si on est un élève moyen en STMG.

Exemples de formations : licence AES (administration économique et sociale), licence de sciences économiques, licence de droit...

Taux de réussite : faible d'une manière générale, environ 9 % en droit, 5 % en économie.

Suivre des études en classe préparatoire

Il existe une classe préparatoire réservée aux bacheliers technologiques : la prépa ECT (économique et commerciale, voie technologique). Ce type de formation vous permet de bénéficier d'un très fort encadrement et d'une remise à niveau dans les disciplines générales tout en continuant votre découverte des matières technologiques comme le droit, l'économie et la gestion.

Le rythme de ces études est particulièrement intense : devoirs à rendre toutes les semaines et interrogations orales (appelées « colles » dans le jargon des classes prépa).

Soif d'apprendre, capacité de travail, curiosité intellectuelle seront des atouts pour entreprendre ces études exigeantes qui vous préparent aux concours d'entrée des écoles de commerce. Les chances d'intégrer ce type d'école après avoir suivi une classe prépa ECT sont très fortes puisque que quasiment tous les élèves arrivent à décrocher une place en école de commerce !

Les conseils pour réussir son orientation

S'y prendre très tôt

En principe, vous aurez démarré votre réflexion sur l'orientation dès la seconde. Réfléchir tôt est l'un des gages de réussite de votre orientation.

Se renseigner

Les journées portes ouvertes ou les salons de l'étudiant sont le meilleur moyen pour récupérer un maximum d'informations et décider ainsi de son orientation en toute connaissance de cause.

Rencontrer le conseiller d'orientation

Un rendez-vous (ou plusieurs) vous permet de découvrir quels métiers et donc formations pourraient le mieux vous correspondre.

Participer à des dispositifs de bancs d'essai ou de tutorat

Certaines écoles ou universités, voire certaines classes prépas, organisent des bancs d'essai vous permettant d'aller vivre une journée de cours dans ces formations. De plus en plus d'universités développent des systèmes de tutorat qui permettent de faire « parrainer » un élève de terminale par l'un de leurs étudiants. Renseignez-vous auprès de votre lycée !

Le calendrier de l'admission post-bac

Inscription et saisie des vœux (10 maximum)
Janvier-mars pour toutes les formations

↓

Examen des vœux en conseil de classe
Mars

↓

Transmission des dossiers aux établissements demandés
Avril-mai

↓

Notification aux candidats par les établissements destinataires de la réponse à leur(s) dossier(s) de candidature
Mai-septembre

↓

Phases d'admission (consultation et réponse des candidats)
Mai-septembre (avec pause mi-juin)

La réponse aux propositions d'orientation

Vous recevrez une réponse des établissements sollicités pour chacun de vos vœux, mais pas forcément en même temps.

Pour que vous puissiez affiner vos choix et en même temps pour ne pas bloquer les places que d'autres attendraient, vous aurez un temps limité pour choisir si deux de vos vœux reçoivent un « oui ». Il vous sera alors demandé de renoncer à l'un des deux, mais cela n'aura pas d'impact sur les vœux pour lesquels vous n'avez pas encore reçu de réponse.

Ce flux d'échanges entre les établissements et vous pourra se dérouler de mai à septembre, avec une pause toutefois au moment des épreuves du bac.

Que faire si vos choix sont refusés ?

Si malgré les avis du conseil de classe et de l'établissement concerné, vous souhaitez absolument vous inscrire en licence, vous pourrez le faire. Il est probable que l'on vous demande alors de suivre des modules de mise à niveau.

Que faire si votre choix ne vous convient pas ?

Les différents cas	Que faire ?	Comment faire ?
Je suis en fac : cours trop abstraits, trop éloignés du monde professionnel, besoin d'être davantage encadré, difficulté à suivre…	S'orienter en DUT ou en BTS.	S'adresser au SCUIO (Service Commun Universitaire d'Information et d'Orientation) pour savoir s'il y a des accords et des passerelles vers certains DUT ou BTS. – La **rentrée accélérée en DUT** est possible s'il existe un dispositif de passerelle licence/IUT. – Pour le BTS, il vous faudra rattraper de manière autonome les cours que vous n'avez pas suivis. – Si aucune de ces possibilités n'existe, contactez les IUT proposant des **rentrées décalées en février.**
La licence choisie ne me plaît pas.	Intégrer une autre licence dans une autre filière universitaire.	Renseignez-vous auprès de l'université que vous voulez rejoindre pour savoir si elle gère les situations de réorientation. Si tel est le cas, consultez le site de l'université pour connaître la procédure à suivre.
Je suis en BTS et la formation ne me convient pas.	Changer de spécialité.	Contactez le conseiller d'orientation de votre établissement, il pourra vous conseiller utilement et voir s'il reste des places dans d'autres spécialités.
	Changer d'orientation.	La rentrée universitaire se faisant en octobre, il est encore temps de s'inscrire à l'université. Vous pouvez également tenter une rentrée en décalé en IUT.
Je suis en prépa, c'est trop difficile.	Se réorienter vers un premier semestre de licence.	Renseignez-vous auprès de l'administration de votre établissement car certaines classes prépas ont un partenariat avec l'université et proposent des inscriptions en cumulatif (vous êtes inscrit(e) en fait aux deux cursus). Vos démarches administratives s'en trouvent simplifiées !
	Attendre la fin de l'année.	Vous disposerez de 60 crédits ECTS (*European Credit Transfer and Accumulation System*) pour vous réorienter en L2. Votre candidature sera examinée par une commission composée des responsables de la classe prépa et de l'université.

Les ressources humaines et la communication

LA DISCIPLINE

Les objectifs de la discipline

L'idée est de vous donner des clés pour comprendre la façon dont les organisations prennent en compte leurs salariés et interagissent avec eux, en étudiant 4 grands thèmes :

- la mobilisation et la motivation ;
- les compétences et le potentiel ;
- la cohésion et les conflits ;
- la coordination et la coopération.

Pour gérer (ou mieux gérer) leurs ressources humaines et pour être en relations avec elles, les organisations mettent en place des dispositifs et des actions. Ce sont ces actions que vous allez découvrir en cours et grâce aux cas étudiés pendant l'année. Vous vous rendrez compte que certaines n'atteignent pas forcément leur objectif et vous apprendrez à comprendre pourquoi. Avec un peu de sens de l'observation, un bon esprit d'analyse mais aussi du sens critique, vous serez tout à fait à l'aise dans cette discipline !

La boîte à outils de la discipline

Maîtrisez le vocabulaire des RH et de la communication

Un certain nombre de concepts clés sont incontournables : vous devez donc en apprendre (par cœur) les définitions. Aidez-vous pour cela des mots-clés listés à la fin de chaque fiche Savoir : ces notions sont au centre des différents chapitres étudiés dans l'année. Vous en trouverez toutes les définitions dans le lexique.

Répondez aux questions de gestion

Dans chacun des 4 thèmes sont étudiées 3 ou 4 questions de gestion qui illustrent des problématiques auxquelles sont confrontées la plupart des organisations. Vous devez être capable de fournir une réponse argumentée à ces questions.
Par exemple, pour le thème cohésion/conflits, vous devez pouvoir construire une réponse à la question « En quoi la dynamique d'un groupe peut-elle construire sa cohésion ? ». Répondre à cette question de gestion suppose :
1. de connaître avec précision les définitions des notions de cohésion et de dynamique de groupe (d'où l'importance de maîtriser le vocabulaire !) ;
2. d'être en mesure de trouver et de rédiger des arguments qui apportent une réponse à la question.

Analysez les supports

Vous apprendrez à réfléchir à partir des différents supports qui vous sont proposés afin de répondre aux questions des études de cas. Là encore, vous ne serez capable d'analyser les documents que si vous maîtrisez parfaitement les notions !
Analyser les documents c'est en prendre connaissance, puis en tirer les apports essentiels, et enfin reformuler ces apports pour construire votre réponse.

Soyez force de proposition

Lors des différentes épreuves liées à cette matière, vous devrez proposer des solutions en vous inspirant des exemples découverts en cours ou observés autour de vous. Restez à l'affût de l'actualité du monde des entreprises ! Une entreprise de votre région s'est fait connaître pour son action en matière d'écologie ? Voilà un bon exemple à utiliser pour proposer des pistes d'actions qu'une entreprise pourrait mettre en œuvre.

L'ÉPREUVE ÉCRITE

Le format de l'épreuve et ses objectifs

Durée : **4 heures** – Coefficient : **6**

– **Partie opérationnelle** : étude d'un cas (3/4 de la note finale).
– **Partie rédactionnelle** : réflexion sur une question de gestion de terminale (1/4 de la note).

Que faire pour se préparer avant l'épreuve ?

Révisez le programme de première en sciences de gestion

Les épreuves valident également votre maîtrise du programme de première. Révisez donc les notions en relisant vos cours ou en travaillant avec le *Réflexe Toutes les matières en fiches – 1re STMG*. Insistez plus sur les thèmes 1 et 2, et sur la question « Qu'est-ce qu'une organisation performante ? » (thème 4, Évaluation et performance).

Révisez le programme de terminale RH & C

Les notions sont plus fraîches car vous les avez étudiées pendant l'année. Attention cependant à l'impression de « déjà vu »… Appuyez-vous sur les pages Savoirs de cet ouvrage : elles vont à l'essentiel du cours à connaître. Travaillez bien les typologies indiquées pour caractériser des situations (exemple : caractériser un conflit).

Refaites des exercices type bac

Les pages S'entraîner au bac de cet ouvrage vous permettront de vérifier que vous avez bien assimilé les notions. Elles vous donnent des sujets inspirés du bac avec leurs corrigés. N'hésitez pas à revoir la correction des « bac blancs » que vous avez eu pendant l'année et à refaire quelques questions, vous pourrez vérifier si vous vous êtes amélioré(e).

Que faire pendant l'épreuve ?

La partie opérationnelle prend appui sur un dossier d'une quinzaine de pages avec :
– une présentation de l'organisation qui fait l'objet de l'étude ;
– une intro qui pose la problématique des dossiers (3 en général) et des questions à traiter ;
– des annexes qui vous donnent des informations à exploiter pour les dossiers.

Lisez d'abord la présentation de l'organisation et des dossiers. Puis parcourez les annexes. Une fois cette découverte faite, vous pouvez « attaquer » les questions, sachant que vous n'avez pas plus d'une heure par dossier. Traitez toutes les questions, car vous ne savez pas combien de points chacune rapporte. Donnez-vous la possibilité d'être évalué sur le maximum de points ! Mais si vous butez sur une question, passez à la suivante, vous y reviendrez plus tard…

La partie rédactionnelle consiste à répondre à une question de gestion en utilisant vos connaissances et en vous inspirant de l'organisation de la première partie, le tout en « une ou deux pages maximum »… Votre façon de présenter les arguments et de les enchaîner est très importante. Soignez l'expression écrite, utilisez les notions apprises pendant l'année, employez des mots de liaison… Et traquez les fautes d'orthographe !

Qu'attend de vous le correcteur ?

Il veut savoir si vous maîtrisez les notions et les « figures imposées » : analyse de documents, argumentation, proposition de solution. Vos réponses doivent donc comporter les définitions, des arguments bien choisis et rédigés. Attention, ne paraphrasez pas les annexes ! Votre correcteur s'en rendra vite compte... Faites un travail d'analyse des annexes : triez et reformulez l'information qui construira vos réponses.

L'ÉPREUVE PRATIQUE

Le format de l'épreuve et ses objectifs

Forme et durée : **oral de 20 minutes** – Coefficient : **6 –** Évaluation : **sur 8 points**

Vous devez soutenir devant un examinateur le projet que vous avez réalisé pendant l'année. Ce projet prend appui sur le contexte d'une organisation (entreprise, association...) et doit être réalisé en groupe. Il est choisi sous le conseil et l'autorité de votre professeur.

L'épreuve pratique de soutenance permet de vérifier votre capacité à :

- mettre en œuvre une démarche et des outils spécifiques aux sciences de gestion ;
- maîtriser les technologies de l'information et de la communication ;
- communiquer et argumenter sur les choix réalisés pour mener à bien ce projet.

Que faire pour se préparer avant l'épreuve ?

Menez à bien le projet

Le projet, c'est un ensemble d'activités coordonnées pour répondre à un besoin ou à un problème rencontré par une organisation (généralement fictive), comme par exemple l'amélioration des conditions de travail, l'évaluation des compétences ou des potentiels, l'aménagement du travail... Vous allez y travailler en groupe pendant plusieurs semaines avant l'examen.

En interaction avec les autres membres de votre groupe, vous devez vous constituer un dossier qui présente les tâches réalisées en collaboration avec vos camarades et celles réalisées de façon individuelle pour répondre au problème de départ. Le dossier comprend une fiche de travail synthétique qui sera signée par votre professeur.

Remarque : votre professeur vous aura évalué(e) sur la façon dont vous conduisez votre travail en groupe et personnel en vous attribuant une note sur 12 points qui s'ajoutera à la note de soutenance sur 8.

Préparez l'oral

Ce n'est pas le dossier qui est évalué, c'est la façon dont vous allez le présenter à l'oral. Il faut donc que vous réfléchissiez à comment rendre compte de l'avancement de votre projet. Pour cela, il est vivement conseillé de tenir un carnet de bord (souvent remis par votre enseignant) tout au long du projet, ou tout simplement de noter sur un agenda au fur et à mesure les tâches réalisées pour le projet. Avec cet « historique de travail », vous pourrez plus facilement décrire à votre interrogateur la façon dont vous avez avancé dans le projet.

Pour préparer la soutenance, vous devez réfléchir à la façon dont vous allez structurer votre présentation. Il faut avant tout éviter de tenir des propos décousus. Vous avez le droit de vous préparer une petite fiche mémo sur laquelle vous noterez le plan que vous allez suivre pendant les 10 minutes de présentation ainsi que les idées essentielles.

Entraînez-vous aussi à l'oral : demandez à l'un de vos proches de vous écouter et de vous chronométrer. Vous devez parler 10 minutes ni plus, ni moins ! Plus vous vous entraînerez à présenter votre projet, plus vous serez à l'aise le jour J.

Préparez l'entretien avec l'examinateur

Il faut être méthodique pour cette préparation. Tout d'abord, demandez-vous quelles sont les notions de cours qui s'inscrivent dans votre projet. Si ce dernier a pour thème la motivation, vous devez être capable d'en donner une définition claire et précise si votre examinateur le demande.

Ensuite, demandez-vous de quelles précisions l'examinateur pourrait avoir besoin. Celui-ci ne connaît pas votre projet, ni la façon dont vous et votre groupe avez travaillé dessus. Il est donc normal que certains points lui semblent obscurs. Demandez par exemple au proche qui vous entraîne à l'oral s'il comprend bien les tenants et les aboutissants du projet. Soyez attentif aux questions qu'il peut se poser et répondez-y. Cela vous fera un bon entraînement !

Enfin, il est tout à fait possible qu'on vous demande de manipuler un logiciel. Révisez donc les fonctionnalités que vous avez utilisées pour créer les supports présents dans votre projet : le publipostage sur votre traitement de texte, la conception d'un questionnaire à l'aide d'un logiciel de dépouillement d'enquête, la réalisation d'un graphique sous tableur, l'insertion de lignes ou de colonnes dans un tableau...

Que faire pendant l'épreuve ?

L'épreuve se déroule en deux phases.

Première phase

Vous présentez le fruit de votre travail pendant 10 minutes, durant lesquelles vous ne serez pas interrompu ;

Seconde phase

Vous répondez aux questions posées par votre examinateur pour vous faire préciser certains points, élargir votre réflexion ou encore vous inviter à montrer comment vous avez réalisé vos travaux, notamment sur poste informatique.

Vous devez alors être en situation d'écoute. Si vous ne comprenez pas une question, pas de panique ! Dites-le à votre interrogateur qui reformulera sa question. Il s'agit avant tout d'une épreuve de communication. Il faut donc se montrer ouvert et réactif, tout en étant poli et aimable.

Qu'attend de vous l'examinateur ?

Ce que celui-ci veut savoir, c'est comment vous avez travaillé... Il veut en particulier que vous lui donniez des éléments sur le contexte, les contraintes, les objectifs, les solutions envisagées par le groupe, la répartition des tâches au sein du groupe. Il veut aussi comprendre quelles tâches vous avez réalisées individuellement. Il veut connaître votre évaluation du degré de réussite du projet (pertinence des solutions ? objectifs atteints ?) et savoir ce que ce projet vous a apporté, sur le plan des méthodes de travail mais aussi sur un plan personnel (travail en équipe par exemple).

Mais attention, votre présentation ne doit pas se résumer à dresser une longue liste de tâches réalisées ! Le maître mot est donc de structurer votre exposé en réfléchissant à un plan, que vous annoncerez à l'issue de votre introduction. Par exemple, commencez par présenter le contexte, puis présentez les missions de groupe et, enfin, dans une troisième partie, expliquez en quoi ont consisté vos travaux personnels. N'hésitez pas à conclure sous forme d'un petit bilan personnel : difficultés rencontrées mais aussi ce que vous a apporté le travail sur ce projet. Votre interrogateur appréciera !

Si vous avez bien préparé votre oral grâce à une fiche structurée (à laquelle vous avez droit pendant l'épreuve), vous saurez répondre à ses attentes !

L'économie

LA DISCIPLINE

Les objectifs de la discipline

En terminale, le cours continue à construire votre culture économique et votre compréhension des mécanismes économiques. Il est davantage centré sur la nécessaire régulation de l'activité économique par l'État ou des institutions internationales. Vous étudierez donc les thèmes suivants :

- le chômage ;
- la politique économique ;
- les raisons de la mise en œuvre d'une croissance soutenable ;
- l'efficacité de l'intervention de l'État ;
- la régulation des échanges internationaux.

La boîte à outils de la discipline

Analysez bien la question

Chaque sujet d'économie comporte la question suivante : « rédigez une argumentation permettant de répondre à la question suivante... »
À titre d'exemples, voici quelques questions posées à l'examen :
– *Le développement durable repose-t-il nécessairement sur une intervention de l'État ?*
– *Un niveau élevé de chômage peut-il s'expliquer par une faible croissance ?*
– *La politique sociale est-elle efficace aujourd'hui ?*
Vous devez dans un premier temps analyser la question pour en voir les tenants et les aboutissants. Pour cela, il est conseillé de :
– vous concentrer sur la question posée : identifiez les mots-clés et définissez-les : *développement durable* et *État* dans le sujet 1 ; *chômage* et *croissance* dans le sujet 2 ; *politique sociale* et *efficacité* pour le sujet 3.
– vous focaliser ensuite sur les mots (verbes notamment) indiquant le type de travail à mener : *reposer* dans le sujet 1, *s'expliquer* dans le sujet 2, *être efficace* dans le sujet 3.

Recherchez les arguments

Cette recherche se fait en deux temps :
1. Rassemblez vos connaissances sur le sujet. Vous pouvez vous aider de la méthode des questions clés : qui, quoi, où, quand, comment, pourquoi, combien ? Cette phase doit vous permettre de faire émerger les points de cours concernés par la question. Vous noterez donc les idées qui vous reviennent sur un brouillon.
2. Lisez attentivement les documents en surlignant les éléments importants et en les reformulant sur un brouillon.
En première, vous vous êtes déjà initié(e) au repérage d'arguments. Votre entraînement se poursuivra en terminale et vous serez de plus en plus à l'aise avec les grands procédés de l'argumentation. Vous pouvez vous aider de la typologie suivante pour repérer les arguments :
– les arguments d'autorité (lorsqu'on se réfère à une personne ou à un organisme qui fait autorité dans le domaine économique, comme par exemple l'INSEE) ;
– les arguments analogiques (fondés sur une comparaison) ;
– les liens de cause à effet ;
– la mise en évidence d'avantages et/ou d'inconvénients ;
– l'utilisation de données à caractère quantitatif, historique...
Vous devez aussi structurer vos arguments en les présentant. Pour cela, vous devez trouver un plan qui comporte généralement deux parties.

L'ÉPREUVE ÉCRITE

Le format de l'épreuve et ses objectifs

Durée : **3 heures** – Coefficient : **5**

Cette épreuve comprend deux parties distinctes c'est-à-dire qu'elles peuvent être traitées indépendamment : l'une est consacrée à l'économie, l'autre au droit. Un sujet comportant ces deux parties, à traiter en 3 heures, vous est remis. Attention à bien gérer votre temps afin de consacrer un temps équivalent (1 h 30) à chaque partie !

La partie « économie » permet d'évaluer vos capacités à analyser un problème économique d'actualité et à construire une argumentation pertinente. Elle comporte elle-même deux parties (évaluées sur le même nombre de points) :

– une partie méthodologique qui suppose un repérage d'arguments ;
– une partie analyse qui suppose la mobilisation d'arguments.

Que faire pour se préparer avant l'épreuve ?

Maîtrisez le vocabulaire

Il est nécessaire de consolider le vocabulaire acquis en première et de s'approprier celui découvert en terminale : constituez votre propre lexique en vous aidant des mots-clés figurant à la fin de chaque fiche Savoir de cet ouvrage.

Informez-vous

S'intéresser aux événements traités dans l'actualité économique et sociale ainsi qu'aux problématiques qui y sont liées (croissance économique, chômage, inflation...) est un plus ! En effet, le sujet d'économie repose toujours sur un problème économique actuel. Si vous suivez l'actualité, vous vous sentirez donc plus à l'aise.

Entraînez-vous à l'argumentation

Faites les exercices proposés dans cet ouvrage et contrôlez vos réponses avec les corrigés. Complétez en retravaillant les corrigés des sujets type bac donnés par votre professeur.

Que faire pendant l'épreuve ?

Vous prenez connaissance du dossier traitant du problème économique grâce à une série de documents. Lisez d'abord les questions, afin de situer les points du programme qu'on vous demande de mobiliser. Procédez ensuite à une première lecture des documents. Munissez-vous d'un stylo surligneur afin de mettre en évidence les informations qui vous semblent spontanément importantes.

Ensuite, commencez par répondre aux questions simples. En effet, les premières questions sont généralement des questions de cours dans lesquelles on vous demande soit de donner une définition, soit d'exposer des concepts économiques, ou encore de présenter des évolutions de phénomènes économiques. Pas de panique, il est fort à parier que vous aurez déjà traité ce type de questions dans vos devoirs pendant l'année !

Enfin, vous pouvez passer à la question d'argumentation. Pour cela, appliquez bien les méthodes que vous avez apprises depuis la première et structurez bien vos arguments.

Qu'attend de vous le correcteur ?

Que vous lisiez bien les questions pour ne pas faire de hors sujet ! Surtout ne paraphrasez pas les documents, construisez correctement vos phrases : sujet + verbe + complément. Relisez-vous pour éliminer les fautes d'orthographe et soignez la présentation : écriture lisible, copie propre et sans ratures. Essayez toujours de définir les notions contenues dans la question du sujet afin d'introduire votre réponse.

Le droit

LA DISCIPLINE

Les objectifs de la discipline

En terminale, vous poursuivez votre découverte des concepts juridiques. Plus précisément, vous étudierez les thèmes suivants :
– la responsabilité civile (juridictions compétentes, dommage, réparation) ;
– l'encadrement du travail salarié par le droit (contrat de travail, rupture du contrat de travail...) ;
– l'organisation de l'activité économique par le droit (la liberté du commerce, la protection de la concurrence, la protection de la marque...) ;
– comment entreprendre ? (seul, à plusieurs, les contrats de société...).

La boîte à outils de la discipline

Analysez un contrat

Étudier un contrat suppose de repérer les éléments suivants :

- le type de contrat ;
- la date du contrat ;
- les clauses particulières ;
- les parties au contrat ;
- les obligations des parties ;
- la durée du contrat.

Analysez une décision de justice

L'étude d'une décision de justice nécessite d'en repérer les éléments constitutifs :
– les faits c'est-à-dire les événements qui ont conduit les parties à se retrouver devant la justice ;
– les prétentions des parties, c'est-à-dire ce qu'elles demandent ;
– les arguments des parties : quels sont les faits et/ou les règles de droit sur lesquels s'appuient les parties dans leurs revendications ;
– le problème juridique posé : quel est le problème qu'il s'agit de résoudre, quelle règle de droit fait l'objet d'une application, à quelle question de droit le juge doit-il répondre ?
– le dispositif de la décision et les motifs de la décision : de quelle façon le juge a-t-il tranché le litige, sur quels arguments s'est-il fondé ?

Résolvez un cas pratique

Prenez connaissance de la documentation qui vous est fournie : un contrat, une décision de justice par exemple. Durant cette phase, vous appliquez la méthodologie d'analyse du contrat ou de décision de justice.
Donnez ensuite une qualification juridique à la situation afin de voir dans quelle catégorie juridique elle entre. Pour cela, vous devez repérer les parties en présence, le lien juridique qui les unit et enfin les faits. Ensuite, vous devez déterminer quelle est la règle de droit applicable à cette situation.
Enfin, appliquez le syllogisme juridique (appelé aussi argumentation juridique) qui se fonde toujours sur trois étapes :
– constater les faits présentés dans la situation et leur qualification (la mineure) ;
– déterminer la ou les règles juridiques applicables (la majeure) en prenant appui sur les règles de droit et la jurisprudence ;
– conclure en appliquant la règle ou les règles de droit à la situation juridique présentée (par exemple on peut conclure en l'existence d'un droit pour telle ou telle partie).

L'ÉPREUVE ÉCRITE

Le format de l'épreuve et ses objectifs

Durée : **3 heures** – Coefficient : **5**

La partie « droit » vise à évaluer vos capacités à :
– analyser une ou plusieurs situations juridiques ;
– construire une argumentation pertinente au regard du problème posé.

La partie « droit » se présente sous la forme d'un dossier comprenant une ou plusieurs situations juridiques concrètes accompagnées de ressources documentaires. Le dossier comporte des questions vous invitant notamment à donner une qualification juridique. En effet, les situations que vous devez étudier supposent que vous parveniez à les qualifier juridiquement afin de déterminer la règle applicable et de proposer une solution au problème posé. Ces éléments constituent une argumentation.

Que faire pour se préparer avant l'épreuve ?

Maîtrisez le vocabulaire

Contrat de travail, convention collective, dommage patrimonial/extrapatrimonial, dommage corporel/moral/matériel, liberté d'entreprendre, liberté du commerce et de l'industrie, liberté de la concurrence, licenciement économique, licenciement abusif, SARL, SA, SCOP... Quelques exemples parmi d'autres des nombreuses notions que vous apprendrez à maîtriser. Aidez-vous de la liste de mots-clés présente à la fin de chaque fiche Savoir.

Entraînez-vous à la qualification juridique

Il faut que vous développiez des réflexes en termes de qualification juridique. Pour cela il faut vous habituer à passer du langage courant au langage juridique. Faites les exercices des pages S'entraîner au bac de cet ouvrage et vérifiez votre degré de maîtrise de cette technique avec les corrigés.

Relisez les décisions de justice

Reprenez celles étudiées pendant l'année afin de vous familiariser avec le langage employé dans ce type de document et de vous entraîner à identifier les arguments des parties.

Tenez-vous informé(e)

Le suivi de l'actualité (réforme du droit du travail par exemple) permettra de consolider votre culture juridique et de vous sentir plus à l'aise le jour J !

Que faire pendant l'épreuve ?

Prenez le temps de bien lire les consignes afin de bien cerner la question pour éviter le hors sujet. Ensuite, prenez connaissance de la documentation juridique. Si vous devez analyser un contrat ou une décision de justice, préparez-vous un tableau de deux colonnes au brouillon. Vous y reportez à gauche les éléments à repérer, et dans la colonne de droite, au fur et à mesure de votre lecture, les éléments de réponse. Il peut être judicieux d'ébaucher vos réponses au brouillon. Mais attention, vous n'avez qu'1 h 30 car vous devez aussi traiter la partie économie !

Qu'attend de vous le correcteur ?

Le correcteur attend des réponses claires et précises qui mobilisent le vocabulaire juridique. Il est aussi essentiel d'être rigoureux et de bien appliquer les règles pour conclure sur une solution adaptée. Mais rassurez-vous, si vous êtes à l'aise avec votre cours et que vous connaissez bien les différentes méthodologies applicables en droit, l'épreuve ne vous semblera pas difficile.

Le management des organisations

LA DISCIPLINE

Les objectifs de la discipline

En terminale, le management a pour objectif de vous fournir des clés de compréhension en matière de gestion de compétences, de motivation et d'animation des ressources humaines. Vous découvrirez aussi comment les organisations construisent et conduisent leur stratégie. Comme en première, vous allez acquérir à la fois des connaissances et des méthodes.

Sur le plan des connaissances, les thèmes suivants sont abordés :

- Le management stratégique : les choix en matière d'animation et de mobilisation des hommes ;
- Le processus et le diagnostic stratégique ;
- La stratégie des organisations.

Sur le plan des méthodes, cette matière vous permet de continuer à apprendre à :

- analyser des situations managériales ;
- analyser des propositions d'amélioration ;
- identifier et expliquer les stratégies des organisations.

La boîte à outils de la discipline

Maîtrisez le vocabulaire du management

La maîtrise du vocabulaire de base constitue un minimum (stratégie, avantage concurrentiel, forces, faiblesses, opportunités, menaces...). Pour vous aider, vous disposez à la fin de chaque fiche Savoir de management d'une liste des mots clés incontournables.

Conduisez un diagnostic stratégique

Vous devez repérer les forces et les faiblesses de l'organisation (diagnostic interne) et les opportunités et menaces contenues dans l'environnement de l'organisation (diagnostic externe). Dans le diagnostic interne, vous ne devez faire figurer que les informations relatives à l'organisation (ses atouts comme par exemple son savoir-faire, son image de marque et ses points faibles comme par exemple des ressources insuffisantes). Dans le diagnostic externe, figurent des éléments plus généraux qui peuvent concerner toutes les organisations du même secteur. Beaucoup d'élèves manquent de rigueur dans la conduite du diagnostic et font figurer en externe des éléments internes et vice-versa. Soyez donc très précis dans votre analyse !

Repérez les choix stratégiques faits par l'organisation

Vous devez maîtriser parfaitement la typologie des stratégies. Le premier grand choix stratégique qu'a à faire une entreprise est celui du nombre de domaines d'activité stratégique (DAS). Un seul DAS ? Il s'agit de spécialisation. Deux ou plusieurs DAS ? On parle de diversification. Le deuxième choix est relatif à la façon dont l'entreprise va lutter contre la concurrence. Par les prix ? Il s'agit d'une stratégie de domination par les coûts. Par la qualité, l'innovation, l'image de marque ? On parle alors de différenciation. Enfin le dernier choix concerne la façon dont sera réalisée l'activité productive. L'entreprise fait le choix de « faire » elle-même ? On parle de stratégie d'intégration. Au contraire, si elle choisit de « faire faire », on sera en présence d'une stratégie d'externalisation (sous-traitance).

L'ÉPREUVE ÉCRITE

Le format de l'épreuve et ses objectifs

Durée : **3 heures** – Coefficient : **5**

Cette épreuve consiste à analyser une situation de management. Elle prend appui sur un dossier documentaire relatif à une ou plusieurs organisations. Cette analyse s'articule autour de 6 ou 7 questions auxquelles vous devez répondre grâce aux notions et aux méthodes que vous avez apprises pendant l'année de première et de terminale.

Cette épreuve permet d'évaluer vos capacités à :

– analyser et exploiter une documentation portant sur une ou plusieurs organisations ;

– analyser une organisation, c'est-à-dire en repérer les finalités, les caractéristiques, le fonctionnement, les pratiques de management, les choix qu'elle opère et éventuellement la façon dont elle évolue ;

– identifier une situation ou un problème de management et en proposer une analyse ou un diagnostic raisonné et argumenté.

Que faire pour se préparer avant l'épreuve ?

Revoyez les mots clés présents dans les fiches de première et de terminale et révisez-les régulièrement afin de consolider vos connaissances.

Entraînez-vous régulièrement à l'application des méthodes en réalisant les exercices proposés dans cet ouvrage.

Que faire pendant l'épreuve ?

Une fois que le sujet vous est remis, vous devez procéder à une première lecture pour repérer les thèmes et le type d'organisation dont il est question. Durant cette phase, notez les éléments d'information qui vous semblent avoir de l'intérêt.

Dans un deuxième temps, analysez les questions en repérant les verbes qui sont employés. La bonne connaissance de ces verbes vous évitera le hors sujet.

D'une manière générale, une réponse correcte ne paraphrase pas les documents. C'est là la partie la plus délicate, il faut que vous soyez capable de tirer des annexes les informations qui vont alimenter la réponse à la question. Il faut aussi vous appuyer sur les définitions que vous avez apprises. Une bonne réponse rappelle tout d'abord la définition du ou des termes importants de la question et présente ensuite les éléments qui permettent de répondre à la question posée. Il faut enfin l'illustrer par des exemples tirés du cas, il faut absolument éviter une réponse trop générale. Par ailleurs, vous devez être très rigoureux sur les mots que vous utilisez et faire attention à ne pas mélanger les notions entre elles. Par exemple, vous ne devez pas parler d'entreprise si le sujet porte sur une organisation publique. Enfin, vous devez accorder beaucoup de soin à la présentation de votre copie qui se doit d'être très structurée. Vous relirez votre travail afin d'éliminer les fautes d'orthographe.

Qu'attend de vous le correcteur ?

Des réponses claires, précises, mobilisant les termes appropriés à la matière seront appréciées par votre correcteur. Essayez toujours de rappeler la définition d'une notion de cours qui figure dans la question ou que vous utilisez dans votre réponse. Mais faites le à bon escient ! Il ne s'agit pas de réciter son cours mais de se servir de celui-ci pour traiter les questions. Autre point essentiel : recopier les annexes est une erreur, vérifiez toujours que vous n'avez pas paraphrasé les documents.

Les mathématiques

LA BOÎTE À OUTILS DE LA DISCIPLINE

Ces conseils sont valables pour chaque partie du programme.
Le programme vise le développement des compétences suivantes :
- mettre en œuvre une recherche de façon autonome ;
- mener des raisonnements ;
- avoir une attitude critique vis-à-vis des résultats attendus ;
- communiquer à l'écrit.

Le cours
Le cours doit être su : il y a des connaissances sans lesquelles on ne peut pas faire les exercices proposés !
Certaines formules sont à connaître par cœur. L'antisèche électronique qu'est votre calculatrice ne doit être qu'une roue de secours en cas de trou de mémoire.
On utilise correctement une formule que lorsqu'on la connaît bien.

Exercices et situations types
Vous ne devez pas vous contenter de relire les exercices corrigés, il faut les refaire pour vous confronter à d'éventuelles lacunes qu'il faudrait combler.
« Parcourir et relire » simplement un exercice, sans le refaire, sans passer par l'écrit ne sert à rien ; il donne l'illusion de « savoir faire ». La feuille et le stylo sont indispensables en mathématiques.

Affinez votre entraînement en faisant plusieurs exercices portant sur un même thème.

À PROPOS DE LA CALCULATRICE

La calculatrice est un outil indispensable et très performant.

Vous devez savoir l'utiliser parfaitement.

Utilisez durant l'année la calculatrice que vous aurez le jour du Bac.
Chaque « marque » et modèle de calculatrice s'utilise différemment ; il faut donc s'être entraîné toute l'année avec sa calculatrice, c'est-à-dire avec celle que l'on utilisera le jour du bac.

L'ÉPREUVE ÉCRITE

Le format de l'épreuve et ses objectifs

Durée : **3 heures** – Coefficient : **3**
L'usage des instruments de calcul est autorisé.
Le sujet comporte quatre exercices ; le barème de chaque exercice est indiqué.
Un des exercices peut se présenter sous la forme d'un QCM ; seule la réponse choisie doit figurer sur la copie. Une réponse fausse n'enlève pas de point, donc on peut tenter la réponse au hasard (si on ne trouve pas...).

Que faire pour se préparer avant l'épreuve ?

Vérifiez votre matériel : prenez des piles de rechange... une règle, des stylos, un correcteur, des crayons...).

Ne révisez pas la veille, surtout si vous êtes sujet au stress : cela n'apporte rien de plus, sinon d'éventuels doutes. Vous auriez peut-être l'impression de ne plus rien savoir, vous pourriez paniquer si vous n'arrivez pas à résoudre les exercices. Passez une bonne nuit pour être en confiance le lendemain.

Que faire pendant l'épreuve ?

Pour la réalisation des exercices

Concentrez-vous avant même la distribution du sujet, en commençant par exemple à remplir le cartouche de vos copies (ce sera d'ailleurs autant de temps d'économisé pour la suite).

Commencez par les exercices que vous savez faire, afin de vous mettre en confiance.
Il est important de bien lire la totalité des questions : celles-ci sont souvent liées entre elles, et comprendre où l'on veut vous amener peut vous donner des indications sur la démarche à suivre. Il faut avoir une vision globale de l'exercice ; souvent, certains éléments de réponses figurent dans l'énoncé.

Pour la rédaction de la copie

La présentation doit être claire. Les résultats et/ou les conclusions doivent apparaître nettement.

Il faut **rédiger** : on annonce ce que l'on va faire, par exemple : « Calculons la dérivée de *f* ». On enchaîne les raisonnements par « on sait que... », « alors », « on en déduit ». On conclut par « donc », « d'où »...

Préférez les phrases courtes et faîtes attention à l'orthographe, même pour l'épreuve de mathématiques.

Qu'attend de vous le correcteur ?

En cas de blocage, **n'hésitez pas à passer les questions auxquelles vous ne savez pas répondre** ; on peut y revenir plus tard dans l'épreuve.
Dans un exercice, si on n'a pas réussi à faire la question 1, on peut quand même faire la question 2.et s'approprier les éléments de réponses qui figurent tout au long de l'exercice.

Notez les éléments de votre raisonnement.
Pour les questions qui vous semblent difficiles, faites apparaître les éléments de votre recherche, même s'ils ne sont pas aboutis. Sachez que le correcteur cherche à mettre des points et non pas à en enlever.

Les langues

L'épreuve de langues est décomposée en trois étapes :
- compréhension de l'oral ;
- expression orale ;
- compréhension et expression écrites.

OBJECTIFS

Compréhension écrite

- Identifier le thème des différents documents.
- Repérer les informations importantes, les argumentations ou les événements essentiels présents dans les documents.
- Comprendre les liens logiques, chronologiques ou thématiques entre ces informations.
- Cerner le comportement des personnages, narrateur ou auteur.
- Percevoir les différents points de vue exprimés (LV1 uniquement).

Expression écrite

- Rédiger dans une langue correcte et compréhensible un ou des textes cohérents et clairement articulés.
- Exprimer une opinion dans une langue correcte, en présentant clairement les avantages et inconvénients d'une proposition ou les points forts et les points faibles d'une prise de position (LV1 uniquement).

CONTENU

Compréhension orale (LV1 et LV2)

Elle est organisée en CCF (Contrôle en Cours de Formation) au cours du deuxième trimestre de l'année de terminale, sur des supports audio ou vidéo. Elle s'appuie sur des documents liés aux notions du programme. Cette compréhension est notée sur 20 et correspond au quart de la note finale de l'épreuve de langues vivantes.
Les documents proposés peuvent être des extraits d'émissions de radio, de documentaires, de films, de journaux télévisés. La durée de l'enregistrement ne peut pas excéder 1 minute 30 :
- trois écoutes sont proposées, chacune séparée d'une minute ;
- vous pouvez prendre des notes durant tout le temps imparti à l'écoute ;
- vous disposez ensuite de dix minutes pour rendre compte par écrit (sur copie d'examen et en français) de ce que vous avez compris.

Expression orale (LV1 et LV2)

Elle est organisée en CCF au cours du dernier trimestre de l'année de terminale, et porte sur l'une des notions du programme qui sera tirée au sort par le candidat. Cette partie de l'épreuve est notée sur 20 et correspond au quart de la note finale.
Le temps de préparation est de 10 minutes et le temps de prise de parole est aussi de 10 minutes : 5 minutes de présentation de la notion tirée au sort par le candidat et 5 minutes maximum d'interaction avec le jury.

Compréhension et expression écrites (LV1 et LV2)

Chacune est notée sur 10, pour un total sur 20 correspondant à la moitié de la note finale de l'épreuve de langues vivantes. Cette épreuve ponctuelle intervient en fin d'année de terminale, conjointement aux autres épreuves du Baccalauréat.

– La compréhension de l'écrit s'appuie sur un, deux ou trois documents (dans la langue vivante choisie) qui renvoient à des notions du programme. Certains documents peuvent comporter des éléments iconographiques.
– L'expression écrite comprend une ou plusieurs tâches selon si vous êtes LV1 ou LV2. Les LV1 et LV2 doivent rédiger un ou plusieurs textes construits qui prendront appui sur les documents supports à l'épreuve de compréhension écrite.
Les LV1 devront aussi construire une argumentation personnelle nuancée à propos d'un thème en relation avec les documents supports.

CRITÈRES DE L'ÉVALUATION

Compréhension orale

LV1

– 02/20 : le document n'est pas compris ; seuls des éléments isolés ont été repérés ; le sujet n'est pas identifié.
– 06/20 : (niveau A1), amorce de compréhension grâce à des mots/expressions courantes mis en relation ; les idées les plus simples ont été comprises.
– 10/20 : (niveau A2), certaines informations ont été comprises mais elles sont incomplètes. La compréhension du document n'est que partielle.
– 16/20 : (niveau B1), les informations principales ont été relevées ; compréhension satisfaisante (avec des éléments d'information détaillés).
– 20/20 : (niveau B2), des détails significatifs ont été relevés et retranscrits selon la logique du document ; l'attitude du locuteur (ton, point de vue, etc.) a été identifiée.

LV2

– 04/20 : le document n'est pas compris ; seuls des éléments isolés ont été repérés ; le sujet n'est pas identifié.
– 08/20 : (niveau A1), amorce de compréhension grâce à des mots/expressions courantes mis en relation ; les idées les plus simples ont été comprises.
– 12/20 : (niveau A2), certaines informations ont été comprises mais elles sont incomplètes. La compréhension du document n'est que partielle.
– 20/20 : (niveau B1), les informations principales ont été relevées ; compréhension satisfaisante (avec des éléments d'information détaillés).

Expression orale

LV1 et LV2 : Le total des points est ramené à une note sur 20.
L'évaluation est répartie selon trois critères et les points ne peuvent être fractionnés :
– capacité à s'exprimer en continu lors de l'exposé de l'élève : /6 ;
– capacité à prendre part à une conversation lors de l'entretien avec le jury : /6 ;
– qualité de la langue : /8.

Compréhension de l'écrit et expression écrite

• Les questions de compréhension globale et détaillée de l'écrit sont notées sur 10. Vos réponses à ces questions permettent d'évaluer votre compréhension du ou des documents.
• La note d'expression écrite sur 10 se décompose en deux parties :
– pour le contenu de votre production écrite : /4 ;
– pour la qualité de la langue : /6.
Le correcteur peut attribuer des points supplémentaires pour des références culturelles pertinentes.

L'histoire – géographie

LE PROGRAMME D'HISTOIRE ET DE GÉOGRAPHIE

À raison de deux heures hebdomadaires d'enseignement, chacun des programmes d'histoire (3 thèmes) et de géographie (3 thèmes) est conçu pour être traité dans une fourchette de 25-30 heures soit 8 à 10 heures pour chacun des 6 thèmes.

Histoire : 3 thèmes

Chacun comporte une question obligatoire, des notions, un sujet d'étude à choisir parmi deux propositions.

Géographie : 3 thèmes

Chacun comporte une question obligatoire, des notions, un sujet d'étude à choisir parmi deux propositions.

Le programme	
Questions obligatoires (A) et sujets d'étude (B)	**Notions associées**
Histoire thème I – Les relations internationales	
A. Le jeu des puissances dans un espace mondialisé de 1945 à nos jours **B.** Un sujet d'étude au choix : – Le Moyen-Orient et le pétrole – L'Amérique latine : entre domination traditionnelle des États- Unis et remise en cause du leadership nord-américain	- Guerre froide - Monde bipolaire/ multipolaire - Terrorisme - Nationalités
Histoire thème II – Décolonisation et construction de nouveaux États	
A. De la décolonisation à la mise en place de nouveaux États depuis 1945 **B.** Un sujet d'étude au choix : – L'Algérie de 1954 à 1962 – L'Union indienne à partir de 1947	- Anticolonialisme - Décolonisation - Développement - Impérialisme - Non-alignement - Tiers monde/Sud
Histoire thème III – La France sous la Ve République	
A. L'évolution politique de la Ve République **B.** Un sujet d'étude au choix : – Les femmes dans la société française – L'élection présidentielle, un enjeu majeur de la vie politique française	– Alternance – Constitution – Cohabitation Droite / Gauche – Parti politique
Géographie thème I – Les territoires dans la mondialisation	
A. Centres d'impulsion et inégale intégration **B.** Un sujet d'étude au choix : Une ville mondiale : – Londres – Shanghai	– Aire de puissance – Centre d'impulsion – Interface – Intégration / Marginalisation – Mégalopole
Géographie thème II – La mondialisation : acteurs, flux et réseaux	
A. Mondialisation et firmes transnationales **B.** Un sujet d'étude au choix : – Les migrations internationales – Transports et routes maritimes	– Acteurs spatiaux – Division internationale du travail – Firmes transnationales – Flux – Mondialisation – Réseaux

Géographie thème III – La France dans le monde	
A. La présence de la France dans le monde **B.** Un sujet d'étude au choix : – Les engagements militaires et humanitaires de la France et des Français dans le monde – Les Français dans le monde : de nouvelles mobilités	– Francophonie – Géostratégie – Puissance – Zone économique exclusive

L'ÉPREUVE ÉCRITE

Durée : **2 heures 30** – Coefficient **2**

Structure et notation de l'épreuve

L'épreuve comporte deux parties, chacune notée sur 10 points. La note attribuée au candidat, sur 20 points, est la somme des notes attribuées à chaque partie.

La première partie porte sur les 6 questions obligatoires du programme d'histoire et du programme de géographie.
Elle est composée de 5 à 7 questions centrées sur la vérification des connaissances et des notions du programme. **Les réponses doivent être courtes.**
Dans cette première partie de l'épreuve, le candidat peut être conduit à :
- caractériser un espace, une période, un événement, une situation ou un personnage ;
- citer des acteurs ;
- justifier une affirmation en proposant ou choisissant des arguments ;
- localiser ou compléter un croquis ;
- proposer ou choisir les dates-clefs ou les périodes-clefs d'une évolution ;
- proposer ou choisir une définition pour une notion.

La seconde partie porte sur les sujets d'étude au choix du programme d'histoire et du programme de géographie.
Elle consiste en un exercice, **à choisir parmi quatre propositions**, qui porte sur un ou deux documents. Des notes explicatives peuvent éclairer le ou les documents. Des questions guident le candidat.
Les réponses font appel à des capacités de rédaction.
Cette partie de l'épreuve conduit le candidat :
- à dégager l'apport d'un document à la connaissance d'une question figurant dans les programmes ou à la compréhension d'une notion ;
- ou à mettre en relation deux documents, pour en dégager les points communs, les différences, les oppositions ou les complémentarités.

L'ORAL DE CONTRÔLE (SECOND GROUPE D'ÉPREUVES)

20 minutes de préparation, 10 minutes d'exposé suivies de 10 minutes de questions.

L'épreuve orale porte sur les questions obligatoires étudiées dans l'année. Elle fait appel à votre capacité à produire un exposé oral de plusieurs minutes et à répondre ensuite à des questions.

Si vous êtes amené à passer les épreuves de second groupe, le choix de l'histoire géographie doit être motivé uniquement par un écart important entre votre note d'écrit et les notes obtenues dans l'année ; compte tenu des coefficients, il est déconseillé de faire ce choix si vous avez obtenu 8 ou 9 à l'écrit.

La philosophie

LA DISCIPLINE

La philosophie est enseignée deux heures par semaine en terminale STMG. L'objectif de l'année de philosophie est de vous apprendre à émettre des questionnements, utiliser votre esprit critique, remettre votre opinion en question, structurer votre pensée et comprendre un texte philosophique.
Le programme comporte **neuf notions** sur lesquelles vous serez susceptible d'être interrogé(e) à l'épreuve du baccalauréat :
- La culture
- L'art et la technique
- Les échanges
- La vérité
- La raison et la croyance
- L'expérience
- La liberté
- La justice et la loi
- Le bonheur

Ces notions sont assorties de **repères** que vous devez maîtriser :

Absolu/Relatif – Abstrait/Concret – Cause/Fin – Contingent/Nécessaire – En fait/En droit – Légal/Légitime – Objectif/Subjectif – Obligation/Contrainte – Persuader/Convaincre – Principe/Conséquence – En théorie/En pratique – Universel/Général – Particulier/Singulier

L'ÉPREUVE ÉCRITE

Le format de l'épreuve

Durée : **4 heures**. Coefficient : **2**.

L'épreuve de philosophie présente trois sujets au choix : deux sujets de dissertation et un sujet d'explication de texte.

La dissertation

Les sujets de dissertation se présentent sous la forme d'une question. Vous devez être capable d'en étudier toutes les dimensions de façon méthodique et structurée. Le but est de formuler le problème philosophique que soulève la question posée. Le sujet renvoie toujours à une ou plusieurs notions du programme étudiées en classe.
La dissertation doit être rédigée de façon soignée et cohérente, dans un français correct.
L'objectif est que vous montriez au correcteur que vous êtes capable de mener un raisonnement logique et structuré. La dissertation doit mener à une véritable réponse – claire, approfondie et justifiée – au problème posé par le sujet.

L'explication de texte

C'est un texte de 10 à 20 lignes qui est accompagné de trois questions. Ces questions doivent vous permettre de réfléchir sur le texte et de guider votre explication. Elles doivent être traitées dans l'ordre. Il s'agit de dégager les enjeux philosophiques du texte et de le mettre en perspective à l'aide de vos connaissances conceptuelles.
Les questions ont toujours le même objectif :
– la **première question** vous invite à dégager l'idée principale du texte, ainsi que les grandes parties qui le composent, la façon dont le texte est organisé.
– la **deuxième question** vous invite à expliquer deux ou trois moments particuliers du texte (sens d'une phrase ou d'un terme précis dans le texte).
– la **troisième question** est posée sous la forme d'une question de dissertation. Elle vous invite à discuter l'idée centrale du texte, à la mettre en perspective et à faire apparaître clairement et de manière organisée le problème que pose le texte.
Les réponses aux questions doivent toutes être intégralement rédigées dans une syntaxe correcte. La réponse à la question trois doit prendre la forme d'un développement structuré et cohérent et comporter une introduction, un développement (parties et sous-parties), et une conclusion.

L'ÉPREUVE ORALE DE RATTRAPAGE

Temps de préparation : **20 minutes**. Temps de passage : **20 minutes**.

Pour passer l'oral de rattrapage en philosophie, vous devez présenter une liste de textes étudiés en classe. L'épreuve porte sur l'un des textes présentés. Vous devrez montrer quel est le problème posé par le texte, quelle est sa thèse, sa structure, et le mettre en perspective.

CONSEILS POUR RÉUSSIR L'ANNÉE

Ne négligez pas la philosophie, car malgré la difficulté apparente de cette discipline un minimum de travail peut vous permettre d'avoir des résultats très satisfaisants !
Il faut veiller pour ce faire à :
– apprendre son cours ;
– apprendre les citations extraites des œuvres étudiées ;
– comprendre les repères et savoir les utiliser à bon escient ;
– soigner l'orthographe et la syntaxe dans la rédaction des copies ;
– être curieux, et être capable de remettre ses représentations habituelles en question.
Enfin, une bonne culture générale permet d'enrichir les copies de philosophie grâce à des exemples pertinents. Il faut donc lire, aller au cinéma, aller au musée, etc. Bref se cultiver !

La motivation

LU ☐
SU ☐
REVU ☐

Il est essentiel pour une organisation de connaître les éléments qui déterminent la motivation des individus qui travaillent pour elle. En effet, la motivation influence directement la performance d'un individu au travail. Cependant, la motivation ne se décrète pas, elle dépend de facteurs internes et externes.

1 La motivation

La motivation se définit comme la force qui pousse un individu à agir, à s'impliquer dans son travail. Cette force est déterminée par des facteurs internes et externes.

2 Les facteurs de motivation internes

2.1. L'importance de la personnalité

L'individu est doté d'une personnalité qui influence sa motivation. Si son travail contribue à son épanouissement, alors il sera très motivé. Au contraire, s'il s'ennuie car son activité professionnelle va à l'encontre de ses valeurs, de ses aspirations, alors il sera moins motivé.
Si l'individu se voit confier un travail qui comporte un certain nombre de responsabilités, il sera en général plus motivé.

EXEMPLE Pierre vient d'être promu chef des ventes, il en ressent une grande fierté. Il compte bien améliorer la performance de son équipe de travail.

2.2. L'évolution de la motivation

La motivation varie au fil de la vie du salarié.

EXEMPLE Un individu peut être plus motivé en début de carrière qu'en fin de carrière.

Elle est influencée par les événements se produisant au cours de la carrière professionnelle du salarié.

EXEMPLE Alisson, assistante dans un grand cabinet d'avocats, vient de suivre une formation afin d'actualiser ses connaissances juridiques. Au retour de sa formation, ses supérieurs trouvent qu'elle s'implique davantage dans son travail.

Un individu n'est pas motivé de façon égale tout au long de sa carrière professionnelle.

EXEMPLE Éric ne supportait plus son travail au service « Contentieux » de son entreprise. Après avoir suivi une formation, il est devenu commercial et se sent plus motivé dans cette nouvelle fonction.

3 Les facteurs de motivation externes

3.1. L'ambiance de travail

Le climat qui règne au sein de l'organisation, le style de management des supérieurs hiérarchiques ainsi que le sentiment d'appartenir à un groupe de travail influencent fortement la motivation de l'individu au travail. Il est donc essentiel que l'organisation mette en place un environnement de travail propice à la motivation.

EXEMPLE Aline, agent immobilier, reconnaît qu'une grande partie de sa motivation tient à la façon dont son agence immobilière est dirigée et à la bonne ambiance qui règne entre les agents. Elle ressent un fort sentiment d'appartenance vis-à-vis de l'agence qui l'emploie.

3.2. Les conditions de travail

Les conditions dans lesquelles s'accomplit le travail ont un impact sur la motivation : horaires de travail, conditions matérielles, rémunération...

EXEMPLE Alain vient de bénéficier d'une hausse de salaire, il est plus motivé que jamais ! Des locaux agréables, lumineux, bien insonorisés ont permis à Zélie de se sentir tout de suite à l'aise au sein de son nouveau lieu de travail.

3.3. La reconnaissance au travail et les perspectives d'évolution

Un individu sera d'autant plus motivé qu'il sent que son travail est reconnu à sa juste valeur.

EXEMPLE Pauline se souviendra longtemps du compliment reçu de son supérieur à propos du Salon professionnel qu'elle a organisé avec beaucoup d'efficacité.

Le fait de savoir que l'on peut évoluer au sein de l'organisation en obtenant plus de responsabilités, d'autonomie, en accédant à des fonctions plus importantes stimule les salariés.

EXEMPLE Fatima vient d'accéder au statut de cadre. Elle en ressent une grande satisfaction et se sent encore plus concernée par la réussite de l'entreprise qui l'emploie.

3.4. L'importance de la communication interne

La communication dans l'organisation doit créer de bonnes conditions de circulation de l'information afin d'accroître la motivation des salariés. Si on oublie de leur communiquer des éléments relatifs à la vie de l'organisation, ils auront la sensation d'être mis de côté.

EXEMPLE Alexis apprécie de recevoir chaque semestre le journal interne de son entreprise.

4 La baisse de motivation

4.1. Le repérage de la démotivation

Les taux d'absentéisme et de rotation qui s'élèvent, des retards répétés... sont autant de signes que la démotivation s'installe dans l'organisation.

4.2. Les conséquences de la démotivation

La démotivation va entamer la performance de l'organisation. Bien souvent, on observe une baisse de la qualité du travail, de la productivité, une hausse des réclamations de la part des clients.

mots clés

Personnalité ◆ Motivation ◆ Facteurs de motivation internes et externes ◆ Démotivation

S'entraîner au Bac
Exercices 1, 2, 5, 9 : p. 77-79-81

Savoir 2

Le cadre de travail, facteur de motivation

LU ☐
SU ☐
REVU ☐

Les relations de travail s'inscrivent dans un cadre plus large : le droit du travail. Les organisations s'en emparent pour mobiliser les travailleurs et renforcer leur motivation. C'est le cas pour l'aménagement du temps de travail, qui doit ménager la performance des salariés tout en préservant l'équilibre vie professionnelle/vie personnelle.

1 Le cadre juridique

ÉLÉMENTS DU CADRE JURIDIQUE	EXPLICATIONS	EN QUOI PEUVENT-ILS ÊTRE DES LEVIERS DE MOTIVATION ?
Les lois et règlements, les conventions collectives, les accords d'entreprise	Le droit du travail est principalement régi par le Code du travail. Des conventions collectives et des accords d'entreprise peuvent être négociés.	L'ensemble des règles énoncées protègent le travailleur.
Le règlement intérieur	Il fixe des règles, dans les limites imposées par la loi, dans deux domaines : – l'hygiène et la sécurité ; – le pouvoir disciplinaire de l'employeur.	Il s'agit de protéger les travailleurs de l'arbitraire (abus d'autorité) de l'employeur. Ce règlement offre donc un cadre sécurisant au travailleur.
Le contrat de travail	Il fixe le cadre de la relation individuelle entre un travailleur et son employeur.	Le contrat de travail peut être à durée indéterminée (CDI), ce qui fidélise le salarié. Il est parfois conclu pour une durée déterminée (CDD ou CTT), ce qui peut entraîner un manque de motivation du travailleur.

2 L'aménagement du temps de travail

Il s'agit de concilier performance de l'organisation et équilibre entre la vie privée et la vie professionnelle du travailleur pour garder intacte son implication.

2.1. Les horaires

Ils constituent un facteur de motivation important pour les salariés. Des horaires souples permettent au travailleur de trouver un équilibre entre vie professionnelle et vie privée tandis que des horaires rigides l'obligent à adapter sa vie privée.

TYPES D'HORAIRES	EXPLICATIONS	IMPACT SUR LA VIE DU SALARIÉ
Les horaires fixes	Des horaires rigides sont appliqués dans l'organisation. Cette méthode facilite le contrôle (retard, absence, etc.).	Chaque travailleur doit prendre son poste et le quitter aux horaires imposés. Ce manque de souplesse peut le démotiver.
Les horaires variables	Le travailleur dispose de plages horaires durant lesquelles il peut prendre ses fonctions ou quitter son poste.	Le salarié organise son temps de travail comme il l'entend, à condition de réaliser le nombre d'heures pour lesquelles il est rémunéré. En général, les travailleurs apprécient cette formule.

2.2. Les fluctuations d'activité

Certaines organisations connaissent des variations importantes de leur activité selon les semaines, mois ou trimestres. Les acteurs sont censés effectuer le même nombre d'heures durant chaque période, alors que les besoins en main-d'œuvre varient. L'organisation peut alors négocier un accord d'annualisation du temps de travail avec les délégués syndicaux. Cet accord tient compte des fluctuations d'activité en prenant pour référence, non plus la semaine, mais une période plus longue qui peut aller jusqu'à une année.

EXEMPLE

Une personne travaille en moyenne 35 h sur l'année avec des semaines à 40 h et d'autres à 30 h.

L'employeur étant tenu de respecter un délai pour informer des changements de rythme de travail, les salariés peuvent s'organiser et préserver l'équilibre entre leur vie professionnelle et leur vie personnelle.

2.3. La planification du temps de travail sur le long terme

Un accord d'entreprise peut prévoir la mise en place d'un compte épargne temps (CET). Le salarié l'alimente avec des congés non pris (cinquième semaine de congés annuels ou RTT) ou des éléments de rémunération. Il peut l'utiliser au moment où il le souhaite en finançant des jours de congés supplémentaires ou en complétant ses revenus quand il en a besoin.

CÔTÉ ORGANISATION	CÔTÉ TRAVAILLEUR
Le CET permet d'adapter le temps de travail aux fluctuations d'activité. C'est un outil de motivation. Il offre des avantages fiscaux.	Le CET contribue à l'équilibre entre la vie professionnelle et la vie privée. Il apporte une rémunération complémentaire. Il offre une plus grande souplesse dans la répartition des congés.

mots clés

Cadre juridique ◆ Horaires fixes ◆ Horaires variables ◆ Annualisation ◆ Compte épargne temps

S'entraîner au Bac

Exercices 3, 5, 9 : p. 78-79-81

Les conditions de travail et la performance

LU ☐
SU ☐
REVU ☐

Il est habituel d'opposer la recherche de performance à l'amélioration des conditions de travail. Pourtant, bon nombre d'entreprises font en sorte de proposer de « bonnes » conditions de travail. En effet, des conditions de travail favorables permettent de développer la performance dans la mesure où elles contribuent à améliorer le bien-être des salariés.

1 La santé et la sécurité au travail

1.1. La prévention des risques professionnels

La prévention des risques professionnels permet de réduire les coûts liés à la rotation du personnel et à l'absentéisme. En améliorant les conditions de travail, elle contribue au bien-être des travailleurs et donc à leur performance.
Cette prévention s'articule autour de deux axes :
– le recensement des risques présents dans l'organisation ;
– la communication autour de la prise en compte des risques.
Le Code du travail impose aux entreprises et associations qui emploient au moins un salarié de rédiger un rapport de synthèse des risques appelé « document unique ».

1.2. Les risques professionnels

a. Les accidents du travail

On appelle « accident du travail » tout accident qui survient du fait ou dans le cadre de l'activité de travail exercée par un individu pour le compte d'un employeur.

EXEMPLE Un manutentionnaire s'est blessé au pied car un colis qu'il déchargeait est tombé dessus.

b. Les maladies professionnelles

Une maladie professionnelle résulte de l'exposition plus ou moins prolongée du travailleur à un risque physique, chimique ou biologique, ou est liée aux conditions d'exercice de l'activité de travail.

EXEMPLE Une caissière peut souffrir de troubles musculosquelettiques.

c. Les risques psychosociaux

Les risques psychosociaux désignent la probabilité que surviennent chez un salarié des signes comme le stress, l'angoisse, l'agressivité…, leur apparition pouvant être due, en tout ou partie, aux conditions de travail.

EXEMPLE Le chef des ventes d'une marque de prêt-à-porter est très stressé car il ressent une pression de la part de sa direction qui lui demande d'augmenter encore son chiffre d'affaires.

d. La souffrance au travail

La souffrance au travail correspond à un état de mal-être, parfois très profond, ressenti par le salarié dans le cadre de son activité de travail.

EXEMPLE Un salarié qui ne supporte plus son travail peut se voir prescrire un arrêt de travail pour cause de dépression.

1.3. La prise en compte du handicap

La loi du 11 février 2005 oblige les entreprises qui emploient plus de 20 salariés à recruter des travailleurs handicapés. Le handicap correspond à la situation d'un individu dont les fonctions physiques, sensorielles ou psychiques sont diminuées. L'intégration des personnes handicapées suppose une adaptation des locaux de l'organisation.

2 Les indicateurs de la sécurité et de la santé au travail

2.1. Les indicateurs relatifs à l'implication des salariés

a. Le taux d'absentéisme

L'absentéisme désigne le comportement qui se caractérise par des absences plus ou moins répétées.

Taux d'absentéisme = (Heures d'absence sur une période P / Heures théoriques de travail sur la période P) × 100

La connaissance et le suivi de cet indicateur permettent de mesurer le degré d'investissement des salariés dans leur travail. Un taux d'absentéisme qui augmente peut révéler une mauvaise ambiance de travail au sein d'un service, la démotivation d'une catégorie de salariés.

b. Le taux de rotation du personnel

La rotation du personnel désigne le fait d'enregistrer des départs définitifs de salariés sur une période.

Taux de rotation du personnel = (Nombre de salariés ayant quitté l'entreprise sur une période P/Nombre de salariés présents le premier jour de la période P) × 100

Ce précieux indicateur permet de mesurer la fidélité du personnel à l'égard de l'organisation. Un taux de rotation plus élevé que la moyenne du secteur d'activité peut être le signe d'un dysfonctionnement, de mauvaises conditions de travail, d'une politique salariale dégradée... Le fait que des salariés quittent l'entreprise a des conséquences souvent négatives : il faut recruter pour remplacer le personnel démissionnaire, ce qui a un coût, et cela provoque une désorganisation dans le travail.

2.2. Les indicateurs relatifs à la sécurité au travail

a. Le taux de fréquence des accidents du travail

Cet indicateur mesure le nombre d'accidents du travail qui se sont produits dans l'entreprise pour un million d'heures de travail :

Taux de fréquence des accidents du travail = (Nombre d'accidents avec arrêt de travail / Nombre d'heures travaillées) × 1 000 000

b. Le taux de gravité des accidents du travail

Cet indicateur détermine le nombre moyen de jours d'arrêt de travail pour 1 000 heures de travail.

3 Le bien-être au travail

3.1. Les différents aspects du bien-être au travail

Le bien-être au travail désigne l'état de confort dans lequel se trouve un salarié. Il constitue un levier puissant de performance car un salarié qui se sent bien au travail sera plus productif.

ASPECTS DU BIEN-ÊTRE AU TRAVAIL	EXEMPLES DE MESURES PRÉVENTIVES
La sécurité et la santé	Mise à disposition de bouchons d'oreille dans des ateliers bruyants
L'hygiène des locaux	Désinfection régulière d'un laboratoire
La charge psychosociale	- Formation à la gestion du stress - Bonne entente entre salariés
Les conditions matérielles d'exercice du travail (rythme, horaires, répartition des tâches...)	Aménagement des horaires de travail

3.2. L'ergonomie

Cette science étudie l'adaptation du poste de travail à l'homme. Elle est donc d'un grand secours pour les organisations qui cherchent à améliorer le confort de leurs salariés. Elle s'intéresse à différents domaines :

L'éclairage	L'ambiance sonore	La température des locaux	L'esthétique des locaux	L'aménagement des locaux et des postes de travail

Il est souvent possible d'appliquer quelques mesures simples mises en évidence par l'ergonomie.

EXEMPLE L'écran d'un ordinateur ne doit pas être placé parallèlement à une fenêtre pour éviter une trop grande fatigue visuelle.

Toutefois, il peut être utile de recourir à un ergonome qui conseillera le dirigeant de l'organisation sur les solutions à mettre en œuvre pour améliorer le bien-être des salariés.

EXEMPLE L'aménagement des locaux en open space est défavorable à la concentration mais favorise les interactions entre les individus.

3.3. La responsabilité sociétale des entreprises (RSE)

a. Définition et champs d'action

La RSE désigne toute politique menée par une organisation en vue de concilier la recherche de la performance économique avec les intérêts de la planète et des hommes au travail. Elle s'inscrit notamment dans la perspective du développement durable, qui vise à garantir aux générations futures des ressources naturelles suffisantes pour subvenir à leurs besoins.

La RSE intègre donc trois grandes composantes :

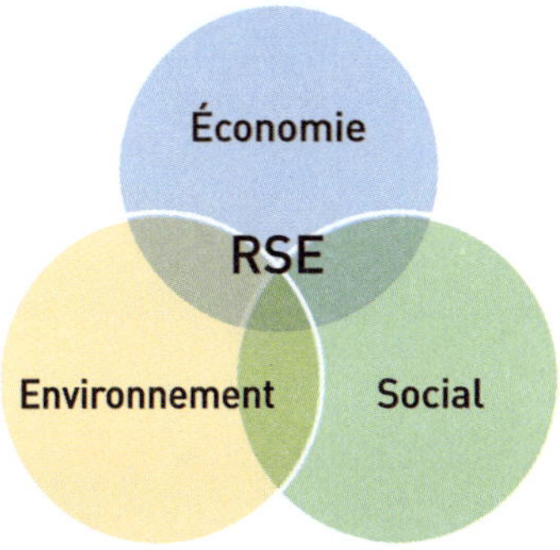

Une politique de RSE s'intéresse à tout ou partie des axes d'action suivants :

AXES	EXEMPLES DE LEVIERS D'ACTION
L'environnement	Économies d'énergie, évacuation des déchets
Les ressources humaines	Amélioration des conditions de travail, parité hommes/femmes, formation, insertion des travailleurs handicapés
Le gouvernement d'entreprise	Moralité dans la conduite de l'organisation
Les relations commerciales	Protection du consommateur
L'impact local	Prise en compte des intérêts des riverains
La citoyenneté	Soutien apporté à des causes humanitaires

b. Les enjeux de la RSE

Pour une organisation, la RSE est facteur de performance économique pour trois raisons :
- la réduction des coûts (exemple : la lutte contre le gaspillage) ;
- la motivation des salariés (exemple : un salarié peut être fier d'appartenir à une entreprise qui participe à la reforestation) ;
- la fidélisation des clients (exemple : les consommateurs achètent les produits d'une entreprise car ils sont sensibles à son action en faveur de l'insertion des handicapés).

Cependant, elle doit découler d'une démarche sincère pour être crédible et efficace. En effet, certaines entreprises ne cherchent qu'à « verdir » leur image auprès de l'opinion publique sans réellement apporter de plus-value en termes d'environnement.

EXEMPLE

Une grande entreprise vante les mérites d'un de ses produits dont le packaging est présenté comme écologique alors que les caractéristiques du produit restent inchangées.

mots clés

Accidents du travail ◆ Maladies professionnelles ◆ Risques psychosociaux ◆ Souffrance au travail ◆ Handicap ◆ Taux d'absentéisme ◆ Taux de rotation du personnel ◆ Taux de fréquence des accidents du travail ◆ Taux de gravité des accidents du travail ◆ Bien-être au travail ◆ Ergonomie ◆ RSE

S'entraîner au Bac
Exercices 3, 4, 5, 6, 9 : p. 78-79-81

Savoir 4

La reconnaissance du travail par la rémunération

LU ☐
SU ☐
REVU ☐

La rémunération ne peut se définir comme la simple contrepartie du travail effectué. En effet, elle est aussi un levier de motivation important car elle marque la reconnaissance de la performance du travailleur par son employeur.

1 Les éléments individuels de la rémunération

L'individualisation de la rémunération permet de récompenser la performance individuelle. À ce titre, elle est un levier de motivation.

1.1. Selon la performance du travailleur

La prime individuelle, qui s'additionne au salaire de base, permet de récompenser les travailleurs méritants. L'organisation ne pouvant définir avec précision et objectivité la performance de ses salariés, elle détermine des indicateurs qui permettront de calculer le montant de cette prime selon l'activité de chacun.

EXEMPLE Un commercial touche un salaire fixe auquel vient s'ajouter un pourcentage sur le chiffre d'affaires qu'il réalise.

La modulation personnelle correspond à des augmentations personnalisées des salaires. L'organisation prévoit le taux d'augmentation de la rémunération des salariés en fonction de leur performance.

EXEMPLE Un salarié ayant atteint ses objectifs est augmenté de 1 %. Son collègue, qui a largement dépassé ses objectifs, est augmenté de 2 %.

1.2. Selon la situation du travailleur

Éléments personnels s'ajoutant au salaire

- **Ancienneté** : Prime d'ancienneté
- **Horaires** : Travail de nuit, le dimanche…
- **Fonction** : Logement, voiture…
- **Famille** : Nombre d'enfants, mariage…
- **Contrainte** : Salissure, risque

2 Les éléments collectifs de la rémunération

Les primes individuelles peuvent pousser à l'égoïsme dans le travail. Ce type de comportement risque de devenir contre-performant pour l'organisation car il nuit à la collaboration. Des rémunérations collectives sont donc prévues.

2.1. Selon la performance des équipes

Les primes collectives récompensent la performance d'une équipe.

EXEMPLE Un service commercial est gratifié d'une prime collective car il a dépassé le montant de ses ventes de 5 % par rapport à l'objectif fixé en début d'année.

Ces primes motivent les équipes mais leur répartition peut donner lieu à des tensions.

2.2. Selon la performance de l'organisation

INTÉRESSEMENT	PARTICIPATION AUX BÉNÉFICES
Il est facultatif. L'organisation verse une prime à l'ensemble du personnel en fonction de ses résultats. L'intéressement est mis en place par accord collectif, qui fixe le mode de calcul du montant à verser ainsi que sa répartition.	Elle est obligatoire à partir de 50 salariés. Une partie des bénéfices est réservée aux salariés. La somme dégagée est placée puis débloquée après une période d'indisponibilité de cinq ans. Un accord d'entreprise prévoit l'ensemble des modalités du dispositif, comme la formule de calcul ou la durée d'indisponibilité.

Ces dispositifs impliquent l'ensemble du personnel. Chacun apporte sa contribution à la performance de l'organisation et voit ses efforts récompensés.

2.3. L'épargne salariale pour une relation durable

Une négociation collective peut mettre en place un plan d'épargne salariale alimenté par la participation, l'intéressement ou toute sorte de sommes versées par le travailleur ou son employeur. Au bout de cinq ans, le salarié peut disposer des fonds, à savoir les sommes versées auxquelles s'ajoutent les intérêts des placements. Ce dispositif vise plus à impliquer l'acteur dans la vie de son organisation.

3 Le cadre juridique de la rémunération

3.1. L'existence de rémunérations minimales

Le salaire est, en principe, fixé librement entre le travailleur et son employeur. Cependant, des règles limitent cette liberté dans l'objectif de protéger le salarié. La loi impose ainsi aux organisations de verser à leurs employés un salaire minimum (le SMIC, salaire minimum interprofessionnel de croissance), sous peine d'amende. Le taux horaire (montant à verser pour une heure de travail) est revalorisé au 1er janvier de chaque année par décret.

Les conventions et accords collectifs viennent compléter ce dispositif par la fixation de minima, nécessairement plus élevés que le SMIC. Une négociation sur les salaires doit avoir lieu une fois par an.

3.2. L'interdiction des discriminations

Le Code du travail pose un principe absolu : à travail égal, salaire égal. L'employeur doit s'abstenir de toute discrimination sur les rémunérations, quel qu'en soit le motif : origine, sexe, âge, religion, activité syndicale…

mots clés

Prime individuelle ◆ Modulation personnelle ◆ Intéressement ◆ Participation aux bénéfices ◆ Épargne salariale

S'entraîner au Bac
Exercices 7, 8, 9 : p. 80-81

Savoir
5

La communication au service de la mobilisation

LU ☐
SU ☐
REVU ☐

Mobiliser les acteurs d'une organisation suppose la mise en place d'une communication interne efficace. Cependant, la communication interne seule ne suffit pas pour mobiliser. Il est indispensable de s'appuyer également sur les managers, qui ont pour mission d'animer les équipes de travail.

RESSOURCES HUMAINES ET COMMUNICATION

1 La communication interne

1.1. Définition

La communication interne correspond à toute action entreprise par l'organisation pour échanger des informations avec ses membres.

EXEMPLE Le dirigeant d'une entreprise du bâtiment fait toujours un discours à ses salariés en fin d'année.

1.2. Les objectifs de la communication interne

Communiquer à l'interne a pour ambition de mobiliser les acteurs. Dès lors, trois objectifs sont assignés à la communication interne.

OBJECTIFS	EXEMPLES
Créer du lien	Les salariés reçoivent le journal de l'entreprise chaque trimestre.
Donner du sens	La lettre d'information du dirigeant d'une PME présente les grandes orientations de la stratégie de l'entreprise.
Faciliter la coopération	Une PME a mis en place un espace de travail collaboratif afin que les membres de l'équipe chargée du lancement de son nouveau produit travaillent ensemble.

1.3. Les sens de la communication interne

Une action de communication interne peut être initiée par la hiérarchie afin de diffuser un message aux subordonnés. On parle alors de communication descendante.

EXEMPLE Une note de service a été rédigée pour demander aux salariés de ne pas se garer devant les entrepôts.

Lorsque l'action de communication est initiée par un subordonné vers un supérieur hiérarchique, on parle de communication ascendante.

EXEMPLE Jean a prévenu son manager que le stock d'équipement de sécurité est à présent insuffisant.

Quand des collègues situés sur un même niveau hiérarchique communiquent, il s'agit d'une communication transversale ou latérale.

EXEMPLE Brigitte communique à sa collègue le numéro de commande du client qui a fait une réclamation pour qu'elle puisse l'enregistrer.

1.4. Les supports de la communication interne

Les supports de la communication interne sont très diversifiés : notes de service et d'information, affiches, livret d'accueil, journal interne, réunions, visioconférences, communications téléphoniques, forums, site intranet, réseau social d'entreprise, blogs sont utilisés par la plupart des entreprises françaises.
La communication interne est facilitée par l'utilisation des technologies de l'information et de la communication (TIC), qui offrent la possibilité de communiquer en temps réel avec les salariés. L'intégration des TIC permet de rendre la communication plus attractive.

EXEMPLE Visioconférence, messagerie instantanée, blog, réseau social d'entreprise… sont autant d'outils appréciés par les salariés qui peuvent ainsi communiquer rapidement avec leurs collègues.

1.5. Les critères de réussite d'une action de communication interne

Pour être réussie, une action de communication interne doit être mûrement réfléchie. Cette réflexion s'articule autour des questions clés suivantes :

QUESTIONS	EXEMPLES
Quel message doit-on faire passer ?	La lutte contre le gaspillage de papier
À qui est-il destiné ?	Au personnel travaillant dans les bureaux
Quand le diffuser ?	À un rythme régulier
Comment mesurer son impact ?	La diminution des commandes de papier

1.6. Les limites de la communication interne

La généralisation de l'usage des TIC permet une diffusion plus large de l'information. Certains salariés se retrouvent donc destinataires d'une quantité importante de messages qu'ils ne sont pas en mesure de traiter correctement : c'est le phénomène de surcharge informationnelle.

EXEMPLE Pierrick a reçu 253 courriels électroniques en une journée. Après un tri minutieux, il s'aperçoit que seuls 45 le concernent directement. Il est en colère d'avoir perdu du temps à faire ce tri alors qu'il a beaucoup de dossiers à traiter.

Par ailleurs, les rumeurs peuvent parfois faire obstacle à la communication interne.

2 L'animation des équipes

La communication interne seule ne suffit pas à mobiliser. Un relais est nécessaire : le manager qui anime l'équipe et la mobilise.

2.1. Les objectifs de l'animation des équipes

a. Fixer des objectifs

Le manager doit mettre en œuvre la politique générale de l'organisation. Il sert de relais entre les dirigeants et les membres de son équipe. De ce fait, il doit fixer à cette dernière des objectifs généraux et les décliner en objectifs individuels. Il doit ensuite veiller à ce que les membres de l'équipe aient les moyens de les atteindre.

EXEMPLE Un commercial doit réaliser une opération de démarchage téléphonique et contacter 150 prospects dans la journée.

b. Favoriser le travail en équipe et faire coopérer l'équipe

C'est au manager que revient la responsabilité du bon fonctionnement de l'équipe. Il doit alors mettre en place des règles collectives et individuelles.

EXEMPLE Ne pas couper la parole en réunion.

Le manager doit favoriser la coopération entre les membres de l'équipe. Pour ce faire, il organise un processus de communication et met en place les outils permettant aux salariés de communiquer.

EXEMPLE Le manager élabore une liste de diffusion pour mettre en relation les membres de son groupe de travail.

c. Susciter la motivation

FACTEURS DE MOTIVATION	EXPLICATIONS	EXEMPLES
Le besoin de sens	L'individu au travail sera d'autant plus motivé qu'il comprend l'intérêt et la portée du travail qu'il accomplit. Il est donc important que des objectifs clairs et précis lui soient fixés. Ce besoin individuel de trouver un sens aux actions entreprises revêt aussi une importance capitale dans le cadre du travail collectif. En effet, chaque acteur doit comprendre la logique qui anime le groupe afin d'œuvrer dans la bonne direction.	Un cadre hospitalier a besoin de connaître la stratégie suivie par l'hôpital qui l'emploie en termes de gestion du personnel afin de comprendre comment il doit travailler avec les infirmiers et les aides-soignants de son service.
Le besoin de réussite	La réalisation de performances individuelles est un puissant levier de motivation pour l'individu au travail. En effet, le fait d'atteindre des objectifs tout comme le sentiment d'avoir bien fait son travail procurent une satisfaction au salarié. Ce besoin de s'accomplir dans le travail ne peut être comblé que si le manager fixe des objectifs à la fois réalistes (c'est-à-dire en adéquation avec les compétences de l'individu) et suffisamment ambitieux pour être stimulants.	Un commercial est très fier d'avoir réussi à atteindre ses objectifs de vente. Il a envie de faire encore mieux le mois prochain.
Le besoin de considération	D'une manière générale, tout être humain ressent le besoin d'être estimé, apprécié par les autres. Il est donc logique que, dans le cadre du travail, le salarié ait besoin de se sentir reconnu en tant que professionnel compétent par ses supérieurs hiérarchiques.	Un simple remerciement de la part d'un manager peut être très gratifiant pour le salarié.
Le besoin d'autonomie	Certains salariés ont besoin de disposer d'espaces de liberté pour accomplir leur activité de travail. S'ils se sentent trop contraints, ils seront moins motivés. Le fait de pouvoir exercer son travail avec une certaine marge de manœuvre permet de faire jaillir la créativité, ce qui contribue à développer la performance de l'organisation.	La secrétaire commerciale d'un magasin de bricolage est ravie de la liberté que lui laisse son directeur quant à la mise en place de la procédure de mise à jour des tarifs.

FACTEURS DE MOTIVATION	EXPLICATIONS	EXEMPLES
Le besoin d'appartenance	L'homme est un être social qui a besoin de faire partie intégrante d'un groupe. Pour être efficace dans son travail, il est important de se sentir intégré à l'organisation. Entretenir certaines habitudes, partager certains rites, des valeurs, respecter les mêmes normes favorise l'émergence d'un sentiment d'appartenance. Celui-ci permet de développer la cohésion du groupe de travail et contribue à ce que le salarié perçoive qu'il en est un membre à part entière.	Tous les matins, les membres d'une équipe de nettoyage industriel partagent un café et en profitent pour échanger, de manière informelle, sur le contenu de leur travail.

2.2. Les techniques d'animation des équipes

a. Les techniques d'animation collectives

Les réunions d'équipe, la constitution de groupes de projet permettent d'animer efficacement les équipes de travail car elles font travailler ensemble les membres de l'équipe, ce qui contribue à développer leur sentiment d'appartenance.

b. Les techniques d'animation individuelles

Ces techniques reposent sur la mise en place d'une interaction interpersonnelle entre le manager et chacun des membres de son équipe. L'entretien individuel permet au manager de mieux connaître son collaborateur, de préciser ses attentes tout en permettant à ce dernier de faire remonter ses difficultés, ses aspirations...

mots clés

Communication interne / Descendante / Ascendante / Transversale ou latérale ◆ Animation des équipes ◆ Sentiment d'appartenance

S'entraîner au Bac
Exercices 9 à 13 : p. 81-84

Savoir
6

Les besoins de travail de l'organisation

LU ☐
SU ☐
REVU ☐

La performance de l'organisation dépend des compétences de ses membres. L'activité se dégage alors des besoins de travail que le recrutement va permettre de combler.

1 Les besoins de travail

L'organisation traduit son besoin de travail en termes de compétences, de qualifications, de potentiel et d'expériences.

1.1. La notion de compétences

On appelle « compétence » la combinaison de savoirs (connaissances théoriques), de savoir-faire (savoirs pratiques) et de savoir-être (comportements) qui sont judicieusement exploités par un individu dans le cadre d'une activité de travail.

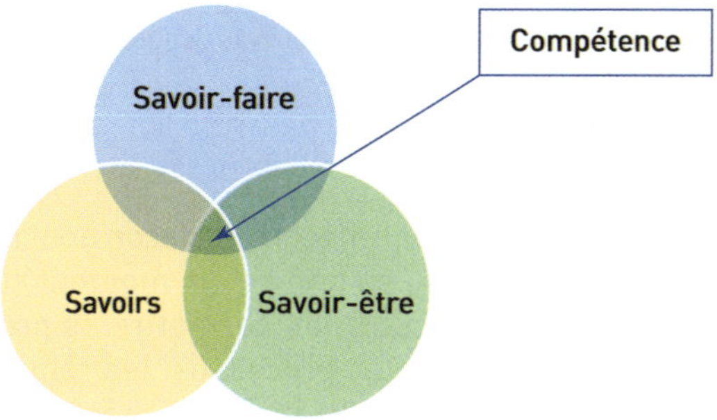

1.2. Le potentiel et le parcours professionnel

a. Le potentiel

Le potentiel regroupe l'ensemble des ressources que possède un individu mais qui, pour le moment, ne sont pas exploitées dans le cadre de l'activité de travail.

EXEMPLE
L'aptitude au commandement d'une équipe peut être présente chez un individu mais pas exploitée dans le cadre de son travail car celui-ci ne comporte pas de tâches de direction d'une équipe.

b. Le parcours professionnel

Le parcours professionnel correspond à l'ensemble des expériences de travail vécues par un individu. Il constitue, en quelque sorte, une trajectoire ponctuée de changements de poste de travail ou d'organisation.

1.3. La qualification et l'emploi

L'exercice d'une activité de travail s'accomplit dans le cadre d'un emploi confié à un individu. Un emploi désigne une situation de travail comportant des activités à réaliser. Pour occuper un emploi, le salarié doit disposer d'un certain niveau de compétences – on parle de « qualification » –, reconnues par un diplôme et/ou une expérience professionnelle.

2 Le recrutement

2.1. Les enjeux du recrutement

Le recrutement revêt des enjeux importants.

D'une part, il va permettre de répondre aux besoins en compétences décelés dans l'organisation. En effet, par ce biais, l'organisation dénichera de nouvelles compétences ou complétera celles déjà présentes.

D'autre part, il va faciliter l'adaptation des ressources humaines aux objectifs stratégiques. En ce sens, il sert la stratégie de l'entreprise.

2.2. Les étapes du recrutement

Le recrutement est un processus qui s'articule autour de deux moments clés.

1. LA RECHERCHE DE CANDIDATS	En interne : publication des postes vacants.
	En externe : – par l'organisation elle-même : publication d'offres d'emploi, candidatures spontanées, salons du recrutement, cooptation... ; – *via* un intermédiaire : Pôle emploi, APEC, chasseurs de tête...
2. LA SÉLECTION DE CANDIDATS PUIS LE CHOIX DU NOUVEAU SALARIÉ APRÈS UNE PRÉSÉLECTION SUR CV, DES TESTS ET ENTRETIENS...	

2.3. L'accueil

Une fois le candidat choisi, il faut réfléchir à la façon dont il sera accueilli par l'organisation. L'arrivée d'un nouveau salarié est un moment clé, tant pour lui que pour l'entreprise. Cette phase d'accueil doit permettre de présenter l'organisation, le poste de travail, les collègues, les processus, les règles... Chaque organisation détermine sa propre façon d'accueillir la nouvelle recrue et y accorde plus ou moins d'attention. C'est une phase importante car l'intégration du salarié dépendra énormément de la manière dont il a été accueilli.

2.4. L'intégration

On appelle « intégration » la phase durant laquelle une nouvelle recrue va progressivement s'adapter à son environnement de travail en s'imprégnant de la culture de l'organisation, en accomplissant son travail avec sérieux et en développant une autonomie croissante. Certains dispositifs peuvent être mis en place pour faciliter cette intégration : tutorat ou parrainage, découverte des différents métiers de l'entreprise, formation...

mots clés

Compétence ◆ Potentiel ◆ Parcours professionnel ◆ Emploi ◆ Qualification ◆ Recrutement ◆ Accueil ◆ Intégration

S'entraîner au Bac
Exercices 14, 15 : p. 84-85

Savoir 7

L'évaluation des compétences et du potentiel

LU ☐
SU ☐
REVU ☐

L'évaluation des compétences et du potentiel est complexe et peut se confondre avec une évaluation subjective des individus. Des protocoles d'entretien et de bilans permettent de rester objectif.

1 Les enjeux de l'évaluation

L'évaluation porte :
- sur les compétences du salarié, à savoir l'ensemble de ses connaissances et de son savoir-faire issus de son expérience professionnelle. Cela permet à l'organisation de comparer les compétences de ses collaborateurs à ses besoins et d'envisager les éventuelles actions nécessaires en cas d'écart (formation, par exemple) ;
- sur le potentiel du salarié, à savoir l'ensemble de ses ressources (compétences et capacités) non encore exploitées dans le cadre de son travail. Cela permet de prévoir son évolution de carrière.

Trouver des indicateurs fiables s'avère une tâche délicate, particulièrement pour estimer le potentiel.

2 Les modalités de l'évaluation

2.1. L'évaluation périodique de l'activité

a. L'entretien l'individuel

L'entretien individuel annuel est la technique la plus employée. Le supérieur hiérarchique direct et le salarié dialoguent sur l'activité de ce dernier, sur ses points forts, les points à améliorer et ses aspirations en termes de formation ou de carrière. C'est aussi le moment où ils fixent les objectifs à atteindre et échangent sur les éléments individuels de la rémunération.

L'entretien est un moment d'échange où le salarié peut faire part de ses difficultés ou de ses aspirations. Bien mené, il renforce le lien entre le salarié et son manager. Ce dernier consigne ses conclusions dans une grille d'évaluation.

b. L'intégration du collectif dans l'évaluation

L'évaluation individuelle des salariés s'avère incomplète. Elle n'intègre pas les capacités relationnelles et les aptitudes à coopérer des acteurs. Certaines organisations intègrent donc la dimension collective dans leur évaluation en questionnant les collègues (évaluation par les pairs) ou l'ensemble des partenaires : hiérarchie, collègues, subordonnés, clients (méthode du 360°).

2.2. L'évaluation à des moments clés de la carrière

a. Le bilan de compétences

À certains moments de sa carrière (licenciement, démotivation, envie de changement...), le salarié peut éprouver le besoin de faire le point sur ses capacités, son potentiel, voire ses possibilités de reconversion, à travers un bilan de compétences. Ce bilan, impérativement assuré par un prestataire extérieur, se déroule à l'initiative de l'employeur ou du travailleur. Le salarié bénéficie d'un congé rémunéré de 24 heures pour l'effectuer. Les conclusions lui sont remises sans que son employeur ne puisse les lui demander.

b. Le bilan d'étape professionnel

Les modalités varient en fonction de l'âge du travailleur.

Avant 45 ans

Contrairement au bilan de compétences, le bilan d'étape professionnel prend la forme d'un diagnostic commun entre l'employeur et le salarié. Il fait le point sur les capacités, les compétences, le besoin en formation et la carrière du travailleur.

Ce bilan se déroule à l'initiative du salarié, qui peut en demander un tous les cinq ans. Il est distinct de l'entretien annuel d'évaluation car il porte, non pas sur les objectifs du salarié, mais sur son projet professionnel dans ou hors de l'entreprise.

Après 45 ans

Dans les organisations de plus de 50 salariés, un entretien professionnel sur la deuxième partie de carrière doit être proposé aux travailleurs de plus de 45 ans.

Il se déroule obligatoirement tous les cinq ans et a pour objectifs :

- de dresser le bilan de la première partie de carrière ;
- d'identifier les possibilités d'évolution professionnelle pour les cinq ans à venir ;
- de remotiver si besoin le salarié ;
- de proposer d'éventuels aménagements des conditions de travail ;
- d'envisager les conditions de départ à la retraite pour les salariés les plus âgés.

3 L'objectivité de l'évaluation

Deux grands principes doivent guider le manager évaluateur afin de rester objectif.

LA PERTINENCE	Les méthodes d'évaluation portent strictement sur l'activité du travailleur et ses qualités professionnelles. Envisager un aspect de sa vie privée serait contraire au droit du travail. L'évaluation doit se faire sur la base de critères objectifs et vérifiables. On utilise généralement les indicateurs de l'activité humaine. Exemple : le chiffre d'affaires réalisé par un commercial sur l'année.
LA TRANSPARENCE	Les représentants du personnel sont obligatoirement consultés sur les modes d'évaluation avant leur mise en place. Le salarié doit être informé des techniques employées. De plus, son employeur doit lui communiquer les résultats de son évaluation.

mots clés

Compétences ◆ Potentiel ◆ Entretien individuel annuel ◆ Bilan de compétences ◆ Bilan d'étape professionnel

S'entraîner au Bac

Exercices 15, 23 : p. 85-89

Savoir **8**

La gestion des compétences et l'employabilité

LU ☐
SU ☐
REVU ☐

La carrière d'un individu découle à la fois des choix volontaires opérés par l'individu lui-même et des décisions prises par l'organisation à son égard. La gestion de carrière repose donc sur une double volonté : celle du salarié de maintenir un certain niveau d'employabilité et celle de l'organisation d'adapter ses ressources humaines à ses besoins en compétences. Cette gestion de carrière induit une mobilité professionnelle parfois voulue, parfois subie par le salarié.

1 La gestion de carrière : des enjeux différents

La carrière d'un individu est constituée de l'ensemble des expériences de travail qu'il a vécues tout au long de sa vie professionnelle.

1.1. Les enjeux de la gestion de carrière pour les salariés

Un salarié entend pouvoir maintenir son employabilité, c'est-à-dire sa capacité à trouver ou retrouver un emploi tout au long de sa carrière, à l'intérieur ou à l'extérieur de l'organisation, dans des délais raisonnables.
L'employabilité est liée aux compétences et à l'expérience du salarié, qui dépendent elles-mêmes de la gestion de carrière.

1.2. Les enjeux de la gestion de carrière pour les organisations

La carrière d'un individu est très souvent impactée par les décisions prises par l'organisation en matière de gestion des ressources humaines : mutations, licenciement, formation, promotion, reconversion... sont autant d'actions qui ont pour objectif de mieux gérer les compétences au sein de l'organisation. Ces décisions font évoluer la carrière du salarié sans que celui-ci l'ait nécessairement voulu.

1.3. La mobilité professionnelle : conséquence de la gestion de carrière

La mobilité professionnelle désigne le fait pour un salarié de changer de poste ou d'environnement de travail. Ce changement peut intervenir en interne (mobilité interne) ou en externe quand l'individu change d'organisation (mobilité externe).
La mobilité interne peut permettre au salarié :
- d'accéder à un poste hiérarchiquement supérieur à celui qu'il occupait précédemment (mobilité hiérarchique ou verticale) ;
- d'accéder à un poste de niveau équivalent (mobilité horizontale) ;
- de changer physiquement de lieu de travail (mobilité géographique).

La mobilité professionnelle peut être soit subie par le salarié quand elle résulte de décisions prises par l'organisation, soit choisie lorsqu'elle découle d'actions entreprises volontairement par le salarié.

2 Les dispositifs mobilisés par les organisations

Pour améliorer la gestion des compétences au sein de leur structure, les organisations utilisent deux dispositifs.

2.1. La GPEC

a. Qu'est-ce que la GPEC ?

La gestion prévisionnelle des emplois et des compétences regroupe l'ensemble des actions visant à assurer la meilleure adéquation possible entre les compétences nécessaires au fonctionnement de l'organisation et les ressources humaines dont elle dispose. Cette gestion est qualifiée de « prévisionnelle » car elle suppose un effort d'anticipation quant aux futures mutations qui peuvent se produire dans l'organisation. Ces transformations, souvent provoquées par l'environnement, ont le plus souvent des impacts sur les emplois présents dans l'organisation : certains disparaissent, d'autres vont apparaître. Il est donc fondamental de se préparer à ses évolutions.

EXEMPLE L'évolution technique a permis de créer une machine capable de mettre en pots la confiture fabriquée par une entreprise agroalimentaire, ce qui a supprimé les emplois des ouvrières qui réalisaient cette tâche auparavant.

b. L'importance de la GPEC

La gestion des emplois et des compétences se trouve au cœur de plusieurs dispositifs d'ordre légal. En effet, les entreprises de plus de 300 salariés doivent négocier tous les trois ans sur la GPEC. Par ailleurs, celle-ci constitue également une réponse aux problématiques suivantes :

LA FORMATION PROFESSIONNELLE CONTINUE	L'organisation est soumise à l'obligation de financer la formation professionnelle continue, qu'elle ait ou non la volonté de former ses salariés. Elle verse ainsi une contribution à un organisme collecteur. Si elle met en place des formations, elle bénéficie d'une aide pécuniaire ou est exonérée de taxe ; dans le cas contraire, les sommes sont versées à d'autres organisations.
L'EMPLOI DES SÉNIORS	Les entreprises de plus de 50 salariés doivent négocier un accord portant sur l'emploi des séniors.

c. Les étapes de la GPEC

État des lieux à un instant T

Définition des besoins actuels (emplois) et des ressources actuelles (personnel présent)

↓

Anticipation des besoins et des ressources futurs

Définition d'un horizon temporel de 3 à 5 ans et projection des besoins et des ressources

↓

Analyse des écarts

Analyse des écarts entre besoins anticipés et ressources prévisibles

↓

Politique d'ajustement

Définition d'une politique d'ajustement visant à réduire les écarts

2.2. Le plan de formation

a. L'élaboration du plan de formation

La formation professionnelle continue offre aux organisations un puissant levier d'adaptation des compétences à leurs besoins. Après avoir identifié ces derniers, les organisations élaborent un plan de formation. Celui-ci présente l'ensemble des actions de formation proposées par l'organisation. Il vise à adapter les salariés aux évolutions de leur poste de travail et à améliorer leurs compétences.

b. Les conditions de mise en œuvre du plan de formation

Les salariés ne peuvent pas refuser de suivre une formation et doivent être assidus. Ce temps passé est considéré comme un temps de travail classique. Le travailleur en formation touche sa rémunération habituelle.

Le plan de formation imposé par l'employeur peut être vécu comme une contrainte. La direction des ressources humaines doit impérativement concilier les besoins de l'organisation et les aspirations des salariés pour qu'ils adhèrent au dispositif. L'entretien annuel d'évaluation fournit des informations précieuses à ce sujet.

3 Les dispositifs mobilisables par les salariés

Des dispositifs de formation continue offrent aux travailleurs d'être acteurs de leur mobilité professionnelle.

3.1. Le compte personnel de formation

Depuis le 1er janvier 2015, le compte personnel de formation (CPF) se substitue au droit individuel à la formation (DIF). Le salarié capitalise des heures de formation payées par son employeur. Le CPF est portable, c'est-à-dire qu'il est attaché à la carrière du travailleur et non à l'organisation qui l'emploie. Il doit permettre d'accroître le niveau de qualification du salarié et de sécuriser son parcours professionnel.

3.2. Le CIF

Le salarié peut quitter son entreprise pendant un an au maximum pour suivre une formation dans le cadre du congé individuel de formation (CIF). L'employeur ne peut pas le refuser mais peut cependant en reporter la date. Le salarié conserve son contrat de travail et perçoit une rémunération versée par un organisme collecteur. Après sa formation, il réintègre son poste.

Pour obtenir un CIF, le travailleur doit faire valoir une ancienneté qui est calculée sur l'ensemble des emplois qu'il a occupés.

Le CIF permet d'accéder à un niveau supérieur de qualification ou de changer de profession. Il se situe au cœur de la mobilité professionnelle.

3.3. Les périodes de professionnalisation

Pendant une période de professionnalisation, le salarié suit une formation alternant les enseignements théoriques et l'expérience professionnelle. Le dispositif lui garantit le maintien de son emploi et de sa rémunération. Ces périodes sont ouvertes aux personnes peu qualifiées ou aux travailleurs en seconde partie de carrière (plus de 45 ans ou plus de 20 ans d'activité).

3.4. La validation des acquis de l'expérience (VAE)

Grâce à la VAE, le salarié peut obtenir un diplôme qui confirme l'expérience qu'il a acquise, sans qu'il ait à passer d'examen. Il constitue un dossier retraçant l'ensemble du parcours professionnel qu'il a réalisé dans toutes les organisations qui l'ont employé. Il présente ce dossier à un jury qui valide totalement ou partiellement son expérience. Le salarié bénéficie d'un congé de 24 heures pour préparer et présenter l'entretien. Sa rémunération est prise en charge par un organisme collecteur.

mots clés

Gestion de carrière ◆ Employabilité ◆ Mobilité professionnelle ◆ Gestion prévisionnelle des emplois et des compétences ◆ Formation professionnelle continue ◆ Plan de formation

S'entraîner au Bac
Exercices 15, 16, 17, 23 : p. 85-86-89

Savoir
9

La dynamique de groupe

LU ☐
SU ☐
REVU ☐

Dans tout groupe humain émerge un leader, c'est-à-dire un individu qui influence le groupe. Cependant, d'autres phénomènes d'influence non souhaités pèsent considérablement sur le fonctionnement du groupe ainsi que sur les prises de décision.

RESSOURCES HUMAINES ET COMMUNICATION

1 Le leadership

1.1. Définition et types de leadership

Le leader est celui qui exerce une influence sur un groupe. Cette influence est appelée « leadership ». Le leader peut tenir son autorité du statut qu'il occupe dans l'organisation : c'est le leadership de droit.

EXEMPLE Le chef du service « Comptabilité » d'une entreprise, le directeur d'une banque.

Il arrive que le leader tire son influence de son charisme, de ses qualités personnelles, qui font qu'il exerce le leadership de façon « officieuse » : c'est le leadership de fait.

EXEMPLE En réunion, tout le monde écoute attentivement ce cadre qui s'exprime avec beaucoup de brio et d'éloquence.

1.2. Les styles de leadership

L'influence d'un individu sur un groupe peut s'exercer de trois façons différentes.

STYLES DE LEADERSHIP	SIGNES DISTINCTIFS
Le leadership autoritaire	Le leader prend seul les décisions. Il ne sollicite pas l'avis des membres du groupe et n'expose pas les raisons de ses décisions. Il n'intervient pas dans la réalisation du travail.
Le leadership démocratique	Le leader prend des décisions en s'appuyant sur l'avis des membres du groupe. Il expose les raisons qui le poussent à choisir telle solution. Il intervient dans le travail de son équipe.
Le leadership « laissez-faire »	Le leader laisse le groupe faire ce qu'il veut. Il reste en retrait et passif vis-à-vis des réalisations de celui-ci.

D'une façon générale, le style démocratique est considéré comme celui donnant les meilleurs résultats. Cependant, le choix d'un style est fonction de la culture de l'organisation, des tâches que le groupe doit réaliser ainsi que de son degré d'autonomie.

EXEMPLE Le leadership autoritaire est plus adapté quand il faut prendre une décision rapidement.

Plus particulièrement, un leader efficace est celui qui est perçu comme légitime aux yeux des membres de l'équipe et qui assume les rôles qui lui incombent : organisation du travail, régulation des tensions, animation du groupe.

2 Les décisions de groupe

2.1. Les modes de décision de groupe

Il existe plusieurs façons de prendre des décisions en groupe.

MODES DE DÉCISION	ACTEURS DÉCISIONNAIRES
L'autorité	Un seul membre (souvent le leader) prend la décision.
La majorité	Les membres qui représentent plus de 50 % du groupe prennent la décision.
Le consensus	Après discussion, les membres du groupe tombent d'accord sur la décision à prendre.
La minorité	Quelques membres prennent la décision pour le reste du groupe.
L'unanimité	100 % des membres du groupe sont d'accord quant à la décision à prendre.

Il n'existe pas de mode de décision idéal. En effet, selon les circonstances, tel mode de décision sera plus adapté que tel autre.

EXEMPLE
Lorsque la décision doit intervenir dans un laps de temps très court afin de contrer l'action d'un concurrent, il est courant que le leader prenne seul la décision.

2.2. Les phénomènes d'influence

On distingue deux phénomènes qui peuvent influencer la prise de décision.

a. Le conformisme

Le conformisme désigne l'attitude de certains membres du groupe qui se soumettent aux opinions majoritaires parce qu'ils sont, inconsciemment, influencés par le groupe.

EXEMPLE
Pendant une réunion, un salarié n'ose pas dire qu'il trouve la solution choisie peu judicieuse car tout le monde semble enthousiasmé par ce choix.

En théorie, un groupe est censé prendre de meilleures décisions dans la mesure où il réunit un ensemble d'individus dotés de compétences complémentaires. Cependant, lorsque le phénomène de conformisme s'installe, la prise de décision n'est pas optimale, certains membres n'osant pas exprimer leur point de vue alors que ce dernier aurait pu permettre de prendre une décision plus satisfaisante.

b. La minorité active

La minorité active est formée par un petit nombre de membres du groupe qui osent exposer aux autres leur désaccord vis-à-vis de l'opinion majoritaire. Elle peut s'avérer très constructive pour le groupe et lui permet d'échapper au phénomène de conformisme.

mots clés
Leader ◆ Leadership ◆ Styles de leadership ◆ Modes de décision de groupe ◆ Phénomènes d'influence ◆ Conformisme ◆ Minorité active

S'entraîner au Bac
Exercices 18, 19 : p. 86-87

Savoir 10

Les facteurs de cohésion

LU ☐
SU ☐
REVU ☐

La cohésion désigne le fait pour les membres d'un groupe d'être solidaires les uns des autres et unis dans l'accomplissement des activités qui leur sont confiées. Elle se manifeste par l'émergence d'un sentiment d'appartenance qui cimente le groupe. Plusieurs types de facteurs expliquent son apparition.

RESSOURCES HUMAINES ET COMMUNICATION

1 L'importance de la cohésion

1.1. Les avantages de la cohésion

Le fait pour les membres d'un groupe de nouer entre eux des liens suffisamment forts leur permet d'être en cohésion. Celle-ci est souvent source de performance dans la mesure où les membres adhèrent aux objectifs qui leur ont été fixés. Ils s'unissent alors, font preuve de solidarité afin d'atteindre ces objectifs, ce qui a un impact favorable sur la performance collective.
Par ailleurs, la cohésion d'un groupe permet à ses membres de travailler dans un bon climat relationnel, ce qui procure à la fois satisfaction au travail et bien-être.

1.2. Les limites de la cohésion

Il est possible qu'un groupe fasse preuve de cohésion afin de contrer les objectifs de l'organisation. Cette attitude bloque alors la performance. En outre, un groupe cohésif s'expose au conformisme, ce qui peut nuire à sa créativité.

2 Les facteurs de cohésion

2.1. Les facteurs tenant aux liens noués au sein du groupe

a. Les facteurs internes

Ils tiennent au groupe lui-même et aux membres qui en font partie.

FACTEURS INTERNES	ILLUSTRATIONS
Les nombreuses occasions d'entrer en interaction	Se réunir régulièrement, partager des moments de convivialité autour de la machine à café, lors des déjeuners...
La volonté de faire partie du groupe	Désirer appartenir au groupe, chercher à s'y intégrer.
La proximité géographique	Travailler dans les mêmes locaux.
Les valeurs, normes et rituels communs (la culture du groupe)	Partager des valeurs (la tolérance...), respecter les mêmes règles (se soumettre à des procédures de travail communes), établir des rituels (fêter les anniversaires...).
La qualité de la communication	Partager l'information, faciliter l'accès aux outils de communication.

b. Les facteurs externes

Ils sont présents au sein de l'environnement dans lequel évolue le groupe.

FACTEURS EXTERNES	ILLUSTRATIONS
La reconnaissance des précédents succès du groupe	Les réussites antérieures ayant été valorisées par la direction, les membres du groupe ont envie de continuer à travailler ensemble.
L'existence d'une menace extérieure au groupe	La perspective d'un changement dans l'organisation de l'entreprise sur lequel les membres du groupe ne sont pas d'accord a pour conséquence de les unir davantage pour résister à ce projet.
La compétition avec d'autres groupes	La mise en concurrence des salariés d'un rayon d'un grand magasin d'électroménager avec ceux d'autres rayons renforce leur envie de s'unir pour emporter le challenge qui récompensera le rayon qui réalisera le plus de chiffre d'affaires.

2.2. Les facteurs tenant à l'accomplissement de l'activité

Outre l'existence de liens entre les membres du groupe, la cohésion se manifeste à travers le fait que ceux-ci poursuivent des objectifs et activités de travail communs. Cette cohésion opératoire découle de la présence de deux types de facteurs.

a. Les facteurs tenant à la composition du groupe

FACTEURS LIÉS À LA COMPOSITION DU GROUPE	EXPLICATIONS
La taille	Un groupe de taille restreinte facilite les interactions.
Les objectifs	Les objectifs fixés sont clairs pour tout le groupe.
L'homogénéité du groupe	Les membres ont le même statut, des points communs.
L'existence d'un contrat	Les membres du groupe ont pu signer un contrat de travail « officiel » ou ils se sont engagés moralement à collaborer avec les autres.

b. Les facteurs liés au fonctionnement interne du groupe

FACTEURS LIÉS AU FONCTIONNEMENT DU GROUPE	EXPLICATIONS
La stabilité du groupe	Le taux de rotation au sein du groupe est faible.
Le style de leadership	Un style démocratique facilite le travail du groupe.
La répartition claire des rôles	Chaque acteur du groupe sait ce qu'il a à faire.
Le degré d'implication des membres	Chacun est motivé, engagé.

mots clés

Cohésion • Facteurs de cohésion internes et externes

S'entraîner au Bac
Exercices 19, 20, 21 : p. 87-88

Savoir 11

Les tensions professionnelles et la cohésion

LU ☐
SU ☐
REVU ☐

Dans tout groupe humain, des divergences entre les membres peuvent apparaître, contribuant souvent à dégrader le climat de travail et pouvant déboucher sur des conflits. S'il est dépassé, le conflit n'est pas forcément négatif et peut même renforcer la cohésion.

1 Le climat relationnel et les conflits

1.1. Définition du climat relationnel

Le climat relationnel désigne la qualité de l'ambiance de travail qui se crée entre les membres d'une équipe. Un bon climat relationnel est facteur de motivation et de performance. Il est aussi favorable à la créativité.

1.2. Les facteurs propices à un bon climat relationnel

Un bon climat relationnel repose sur des facteurs qui lui sont favorables :

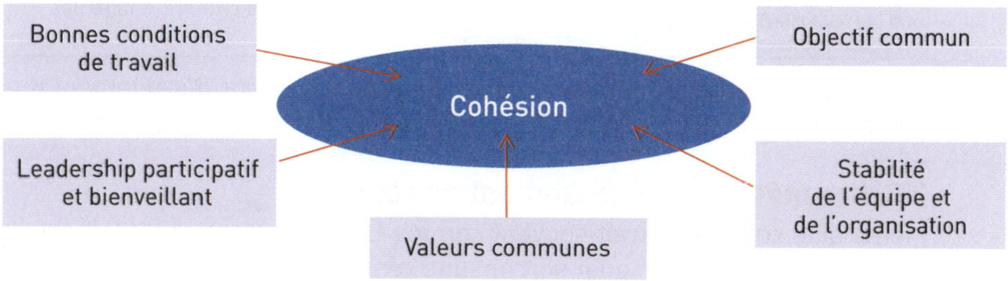

1.3. Les facteurs de dégradation du climat relationnel

Un style de leadership trop autoritaire conduit les salariés à ressentir une pression excessive qui nuit au climat relationnel. En outre, le manque de communication, des comportements individualistes ou le non-respect des règles, des rituels ou encore des valeurs en vigueur dans le groupe contribuent également à dégrader le climat relationnel.

EXEMPLE Un salarié qui veut à tout prix obtenir une promotion peut avoir un comportement très individualiste qui nuira à la bonne entente du service dans lequel il travaille.

La concurrence qui peut s'exercer entre groupes de travail sera nuisible au climat relationnel de l'organisation.

EXEMPLE Au sein d'un laboratoire pharmaceutique, deux équipes de chercheurs veulent être les premières à développer une nouvelle molécule. Les membres des deux groupes ne s'adressant plus la parole, le climat de l'ensemble de l'entreprise s'en trouve affecté.

Un climat relationnel défavorable engendre des tensions, voire des conflits.

1.4. Les types de conflits

Un conflit désigne une situation dans laquelle deux individus ou groupes d'individus se trouvent en opposition. Il peut être ouvertement exprimé (conflit ouvert) ou non exprimé (conflit larvé).

Un conflit peut trouver son origine dans :
- une divergence de points de vue (conflit d'opinion) ou d'objectifs (conflit d'objectif) ;
- le fait que des personnalités ne s'accordent pas (conflit affectif) ;
- un comportement jugé inapproprié par les autres (conflit de comportement).

2 La gestion des conflits

2.1. Les attitudes dans le conflit

Un conflit n'est pas vécu de la même manière par les individus qui y sont confrontés. La façon de le vivre dépend de la personnalité de chacun. Néanmoins, il est possible de repérer quelques attitudes souvent présentes dans les situations conflictuelles.

LA FUITE	L'individu cherche à éviter le conflit ou à l'ignorer.
L'AGRESSIVITÉ	L'individu réagit vivement au conflit : colère, provocation, excès d'autoritarisme...
LA MANIPULATION	L'individu cherche à flatter ou, au contraire, à culpabiliser les autres.
LA RECHERCHE DU DÉPASSEMENT DE CONFLIT	L'individu cherche à communiquer à propos de ce conflit ; il essaie de trouver un terrain d'entente, à faire des concessions.

Les trois premières attitudes ne permettent pas de sortir durablement du conflit. La dernière attitude permettra l'émergence d'une situation nouvelle, plus sereine.

2.2. Les modes de dépassement du conflit

Même si le conflit apparaît souvent comme un événement négatif, il est salutaire qu'il éclate, à condition qu'il soit ensuite résolu. Dans ce cas, le conflit peut être positif car il aura permis de dépasser une situation qui n'était guère satisfaisante.

MODE DE DÉPASSEMENT DU CONFLIT	PRINCIPE
La négociation	Des démarches sont entamées, visant à faire dialoguer les parties en opposition pour qu'elles trouvent un terrain d'entente.
La médiation	Les parties en opposition se rapprochent par l'intermédiaire d'une personne extérieure à la situation conflictuelle : le médiateur.
L'arbitrage	Le conflit est tranché par une personne qui lui est extérieure (le plus souvent, un supérieur hiérarchique).

mots clés Climat relationnel ◆ Conflit ◆ Modes de dépassement du conflit

S'entraîner au Bac
Exercice 22 : p. 88

Savoir

12

Le climat social

LU ☐
SU ☐
REVU ☐

L'organisation regroupe des acteurs (salariés, actionnaires, direction…) aux intérêts parfois opposés. Il est donc important d'établir et de maintenir une communication entre les groupes d'acteurs afin de préserver un climat social serein : c'est le dialogue social.

RESSOURCES HUMAINES ET COMMUNICATION

1 Le dialogue social

Le dialogue social désigne l'ensemble des interactions qui se produisent au sein d'une organisation entre la direction, les salariés et leurs représentants. Il vise à renforcer la cohésion et la performance.

1.1. Les acteurs du dialogue social

a. Du côté des salariés

Les salariés participent au dialogue social par l'intermédiaire de leurs représentants.

ACTEURS	CARACTÉRISTIQUES
Les délégués du personnel	Élus dans les entreprises de plus de 11 salariés, ils ont pour rôle de représenter le personnel auprès de la direction pour toutes les questions relatives à la législation du travail.
Le comité d'entreprise	Obligatoire dans les entreprises de plus de 50 salariés, il a pour rôle d'assurer l'expression collective des salariés.
Les délégués syndicaux	Nommés par un syndicat, ils représentent ce dernier auprès de la direction en exprimant des revendications et en négociant des accords collectifs.
Le CHSCT	Le comité d'hygiène, de sécurité et des conditions de travail, obligatoire dans les entreprises de plus de 50 salariés, participe à l'amélioration de la santé et de la sécurité au travail.

b. Du côté de la direction

La direction participe au dialogue social en son nom propre ou par l'intermédiaire d'un syndicat de chefs d'entreprise appelé « organisation patronale ».

EXEMPLE Le MEDEF (Mouvement des entreprises de France) et la CGPME (Confédération générale des petites et moyennes entreprises) sont des organisations patronales.

1.2. Les formes du dialogue social

Un dialogue social informel se déroule de manière très spontanée, au quotidien.

EXEMPLE Un chef d'équipe et ses ouvriers échangent à propos des règles de sécurité à observer sur le chantier sur lequel ils sont en train d'intervenir.

Un dialogue social formel, institué par la loi ou les conventions collectives, réunit les représentants du personnel et la direction.

1.3. Le contenu du dialogue social

Le dialogue social vise à trouver une solution aux problèmes qui surgissent dans l'organisation, qui peuvent concerner l'organisation du travail, la politique de rémunération, les conditions de travail… Il est, le plus souvent, encadré par le législateur, qui oblige les partenaires sociaux à entreprendre des négociations sur des thèmes très divers.

EXEMPLE La formation professionnelle, l'emploi des séniors, la parité hommes/femmes.

2 Le bilan social

2.1. Un outil au service du dialogue social

Le bilan social est un document annuel qui regroupe les principaux indicateurs permettant de rendre compte de la situation sociale d'une organisation.
Obligatoire dans les entreprises de plus de 300 salariés, il permet de favoriser l'anticipation en matière de gestion des ressources humaines et de fournir des clés de compréhension de la situation sociale qui servent de base au dialogue social. Le bilan social est en effet au service du dialogue social, que ce soit au niveau de sa conception ou de sa diffusion.

LA CONCEPTION DU BILAN SOCIAL	– Collecte des informations auprès des différents services de l'organisation – Présentation et mise en perspective de ces données grâce à des commentaires permettant de véhiculer des messages forts ou de rappeler les valeurs de l'organisation – Consultation du comité d'entreprise
LA DIFFUSION DU BILAN SOCIAL	– Communication aux délégués syndicaux – Communication aux salariés

2.2. Les éléments du bilan social

Le bilan social présente des thèmes très divers : la nature des emplois, la structure des effectifs, les évolutions de personnel (recrutements, départs), le degré de fidélisation des salariés, la structure de la rémunération, l'organisation du travail, la formation professionnelle, la sécurité au travail...

2.3. Les indicateurs du bilan social

Les différents thèmes du bilan social sont illustrés par des indicateurs qui permettent de chiffrer les phénomènes que le bilan cherche à mettre en évidence.

THÈMES DU BILAN SOCIAL	EXEMPLES D'INDICATEURS UTILISÉS
La structure des effectifs	Pyramide des âges, ventilation des effectifs par service, par sexe, par catégorie d'emploi
La fidélisation des salariés	Taux de rotation, taux d'absentéisme
La formation	Budget alloué à la formation
La sécurité au travail	Taux de fréquence et taux de gravité des accidents du travail

mots clés Dialogue social ◆ Bilan social

S'entraîner au Bac
Exercices 23, 24 : p. 89-90

Savoir

13

L'organisation du travail

LU ☐
SU ☐
REVU ☐

Organiser le travail signifie répartir et coordonner les tâches entre les travailleurs. C'est l'une des missions centrales du manager. La performance de son équipe en dépend.

RESSOURCES HUMAINES ET COMMUNICATION

1 Organiser le travail

Le manager procède à l'analyse des tâches des membres de son équipe avant de les répartir.

1.1. Analyser les tâches de chacun

a. Par un tiers

Une personne extérieure au service est chargée d'observer les travailleurs. Elle note l'ensemble des tâches réalisées et les chronomètre. Cette méthode est objective, mais souvent mal vécue car les acteurs se sentent surveillés.

b. Par le travailleur lui-même

L'intéressé peut noter lui-même l'ensemble des tâches qu'il réalise ainsi que leur durée. Toutefois, les acteurs ont tendance à surévaluer ou sous-évaluer l'ampleur de certaines tâches à cause de la perception qu'ils en ont.

EXEMPLE

Un vendeur minimisera le temps passé avec ses clients (ce qu'il aime faire) et maximisera celui passé au bilan hebdomadaire qu'il envoie à son responsable (ce qu'il n'aime pas faire).

c. Collectivement

Les échanges avec une ou plusieurs personnes aident à s'approcher au plus près de la réalité de l'organisation du travail.

1.2. Répartir les tâches entre les membres

a. L'outil utilisé : le tableau de répartition des tâches

L'ensemble des tâches est réparti dans un tableau de répartition des tâches (TRT), qui comprend la liste des tâches, la durée de chacune d'elles, les noms des acteurs, le total du temps de travail par acteur.

EXEMPLE

Extrait d'un TRT dans un service « Ressources humaines » :

	JOHANNA	BRUNO	LEILA
Élaboration des bulletins de paie	25 h		3 h
Gestion des absences	8 h	6 h	7 h
[...]	[...]	[...]	[...]
Total hebdomadaire	**39 h**	**33 h**	**33 h**

La répartition se fait selon différents critères que le chef de service combine et hiérarchise.

b. Les critères de répartition professionnels

LES PRINCIPAUX CRITÈRES DE RÉPARTITION	OBSERVATIONS
Respecter les fiches de **définition de poste**	Ces documents dressent la liste des **tâches** (opérations élémentaires) et des **missions** (ensemble de tâches) de chaque acteur. Ils peuvent être plus ou moins détaillés en fonction des postes occupés.
Suivre l'**organigramme de structure**	Ce schéma présente la répartition des **fonctions** (postes occupés) par service.
Exploiter les **qualifications et compétences**	Les **connaissances** et les **diplômes** (qualifications) constituent un critère important mais pas unique. Le manager doit aussi repérer les compétences, c'est-à-dire les **savoir-faire,** afin de confier les tâches aux personnes les plus aptes à les réaliser.
Prendre en compte les **qualités et le potentiel**	Le manager se doit aussi de prendre en compte la nature évolutive des tâches. Quand celles-ci se modifient régulièrement, il est important de détecter les salariés disposant de qualités ou d'un potentiel leur permettant de s'adapter rapidement.
Tenir compte des **durées de travail**	Le manager procède à un rééquilibrage mathématique pour éviter les **surcharges** de travail (la durée du travail est supérieure à ce qui est prévu au contrat) ou les **sous-charges** (la durée est inférieure à celle qui est stipulée dans le contrat de travail). Il s'agit d'éviter de payer des heures supplémentaires à certains acteurs pendant que d'autres sont inoccupés.

c. Les critères de répartition personnels

Si les critères professionnels restent prépondérants dans la répartition du travail, il est nécessaire de tenir compte des aspirations des acteurs. Les salariés développent spontanément des savoir-faire en fonction de leurs goûts et de leurs compétences. Ils connaissent très bien ces missions et les apprécient. Les attribuer à une autre personne serait contre-performant.

D'une manière générale, associer l'ensemble des acteurs à la répartition des tâches permet d'obtenir l'accord de chacun et d'impliquer l'équipe.

d. L'importance des critères

La répartition du travail entre membres d'une équipe doit prendre en compte un maximum de critères pour emporter l'adhésion de chacun et être efficace. Ainsi, une répartition fondée sur le temps de travail et les qualifications mais qui ne tiendrait pas compte des aspirations peut provoquer des tensions entre le responsable et son équipe ; les acteurs risquent de se sentir frustrés et le travail sera accompli sans réelle motivation.

C'est pourquoi les salariés peuvent être consultés, voire associés aux étapes de la démarche. Cette collaboration favorisera la compréhension des objectifs et des enjeux.

2 Communiquer pour une meilleure efficacité

Il ne suffit pas de répartir de façon rationnelle le travail pour que le service ou l'équipe collabore harmonieusement. Le manager doit prévoir sa communication opérationnelle avec soin.

La communication opérationnelle indique aux acteurs d'une organisation ce qu'ils ont à faire ou ne doivent pas faire, de manière plus ou moins impérative.

2.1. La communication opérationnelle pour transmettre des ordres

Deux moyens sont couramment employés.

a. La note de service

Elle transmet des consignes à des personnes nommément désignées, qui doivent s'y conformer. Elle émane toujours de la hiérarchie : c'est une communication exclusivement descendante.
Les destinataires peuvent être plus ou moins nombreux : de quelques personnes à un service entier. La diffusion de la note adopte différents supports : papier avec affichage ou numérique avec distribution individualisée par courriel.

b. Les consignes individuelles

Elles peuvent revêtir diverses formes : de la consigne donnée à l'oral en face-à-face à un petit bout de papier griffonné ou un Post-it collé sur le bureau.

FORMES	INTÉRÊTS	LIMITES
Écrites	Elles permettent de garder une trace en cas de problème. La présence du destinataire n'est pas requise.	Pas de question possible si la consigne manque de clarté.
Orales	Elles sont l'occasion d'entretenir la relation entre les personnes en abordant des sujets plus personnels. Le destinataire peut demander des précisions si besoin.	- Le destinataire peut oublier une partie des consignes. - Elles peuvent devenir chronophages.

2.2. La communication opérationnelle pour susciter la coopération

La communication opérationnelle ne peut se limiter à la simple transmission d'ordres. Si les acteurs obéissent sans comprendre les enjeux et les interdépendances qui existent dans l'organisation, le travail manquera d'efficience. La communication opérationnelle doit donc utiliser des outils afin de susciter la coopération.

a. Le compte rendu de réunion

Il retranscrit les échanges qui ont eu lieu lors d'une réunion. Il s'adresse aux participants, pour mémoire, et à tous les intéressés qui étaient absents, pour information. Grâce au compte rendu, les absents peuvent prendre connaissance des différents aspects du thème traité lors de la réunion et mieux comprendre comment mener à bien leur mission.

> EXEMPLE Un salarié débute sa participation à un projet qui est entamé depuis plusieurs semaines. Il peut se servir des comptes rendus des réunions précédentes pour comprendre les étapes antérieures du projet.

b. Le schéma de procédure

Il représente un processus. Il peut prendre différentes formes et être plus ou moins imagé en fonction de la cible.

> EXEMPLE Procédure de remboursement des frais de déplacement dans un service commercial

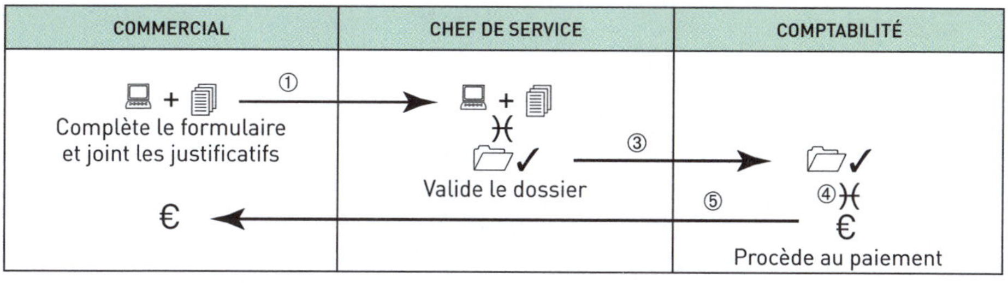

Ce schéma donne des instructions concernant la procédure à suivre. Il permet aussi de visualiser les activités de chacun et de comprendre les interdépendances entre les acteurs de l'organisation, c'est-à-dire les liens professionnels indissociables qui les unissent.

EXEMPLE
Dans la procédure de remboursement des frais de déplacement, le commercial comprend, à l'aide de ce schéma, que la mise en paiement de ses indemnités dépend de son chef de service et non du service « Comptabilité ».

Pour que le schéma de procédure puisse atteindre son objectif, une intervention orale est souvent nécessaire. Sa raison d'être et son intérêt seront alors expliqués afin d'obtenir l'adhésion de l'ensemble des acteurs.

c. La communication opérationnelle ascendante

La communication opérationnelle ne peut être uniquement descendante. Elle doit intégrer aussi une dimension ascendante. Il s'agit de laisser les travailleurs s'exprimer pour qu'ils puissent relever des dysfonctionnements non repérés par l'organisation et y apporter des solutions.

EXEMPLE
Un manager et un commercial échangent sur le manque d'efficacité de la procédure de remboursement des frais de déplacement en prenant un café. Ils trouvent une solution plus performante. Le chef de service indique au commercial qu'elle sera appliquée immédiatement.

mots clés
Analyse des tâches ◆ Répartition des tâches ◆ Définition de poste ◆ Communication Opérationnelle

S'entraîner au Bac
Exercice 25 : p. 90

Savoir

14

LU ☐
SU ☐
REVU ☐

Les méthodes du travail coopératif

Un fonctionnement performant des organisations nécessite un minimum de coopération entre les acteurs. La coopération ne se décrète pas, mais il est possible de mettre en place des conditions qui la favoriseront. C'est pourquoi les organisations ont développé des méthodes de travail à plusieurs.

1 Les modes de travail collaboratif

1.1. La réunion

a. Sa préparation

Le comportement des participants à la réunion sera d'autant plus actif qu'elle aura été bien préparée :
- la date est choisie avec soin pour que chacun puisse se libérer ;
- les participants sont convoqués suffisamment à l'avance et informés de l'ordre du jour afin de pouvoir préparer la réunion ;
- les conditions matérielles sont vérifiées préalablement pour éviter toute perte de temps.

b. Son animation

L'animation de la réunion est fondamentale pour susciter la coopération. Il faut :
- centrer la réunion sur son objet afin d'éviter les digressions qui lassent les participants et font perdre du temps ;
- réguler les échanges pour inciter chacun à prendre la parole. Pour cela, l'animateur doit modérer les personnes qui ont tendance à monopoliser la parole et encourager les plus discrets à s'exprimer par un questionnement précis ;
- synthétiser de manière régulière. D'une part, il s'agit de clarifier les débats durant la réunion lorsque cela s'avère nécessaire. D'autre part, l'animateur rappellera les points importants avant de clôturer la réunion.

1.2. Le groupe de projet

Un groupe de projet est constitué par un ensemble de personnes appelées à travailler sur un projet, c'est-à-dire un problème ou un besoin unique et temporaire.

EXEMPLE

Un groupe de projet travaille sur l'ouverture d'un nouveau site de production. Ce projet peut être considéré comme unique car un tel événement est rare dans la vie des entreprises. Il est temporaire car le groupe sera dissous dès l'inauguration, laissant la place à l'équipe de gestion du site.

L'équipe de projet présente des caractéristiques particulières qui ont une influence sur la coopération. Le chef de projet, qui est le pivot de cette équipe, doit les intégrer pour constituer le groupe, le faire vivre et mener à bien le projet.
Les membres d'une équipe de projet peuvent hésiter à s'investir en raison du caractère temporaire de l'objectif. Cette dimension éphémère nécessite une capacité d'adaptation de la part des membres, car ils doivent apprendre à travailler ensemble rapidement.
Les membres de l'équipe de projet sont issus de services et de métiers différents. Ils n'ont donc ni la même culture, ni les mêmes méthodes de travail, ni les mêmes problématiques.

Il n'y a pas de lien hiérarchique entre les membres de l'équipe ; tous sont experts. Il existe donc un risque de voir l'équipe se transformer en une somme d'individualités et non en un groupe cohésif.

1.3. Les techniques de créativité

a. Le remue-méninges

Le groupe recherche un maximum d'idées, sans réelle sélection. Il privilégie la quantité à la qualité en partant du postulat que, parmi la profusion d'idées, émergeront forcément quelques idées pertinentes.

INTRODUCTION	L'animateur présente le problème à traiter et rappelle les règles.
ÉMISSION DES IDÉES	Le groupe propose un maximum d'idées sous toutes les formes : phrases, mots, bribes de mot, en procédant par association d'idées. Les idées fusent, qu'elles soient émises par ricochet, totalement décalées ou hors sujet. L'animateur fait respecter le principe d'absence de jugement en recadrant les participants si nécessaire. Il incite chacun à s'exprimer.
PRISE DE NOTES	Une personne est désignée pour prendre des notes. Elle relève tout ce qui se dit, sans classement ni tri.
SÉLECTION DES IDÉES	À la fin de la séance, l'animateur invite le groupe à sélectionner les idées qui semblent le mieux répondre au problème présenté dans l'introduction.

b. La carte mentale

La carte mentale est un schéma qui représente les associations d'idées. Elle reproduit le mode de fonctionnement de notre cerveau, qui fonctionne par ricochet et non selon un plan structuré. Sa présentation est libre. On utilise des mots, des symboles ou des images. Elle donne une vue d'ensemble sur un problème.

EXEMPLE

Réflexion autour de la remise des médailles du travail :

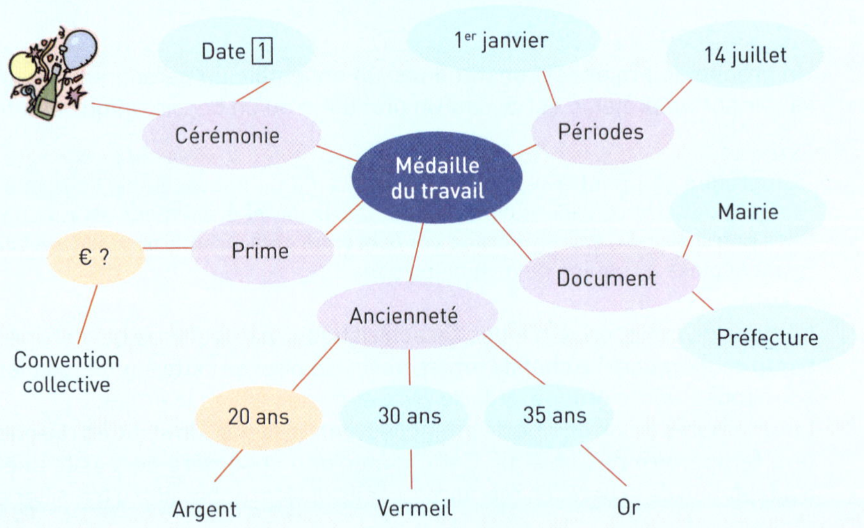

c. Les principes de la créativité

Les propositions d'idées risquent d'être pauvres, car conformistes, si les acteurs ne se sentent pas libres de s'exprimer. Le manager doit donc respecter et faire respecter une règle simple : ne pas juger.

Par ailleurs, une idée nouvelle ne sort généralement pas du néant mais est le fruit d'une association d'idées. Une première personne fait une proposition, une deuxième suggère une amélioration, une troisième fait de même... pour obtenir, au final, une idée totalement innovante.

2 Les technologies coopératives

2.1. Les technologies reproduisant des outils classiques

a. L'agenda partagé

Chaque collaborateur connaît instantanément les disponibilités de ses collègues. L'agenda partagé renforce donc la coopération.

b. Le blog

Cette sorte de journal de bord est utilisée pour publier des articles sur l'actualité d'une organisation et son environnement. Les lecteurs ont la possibilité de réagir en commentant les articles. Le blog fait naître un espace d'échange d'expériences qui renforce nécessairement la collaboration.

c. Les réunions à distance

LA VISIOCONFÉRENCE	LA WEBCONFÉRENCE	LES ESPACES VIRTUELS DE RÉUNION
Une salle est équipée d'écrans et de terminaux dédiés aux réunions à distance. Cette solution offre des garanties de sécurité et de qualité, mais elle est la plus onéreuse car elle nécessite un abonnement.	Les transmissions sont assurées par Internet. Aucun matériel spécifique n'est requis : un ordinateur avec un microphone et une webcam suffisent. Cette solution est souple et peu onéreuse.	À l'instar des jeux vidéo, les participants créent leur avatar et se retrouvent dans une salle de réunion virtuelle où ils peuvent échanger comme s'ils y étaient. L'aspect ludique de la technologie est motivant.

Quelle que soit la forme choisie par l'organisation, les réunions à distance réduisent les coûts puisqu'elles n'engendrent pas de frais de déplacement.

2.2. Les technologies proposant des espaces d'expression

a. Le forum interne

Dans cet espace, les personnes peuvent poser des questions à une communauté virtuelle animée par le même centre d'intérêt.

Les forums sont thématiques. Les questions et les réponses sont enregistrées. Si une question déjà traitée est posée, les réponses correspondantes apparaissent automatiquement. Les forums constituent une mémoire de savoirs et savoir-faire internes.

b. Le wiki

Ce site Web permet à des collaborateurs distants d'élaborer des contenus (textes avec insertion de tableaux, d'images, de photos, de vidéos).

Un wiki est construit par un grand nombre de contributeurs qui modifient et complètent ce que d'autres ont rédigé. Certains de ces sites permettent à leur propriétaire de restreindre les droits, d'autres sont totalement ouverts.

c. Le réseau social d'entreprise (RSE)

Le RSE offre les mêmes fonctionnalités que les réseaux sociaux généralistes (profil, amis, partage de fichiers multimédia, « mur », annuaire et outils de recherche, messagerie instantanée, flux d'activités...) mais il restreint son champ d'action aux membres de l'organisation qui l'a mis en place. Son objectif est de créer et d'entretenir les liens entre les acteurs de l'organisation afin qu'ils collaborent plus spontanément.

2.3. L'appropriation des technologies par le personnel

Ces technologies sont familières à certaines personnes et totalement étrangères à d'autres. Elles véhiculent des craintes quant à leur utilisation (la manière d'utiliser l'outil) et à l'usage qui peut en être fait (hésitation à se dévoiler ou à partager ses informations). Pour éviter ces résistances au changement, des informations et des formations autour de l'outil doivent être prévues.

Description des fonctionnalités de l'outil	+	Présentation des intérêts de l'outil pour les acteurs	+	Échanges entre collègues et témoignages	=	Dissipation des résistances au changement

mots clés : **Réunion** ◆ **Groupe de projet** ◆ **Techniques de créativité** ◆ **Technologies coopératives**

S'entraîner au Bac
Exercice 26 : p. 91

Savoir
15

LU ☐
SU ☐
REVU ☐

Le document, vecteur de coopération

Les organisations génèrent un grand nombre de documents. La dématérialisation ainsi que la gestion électronique des documents permetent de faciliter les échanges et de faire du document un véritable vecteur de coopération.

1 La dématérialisation des documents

1.1. La notion de document

Un document se caractérise par trois éléments :
- un support qui peut prendre les formes les plus variées (du fichier informatique au petit bout de papier) ;
- un message exprimé par toute sorte de signes (mots, son, vidéo, image, etc.). Il est porteur d'informations ;
- un destinataire au minimum. Un simple pense-bête que le salarié se fait pour lui-même n'est donc pas un document. Le document est un outil de communication.

1.2. Le document numérique

Avec les technologies de l'information et de la communication, le document perd son support physique pour devenir totalement numérique. Cette dématérialisation permet d'enrichir le document. Il devient multimédia et offre des possibilités de partage non connues jusque-là. Cependant, cette forme numérique exige que le destinataire soit doté d'un matériel informatique pour pouvoir le lire et/ou le modifier.

2 Le partage et la mutualisation des documents

2.1. L'intérêt du partage et de la mutualisation

Le partage et la mutualisation consistent à mettre ou à élaborer en commun les documents de l'organisation. Ceux-ci sont regroupés et accessibles à tous, le plus souvent grâce au réseau informatique.
Mutualisation et partage améliorent la communication, la coordination et la coopération.

COMMUNICATION	COORDINATION	COOPÉRATION
Le partage et la mutualisation permettent d'échanger plus facilement les informations.	Le travail est mieux réparti grâce à un accès aisé aux documents de l'entité. Cela réduit les tensions.	Le travail en commun sur un même document rend les salariés plus performants.

2.2. Les risques du partage et de la mutualisation

a. Le problème des versions

Les acteurs peuvent travailler successivement sur un même document, en se l'envoyant par courrier électronique, par exemple. On parle de partage en mode asynchrone. Cette méthode peut poser des problèmes de gestion des versions quand les contributeurs sont nombreux. C'est cependant la méthode la plus fréquemment utilisée.

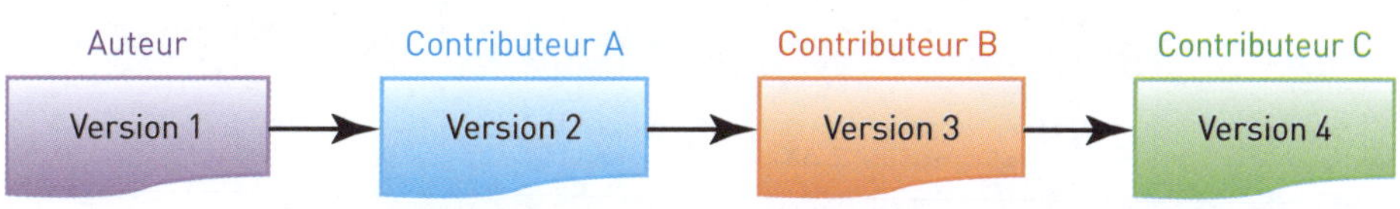

La mise en commun d'un document unique que chacun peut modifier sans procéder à aucun envoi répond à ce problème. Un auteur crée le document sur un espace commun. Plusieurs contributeurs distants peuvent ensuite le consulter et/ou le modifier en même temps. On parle de partage en mode synchrone.

b. Les résistances au partage des documents

IDENTIFICATION DES RÉSISTANCES	SOLUTIONS POSSIBLES
Des acteurs peuvent être tentés de retenir leurs informations pour conserver un certain pouvoir sur les autres.	Le manager doit montrer l'exemple en partageant largement ses informations et en travaillant en toute transparence.
Les organisations fixent des objectifs essentiellement individuels à leurs travailleurs. Ces méthodes d'évaluation incitent peu à la collaboration. Elles peuvent même dissuader les salariés de collaborer car ils peuvent y voir une perte de temps ou ne pas y trouver d'intérêt personnel.	Le partage des documents peut transformer radicalement les méthodes de travail. Il devient alors indispensable de modifier les méthodes d'évaluation, en fixant aussi des objectifs collectifs, par exemple.
Les objections en termes de confidentialité des documents sont souvent mises en avant. Certains documents étant sensibles, ils ne devraient pas circuler ou figurer sur un espace commun.	Les documents sensibles peuvent être assortis d'un mot de passe qui empêche toute ouverture par une personne non autorisée. Un document peut se trouver sur l'espace commun sans qu'il apparaisse aux yeux de tous. Seules les personnes habilitées peuvent le voir et y accéder.
L'auteur du document partagé peut craindre de le voir totalement déstructuré, perverti, voire supprimé par des collègues qu'il ne connaît pas ou en qui il n'a pas confiance.	L'auteur du document a le pouvoir d'en **gérer les droits**. Il peut donc décider avec qui il le partage et dans quelles conditions (lecture seule et/ou modification).

3 La gestion électronique des documents

Avoir accès instantanément à la bonne information, donc au bon document, est une condition indispensable à la coopération. Les organisations répondent à cette problématique par l'utilisation de la gestion électronique des documents (GED).

3.1. Les étapes de la GED

La GED regroupe les technologies et les processus qui permettent de gérer un document électronique tout au long de son cycle de vie.

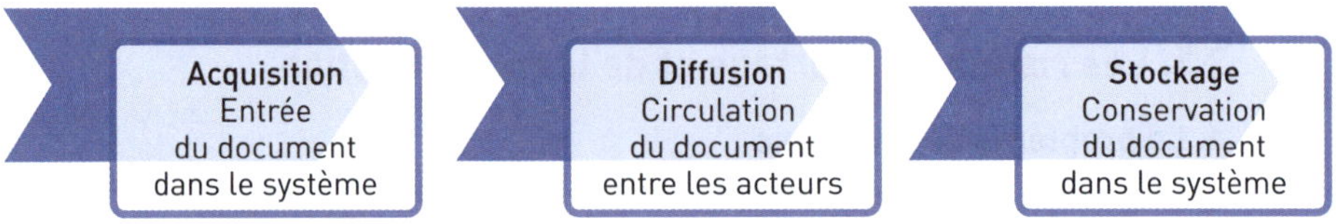

a. L'acquisition des documents

Les documents numériques entrent naturellement dans la GED, mais les documents papier sont scannés. Se pose alors le problème du format de fichier issu de la numérisation. Un traitement devient nécessaire.

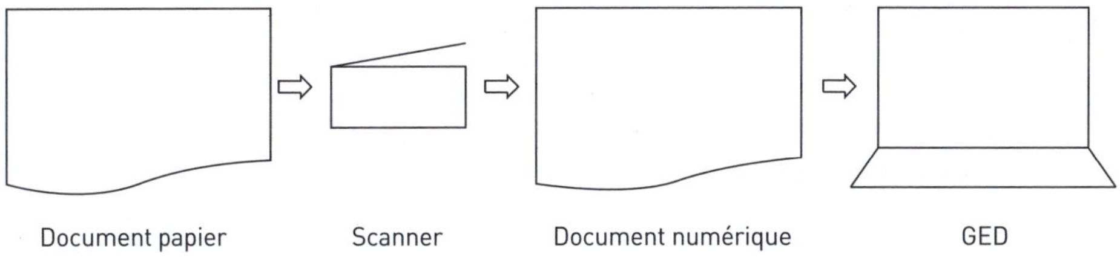

b. La diffusion des documents

Pour que les documents circulent de manière fluide, il faut que les acteurs puissent y accéder rapidement. Pour cela, ils sont placés sur un espace commun. Chacun peut les trouver grâce à une recherche par mots-clés, attribués par le système de GED : c'est l'indexation. Celle-ci peut se faire automatiquement : l'application extrait des mots issus du document. Mais ce procédé connaît des limites, en particulier à cause des synonymes ou des termes qui revêtent plusieurs sens.

EXEMPLE

Pour un bulletin de paie, la GED extrait « bulletin » et « paie ». Si le salarié saisit le mot « salaire », ce bulletin de paie risque de ne pas sortir. Le mot « bulletin » a un sens trop large : il peut s'agir d'un bulletin d'inscription, de tombola, etc.

Pour éviter ce type de problème, les documents peuvent être indexés manuellement, c'est-à-dire par des personnes. Cette méthode est plus précise.

L'étape de diffusion des documents s'accompagne d'une gestion précise des droits des utilisateurs pour que personne n'outrepasse ses attributions. La coopération nécessite une diffusion massive des documents, mais qui doit rester organisée.

c. Le stockage des documents

Tous les documents sont archivés sur un espace unique. Cependant, il s'agit essentiellement des archives courantes, à savoir les documents fréquemment utilisés, car les autres doivent être sortis du système. Les archives définitives (documents utilisés de manière très occasionnelle) peuvent être stockées ailleurs. Quant aux documents qui ne sont plus utiles, ils doivent être détruits pour éviter d'encombrer la GED.

3.2. Les avantages de la GED pour les organisations

a. En termes économiques

La GED est un investissement important mais elle offre des perspectives d'économies appréciables. Elle réduit considérablement le coût des consommables (papier, encre...) puisque les documents circulent de manière numérique. Elle élimine en grande partie les espaces physiques d'archivage (ces locaux peuvent alors avoir une nouvelle utilité). Elle supprime les frais liés à la recherche ou à la recréation d'un document perdu.

b. En termes collaboratifs

La GED réduit les tensions liées à la perte de documents. Elle crée donc des conditions propices à une meilleure collaboration. Elle élimine les problèmes de gestion de versions d'un même document car la version à jour est automatiquement enregistrée dans le système. De plus, chacun peut avoir accès à l'historique des documents.

3.3. Les conditions de réussite d'un projet de GED

a. Choisir l'application adaptée

TYPES DE GED	CARACTÉRISTIQUES PRINCIPALES
GED minimaliste	L'application propose les fonctionnalités de base de la GED.
GED collaborative	Aux fonctionnalités de base s'ajoutent des possibilités de travail collaboratif comme le partage des documents ou les annotations.
GED intégrative	La GED inclut dans son système les logiciels de l'organisation pour prendre en charge les processus dans leur intégralité.

b. Associer les utilisateurs

Le projet de GED ne peut réussir sans une participation active des utilisateurs.
Avant sa mise en place, ceux-ci seront interrogés sur leurs activités (volume et contenu des documents qu'ils produisent) et sur leurs pratiques (logiciels et processus qu'ils utilisent) afin de cerner au plus près leurs besoins. C'est aussi l'occasion d'améliorer les processus dans l'objectif de renforcer la coopération.
Après sa mise en place, les utilisateurs de la GED seront non seulement formés mais aussi invités à signaler les manques et dysfonctionnements pendant une période de test de l'application afin d'ajuster au mieux le système.

mots clés

Document ◆ Dématérialisation ◆ Partage des documents ◆ Asynchrone ◆ Synchrone ◆ Gestion des droits ◆ Acquisition ◆ Diffusion ◆ Stockage ◆ Indexation

S'entraîner au Bac
Exercice 21 : p. 88

Lexique

A

Absentéisme (taux d') : indicateur permettant de mesurer l'absentéisme au sein d'une organisation ou d'une unité de travail. Taux d'absentéisme = (Heures d'absence sur une période P / Heures théoriques de travail sur la période P) × 100

Accident du travail : accident qui survient du fait ou dans le cadre de l'activité de travail exercée par un individu pour le compte d'un employeur.

Accueil : avant-dernière phase du processus de recrutement permettant de présenter à une nouvelle recrue son poste de travail, ses collègues, les processus et les règles en vigueur dans l'organisation.

Animation d'équipe : fait pour un manager de gérer et motiver une équipe de travail.

Annualisation du temps de travail : accord qui tient compte des fluctuations d'activité en prenant pour référence, non plus la semaine, mais une période plus longue qui peut aller jusqu'à une année. Les salariés alternent des semaines de travail de plus de 35 heures et des semaines de moins de 35 heures.

Arbitrage : mode de dépassement d'un conflit qui consiste à régler le désaccord par une personne qui lui est extérieure (le plus souvent, un supérieur hiérarchique).

Argumentation : technique qui consiste à soutenir un point de vue pour convaincre son interlocuteur de changer d'opinion ou d'agir en faisant appel à sa raison.

Attitude : état d'esprit qui conduit un individu à réagir de façon positive ou négative à l'égard d'une idée, d'une personne, d'une situation ou encore d'un objet.

Attribution : fait pour un individu de chercher des explications au comportement d'autrui en se focalisant sur un point particulier sans envisager la situation dans son ensemble.

B

Bien-être au travail : état de confort dans lequel se trouve un salarié dans le cadre de son activité professionnelle.

Bilan de compétences : outil qui permet au salarié de faire le point sur sa carrière et ses perspectives d'avenir. Il peut se faire à l'initiative du salarié ou de l'employeur. Il est obligatoirement assuré par un prestataire extérieur.

Bilan social : document annuel qui regroupe les principaux indicateurs rendant compte de la situation sociale d'une organisation.

C

Carte mentale : technique de créativité sous forme de schéma qui procède par association d'idées.

Climat relationnel : qualité de l'ambiance de travail au sein d'une équipe.

Codes : manières de s'exprimer, de se comporter, appropriées au contexte.

Cohésion : fait pour les membres d'un groupe d'être solidaires les uns des autres et unis dans l'accomplissement de leurs activités.

Collaboration : travail de groupe où le résultat est véritablement collectif sans qu'on puisse distinguer les apports de chaque participant.

Communication formelle : ensemble des actions entreprises par l'organisation pour transmettre des informations ou entretenir des relations entre ses membres.

Communication informelle : ensemble des relations qui ne sont pas prévues par l'organisation.

Communication interne : ensemble des actions entreprises par l'organisation afin de créer et d'entretenir des liens entre ses membres. Elle peut être descendante (du haut de la hiérarchie vers le bas), ascendante (du bas de la hiérarchie vers le haut) ou latérale (entre acteurs situés à un même niveau hiérarchique).

Communication interpersonnelle : ensemble d'actions qui consistent à établir ou préserver une relation avec un autre individu.

Communication opérationnelle : ensemble des actions menées par l'organisation afin de mettre les acteurs au travail.

Compétence : combinaison de savoirs (connaissances théoriques), de savoir-faire (savoirs pratiques) et de savoir-être (comportements) judicieusement exploités par un individu dans le cadre d'une activité de travail.

Comportement : ensemble des actions d'un individu observables par autrui.

Conflit : situation dans laquelle deux individus ou groupes d'individus se trouvent en opposition.

Conformisme : attitude qui consiste à adhérer aux opinions majoritaires.

Connaissances : ensemble d'informations retraitées, structurées et exploitables.

Contexte de communication : cadre général dans lequel se déroule une communication. Il comprend le territoire (lieu), le temps (moment et durée) et la distance physique entre les deux acteurs.

Lexique

Contrat de travail : document qui fixe le cadre de la relation individuelle entre un travailleur et son employeur. Il précise notamment la désignation du poste occupé et la durée de la période d'essai. Un contrat de travail se caractérise par trois éléments : la prestation de travail, la rémunération et le lien de subordination.

Coût du travail : ensemble des sommes que doit verser un employeur dans le cadre de la rétribution du travail. Il se compose des rémunérations et des cotisations sociales.

Culture : ensemble des valeurs, des normes et des habitudes partagées par les membres d'une même organisation.

D

Décision de groupe : fait pour un groupe de réaliser des choix.

Dialogue social : ensemble des interactions qui se produisent au sein d'une organisation entre la direction, les salariés et leurs représentants.

Document : il se caractérise par trois éléments : un support, un message et un destinataire.

Données : éléments bruts issus de l'observation de faits.

E

E-communication : forme de communication qui utilise les technologies du Web (sites, réseaux sociaux, blogs...) pour susciter les échanges. Elle peut avoir un usage interne ou externe.

Émotions : réactions physiques et/ou mentales liées au caractère positif ou négatif d'une situation à laquelle un individu se trouve confronté.

Emploi : situation de travail comportant des activités professionnelles à réaliser par le salarié.

Employabilité : capacité d'un individu à maintenir ou à développer un certain niveau de compétences lui permettant de retrouver un emploi s'il venait à en chercher un sur le marché du travail.

Entretien individuel annuel : dialogue au cours duquel le supérieur hiérarchique direct et le salarié échangent sur l'activité de ce dernier, sur ses points forts, les points à améliorer et ses aspirations en termes de formation ou de carrière. C'est aussi le moment où ils fixent les objectifs à atteindre.

Ergonomie : science qui étudie l'adaptation du poste de travail à l'homme.

F

Formation professionnelle continue : formation dispensée aux travailleurs dans le cadre de leur activité professionnelle.

Fréquence des accidents du travail (taux de) : indicateur mesurant le nombre d'accidents du travail qui se sont produits dans l'entreprise pour un million d'heures de travail. Taux de fréquence des accidents du travail = (Nombre d'accidents avec arrêt de travail / Nombre d'heures travaillées) × 1 000 000

G

Gestion électronique des documents (GED) : ensemble des dispositifs informatiques visant à acquérir, diffuser et stocker les documents d'une organisation.

Gestion prévisionnelle des emplois et des compétences (GPEC) : ensemble des dispositifs mis en œuvre par l'organisation afin d'anticiper les évolutions futures des besoins en termes quantitatifs (emplois) et qualitatifs (compétences).

Gravité des accidents du travail (taux de) : indicateur mesurant le nombre moyen de jours d'arrêt de travail pour 1 000 heures de travail. Taux de gravité des accidents du travail = (Nombre de journées perdues par incapacité temporaire / Nombre d'heures travaillées) × 1 000

Groupe d'appartenance : groupe auquel un individu appartient en raison de caractéristiques qu'il a en commun avec les autres membres.

Groupe de projet : groupe constitué par un ensemble de personnes appelées à travailler sur un projet, c'est-à-dire un problème ou un besoin unique et temporaire.

Groupe de référence : groupe dont les valeurs, les comportements sont adoptés comme critères par un individu pour comparer sa situation à celle des autres.

Groupe restreint : ensemble d'individus unis par un point commun.

H

Handicap : situation d'un individu dont les fonctions physiques, sensorielles ou psychiques sont diminuées.

Horaires fixes : heures prescrites par l'employeur auxquelles les travailleurs doivent se conformer strictement.

Horaires variables : temps d'activité au cours desquels les travailleurs disposent d'une certaine liberté pourvu qu'ils arrivent et partent durant les plages prévues et qu'ils accomplissent leurs heures de travail.

I

Identité : reconnaissance par les autres membres du groupe de l'individu en tant qu'être unique doté d'une personnalité qui lui est propre.

Influence : ascendant qu'exerce un individu sur une personne afin de la persuader, c'est-à-dire de la faire changer d'opinion ou de la faire agir en faisant appel à ses sentiments et ses émotions.

Informations : ensemble de données retraitées. Pour être exploitable, une information doit présenter plusieurs qualités : pertinence, fiabilité, actualité, accessibilité.

Intégration : ultime phase du processus de recrutement durant laquelle une nouvelle recrue va progressivement s'adapter à son environnement de travail en s'imprégnant de la culture de l'organisation.

Intelligence collective : capacité d'un groupe de personnes à résoudre un problème, innover ou s'adapter à une situation de façon plus performante qu'en additionnant les intelligences individuelles.

Intéressement : prime versée par l'organisation à l'ensemble du personnel en fonction de ses résultats. Il est facultatif.

L

Leadership : influence exercée sur un groupe par un individu.

Leadership de droit : influence exercée par un individu, découlant du statut qu'il occupe dans l'organisation.

Leadership de fait : influence exercée par un individu, découlant de son charisme, de ses qualités personnelles.

M

Maladie professionnelle : maladie qui résulte de l'exposition plus ou moins prolongée du travailleur à un risque physique, chimique ou biologique ou qui est liée aux conditions d'exercice de l'activité de travail.

Manipulation : manœuvre que l'on dissimule à son interlocuteur pour l'amener à changer d'opinion ou le pousser à agir.

Médiation : mode de dépassement d'un conflit visant à rapprocher les parties en opposition par l'intermédiaire d'une personne extérieure à ce différend, appelée « médiateur ».

Minorité active : influence exercée par un petit noyau d'individus qui expriment ouvertement leur désaccord au reste du groupe.

Mobilité géographique : mobilité permettant à un salarié de changer physiquement de lieu de travail.

Mobilité horizontale : mobilité permettant à un salarié d'accéder à un poste de niveau équivalent à celui qu'il occupait précédemment.

Mobilité professionnelle : fait pour un salarié de changer de poste ou d'environnement de travail. Elle peut être interne (nouveau poste de niveau hiérarchique équivalent ou supérieur, mutation) ou externe (changement d'organisation).

Mobilité verticale : mobilité permettant à un salarié d'accéder à un poste hiérarchiquement supérieur à celui qu'il occupait précédemment (mobilité hiérarchique).

N

Négociation : mode de dépassement d'un conflit visant à faire dialoguer les parties en opposition afin qu'elle trouve un terrain d'entente.

Normes : règles de conduite fixées par l'organisation.

P

Parcours professionnel : ensemble des expériences de travail vécues par un individu. Il constitue une trajectoire ponctuée de changements de poste de travail ou d'organisation.

Participation : partie des bénéfices de l'organisation réservée pour les salariés. Elle est obligatoire pour les entreprises qui comptent plus de 50 salariés.

Perception : processus physique et mental par lequel un individu décode et reconstruit son environnement à partir de ses cinq sens.

Personnalité : ensemble des caractéristiques spécifiques à un individu et qui en font un être unique dans sa façon d'agir et d'entrer en relation avec les autres.

Plan de formation : document qui présente l'ensemble des actions de formation proposées par l'organisation.

Potentiel : ensemble des ressources que possède un individu mais non encore exploitées dans le cadre de l'activité de travail du moment.

Prime : somme permettant de récompenser un travailleur méritant.

Lexique

Q

Qualification : niveau de compétences reconnu par un diplôme et/ou une expérience professionnelle et permettant d'occuper un emploi.

R

Recrutement : processus par lequel l'organisation va combler un besoin en compétences.

Remue-méninges : technique de créativité visant à rechercher un maximum d'idées sur une question ou un problème.

Rémunération : rétribution des activités des acteurs dans l'organisation. Elle est composée du salaire, des primes, des avantages et des indemnités.

Représentation sociale : opinions partagées par les membres de l'organisation.

Responsabilité sociétale des entreprises (RSE) : politique menée par une organisation en vue de concilier la recherche de la performance économique avec les intérêts de la planète et des hommes au travail.

Rituels : habitudes à valeur symbolique qui facili-tent les interactions entre les membres de l'organisation.

Risques psychosociaux : probabilité que surviennent chez un salarié des signes comme le stress, l'angoisse, l'agressivité... pouvant être provoqués par ses conditions de travail.

Rotation du personnel (taux de) : indicateur mesurant la proportion de salariés ayant quitté l'organisation au cours d'une période. Taux de rotation du personnel = (Nombre de salariés ayant quitté l'entreprise sur une période P / Nombre de salariés présents le premier jour de la période P) × 100

S

Sentiment d'appartenance : fait pour un individu de se sentir membre à part entière d'une organisation ou d'une équipe de travail.

Souffrance au travail : état de mal-être, parfois extrêmement profond, ressenti par un salarié dans le cadre de son activité de travail.

Statut : position occupée par un individu au sein d'un groupe.

Stéréotype : image toute faite, représentation simplifiée d'un groupe auquel on n'appartient pas.

T V

Travail collaboratif : activité qui consiste à travailler à plusieurs, en même temps et à distance grâce aux technologies de l'information et de la communication (TIC).

Valeur : idéal auquel les membres d'une organisation adhèrent et qui oriente leur comportement au quotidien dans le cadre de leur activité professionnelle.

Exercice 1 voir Fiche Savoir 1

Les facteurs de motivation

Une entreprise qui investit dans l'originalité pour motiver ses salariés.

On parle souvent du salaire quand on change d'entreprise, ou au moment des entretiens annuels, mais ce qui donne tout au long de l'année l'envie de s'investir dans son travail est parfois loin de la rémunération.

C'est ce qu'a compris une petite entreprise vendéenne qui, sur le créneau des biscuits, fait face à trop de concurrence pour augmenter les salaires. Il lui a donc fallu jouer sur tous les tableaux.

Les ouvriers ne sont pas considérés comme de simples exécutants, toutes les semaines une réunion d'équipe permet de faire le point sur les problèmes rencontrés et de faire émerger des idées pour les résoudre. Et les meilleures idées sont récompensées par une petite prime et un article dans le journal interne. Journal interne où l'on parle aussi bien des projets de l'entreprise que du partenariat avec une petite école sénégalaise, projet humanitaire choisi par les salariés.

Écoute et valorisation sont les maîtres mots du style de management, à tous les niveaux. La formation professionnelle, la VAE sont mis en place pour favoriser le recrutement interne dès qu'une place se libère. La gestion des horaires a même connu un tournant important quand la direction a décidé de décentraliser leur gestion. Les prévisions d'activité sont faites 3 mois à l'avance et les managers gèrent avec leurs équipes les congés et les horaires de cette période. La direction est informée un mois avant le début de la période et contrôle l'application des décisions du groupe. Depuis la mise en place de cette gestion des horaires, il est plus facile de trouver des volontaires en cas d'imprévu.

Une productivité en hausse, une baisse du taux d'absentéisme sont autant d'indicateurs de réussite de cette politique originale.

1. Rappelez les facteurs internes de motivation et retrouvez ceux concernés par les exemples du texte.

2. Rappelez les facteurs externes de motivation autres que la rémunération et retrouvez-en des exemples dans le texte.

3. Expliquez en quoi la gestion des horaires peut être motivante.

FAIT ☐ REVU ☐

Exercice 2 voir Fiche Savoir 1

La motivation : un phénomène avant tout personnel

Face aux changements internes en matière d'organisation du travail, les salariés n'ont pas tous les mêmes aspirations.

L'entreprise ATONAISE produit depuis 40 ans des chaises et des tables en métal pour les vérandas et terrasses. Face à la concurrence des pays à faible coût de main-d'œuvre, son directeur (qui est également l'actionnaire principal) souhaite maintenir sur place la majorité des 75 emplois.

Le nouveau système de production serait largement automatisé et un magasin attenant à l'usine serait ouvert pour la vente directe.

Les ouvriers devront apprendre à conduire et régler de nouvelles machines ou évoluer vers de nouvelles activités (logistique et vente), certains commerciaux prendront en charge le magasin.

L'effectif de l'entreprise se décompose et évoluera ainsi :

CATÉGORIE	EMPLOIS ACTUELS	RECONVERSIONS INTERNES	ÉVOLUTION PRÉVUE	DÉPARTS	BESOIN FINAL
Administratifs (dont direction)	15	0	Nouveau logiciel, horaires 2 × 8 pour quelques-uns	0	15
Logistique	9	0	Nouveau logiciel, horaires 2 × 8	4 (retraite)	10
Commerciaux	6	0	Travail en magasin (50 %), système informatique	2 (retraite)	17
Production	45	13	Machines automatisées, prise en charge des réglages, contrôle, horaires 2 × 8	12 (retraite)	20
TOTAUX	75			18	62

Situation actuelle

Les salaires pratiqués dans l'entreprise sont tout à fait conformes aux salaires de la région.

De l'avis de l'encadrement, 50 % du personnel de production s'opposerait à une évolution importante des méthodes de travail (le personnel est souvent dans l'entreprise depuis longtemps, et très peu sont diplômés).

Le climat social est bon dans l'entreprise.

Entretiens avec quelques employés

• *Myriam, 39 ans, ouvrière* : « Pourquoi ces questions ? En fait, mon travail me convient. Avec un mari au chômage la moitié du temps, c'est une sécurité pour nous et nos deux enfants. J'ai parfois peur, quand je vois ce qui se passe, les usines qui ferment ».

• *Justin, 23 ans, ouvrier* : « C'est mon premier job. Ça commence à m'ennuyer un peu, c'est pas mal payé mais j'avais appris autrement au lycée. Ici c'est un peu ancien et les perspectives de carrière sont décevantes, je crois que je vais chercher ailleurs dès qu'une occasion se présentera ».

• *René, 49 ans, commercial* : « Je n'arrête pas, c'est ma méthode. Enfin, on est tous comme ça ici, il faut arracher les commandes, c'est de plus en plus dur mais on forme une équipe. Le meilleur paye son pot chaque mois.
Mon beau-frère a un magasin, il a voulu m'entraîner, j'ai refusé. Toujours à attendre le client, ce n'est pas un métier pour moi ».

1. **Analysez globalement la situation des ressources humaines et évaluez les problèmes à résoudre.**

2. **Analysez les trois situations présentées, en déterminant dans chaque cas :**
– les facteurs de motivation qui pourront être favorables au projet ;
– les facteurs qui pourront le contrarier.

3. **Que peut proposer l'entreprise pour motiver chacun de ces trois salariés ?**

FAIT ☐ REVU ☐

Exercice 3 voir Fiches Savoirs 2 et 3

Agir sur le mieux vivre

Pour contrer l'absentéisme et le mal-être au travail, les employeurs agissent sur les conditions de travail et l'ergonomie, peu sur le management.

Dans une étude sur l'absentéisme et les attentes des salariés en termes de bien vivre au travail, un cabinet de conseil a interrogé 252 DRH du secteur privé et 587 salariés. Verdict : l'écart de perception du phénomène est manifeste entre salariés et DRH.

L'étude révèle que 8 salariés sur 10 sont attachés à leur travail, soit bien plus que l'attachement à l'entreprise qui les emploie. L'étude révèle aussi l'importance pour eux de la reconnaissance, du climat social, des conditions de travail et du management.

Les employeurs, eux, se focalisent et agissent davantage sur les conditions de travail (organisation, aménagement des postes et du temps) et sur l'ergonomie des postes, peu sur le management.

1. **À quoi les salariés français sont-ils attachés pour leur bien-être ? Est-ce perçu par les entreprises ?**

2. **Expliquez en quoi le bien-être au travail peut être source de motivation.**

3. **Rappelez ce que l'on entend par le mieux vivre au travail.**

4. **Quelles sont les mesures des DRH pour améliorer le mieux vivre au travail ?**

FAIT ☐ REVU ☐

Exercice 4 voir Fiche Savoir 3

L'absentéisme et la performance

L'absentéisme en France est devenu une préoccupation essentielle des entreprises qui y voient un danger pour leur performance.

L'importance de l'absentéisme en France n'est plus à démontrer. Ces dernières années ont classé la France championne du monde en la matière.

Il y a plusieurs origines liées à l'absentéisme : maladies (professionnelles et autres), maternité, accidents de travail, absences injustifiées... Autant de causes qui peuvent interpeller les dirigeants sur la souffrance des salariés au travail, leur démotivation, les conditions de travail dans lesquelles ils évoluent et parfois révélatrices de risques psychosociaux.

En outre, un fort taux d'absentéisme permet d'alerter les managers et responsables RH sur les conséquences liées à l'organisation du travail et le coût de l'absentéisme.

Outre les dysfonctionnements liés aux salariés absents, des problèmes de productivité, de qualité, d'image de marque peuvent entacher l'activité de l'entreprise.

Sans compter que l'absentéisme représente un surcoût pour l'entreprise (remplacement, assurance, cotisations) qui peut nuire à sa rentabilité financière.

1. Définissez la notion de risques professionnels. Quels sont les deux principaux types de dommages potentiels inhérents à ces risques ?

2. En quoi l'absence des salariés français reflète-t-elle une situation de travail à risque ? De souffrance au travail ?

3. Quels sont les enjeux de l'absentéisme pour l'entreprise et le salarié ?

FAIT ☐ REVU ☐

Exercice 5 voir Fiches Savoirs 1 à 3

QCM

Cochez la ou les bonne (s) réponse (s) aux affirmations suivantes.

1. Motivation et performance :
a) Les salariés motivés vont améliorer la performance, dans la mesure où leur attitude va entraîner un climat de compétition individuelle dans le groupe. ☐
b) Les salariés motivés vont améliorer la performance, dans la mesure où ils contribuent à la réussite de la stratégie de l'organisation. ☐

2. La motivation intrinsèque :
a) est stimulée par une pression sociale ou professionnelle. ☐
b) est une motivation provoquée par des considérations internes ou personnelles. ☐
c) est spécifique à une entreprise. ☐

3. Que doit faire l'organisation pour stimuler la motivation extrinsèque ?
a) Pour stimuler la motivation extrinsèque l'organisation doit disposer d'un système de récompense et d'intéressement équitable. ☐
b) Pour stimuler la motivation extrinsèque l'organisation doit entretenir une bonne cohésion au sein du groupe. ☐
c) Pour stimuler la motivation extrinsèque l'organisation doit renforcer l'autonomie des salariés. ☐

4. Quel texte réglementaire est négocié entre les représentants des syndicats de salariés et patronaux au niveau national professionnel ?
a) Le contrat de travail. ☐
b) Les conventions collectives de travail. ☐
c) L'accord d'entreprise. ☐

5. Qu'est-ce que le CET ?
a) Le Compte d'Emploi Temporaire. ☐
b) Le Comité Économique du Travail. ☐
c) Le Compte Épargne Temps. ☐

6. Quels éléments font partie des conditions de travail ?
a) Les éléments relationnels. ☐
b) Les éléments psychosomatiques. ☐
c) Les éléments conditionnels. ☐

7. Qu'est-ce que la RSE ?
a) Responsabilité Sociale et Environnementale. ☐
b) Ressource Scientifique Environnementale. ☐
c) Responsabilité Sociétale des Entreprises. ☐

FAIT ☐ REVU ☐

Exercice 6 voir Fiches Savoirs 3 et 10

La RSE, modèle de développement

Avec un cadre réglementaire plus marqué (non-discrimination, égalité des chances...) et une pression des parties prenantes (groupes de consommateurs, salariés, investisseurs, collectivités...), la RSE est devenue un outil de pilotage et un vecteur de communication incontournable pour les organisations.

Les entreprises ont ainsi adopté les concepts de diversité, de bien-être au travail, d'innovation sociale, de développement durable, d'entreprise citoyenne...

Leur performance doit donc se combiner avec le développement de leur politique de RSE.

Les actions de RSE peuvent être très larges comme une politique de diversité ou bien la prise en compte du handicap. L'entreprise devient ainsi attractive en matière de conditions de travail (attirer les talents et salariés à fort potentiel, développer la fierté et l'engagement des salariés présents). Elle devient un modèle en matière d'écologie ce qui lui permet de valoriser son image de marque et ainsi saisir de nouveaux marchés et attirer des capitaux.

Les dépenses faites pour la RSE sont donc, à terme, compensées par l'amélioration des performances (commerciale, financière, sociale).

1. Rappelez la définition de la RSE.

2. En quoi la RSE peut-elle participer à la cohésion sociale ?

3. Comment l'entreprise peut-elle prendre en compte le handicap dans le cadre de sa politique RSE ? Quel est l'intérêt pour l'entreprise de valoriser cette démarche ?

FAIT ☐ REVU ☐

Exercice 7 voir Fiche Savoir 4

Rémunération et cadre juridique

L'hypermarché SOCEXAMPLE a embauché M. Pierre Terni au 1er janvier 2017 comme technicien. Il intervient sur la maintenance du bâtiment.

Le barème des salaires minimum mensuels garantis (SMMG) est déterminé pour un temps de travail effectif de 151 h 67 et un temps de pause de 7 h 58.

BULLETIN DE PAIE

SOCEXAMPLE
13 rue Blériot
05000 GAP
SIRET 07955542100024
Code NAF 47. 11F
URSSAF 310 2022508

M Terni Pierre
8 rue des Tulipes
05000 GAP
Matricule : 3 SS : 1500734251004
Emploi : Technicien (niveau agent de maîtrise niveau 6)
C. collective : grande distribution
Contrat : CDI
Entrée : 01/01/2017

Établissement : SOCEXAMPLE
Période du 01/01/2017 au 31/01/2017
Payé le 31/01/2017 par virement

GAINS				
Désignation	Base	Taux	Montant	Montant (ns)
Salaire de base	151,67 h	12,00 €	1 820,04	
TOTAL			1 820,04	0,00

Désignation	Base	Taux Sal. %	Montant Sal.	Taux Pat. %	Montant Pat.
Sécurité sociale Maladie	1 820,04	0,750	13,65	12,800	232,97
Sécurité sociale Vieillesse plafonnée	1 820,04	6,850	124,67	8,500	154,70
Sécurité sociale Vieillesse déplafonnée	1 820,04	0,300	5,46	1,800	32,76
Allocations familiales	1 820,04			3,450	62,79
Cotisation FNAL plafonnée	1 820,04			0,100	1,82
Contribution de solidarité autonomie	1 820,04			0,300	5,46
Cotisation pour les organisations syndicales	1 820,04			0,016	0,29
Accident du travail	1 820,04			1,500	27,30
Réduction de cotisation Loi Fillon	238,61			– 100,000	– 238,61
Assurance chômage Tranche A	1 820,0	4 2,400	43,68	4,000	72,80
Cotisation AGS (FNGS)	1 820,04			0,300	5,46
Retraite complémentaire Tr. A	1 820,04	3,100	56,42	4,650	84,63
AGFF Tr. A	1 820,04	0,800	14,56	1,200	21,84
Prévoyance Tr. A	1 820,04	1,000	18,20	2,000	36,40
Garantie maintien salaire Tr. A	1 820,04	0,250	4,55	0,750	13,65
Cotisation de mutuelle			15,00		30,00
Cot. patronales frais de santé imposables					*30,00*
CSG non déductible	1 854,59	2,400	44,51		
CRDS non déductible	1 854,59	0,500	9,27		
CSG déductible	1 854,59	5,100	94,58		
Cotisation de formation	1 820,04			0,550	10,01
Taxe d'apprentissage	1 820,04			0,680	12,38
TOTAL			444,55		566,65
NET À PAYER	**1 375,49**				

Cumuls annuels		**Cumuls de la période**	
Net imposable	1 459,27	Net imposable	1 459,27
Soumis S.S.	1 820,04	Soumis S.S.	1 820,04
Soumis S.S. plaf.	1 820,04	Soumis S.S. plaf	1 820,04
Coût Total	2 386,69	Coût total	2 386,69
Heures salariées	151,67	Heures salariées	151,67

Congés	**N**	**N-1**
Acquis	2,50	
Pris / annulés	....	....
Reste	2,50	0,00

Dans votre intérêt, conservez ce bulletin sans limitation de durée.

Le salaire est payé sur 13 mois dont une prime annuelle égale à 100 % du salaire de novembre.

Un accord d'entreprise prévoit, au bout d'un an d'ancienneté, des avantages avec un jour de congé supplémentaire, une prime d'assiduité de 1,5 % du salaire et une prime d'ancienneté de 0,5 % du salaire.

Grille des salaires de la convention collective

STATUT	NIVEAU	TAUX HORAIRE	SALAIRE MENSUEL	PAUSE 5 %	SMMG
Emp.	1 A	9,43	1 430,25*	71,48	1 501,73
Emp.	1 B	9,46	1 434,80*	71,71	1 506,51
...	...	...	...	...	...
A.M.**	6	11,49	1 742,69	87,09	1 829,78
A.M.**	7	14,98	2 272,02	113,55	2 385,57
Cadres	8	20,14	3 054,63	152,66	3 207,30
Cadres	9	Réservé aux cadres dirigeants.			

* Le SMIC a été revalorisé au 1er janvier 2017 à 9,76 € / h brut, soit 1 480,27 € brut / mois.
** AM = Agent de maîtrise.

1. **La rémunération de M. Terni correspond-elle à sa qualification ? Justifiez.**

2. **Repérez les dispositions légales qui conditionnent la rémunération de M. Terni. À quels autres salariés s'appliquent-elles ?**

3. **M. Terni a mis au point en janvier un système de signalisation des incidents qui permet de réduire de 50 % le temps entre la survenue d'un incident et son intervention. Il est déçu de constater que son travail sur ce point n'est pas pris en compte dans son salaire. Il pense chercher un emploi ailleurs. Que conseilleriez-vous à son employeur ?**

FAIT ☐ REVU ☐

Exercice 8 voir Fiche Savoir 4

Rémunération et avantages

Le Crédit Gapençais banque régionale est reconnu employeur de l'année pour son système de rémunération.

Les avantages des salariés du Crédit Gapençais : jusqu'à 20 jours de congés supplémentaires, jusqu'à 10 900 à 12 900 € de primes, intéressement ou participation, self, tickets restaurant, complémentaire retraite, mutuelle, crèche, parking, conciergerie d'entreprise...

Mais comment font-ils ? Une banque qui mise sur la performance de ses salariés et qui investit dans le capital humain.

Bien sûr tous les salariés ne sont pas logés à la même enseigne. Si certaines primes sont collectives et liées aux performances de l'entreprise, d'autres sont plus individuelles et liées à la réalisation des objectifs individuels.

Voici les primes reçues par Cédric, salarié de la banque depuis 3 ans.

Primes et compléments de salaire

Prime d'intéressement, montant moyen annuel : 1 500 €

Participation aux bénéfices, montant moyen annuel : 700 €

Montant des autres primes : 6 000 à 8 000€ (primes individuelles variables)

Montant maximal de l'abondement annuel : 2 700 € (abondement pour un montant maximal de 5 500 € placé sur le plan épargne entreprise)

PEE/PERCO : plan d'épargne entreprise ou plan épargne pour la retraite collective : Oui

Self d'entreprise avec snacks à emporter

Tickets restaurant : 8 €/jour

Crèche d'entreprise

Réductions, cadeaux d'entreprise, chèques cadeaux et autres avantages : avantages bancaires (prêts, CB...)

1. **À quoi servent les primes individuelles ? Quelles sont celles que reçoit Cédric ?**

2. **À quoi servent les primes collectives ? Quelles sont celles que reçoit Cédric ?**

3. **Qu'est-ce que les avantages sociaux ? Quels sont ceux auxquels Cédric a droit ?**

4. **Expliquez ce qu'est le système d'abondement dont il est question dans le texte.**

5. **Comment le PEE et le PERCO s'inscrivent-ils dans la reconnaissance du travail du salarié ?**

FAIT ☐ REVU ☐

Exercice 9 voir Fiches Savoirs 1 à 5

QCM

Cochez la ou les bonne (s) réponse (s) aux affirmations suivantes.

1. Le salaire de base :
a) est constitué du salaire brut et des cotisations sociales. ☐
b) ne peut être inférieur au SMIC. ☐
c) est constitué du salaire net et des primes. ☐

2. On distingue le salaire fixe du salaire :
a) direct. ☐
b) mobile. ☐
c) variable. ☐

3. Quel est le but de la rémunération individualisée ?
a) Récompenser les salariés individuellement en fonction de leur mérite et de leur implication. ☐
b) Récompenser tous les salariés d'une entreprise. ☐
c) Récompenser uniquement les salariés qui font des heures supplémentaires. ☐

4. Comment est prise en compte la performance collective de l'entreprise ?
a) L'intéressement aux bénéfices est obligatoire contrairement à la participation aux résultats. ☐
b) La participation peut être versée sur un Plan d'Épargne Entreprise. ☐
c) La participation peut être versée sur un Compte Épargne Temps. ☐

5. Ces affirmations sur la communication interne sont-elles justifiées ?
a) La communication vers les clients fait partie de la communication interne. ☐
b) La communication interne renforce le sentiment d'appartenance. ☐
c) La communication interne a dans ses objectifs d'attiser les tensions entre les salariés pour améliorer la performance de l'organisation. ☐
d) La communication interne informelle nuit à la performance de l'organisation. ☐

6. TIC signifie :
a) technologies d'information et de communication. ☐
b) technologies d'informatique et de communication. ☐

7. Qu'est-ce que l'animation d'une équipe ?
a) Le fait de prononcer un discours pour un pot de départ en retraite. ☐
b) Le rôle d'animateur dans une réunion de travail hebdomadaire. ☐
c) Le rôle de chef d'orchestre dans une équipe de travail. ☐

8. La GPEC peut :
a) permettre d'anticiper les départs à la retraite. ☐
b) prévoir les promotions futures. ☐
c) déterminer le profil des nouveaux salariés à recruter. ☐
d) résoudre les problèmes de sous-effectifs mais aussi de sureffectifs. ☐

9. La description du poste permet :
a) de déterminer les objectifs du poste. ☐
b) de déterminer les tâches, les responsabilités. ☐
c) de déterminer les horaires à suivre. ☐

10. Pour le recrutement, on procède ainsi :
a) Les entretiens ont lieu avant le tri des CV pour justifier ce tri. ☐
b) Il y a obligatoirement des tests de compétences sinon le contrat de travail ne serait pas légal. ☐
c) La lettre de motivation est illégale.
d) Le tri des CV se fait selon l'âge et le sexe. ☐

11. L'entretien annuel d'évaluation :
a) ne doit pas être préparé, pour rester spontané. ☐
b) peut être l'occasion pour le salarié de demander une formation. ☐
c) ne doit surtout pas porter sur les possibilités de promotion. ☐

12. Le bilan de compétences peut :
a) être fait par le service des ressources humaines de l'entreprise.
b) être à l'initiative du salarié. ☐
c) figurer sur le plan de formation de l'entreprise et être une obligation pour le salarié. ☐

FAIT ☐ REVU ☐

Exercice 10 voir Fiche Savoir 5

Communication et démotivation

La bibliothèque universitaire de Lyon s'étend sur 6 000 m². Elle propose 600 abonnements à des revues et 200 000 ouvrages répartis dans six pôles thématiques. Cette bibliothèque est la référence au niveau lyonnais en sciences économiques et sociales, en histoire de l'art et en archéologie.

M. Labrosse est chargé des ressources humaines au département médecine et santé de la bibliothèque du campus universitaire de Lyon comptant plus d'une cinquantaine de personnes : des bibliothécaires, des magasiniers, des agents de service...

La plupart du personnel dispose d'horaires fixes de 8 heures à 18 heures avec une demi-journée de repos dans la semaine au choix, les employés pouvant s'arranger entre eux pour la continuité du service. La rémunération y est attractive et les heures supplémentaires sont rapidement payées.

Toutefois, il y a une intensification du travail lors des périodes d'examen et de partiels, ce qui cause notamment des problèmes de coordination entre les équipes de travail et de communication : « qui fait quoi ? », « qui assure les charges supplémentaires de travail, à quelle heure, pour combien de temps, etc. ».

1. Quels problèmes surviennent au département médecine et santé lors des périodes d'examen ?

2. En quoi les problèmes de communication peuvent-ils être facteurs de démotivation ?

FAIT ☐ REVU ☐

Exercice 11 voir Fiche Savoir 5

Une histoire de communication interne...

Le département médecine et santé de la bibliothèque universitaire de Lyon cherchait à enrichir son fonds. L'école d'infirmières, qui déménage hors du campus, lui offre l'ensemble des mémoires de kinésithérapie et d'ergothérapie, soit plus de 1 000 mémoires.

Les mémoires arrivent juste avant la fermeture estivale de la bibliothèque, alors qu'une grande partie du personnel n'est déjà plus là, et n'a donc pas l'information. Les cartons de mémoires, livrés sans « listing » de leur contenu, sont alors entreposés tels quels en magasin.

À la rentrée, une partie des magasiniers commence à classer les mémoires stockés pêle-mêle avant de les cataloguer. Certains magasiniers sont donc mis au courant de cet arrivage. Les magasins étant en libre accès, les mémoires en attente de traitement sont mis sur des étagères, à l'écart des lecteurs.

Dès septembre pourtant, alors qu'« on ne pensait pas que ça arriverait si vite », des étudiants commencent à demander les mémoires. Il leur est parfois répondu qu'ils ne sont pas là, l'ensemble du personnel, notamment les catégories A et B, n'étant pas toujours au courant. Face à la demande des lecteurs, certains magasiniers autorisent la consultation sur place, d'autres le prêt manuel des mémoires faute de procédure claire : « faut prêter, faut pas prêter... ».

Fin septembre, le « listing » des mémoires arrive et permet aux magasiniers de mettre en place une procédure de prêt. Pour éviter aux lecteurs de se servir des mémoires en attente de traitement, il faut téléphoner à la personne responsable du « listing », puis descendre le mémoire demandé. Les mémoires n'étant pas traités « il ne vient même pas à l'idée » d'en parler aux autres collègues.

Quand M. Labrosse a connaissance du « listing », il en fait une photocopie, puis la met à disposition à l'accueil pour que chacun puisse donner les mêmes renseignements. Le traitement des mémoires est enfin mis à l'ordre du jour de la réunion des responsables de service. Mais faute de temps, le sujet est reporté à une réunion ultérieure...

Début octobre, quelques mémoires sont descendus des magasins pour être numérotés « listing », mais M. Labrosse stoppe cette initiative pour qu'une procédure générale soit d'abord décidée en réunion.

En envoyant par mail la convocation à cette réunion, M Labrosse se trompe d'adresse et oublie le responsable des magasiniers. Son mail est par ailleurs très technique et la plupart des destinataires ne comprennent pas ses intentions. Sur certains ordinateurs vétustes qui n'ont toujours pas été remplacés, le mail n'arrive même pas.

Lors de la réunion, la décision est prise de commencer la procédure par la numérotation des mémoires. Les bibliothécaires n'écoutent qu'à moitié, « encore une nouvelle procédure... ». Les magasiniers sont en colère de ne pas voir leur responsable : ils ne participent pas aux échanges et rejettent les propositions de M. Labrosse qui doit se résoudre à imposer ses choix.

Le compte rendu de cette réunion sera diffusé bien plus tard, faute d'avoir demandé rapidement à la personne concernée de s'en charger. Le travail de renumérotation se révélera une tâche bien plus lourde que prévu, et du coup sera interrompu.

1. Analysez la communication interne du service du M. Labrosse.

2. Relevez les obstacles à la communication interne selon leur nature organisationnelle, sémantique, sémiologique, technique.

FAIT ☐ REVU ☐

Exercice 12 voir Fiche Savoir 5

La communication au service de la mobilisation

Sous la pression de ses salariés, M. Duchemin, directeur de la société du même nom qui produit des chips, organise une réunion avec les délégués syndicaux. Il obtient un accord de réorganisation des horaires de travail sur la période la plus cruciale de l'année, celle des vacances d'été, durant laquelle la consommation de chips est à son maximum.

Pour communiquer cette règle négociée, M. Duchemin pense faire une annonce au micro à la cafétéria. Voici le message qu'il propose :

« Les horaires sont changés pour juin, juillet et août. J'ai décidé que vous serez informés par un tableau d'affichage.

Nous sommes tous embarqués sur le même bateau, haut les cœurs !! »

• **Quelles sont les erreurs commises par M. Duchemin : sur le ton ? Sur le message ? Sur le canal de transmission de l'information ?**

FAIT ☐ REVU ☐

Exercice 13 voir Fiche Savoir 5

La communication multimédia

Dialogue informel entre deux salariés de l'entreprise Durieux :

André : « euh... Tu comprends quelque chose à l'intranet toi ? »

Véronique : « plutôt oui, c'est bien pratique d'avoir toutes les informations sans courir à droite et à gauche. »

André : « même sur les chèques vacances, il paraît ? »

Véronique : « oui, et puis il y a les enquêtes... L'autre jour tu as vu celle sur la cantine ? »

André : « Non, je n'ai pas l'habitude »

Véronique : « Et bien, évolue un peu ! Vu le prix que cela coûte, il faut bien l'utiliser... »

André : « Il paraît qu'on va avoir une newsletter ? Mais on a déjà le journal interne, ils vont l'enlever ? »

Véronique : « Mais non, rien à voir ! Le journal c'est tous les trois mois et la newsletter c'est toutes les semaines, pour faire le point, c'est plus rapide. »

André : « oui, mais s'ils nous mettent les mêmes choses, ce n'est pas utile. »

Véronique : « n'empêche, même les clients la regardent la newsletter ! Ce n'est pas pour eux mais ils aiment bien voir ce qu'il se passe chez nous. »

• **À partir de ces témoignages, relevez les avantages et les inconvénients des moyens de la communication multimédia.**

FAIT ☐ REVU ☐

Exercice 14 voir Fiche Savoir 6

La GPEC au service des entreprises

L'entreprise valenciennoise HONORÉ, spécialisée dans la sidérurgie, compte 255 salariés : ouvriers, agents de maîtrise, cadres. Les ressources humaines sont la principale préoccupation de M. Paul-Louis Honoré, le gérant : n° 1 dans les coûts de l'entreprise mais aussi principal vecteur de performance.

Pour faire face aux grandes industries implantées dans la région, M. Honoré doit repenser sa stratégie afin de développer sa production.

Cette nouvelle stratégie va entraîner des modifications en matière d'effectifs et compétences.

Diagnostic RH et GPEC

L'objectif du plan de GPEC est de faire le point sur les ressources humaines actuelles et de construire des axes d'actions futurs dans différents domaines : compétences, effectifs, qualifications, conditions de travail, management et mobilisation du personnel.

L'entreprise HONORÉ fait appel à l'ANACT (Agence Nationale pour l'Amélioration des Conditions de Travail) afin d'être accompagnée dans l'élaboration du plan d'action. L'ANACT propose à l'entreprise Honoré de s'appuyer sur le dispositif TEMPO (Travail EMploi POpulation). Le dispositif repose sur une démarche en deux étapes.

1. Le diagnostic

Il est élaboré à partir des données démographiques des populations au travail et des données de santé et de compétences.

Dans l'entreprise, on constate que la pyramide des âges fait apparaître une forte proportion de seniors sur des postes nécessitant une formation longue.

La question de la transmission des savoirs d'expérience se pose : d'ici à 10 ans, la moitié des opérateurs devront être renouvelés.

Par ailleurs, il y a un écart en matière de promotion hommes/femmes (les femmes stagnent) sur lequel l'entreprise aimerait agir.

Le problème de promotion interne est soulevé par un représentant des salariés qui évoque le manque de visibilité des postes en interne.

En outre, cette immobilité agit à terme sur la santé avec l'augmentation des risques de TMS.

L'entreprise a donc intégré dans son plan d'action la mise en place de passerelles entre les services pour favoriser la mobilité professionnelle et la transmission de savoir-faire.

L'entreprise a également fait des investissements matériels pour améliorer les conditions de travail.

2. Le bilan

Ce plan de GPEC a permis à l'entreprise de :
- trouver des solutions à la problématique « âge et perte de compétences » (transmettre le savoir-faire des seniors) ;
- favoriser l'évolution des salariés et agir sur la prévention de la pénibilité ;
- agir sur l'égalité professionnelle.

1. Rappelez brièvement en quoi consiste la GPEC.

2. Qu'apportent ces prévisions en matière des ressources humaines ?

3. Montrez qu'une telle démarche est bénéfique pour l'entreprise et pour les salariés.

4. Quels sont les axes concernés par le dispositif choisi par l'entreprise Honoré ? Sur quels autres axes la GPEC pourrait-elle porter ?

FAIT ☐ REVU ☐

Exercice 15 voir Fiches Savoirs 6, 7 et 8

Recruter c'est attirer les compétences

Faire de la gestion des compétences un leitmotiv de recrutement

L'entreprise Infopus SSII, spécialisée dans l'ingénierie informatique, l'a bien compris !

Attirer les talents et les fidéliser passe par une valorisation des salariés déjà présents, ici de nombreux cadres ingénieurs.

« On n'attire pas les guêpes avec du vinaigre ! » affirme M. Valentin, DRH de l'entreprise.

Pour lui, la mobilité interne, la formation continue et la gestion prévisionnelle des carrières doivent être clamées haut et fort afin d'attirer de nouveaux talents. La nouvelle génération est de plus en plus exigeante en matière de carrière. Dans un secteur qui recrute, ce sont les perspectives de carrière et la garantie de l'employabilité qui vont attirer, plus qu'un salaire confortable.

« Ils viendront et resteront chez nous si nous savons comment leur permettre d'évoluer. Plus que le prestige de la marque, c'est la garantie d'un parcours professionnel qui va les amener vers nous », indique M. Valentin.

Il est d'ailleurs intéressant de constater que certaines recrues de l'entreprise avaient reçu des propositions d'entreprises prestigieuses avant de choisir Infopus.

Infopus s'est aussi fait connaître pour ses méthodes d'intégration innovantes puisque le nouveau salarié, avant toute autre mission, commence par participer à une action humanitaire en équipe.

1. Quels sont les moyens utilisés pour gérer les compétences dans la SSII Infopus ?

2. Pourquoi cette gestion des compétences peut-elle attirer des candidats au recrutement ?

3. Rappelez le rôle de l'intégration dans l'entreprise pour le salarié et l'entreprise.

4. Quels sont les moyens d'accueil et d'intégration les plus fréquents ?

5. Que fait Infopus pour réussir l'intégration des nouveaux arrivants ?

FAIT ☐ REVU ☐

Exercice 16 voir Fiche Savoir 8

La qualification par le CQP

Le certificat de qualification professionnelle (CQP)

Une formation par alternance avec 3 jours par mois pris sur le temps de travail, des travaux à rendre, un examen et un mémoire à soutenir. Voici la formation suivie par Viviane, 30 ans. Commencée en janvier 2015, cette formation s'étale sur

2 ans. Salariée d'une agence immobilière, Viviane souhaite obtenir le certificat de qualification professionnelle d'assistant(e) administratif(ve) et commercial(e) en immobilier.

Résumé du référentiel d'emploi ou éléments de compétence acquis

« L'assistant(e) administratif(ve) et commercial(e) en immobilier intervient dans le secteur de la transaction immobilière et/ou de l'administration et de la gestion de biens immobiliers. »

L'objectif de Viviane est de postuler sur un nouveau poste et de faire reconnaître ses compétences et son expérience.

Le CQP est une attestation délivrée par les branches professionnelles pour certifier une qualification. Il est généralement mis en place pour répondre à une pénurie de main-d'œuvre qualifiée dans un secteur.

Le CQP n'est pas un diplôme mais une qualification fabriquée par les entreprises pour les entreprises. Il est reconnu par la convention collective ou l'accord de branche auquel il se rattache.

La liste des CQP est accessible par le Répertoire national des certifications professionnelles (RNCP).

1. Quel est le rôle de la formation professionnelle continue dans la gestion des compétences ?

2. Quelle est la particularité d'un CQP ?

3. Quel est l'intérêt du CQP pour l'entreprise et pour le salarié ?

FAIT ☐ REVU ☐

Exercice 17 voir Fiche Savoir 8

Mobilité et compétitivité

Edmond Dupuis, chef d'entreprise dans le BTP, expose à un journaliste les possibilités concrètes en matière de mobilité géographique dans son entreprise.

Edmond Dupuis : « Quand je me suis installé à Toulouse, c'était bien avant la crise et je pouvais compter sur un carnet de commandes plein, ce qui me permettait de garantir des emplois pour tous mes salariés. J'ai ouvert mes succursales de Mont-de-Marsan et Albi deux ans plus tard. En cas d'augmentation d'activité, j'avais recours dans chacune de ces villes à des intérimaires. Avec la crise, j'aurais bien voulu fermer l'agence de Toulouse et que les salariés viennent travailler à Albi où j'avais plus de chantiers… C'est là que j'ai constaté qu'il était difficile en France de faire bouger les employés.

Le problème c'est, bien sûr, l'immobilier pour les salariés propriétaires, et l'emploi du conjoint, ce qui les freine au niveau de la mobilité géographique.

Les Toulousains, par exemple, n'envisageraient pas de bouger, ils n'ont pas la culture de la mobilité. On se retrouve dans la situation absurde d'embaucher des intérimaires sur Albi et de subir du chômage technique pour les salariés de Toulouse.

Il faut négocier avec les partenaires sociaux, avec tous les ouvriers et le personnel d'encadrement.

Pour résoudre le problème nous nous sommes mis d'accord sur un accompagnement de la mobilité. Une mobilité temporaire qui peut durer de deux à 15 semaines avec des primes d'éloignement et des conditions particulières de congés de récupération. Et pour ceux qui ont bien voulu déménager, nous avons octroyé des primes spécifiques.

1. Rappelez les différents types de mobilité et indiquez la mobilité concernée par l'exemple de Toulouse.

2. Relevez les résistances aux changements professionnels évoqués.

3. Relevez les alternatives pour les surmonter.

4. Quel est le risque encouru par cette entreprise si elle n'accompagne pas cette mobilité ?

FAIT ☐ REVU ☐

Exercice 18 voir Fiche Savoir 9

Les modes de décisions de groupe

Selon la taille des groupes et selon le type de décision à prendre, les modes de décision sont différents.

Cas 1

« La Loi HADOPI a été entérinée suite à un débat houleux et malgré de nombreuses abstentions. HADOPI, abréviation de « Haute Autorité pour la diffusion des œuvres et la protection des droits sur internet » est un organisme créé par la Loi n° 2009-669 du 12 juin 2009 favorisant la diffusion et la protection de la création sur internet. »

Cas 2

« Des collègues se retrouvent en réunion pour décider d'une nouvelle implantation des locaux. Certains aimeraient plutôt se retrouver en centre-ville pour pouvoir profiter des restaurants le midi et d'autres au contraire ont des problèmes pour se garer et préféreraient plutôt s'installer en périphérie. Après avoir exposé leurs arguments, les collègues ont décidé de s'implanter en zone industrielle proche du centre-ville pour arranger tout le monde. »

Cas 3

« Depuis quelque temps, un conflit latent tiraille les membres de l'association du club de foot Gapençais. Va-t-on devoir porter un maillot bleu ou un maillot rouge ? Les supporters, très attachés aux couleurs de l'équipe de France, aimeraient rappeler cet engouement dans la couleur de leur maillot, et les partisans du rouge évoquent une trop grande utilisation du bleu et aimeraient se démarquer. Après de vives discussions, le président du club a décidé de rester sur le maillot bleu car cette couleur est présente depuis toujours à Gap. »

• **Dans un tableau, vous indiquerez pour chaque cas le mode de décision, ses avantages et inconvénients.**

FAIT ☐ REVU ☐

Exercice 19 voir Fiches Savoirs 9 et 10

Vrai/Faux

Cochez la bonne réponse aux affirmations suivantes.

1. La taille d'un groupe peut avoir un impact sur la cohésion.

Vrai ☐ Faux ☐

2. La communication est davantage favorisée dans un groupe restreint et une organisation en réseau.

Vrai ☐ Faux ☐

3. Le leadership n'a aucune incidence directe sur la cohésion de groupe.

Vrai ☐ Faux ☐

4. Les phénomènes qui peuvent influencer la prise de décision sont le conformisme et la majorité active.

Vrai ☐ Faux ☐

5. Les stratégies d'influence sont : l'appel à l'affectif, au sentiment d'appartenance et au groupe de référence.

Vrai ☐ Faux ☐

6. Une minorité active peut influencer un groupe grâce à une influence normative ou informationnelle (informative).

Vrai ☐ Faux ☐

7. Une minorité active est un petit groupe d'individus (< 50 %) qui exprime ouvertement ses divergences, qui a une cohérence et une force de conviction, qui est reconnu pour ses compétences et qui peut influencer une majorité.

Vrai ☐ Faux ☐

8. Les décisions dans le groupe peuvent être prises par l'autorité (leader), à l'unanimité, à la majorité et à la minorité.

Vrai ☐ Faux ☐

FAIT ☐ REVU ☐

Exercice 20 voir Fiche Savoir 10

Leadership et cohésion

L'opéra de Gap a pour mission de rendre accessible au plus grand nombre les œuvres du patrimoine lyrique et chorégraphique et de favoriser aussi la création et la représentation d'œuvres contemporaines.

Après des études de gestion, Vincent Montfort change totalement de direction et se dirige vers sa passion : la musique lyrique en s'orientant vers une carrière de responsable artistique.

Avant d'arriver à la tête de l'Opéra de Gap, ce directeur atypique s'était déjà fait remarquer par sons goût de l'innovation, du changement et sa capacité à rendre rentable des organisations artistiques diverses. Il a ainsi dirigé avec succès l'opéra de Manosque et l'orchestre philharmonique d'Orange.

Nommé à la tête de l'Opéra par les administrateurs, sa légitimité n'a pas été contestée.

Actuellement à la tête de 160 employés et 40 intermittents, Vincent Montfort est un homme d'affaires atypique. Même s'il estime devoir « concevoir le meilleur produit pour le prix le moins cher », il ne peut oublier la dimension de service public qui lui est cher. Pour ouvrir l'opéra à un public plus large tout en assurant le financement de l'organisme, ce créatif s'est glissé dans les habits d'un businessman.

L'opéra de Gap s'est longtemps caractérisé par un climat social tendu et de nombreuses grèves. L'ancien directeur n'entendait pas que ses décisions puissent être remises en question. Le style a bien changé avec l'arrivée du nouveau dirigeant, plus consensuel, ouvert à la discussion et à la négociation avec les syndicats. En 5 ans, plus aucune grève !

C'est une grande partie de son temps qu'il consacre à l'écoute du personnel et de ses représentants. Se rendre sur scène pour saluer les artistes, créer une atmosphère agréable et un contact direct, recueillir l'opinion de ses salariés ne lui suffit pas, il aime les faire participer aux décisions : voici les recettes d'un succès personnel.

1. Comment fut nommé Vincent Montfort à la tête de l'organisation ?

2. Quelles sont les sources du pouvoir de Vincent Montfort ?

3. Quels sont les différents styles de direction que vous connaissez ?

4. Caractérisez son style de direction. Justifiez.

FAIT ☐ REVU ☐

Exercice 21 voir Fiches Savoirs 10 et 15

Transition vers la gestion électronique de documents (GED)

L'entreprise Dessoux choisit Atouged pour sa GED.

La gestion des documents s'est imposée comme une nécessité pour le responsable informatique de cette entreprise de négoce de matériaux de la région lyonnaise. Avant de mettre en place la GED, il a fallu faire le point sur les attentes des salariés.

Les principales demandes

Plusieurs responsables de services ont demandé qu'on leur fournisse des tableaux de bord avec des indicateurs de performance.

Les collaborateurs qui sont obligés de passer d'un outil à l'autre (de la tablette à l'ordinateur et au téléphone, que ce soit dans les entrepôts ou pour les commerciaux) ont demandé une solution permettant d'utiliser tous ces outils sur une même application.

La demande est forte pour les commerciaux de pouvoir consulter et valider les demandes d'achat et de facture sur un terminal mobile.

Par ailleurs, il est demandé de donner aux fournisseurs un accès instantané à leurs factures au travers d'un portail fournisseur.

Mais il est évident que rien ne peut se faire sans une interface agréable, conviviale et intuitive.

En effet, le principal frein à la mise en place d'une GED reste bien l'aspect souvent complexe de l'architecture informatique.

Il faut, pour mettre en place l'outil, faire le parallèle dans l'esprit des salariés entre ce qui existait avant (des armoires, des classeurs) et ce qui va être mis en place.

Le choix de la dématérialisation des documents ayant fortement progressé dans la société, la mise en place de ces solutions est plus aisée dans les entreprises.

Les résultats

La mise en place de la GED chez notre marchand de matériaux a été un succès grâce à une formation efficace qui réunissait les personnes appelées à travailler ensemble. La création de groupes de réflexion et de formation a permis de créer un véritable réseau d'amitié entre des salariés qui se fréquentaient peu. Un véritable réseau de communication informelle s'est établi, permettant une adhésion plus forte au changement. Le projet GED de Dessoux s'appliquait à plus de 100 000 documents et concernait plus de 80 personnes.

1. Après avoir défini la GED, vous expliquerez son intérêt dans le cadre de l'entreprise.

2. En quoi la mise en place de la GED a-t-elle été source de cohésion pour l'entreprise Dessoux ?

3. D'après vous, pourquoi y a-t-il encore des résistances au passage à la GED ?

FAIT ☐ REVU ☐

Exercice 22 voir Fiche Savoir 11

Victoire et Henri travaillent dans la même entreprise

Tous deux ont des styles très différents : autant Victoire a tendance à accaparer la parole et à se montrer virulente, autant Henri a tendance à rester discret et en retrait. Tous deux ont pour ambition de monter dans la hiérarchie. Justement, un groupe de projet se monte pour mettre en place les outils informatiques du futur dans l'entre-

prise. Ce groupe peut être un moyen de se faire remarquer par le directeur qui y participe.

Henri espère depuis longtemps une promotion. Lui si discret d'habitude espère que son dévouement sera remarqué. Mais il décèle vite une adversaire en Victoire qui essaie dès le début d'accaparer l'attention.

Henri se place alors dans une position de doute vis-à-vis des affirmations de Victoire : « Tu es sûre ? Mais il me semblait... », « Et tu affirmes que... Mais d'où viennent tes certitudes ? », « Il me semble que l'on ne peut pas être aussi affirmatif... »

Victoire focalise toute son attention sur celui qu'elle perçoit comme son adversaire. En dehors même des réunions, le conflit prend place dans les mails de l'entreprise. Les relations courtoises se sont transformées en pugilat verbal. Les collaborateurs et collègues évitent de les rencontrer.

Les réunions se transforment en champ de bataille, le projet n'avance pas...

Le directeur convoque Victoire et Henri et leur demande de changer de comportement ou de quitter le groupe projet. Mais rien n'y fait et le directeur les exclut du groupe, il n'est plus question de travailler dans des groupes de projet pour les deux adversaires. Ce qui éloigne durablement de chacun toute possibilité de promotion.

1. Rappelez les différents types de conflit selon leur forme et leur nature.

2. Qualifiez ce conflit.

3. Quelles sont les conséquences de ce conflit sur le groupe et les acteurs du conflit ?

4. Quels sont les modes de dépassement des conflits que l'on aurait pu mettre en place ?

FAIT ☐ REVU ☐

Exercice 23 voir Fiches Savoirs 7, 8 et 12

Le climat social

Certaines organisations comme AXA en 2009 et la ville de Suresnes en 2013 ont mis en place une charte de reconnaissance du parcours syndical.

Ces chartes sont basées sur le constat que les organisations syndicales, comme les entreprises, vont devoir faire face dans les années à venir à un nombre important de départs en retraite et vont devoir renouveler leurs équipes. Il s'agit donc d'accompagner les représentants syndicaux tout au long de l'exercice du mandat, mais aussi de faire du parcours syndical un « booster » de carrière.

Une VAE peut ainsi être mise en place pour tenir compte des acquis des représentants du personnel. Et au cas où aucun diplôme n'est retenu, un bilan professionnel peut tenir compte de ces acquis pour la promotion de l'agent concerné. La formation à la négociation est incluse dans l'accompagnement du représentant syndical, ainsi par exemple l'école Sciences Po propose 10 jours de formation « culture économique et sociale » répartis sur l'année pour aboutir à un certificat. Des entreprises comme LCL, Orange, y ont inscrit des salariés.

D'autres éléments d'accompagnement existent selon les organisations concernées : aménagement du temps de travail pour mieux assurer leurs missions, des entretiens réguliers pour vérifier qu'ils gardent toutes leurs compétences professionnelles et que leurs fonctions syndicales ne nuisent pas à leur carrière.

Un climat social apaisé

L'expérience de Suresnes et d'Axa montre une amélioration de la négociation et plusieurs accords importants ont pu être signés, comme par exemple l'ouverture de la médiathèque le dimanche moyennant une prime pour les agents concernés et l'encouragement du présentéisme...

Le nombre de grèves et d'incidents a fortement diminué dans les organisations concernées.

1. Quels sont les acteurs concernés par ce dialogue social ?

2. Quels sont les moyens employés par la municipalité de Suresnes pour la reconnaissance de la fonction de syndicaliste ?

3. Comment la commune évalue-t-elle les compétences et le potentiel des représentants syndicaux ?

4. Quels sont les effets du dialogue social sur le climat social de l'organisation ?

FAIT ☐ REVU ☐

Exercice 24 voir Fiche Savoir 12

Les indicateurs sociaux

Indicateurs sociaux de l'entreprise Bellême

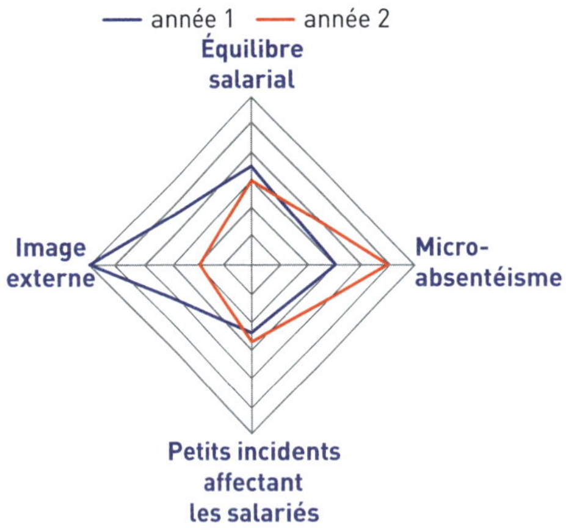

Équilibre salarial	*Variation salaire entreprise* / *Variation salaire secteur*
Micro-absentéisme	*Nbre absences <3 jours* / *Nbre heures travaillées*
Petits incidents affectant les salariés	*Nbre sur le trimestre* / *Effectif moyen/trimestre*
Image externe	*Nbre candidatures* / *Nbre postes offerts*

1. **Rappelez ce qu'est le tableau de bord social.**

2. **Indiquez la nature et l'intérêt des indicateurs du tableau de bord social pour l'étude du climat relationnel dans l'entreprise.**

3. **Analysez l'évolution du climat social dans cette entreprise grâce à ces indicateurs.**

FAIT ☐ REVU ☐

Exercice 25 voir Fiche Savoir 13

L'organisation du travail

La société Billantaite est spécialisée dans la fabrication de composants électroniques. Ces produits sont utilisés dans les systèmes domotiques.

Depuis plusieurs mois, des dysfonctionnements sont apparus au sein du service approvisionnement.

À des difficultés techniques s'ajoutent des problèmes humains :

– le service est considéré comme de moins en moins performant ;

– il y a de plus en plus d'erreurs dans la saisie des commandes, ce dont se plaignent les autres services ;

– la recherche documentaire est de plus en plus longue ce qui ne permet pas à l'entreprise de disposer des meilleurs fournisseurs et produits.

Des entretiens individuels avec chacune des personnes travaillant au service des approvisionnements ont été menés. Cette étude a permis d'établir, pour une semaine type, le tableau de répartition des tâches entre les membres du service et d'analyser leurs compétences :

– M. VIGNE est un spécialiste du secrétariat commercial et doit concentrer ses activités sur ce type de tâches ;

– Mme Bull est experte dans l'utilisation des outils bureautiques et demande qu'on diversifie ses tâches ;

– Mme Over a suivi, ces dernières semaines, une formation sur la documentation : « recherche et exploitation ».

Tableau de répartition des tâches

TÂCHES	MME BENSLAM	M. VIGNE	MME BULL	MME OVER	M. TROLLI	TOTAL
Analyse de la concurrence	2 h	1 h			1 h	4 h
Recherche et choix des fournisseurs avec négociation	10 h	5 h				15 h
Réalisation matérielle liée au choix des fournisseurs			5 h	8 h		13 h
Accueil des fournisseurs	7 h	3 h				10 h
Gestion des fichiers et statistiques			9 h			9 h
Saisie des commandes			10 h		5 h	15 h
Recherche documentaire et analyse		2 h		6 h	10 h	18 h
GED fournisseurs			6 h	7 h	5 h	18 h
Décision d'achat et contrôle	5 h	4 h	2 h		2 h	13 h
Saisie des commandes				12 h		12 h
Gestion du courrier et mails	6 h	10 h	1 h	2 h	2 h	21 h
Préparation des réunions		5 h				5 h
Participation aux réunions	9 h	5 h				14 h
Total	39 h	35 h	33 h	35 h	25 h	

On peut remarquer que certains employés ne font pas les 35 h ce qui s'explique par une demande spécifique de leur part pour tenir compte de l'équilibre vie privée/vie professionnelle.

Organigramme du service approvisionnement

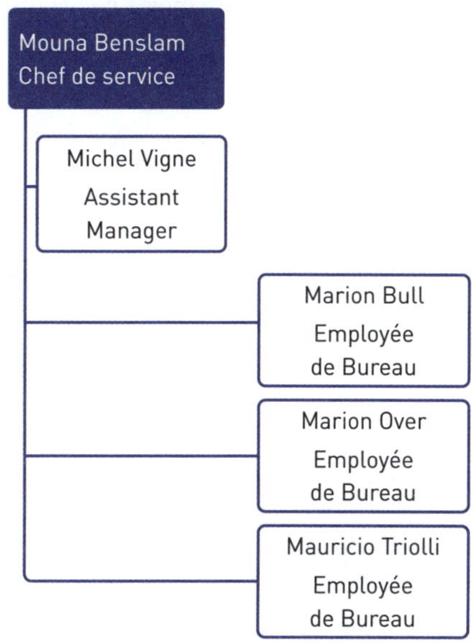

1. Expliquez grâce au TRT les causes possibles de dysfonctionnement.

2. Proposez des solutions pour les dysfonctionnements constatés.

FAIT ☐ REVU ☐

Exercice 26 voir Fiche Savoir 14

Les méthodes de travail coopératif

Le marché des loisirs créatifs est dominé par plusieurs grandes enseignes internationales.

Deux PME du secteur décident de fusionner pour pouvoir faire face à ces grands concurrents.

La fusion est prévue pour dans 6 mois. Il n'y aura pas de perte d'emploi mais une restructuration est essentielle. Des équipes mixant des salariés des deux entreprises seront mises en place.

Les dirigeants des sociétés concernées ont longuement réfléchi à la manière d'amener les salariés issus de deux entités différentes à collaborer après la fusion.

Pour éviter les incompréhensions, les conflits, il a été décidé de faire participer les salariés à la réforme des processus de gestion et à la création des documents qu'ils utiliseront ensuite tous les jours.

Les salariés qui seront dans le même service vont travailler à la réflexion et à la construction des documents. Pour qu'ils puissent collaborer au même projet, une plateforme informatique a été mise en place et des heures ont été dégagées dans les emplois du temps pour qu'ils puissent procéder à des réunions à distance quand cela est nécessaire.

1. Expliquez la notion de coopération.

2. Présentez l'intérêt du recours à une plateforme collaborative dans ce cas.

3. Quels outils types d'une telle interface de collaboration vous paraissent importants ici ?

4. Pourrait-on se passer des réunions à distance ? Justifiez votre réponse.

FAIT ☐ REVU ☐

Exercice 1

Les facteurs de motivation

1. Les facteurs internes sont les motivations liées à l'activité elle-même, au plaisir ou à la satisfaction que l'on ressent grâce à sa pratique.
Ils résultent de besoins multiples : accomplissement de soi, soif d'apprendre, autonomie, reconnaissance sociale, plaisir, se sentir responsable…
Ici, l'accomplissement de soi passe par exemple par la validation des acquis de l'expérience (VAE), la formation professionnelle, l'autonomie et le plaisir de se sentir responsable, par la gestion souple des horaires et les réunions hebdomadaires.
La reconnaissance sociale passe par la possibilité de promotion mais aussi par le choix des actions humanitaires soutenues par l'entreprise.

2. Les facteurs externes de la motivation de l'individu sont ceux qui agissent sur son implication personnelle dans son travail. L'action est provoquée par une circonstance extérieure à l'individu (punition, récompense, pression sociale, obtention de l'approbation d'une tierce personne…).
On retrouve dans ces facteurs externes des éléments organisationnels tels que les conditions de travail, la sécurité dans le travail, la politique de rémunération, le statut, l'ambiance, la relation avec la hiérarchie et l'entourage professionnel.
La petite prime qui récompense les bonnes idées fait partie de ces éléments externes de même que le style de management participatif (décentralisation de la gestion des horaires). On peut aussi parler de la politique de recrutement interne.

3. Une gestion décentralisée des horaires permet d'impliquer personnellement chaque salarié qui peut faire part plus facilement des contraintes qu'il rencontre dans sa vie privée.
Le fait de gérer les horaires en équipe va amener les salariés à faire des concessions et à rechercher l'équité. Cela les responsabilisera et c'est un facteur important de motivation interne.
Cette gestion au plus près va améliorer l'équilibre entre vie privée et vie professionnelle ce qui diminuera le stress.

Exercice 2

La motivation : un phénomène avant tout personnel

1. L'âge moyen des ouvriers va diminuer avec les départs en retraite. Il y aura moins de personnes réfractaires aux changements (évoluer sur de nouvelles activités) mais plus de tentations de quitter l'entreprise.
Aucun départ n'est vraiment problématique.
Il y a nécessité de cinq embauches.
Le bon climat social montre qu'il y a peu d'opposition.
Le besoin en commerciaux (13) sera majoritairement satisfait par la réorientation des ouvrières (après étude des profils et motivations individuelles).

2. *Myriam.*
– Les facteurs de motivation qui pourront être favorables au projet : parmi les besoins physiologiques, celui de la sécurité est le plus important pour Myriam car son mari est souvent sans emploi.
Elle accorde une importance primordiale à son salaire.
– Les facteurs qui pourront le contrarier : ses inquiétudes traduisent un manque de confiance en elle qui peut l'amener à ne pas faire les efforts nécessaires pour évoluer.
Justin
– Les facteurs de motivation qui pourront être favorables au projet sont liés à l'accomplissement de soi car il y a une demande d'évolution, quitte à quitter l'entreprise.
Ce sont aussi des facteurs comme la comparaison sociale car il y a dans le projet la possibilité de réduire une iniquité envers les autres jeunes formés.
– Les facteurs qui pourront le contrarier sont des facteurs liés au fait qu'il s'agit de son premier travail, ce qui peut l'amener à vouloir découvrir d'autres contextes quelle que soit l'évolution de l'entreprise.
René
– Les facteurs de motivation qui pourront être favorables au projet : le principal facteur est lié au besoin d'appartenance (équipe) qui peut l'amener à vouloir participer au projet.

– Les facteurs qui pourront le contrarier : il n'apprécie pas le travail en magasin et, si seul un tel poste lui était proposé, il ne resterait pas.

3. *Myriam*
Il faut fixer un but réaliste et accompagner, former la salariée.
L'entreprise doit mieux cerner ses capacités et, le cas échéant (si celles-ci sont réelles), mettre en place une formation et démontrer régulièrement à Myriam qu'elle s'en sort bien.
Justin
Pour son besoin d'accomplissement, il faut lui montrer les perspectives offertes par la nouvelle organisation du travail. Et lui proposer un plan d'évolution clair, quantifié.
Cela permet de réduire une iniquité envers les autres jeunes formés.
Il faut définir un objectif personnel (évolution de carrière, prise de responsabilité dans le système automatisé).
René
C'est un commercial de terrain, il faut lui conserver un poste de ce type. Dans sa description de l'équipe, il est visible qu'il préfère appartenir à l'équipe plutôt qu'en être un leader. Il faut donc exclure les postes de manager.

Exercice 3

Agir sur le mieux vivre

1. Le bien-être au travail est un ressenti positif du salarié dans l'exécution de son travail. Le bien-être est lié à l'ensemble des facteurs relatifs aux conditions de travail.
Ici l'étude révèle que les salariés français sont attachés en particulier aux liens interpersonnels qui se tissent à l'occasion du travail : reconnaissance, climat social et management.
Les entreprises, quant à elles, ne perçoivent pas ces préoccupations des salariés ou en tout cas agissent davantage sur les conditions de travail plutôt que sur les relations de travail.

2. Le bien-être au travail inhibe les facteurs anxiogènes qui sont des facteurs de démotivation. Le bien-être au travail recouvre, en plus des volets santé et sécurité, des éléments tels que la qualité de vie au travail et la reconnaissance. Ces composantes sont des leviers forts de l'engagement dans le travail.
Ainsi le fait, entre autres, qu'il y ait moins de risques psychosociaux, moins de risques professionnels, va permettre aux salariés de se sentir bien et donc largement contribuer à leur motivation au travail.

3. Le mieux vivre au travail représente toutes les mesures prises par l'organisation afin d'améliorer le bien-être de ses salariés.
Le mieux vivre au travail correspond donc à l'accroissement des possibilités d'épanouissement des salariés dans leur environnement professionnel, aux actions entreprises afin de garantir notamment la santé (physique et mentale) et la sécurité des salariés.

4. Ces mesures sont principalement liées à l'organisation du travail ou à l'aménagement des postes et du temps de travail des salariés.
Par contre, le management, qui englobe les relations interpersonnelles, le leadership, la gouvernance d'entreprise et de nombreux éléments liés aux rapports humains et hiérarchiques, est peu remis en question.
On constate donc un décalage entre d'une part, les attentes des salariés en matière de conditions de travail, qui sont attachés aux rapports humains (reconnaissance, climat social, management) et, d'autre part, les actions des DRH, qui portent essentiellement sur des solutions matérielles (aménagement, ergonomie).

Exercice 4

L'absentéisme et la performance

1. Le risque professionnel apparaît quand le salarié est potentiellement exposé à un danger dans le cadre de son activité professionnelle.
Les risques professionnels font peser sur les salariés la menace d'une maladie ou d'un accident.

2. Comme indiqué dans le texte, il y a plusieurs origines liées à l'absentéisme et certaines d'entre elles sont liées directement aux situations de travail à risque : accidents et maladies professionnelles.
La souffrance au travail est un état de mal-être plus ou moins profond ressenti par le salarié dans son environnement de travail et qui se traduit par une douleur physique ou mentale. Cette douleur

peut aller d'un simple sentiment de malaise qui n'entraînera pas d'absence à une dégradation de la santé plus importante entraînant l'absentéisme et qui peut aller jusqu'à des manifestations beaucoup plus graves (dépression, suicide).

3. Cette notion est pourtant importante car pour les entreprises les enjeux sont économiques (recherche de la performance) et sociaux (éviter les conflits sociaux et la dégradation du climat social).
La performance de l'entreprise est impactée par les coûts de l'absentéisme. Ces coûts comprennent des coûts visibles : maintien du salaire, coûts de gestion, de remplacement mais aussi des coûts cachés : désorganisation du service, donc perte de productivité, détérioration du climat social (baisse de motivation des salariés présents, augmentation des accidents, de l'absentéisme) et à l'externe une dégradation de l'image de l'organisation.
Pour l'individu, les enjeux portent sur la conciliation entre ses intérêts personnels et ses intérêts professionnels. Être absent va contrarier son sentiment d'appartenance au groupe, va nuire à la cohésion d'équipe et finira par dévaloriser son image et donc nuire à sa motivation au travail.

Exercice 5

QCM

1. ⇒ **b)** Les salariés motivés vont améliorer la performance, dans la mesure où ils contribuent à la réussite de la stratégie de l'organisation.

2. ⇒ **b)** est une motivation provoquée par des considérations internes ou personnelles.

3. ⇒ **a)** Pour stimuler la motivation extrinsèque l'organisation doit disposer d'un système de récompense et d'intéressement équitable.
⇒ **b)** Pour stimuler la motivation extrinsèque l'organisation doit entretenir une bonne cohésion au sein du groupe.

4. ⇒ **b)** Les conventions collectives de travail.

5. ⇒ **c)** Le Compte Épargne Temps.

6. ⇒ **a)** Les éléments relationnels.

7. ⇒ **c)** La responsabilité Sociétale des Entreprises.

Exercice 6

La RSE, modèle de développement

1. La responsabilité sociétale des entreprises (RSE), aussi appelée responsabilité sociale des entreprises, est la contribution des entreprises aux enjeux du développement durable. La RSE permet d'intégrer, dans son activité, des préoccupations : sociales, environnementales, et économiques afin de développer de meilleures pratiques.

2. La lutte contre l'exclusion, le respect des droits de l'homme, le bien-être des salariés, leur santé, l'égalité hommes/femmes et l'empreinte écologique de l'entreprise sont des actions qui relèvent de la RSE.
Ainsi, la RSE permet l'adéquation des valeurs de l'ensemble des salariés à la culture de l'organisation car la grande majorité d'entre eux est sensible aux composantes du développement durable.
Pour ancrer une démarche RSE en entreprise, il faut développer une culture RSE et faire adhérer l'ensemble des salariés.
La cohésion fait parti du volet social de la RSE et en cela elle est favorisée par la démarche RSE car elle fait partie intégrante des préoccupations.

3. Depuis 2005 les entreprises qui emploient plus de 20 salariés ont l'obligation de recruter des travailleurs handicapés à hauteur d'au moins 6 % de l'effectif total.
Les moyens pour une entreprise de s'acquitter de ses obligations légales sont l'embauche d'une personne handicapée, la sous-traitance en milieu protégé, le versement d'une contribution à l'AGEFIPH ou la signature d'un accord avec les partenaires sociaux.
L'intégration de personnes handicapées peut être liée à la RSE si la démarche de l'entreprise est volontaire et si les collaborateurs sont impliqués dans l'accueil.
La prise en compte du handicap, en plus d'activer des valeurs citoyennes auprès des salariés, permet pour l'entreprise d'améliorer son image auprès de clients très sensibles à l'éthique.
La RSE représente donc un double intérêt pour l'entreprise : en interne, elle renforce la cohésion et donne du sens au travail des salariés et en externe, elle permet de valoriser l'image de marque qu'elle véhicule auprès des tiers.

Exercice 7

Rémunération et cadre juridique

1. Comme le montre la grille de classification de la convention collective, M. Terni touche un salaire de base qui correspond au niveau agent de maîtrise. Or la fiche de paie de M. Terni indique qu'il occupe un poste de technicien niveau agent de maîtrise.
La rémunération de M. Terni correspond donc à sa qualification.

2. Le droit du travail prévoit l'existence d'un salaire minimum interprofessionnel de croissance (SMIC), M. Terni ne peut percevoir une rémunération qui lui soit inférieure. Le montant du SMIC est revalorisé par le gouvernement. Tous les salariés sont concernés par ce texte.
En plus de la grille des salaires, la convention collective des hypermarchés prévoit le versement d'un 13e mois en novembre. La convention collective est signée au niveau national par les représentants des salariés et des employeurs d'un secteur. Elle concerne toutes les entreprises du secteur.
Un accord d'entreprise prévoit au bout d'un an d'ancienneté des avantages avec un jour de congé supplémentaire, une prime d'assiduité de 1,5 % du salaire et une prime d'ancienneté de 0,5 % du salaire. Cet accord est signé au niveau de l'entreprise et ne concerne donc que les salariés de cette entreprise.

3. M. Terni est encore en période d'essai puisqu'il n'est dans l'entreprise que depuis 1 mois. Néanmoins, une prime individuelle peut être une récompense appréciée du collaborateur.
Les primes individuelles les plus courantes sont prévues conventionnellement, dans le contrat de travail ou résultent d'un usage.
Mais il est possible à l'employeur de récompenser unilatéralement un salarié. Il s'agit de récompenser la performance individuelle.
La modulation personnelle du salaire, ou « salaire au mérite », permet de valoriser le dynamisme, le potentiel, l'implication plus ou moins grande du collaborateur.
Cela permet de donner un signe de reconnaissance aux salariés qui se mobilisent et prouvent leur motivation.

Exercice 8

Rémunération et avantages

1. La prime individuelle cherche à optimiser le résultat du travail du salarié.
Une prime individuelle fixe représente une augmentation de la rémunération versée au salarié, quel que soit le niveau individuel de sa performance. C'est souvent une récompense de la fidélité du salarié.
Exemples : prime d'ancienneté, prime 13e mois.
Ici il n'est pas précisé que Cédric perçoit ce type de prime.
Une prime individuelle variable représente une augmentation de la rémunération versée au salarié s'il atteint les objectifs quantitatifs ou qualitatifs fixés par la direction. Elle est donc liée aux résultats individuels.
Exemples : prime d'assiduité, prime de rendement.
Ici, Cédric perçoit 6 000 à 8 000 € de primes individuelles variables.

2. Les primes collectives récompensent les résultats obtenus par une équipe, un service ou l'organisation dans son ensemble. Ces primes collectives servent à éviter les effets pervers de la rémunération individuelle, comme la compétition entre individus.
La prime collective a pour objectif de renforcer la cohésion du travail en équipe. Sa mise en œuvre rencontre des limites : certains produiront plus d'efforts que d'autres, par exemple.
Cédric perçoit une prime d'intéressement et une participation aux bénéfices.

3. Les avantages sociaux constituent une part de rémunération s'ajoutant au salaire direct, sous forme d'indemnités et d'autres services accordés aux salariés, dans le cadre des relations de travail.
Les avantages sociaux n'ont pas de liens directs avec le travail fourni, ni avec la performance. Ils sont liés au fait d'occuper un poste (ou un emploi) dans une organisation, et au respect du principe d'équité.
Cédric a droit aux tickets restaurant, à la crèche d'entreprise, au self d'entreprises, à des réductions, des cadeaux d'entreprise, des chèques cadeaux et autres avantages.

4. C'est un versement de l'employeur en complément des versements des salariés sur le PEE. Il est facultatif.
C'est surtout un coup de pouce immédiat de l'employeur à l'effort d'épargne individuel du salarié.

5. L'épargne salariale renforce l'attachement du salarié à son entreprise.
À moyen terme, le plan d'épargne entreprise (PEE) est un mécanisme facultatif permettant au collaborateur d'augmenter ses revenus en constituant une épargne avec l'aide de l'entreprise.
À long terme, le plan d'épargne pour la retraite collective (PERCO) permet aux salariés de constituer une épargne qui sera disponible au moment de la retraite sous forme de rente ou de capital, selon l'accord prévu pour sa mise en place.

Exercice 9

QCM

1. ⇒ **b)** ne peut être inférieur au SMIC.

2. ⇒ **c)** variable.

3. ⇒ **a)** Récompenser les salariés individuellement en fonction de leur mérite et de leur implication.

4. ⇒ **b)** La participation peut être versée sur un Plan d'Épargne Entreprise.
⇒ **c)** La participation peut être versée sur un Compte Épargne Temps.

5. ⇒ **b)** La communication interne renforce le sentiment d'appartenance.

6. ⇒ **a)** technologies d'information et de communication.

7. ⇒ **b)** Le rôle d'animateur dans une réunion de travail hebdomadaire.
⇒ **c)** Le rôle de chef d'orchestre dans une équipe de travail.

8. ⇒ **a)** permettre d'anticiper les départs à la retraite.
⇒ **b)** prévoir les promotions futures.
⇒ **c)** déterminer le profil des nouveaux salariés à recruter.
⇒ **d)** résoudre les problèmes de sous-effectifs mais aussi de sureffectifs.

9. ⇒ **a)** de déterminer les objectifs du poste.
⇒ **b)** de déterminer les tâches, les responsabilités.

10. ⇒ Aucune réponse valable.

11. ⇒ **b)** peut être l'occasion pour le salarié de demander une formation.

12. ⇒ **b)** être à l'initiative du salarié.

Exercice 10

Communication et démotivation

1. Les problèmes rencontrés lors des périodes d'examen sont des problèmes de coordination entre les équipes de travail et de communication. Tout est lié à un problème d'intensification du travail à cette période de l'année.

2. La motivation des individus dépend de facteurs internes (nature du travail, signification) et de facteurs externes (conditions de travail). Ainsi, une mauvaise communication dégrade les conditions sociales et organisationnelles et peut nuire à la motivation des salariés au sein de l'organisation.

Exercice 11

Une histoire de communication interne

1. Le contexte est défavorable à la communication interne : il y a une absence totale de coordination, de contrôle et de suivi des mémoires. Il s'agit d'un problème de communication descendante. Chacun travaille de son côté, donne son opinion, les personnes sont mal informées des procédures, certains salariés sont démotivés.

2. Obstacle organisationnel :
Le responsable du listing bloque certaines informations intéressant ses collègues. Absence de certains services lors de la réception des mémoires.

Obstacle sémantique :
M. Labrosse dans son mail utilise un langage trop technique et peu adapté aux magasiniers et agents de service.

Obstacle sémiologique :
Perturbations lors de la réunion à cause de l'inattention des bibliothécaires et de l'attitude de refus des magasiniers.

Obstacle technique :
Le matériel est obsolète. Il y a un problème technique lors de l'envoi et réception des mails.

Exercice 12

La communication au service de la mobilisation

La décision a été établie après une négociation avec les syndicats, le ton aurait dû être plus juridique, plus formel.
Le message ne fait pas référence à l'accord, il est possible de penser que l'initiative vient de M. Duchemin, sans négociation.
La cantine n'est pas le lieu et l'oral n'est pas adapté pour faire passer un message qui modifie les conditions de travail des employés.

Exercice 13

La communication multimédia

Avantages :
Cette communication est moderne, ce qui donne une bonne image de l'entreprise.
La communication multimédia donne de la visibilité à l'externe tout en impactant fortement l'interne.
Elle capte l'attention car elle combine du son, de l'image, de la vidéo.
C'est une forme de communication plus réactive (newsletter, intranet...).

Inconvénients :
Cette communication demande du matériel et des logiciels, ce qui entraîne des coûts importants d'acquisition et de maintenance.
La maîtrise technique est indispensable : or beaucoup ne savent pas se servir des outils informatiques.
Cette communication nécessite une évolution des mentalités et des pratiques : or, de nombreux salariés sont réfractaires au changement (homéostasie).
La communication multimédia est parfois redondante avec la communication écrite : cette forme de communication demande une réflexion qui lui est propre.

Exercice 14

La GPEC au service des entreprises

1. La GPEC ou gestion prévisionnelle des emplois et des compétences consiste à prévoir l'avenir en matière de ressources humaines de l'organisation.
Il s'agit de mesurer l'écart entre les besoins futurs de personnel et la réalité actuelle de l'organisation. Ces écarts s'évaluent aux niveaux quantitatifs (effectifs) et qualitatifs (compétences).
Il faut ensuite mettre en place un plan d'action permettant de réduire les écarts constatés, que ce soit par la formation, le recrutement, le reclassement ou même le licenciement.

2. Ces prévisions vont notamment permettre de mettre en place des actions destinées à développer les compétences. C'est un enjeu économique important car si le poste de dépenses ressources humaines est l'un des plus importants pour une organisation, ce sont ces mêmes ressources humaines qui créeront le plus de valeur (principal vecteur de performance »).

3. La mise en œuvre d'une gestion prévisionnelle des emplois et des compétences (GPEC) permet à l'organisation de ne pas souffrir d'un déficit en matière d'effectif et de compétences par rapport à ses concurrents. Elle lui permet de maintenir la quantité et la qualité du travail produit. C'est donc un support de l'action stratégique de l'organisation.
Pour les salariés, la GPEC permet l'échange car les actions de formation sont une occasion de dialogue entre le salarié et la hiérarchie. Cette démarche est transparente, le salarié est amené à comprendre le sens des actions mises en place dans l'optique de l'évolution stratégique de l'organisation (à moyen ou à long terme).
La GPEC va donner les moyens au salarié de se situer dans sa carrière, de comprendre son niveau et d'évoluer. Le salarié va pouvoir anticiper l'évolution de sa carrière.

4. La GPEC mise en place dans l'entreprise Honoré concerne les axes suivants : compétences, effectifs, qualifications, conditions de travail, management et mobilisation du personnel.
D'autres axes sont possibles comme, par exemple, la mobilité et la réorganisation du travail.

Exercice 15

Recruter c'est attirer les compétences

1. La mobilité interne et la formation continue sont des moyens utilisés dans le cadre d'une GPEC qui met en avant les perspectives de carrière.

2. Parce qu'elle garantit l'employabilité du salarié. L'employabilité est la capacité pour le salarié à posséder les compétences lui permettant à tout moment de retrouver un emploi à l'intérieur ou à l'extérieur de l'entreprise dans des délais et des conditions raisonnables.

3. L'intégration a de nombreux rôles, aussi bien pour l'entreprise que pour le salarié.
Pour l'entreprise, il est important de fidéliser les salariés. La période d'intégration peut ainsi être utilisée pour créer un sentiment d'appartenance. Il faut également amener le salarié à adhérer aux valeurs de l'entreprise pour obtenir une motivation intrinsèque. Et cela ne peut se faire sans assurer la compréhension de la stratégie globale de l'organisation par le nouveau collaborateur. Tout ceci devrait permettre d'optimiser le délai pour rendre opérationnel le nouveau salarié.
Pour le salarié, il ne faut pas que le désir d'être opérationnel le plus tôt possible l'amène à passer à côté d'étapes importantes pour intégrer l'équipe. Il serait risqué de ne pas comprendre les méthodes de travail des autres, de négliger les rites de la culture d'entreprise.

4. Les moyens d'intégration les plus fréquents sont ceux qui coûtent le moins cher : remise d'un livret d'accueil avec les documents tels que le règlement intérieur et les consignes particulières au poste.
La rencontre du supérieur hiérarchique est essentielle, de même que la présentation des autres membres de l'équipe de travail.
Mais tout dépend du poste : plus le poste est important pour l'entreprise et plus la procédure d'accueil et d'intégration va être sophistiquée.
La taille de l'organisation joue aussi un rôle. Il peut arriver que le moment d'accueil soit décalé par rapport à la prise de poste pour regrouper les nouveaux employés.
Enfin le secteur d'activité est important, les habitudes ne sont pas les mêmes selon les secteurs d'activité.

5. Infopus réunit nouveaux salariés et salariés déjà en place en les intégrant dans des projets humanitaires.
Infopus réussit à être originale dans ses processus d'intégration. En effet, en tant qu'entreprise du secteur informatique, on aurait pu s'attendre à ce que les procédures d'intégration soient portées par des outils informatiques. Dans ce secteur, la tendance est par exemple à la « gamification » des procédures d'accueil.
En choisissant de sortir les nouveaux arrivants du secteur informatique et de les joindre aux autres salariés sur un terrain qui ne leur est pas non plus familier, l'entreprise joue sur la création d'un esprit d'équipe. En choisissant des situations liées aux valeurs de l'entreprise, Infopus va également créer un sentiment d'appartenance qui permet de fidéliser les salariés. C'est particulièrement important dans un secteur où règne la concurrence entre les entreprises pour attirer les meilleurs candidats.
Et l'entreprise renforce également ainsi son image externe.

Exercice 16

La qualification par le CQP

1. Les objectifs de la formation professionnelle continue sont :
- le maintien des compétences de l'entreprise ;
- de permettre le maintien dans l'emploi des salariés ;
- de favoriser le développement de leurs compétences et l'accès aux différents niveaux de la qualification professionnelle ;
- de contribuer à leur promotion sociale et à leur développement économique et culturel ;
- de favoriser l'insertion ou la réinsertion professionnelle de ceux qui travaillent.

2. Les certificats de qualification professionnelle (CQP) sont des certifications créées et délivrées par les branches professionnelles.
En revanche, les CQP n'ont pas de niveau reconnu par l'État qui permette d'être pris en compte à l'extérieur de la branche.

3. L'intérêt pour l'entreprise est d'avoir un employé dont le potentiel a été détecté en lui donnant les moyens d'acquérir les compétences du métier.
L'intérêt pour le salarié formé est d'obtenir une qualification reconnue dans toute la branche professionnelle, donc un atout pour changer d'entreprise.
Cette formation permet de garantir l'employabilité du salarié et le maintien voire l'augmentation des compétences de l'entreprise.

Exercice 17

Mobilité et compétitivité

1. Les différents types de mobilité sont :
– la mobilité géographique, qui comme son nom l'indique implique un changement de lieu de travail ;
– la mobilité fonctionnelle, qui implique un changement de poste voire de métier. Elle peut être horizontale si elle n'implique pas de promotion, ou verticale s'il y a promotion. En cas de mobilité fonctionnelle avec promotion, il y a souvent aussi mobilité géographique pour simplifier le passage à de nouvelles fonctions.
Il est ici question de mobilité géographique puisqu'il s'agit de changement de lieu de travail.

2. À part les problèmes du prix de l'immobilier et du travail du conjoint, il y a un manque de culture de la mobilité. Parce que les gens de Toulouse ont grandi à Toulouse, ils veulent rentrer le soir à Toulouse, ils n'ont pas cette culture de la mobilité.

3. Avec les partenaires sociaux, il a été convenu de mettre en place un accompagnement de la mobilité qui permette que, temporairement, les ouvriers de Toulouse puissent aller travailler dans les autres agences, pendant deux semaines, dix semaines, quinze semaines ; qu'ils puissent par ce biais-là avoir des primes de mobilité (dites d'éloignement) et des conditions particulières de congés de récupération qu'ils méritent.
Par ailleurs, une prime de déménagement est attribuée à ceux qui acceptent d'aller vivre sur Albi.

4. L'entreprise risque de devoir faire appel à des ressources externes locales, ce qui va augmenter les coûts.
Par ailleurs, le licenciement probable des salariés qui n'accepteraient pas la mobilité géographique entraînée par la fermeture de l'agence de Toulouse ferait perdre à l'entreprise leurs compétences et leur expérience, ce qui entraînerait une perte de compétitivité.

Exercice 18

Les modes de décisions de groupe

Tableau récapitulatif.

MODE DE DÉCISION	AVANTAGES	INCONVÉNIENTS
Cas 1 : loi HADOPI		
Par vote	Rapide, clair	Problème des abstentionnistes, ne proposent pas de débat d'idées
Cas 2 : réunion		
Par accord	Débat d'idées, discussion constructive et adhésion de tous les membres car décision commune	Processus lent, accord parfois difficilement possible
Cas 3 : conflit latent		
Par arbitrage	Rapide, décision déléguée au leader	Peut créer des conflits internes si les camps sont trop divisés, risque de favoritisme et/ou d'injustice

Exercice 19

Vrai/Faux

1. La taille d'un groupe peut avoir un impact sur la cohésion.
Vrai.
Plus le groupe est restreint plus les échanges sont favorisés et les liens forts.

2. La communication est davantage favorisée dans un groupe restreint et une organisation en réseau.
Vrai.
Les interactions sont favorisées par le nombre limité de personnes et les plus grandes possibilités de communication.

3. Le leadership n'a aucune incidence directe sur la cohésion de groupe.
Faux.
Le style de direction influence les relations dans le groupe.

4. Les phénomènes qui peuvent influencer la prise de décision sont le conformisme et la majorité active.
Faux.
C'est la minorité active.

5. Les stratégies d'influence sont : l'appel à l'affectif, au sentiment d'appartenance et au groupe de référence.
Faux.
C'est l'argumentation logique et non le groupe de référence.

6. Une minorité active peut influencer un groupe grâce à une influence normative ou informationnelle (informative).
Faux.
Il s'agit du conformisme.

7. Une minorité active est un petit groupe d'individus (< 50 %) qui exprime ouvertement ses divergences, qui a une cohérence et une force de conviction, qui est reconnu pour ses compétences et qui peut influencer une majorité.
Vrai.

8. Les décisions dans le groupe peuvent être prises par l'autorité (leader), à l'unanimité, à la majorité et à la minorité.
Vrai.

Exercice 20

Leadership et cohésion

1. Vincent Montfort a été nommé à la tête de l'Opéra par les administrateurs de cette organisation publique.

2. Vincent Montfort tire son leadership de ses compétences : sa grande expérience à diriger une organisation culturelle. En effet, il a ainsi dirigé avec succès l'opéra de Manosque et l'orchestre philharmonique d'Orange.
Par ailleurs, Vincent Montfort tire son leadership de son charisme : homme de débat, il impose son style de management plus consensuel, ouvert à la discussion et à la négociation avec les syndicats.

3. Le leadership autoritaire a un effet positif sur l'efficacité du groupe mais n'aide pas à sa cohésion. Il est nécessaire lorsqu'il faut prendre une décision rapide.
Le leadership participatif est le plus performant car il favorise la créativité et la motivation des membres du groupe, leurs propositions étant prises en compte. Il implique du temps dans les échanges mais renforce la cohésion du groupe.
Le leadership laisser-faire est le moins efficace car, malgré l'existence d'un leader dans le groupe, celui-ci est totalement désinvesti et n'assume pas son rôle de direction du groupe. Le groupe est livré à lui-même, sa cohésion est faible car les conflits se développent.

4. Vincent Montfort est proche des salariés et des syndicats. Il cherche le consensus plutôt que la guerre. Il est proche des artistes, il va les saluer, il crée une atmosphère agréable et un contact direct. Recueillir l'opinion de ses salariés ne lui suffit pas, il aime les faire participer aux décisions. Le style de leadership de Vincent Montfort est donc participatif.

Exercice 21

Transition vers la gestion électronique de documents (GED)

1. La gestion électronique des documents facilite la coopération.
Les logiciels de GED sont des outils puissants offrant de nombreuses fonctionnalités dont les organisations peuvent tirer profit. Tous les documents, quelle que soit leur origine, vont être traités sous forme numérique (acquisition), ce qui facilite les échanges. La GED va rendre disponible le document pour toutes les personnes concernées (diffusion). Les utilisateurs peuvent retrouver n'importe quel document grâce à une recherche par mots-clés. Mais, auparavant, il faut que les documents aient été indexés, c'est-à-dire que des mots-clés leur aient été attribués.
Même si, en principe, tous les documents peuvent être accessibles à tous, il faut en restreindre l'accès. Les applications GED prévoient la possibilité de gérer les droits de chacun. Tous les documents sont stockés par l'intermédiaire de l'application GED. Ces applications intègrent des solutions de sauvegarde régulières et fiables pour

éviter toute perte de document. Les solutions de sauvegarde doivent respecter les règles légales afin de garantir la force probante d'un document. Les applications de GED proposent des signatures numériques, des systèmes d'horodatage et des formats de sauvegarde protégeant l'intégrité des documents. Les documents ne doivent pas être indéfiniment stockés sur ces applications. Un document qui n'est plus à jour ou devenu inutile encombre le système : il consomme de l'espace de stockage, il rend moins pertinents les résultats des recherches en générant un trop grand nombre de réponses.

2. La GED facilite la collaboration entre les différents acteurs d'une organisation en optimisant l'accès à l'information.
Le partage des documents se fait aisément grâce à :
- des fonctions de recherche performantes permettant un accès rapide aux documents : cela élimine les tensions entre les acteurs dues à la perte de documents ;
- une centralisation des documents qui évite leur blocage dans un service et élimine les problèmes de sauvegarde multiple ;
- un historique des différentes versions d'un même document.

Ces éléments de la GED s'accompagnent d'une demande de facilité d'accès, d'outils multisupports.
La cohésion a été renforcée par le processus même de mise en place de la GED. Ce processus a impliqué les acteurs ce qui a favorisé leur adhésion. La réflexion de groupe a également permis de créer une dynamique d'équipe qui s'est répercutée sur toute la vie de l'entreprise.

3. Dans la mise en place du système de GED, il ne faut pas négliger les utilisateurs. La GED entraîne un profond changement des méthodes de travail :
- le travail devient plus collaboratif : il faut lever les freins à la coopération ;
- la dématérialisation implique des règles de classement et d'archivage différentes : les salariés devront notamment apprendre à signer électroniquement ou à déposer des documents confidentiels dans un coffre-fort électronique.

Exercice 22

Victoire et Henri travaillent dans la même entreprise

1. Les conflits selon leur forme
- Le conflit latent : le conflit existe mais il n'est pas encore exprimé. On parle aussi de conflit larvé. Il se manifeste de différentes façons : silences, mauvaise humeur, absentéisme, stress, retard dans les délais, baisse de la qualité... Ce conflit est latent pour différentes raisons : peur du regard des autres, peur des répercussions.
- Le conflit ouvert : on parle aussi de conflit déclaré. Les acteurs du conflit l'expriment en affirmant leur opposition, souvent de façon agressive.

Les conflits selon leur nature
- Le conflit d'intérêts : les individus ont des intérêts, des objectifs divergents. L'enjeu est clairement le risque pour l'un des protagonistes de perdre un objet, un avantage, un poste...
- Le conflit d'identité : il est lié aux différences de personnalité et de comportement des protagonistes. Chaque individu est unique, singulier et les façons d'être peuvent s'opposer.
- Le conflit de pouvoir ou d'autorité apparaît entre des individus de même statut hiérarchique qui s'opposent sur la répartition des responsabilités et des rôles. Si un individu s'estime meilleur qu'un autre, il peut essayer de se valoriser en prenant les responsabilités d'un autre.
- Le conflit d'idéologie : les individus s'opposent en raison de valeurs, de croyances antagonistes. Comme chacun est persuadé d'avoir raison, ce type de conflit est difficile à solutionner.

2. Ce conflit est par sa forme un conflit ouvert. Les protagonistes s'expriment ouvertement tout d'abord en réunion de comité puis de plus en plus en dehors du groupe de projet (mails incendiaires). Il est de plus en plus virulent et les autres employés de l'organisation le ressentent fortement.
Par sa nature, ce conflit est un conflit d'intérêts. C'est parce qu'une possibilité de promotion est envisagée que le conflit se déclare. L'enjeu est d'importance, ce qui explique la violence du conflit.
C'est aussi de par nature un conflit d'identité car la personnalité extravertie de Victoire se heurte à la personnalité d'Henri qui, plus discret, n'en

demeure pas moins un obstacle pour Victoire. En effet, ses insinuations pour contrer les assertions de Victoire sont à l'opposé de l'attitude de celle-ci et elle n'arrive pas à les contrer, ce qui envenime le conflit.

3. Les conséquences de ce conflit sur le groupe de projet sont catastrophiques. Le conflit prend le pas sur le projet. Et même pour l'ensemble de l'organisation, le conflit est générateur de perturbations. C'est pourquoi le supérieur hiérarchique est obligé d'intervenir. En effet, le conflit pouvait nuire à toute l'organisation.
Cette intervention finit par aboutir à l'exclusion des acteurs du conflit de tout groupe de projet. Et l'enjeu de départ, la promotion possible, est devenu impossible à réaliser. Les acteurs ont donc tout perdu à cause du conflit.

4. Le premier mode de résolution de conflit est la négociation entre les acteurs du conflit. Chacun doit faire des concessions. Il paraît difficile d'appliquer ici ce type de résolution de conflit car l'unique enjeu est une possible promotion. Et le conflit d'identité est si fort qu'il cristallise les attitudes.
Le second mode de résolution de conflit est la médiation. Le médiateur, nommé en dehors des acteurs du conflit, va essayer de faire aboutir une négociation mais sans qu'il soit possible de savoir si les acteurs vont réussir à négocier.
L'arbitrage est une façon de sortir du conflit qui nécessite de part et d'autre une volonté d'en finir. En effet, l'arbitre va décider en lieu et place des protagonistes qui auront accepté de s'en remettre à son jugement. Il n'est donc possible de recourir à un arbitre que s'il y a volonté de sortir du conflit.
Le seul mode de résolution du conflit qui a pu être mis en place ici est le recours au supérieur hiérarchique et cela a fini en sanction car la demande du directeur n'a pas abouti.

Exercice 23

Le climat social

1. Dans l'organisation, le dialogue social désigne souvent les relations formelles entre l'employeur et les représentants des salariés. Les représentants des salariés peuvent être élus (délégués du personnel, membre du CHSCT...) ou nommés par une organisation syndicale (délégués syndicaux).
Ce dialogue social formel est encadré par un certain nombre d'obligations légales et réglementaires, en matière d'information, de consultation, de négociation.
Plus largement, le dialogue social désigne l'ensemble des relations et des interactions qui existent au sein de l'organisation entre la direction, l'encadrement, les représentants du personnel et les salariés.
Les acteurs directement concernés par le dialogue social évoqué dans le texte sont les dirigeants de la ville et les représentants syndicaux puisqu'il s'agit d'une reconnaissance du parcours syndical.
Indirectement, tous les salariés sont concernés puisqu'il a été constaté que la mise en place de cette solution était un facteur d'apaisement des tensions et conflits.

2. Certains de ces moyens sont liés à la reconnaissance des acquis du parcours syndical à travers une validation des acquis de l'expérience pour l'obtention d'un diplôme. Si aucun diplôme n'est retenu, il est tenu compte de ces acquis au travers du bilan professionnel. Ces éléments sont pris en compte pour les promotions.
Par ailleurs, une formation à la négociation est mise en place. Cette formation qui donne des clés de compréhension de la négociation permet de mettre en place des outils qui peuvent ensuite être déclinés dans d'autres fonctions que la fonction syndicale.
Les autres actions mises en place concernent l'exercice de la fonction syndicale pour lequel l'agent concerné recevra des moyens.
Par ailleurs, il y a vérification régulière que les fonctions syndicales et l'investissement personnel qui est nécessaire ne nuisent pas au bon déroulement de la carrière professionnelle de l'agent représentant syndical.

3. L'évaluation des compétences et du potentiel des délégués syndicaux se fait, d'une part, par les entretiens réalisés. Ces entretiens qui viennent en plus de l'entretien annuel vont permettre de suivre les besoins en formation professionnelle et syndicale. Et ils peuvent permettre de détecter d'éventuels problèmes.
D'autre part, il est possible de mettre en place des bilans de compétences à condition que le salarié soit volontaire.

4. L'amélioration du climat social est l'effet recherché par le dialogue social.

Il en a été ainsi dans l'exemple donné de la ville de Suresnes. Le nombre de conflits a diminué, des accords ont été mis en place sur des sujets litigieux.

On peut donc dire que les indicateurs sociaux se sont améliorés de même que la qualité du service rendu aux usagers.

Exercice 24

Les indicateurs sociaux

1. C'est un outil non obligatoire au service du pilotage de la performance de l'entreprise. Le contenu d'un tableau de bord social est choisi en fonction des besoins de l'organisation.

Exemple d'indicateurs : la pyramide des âges, l'âge moyen des salariés, la parité homme femme…

2. Le climat relationnel est l'ambiance de travail ou la convivialité des relations humaines telles qu'elles sont ressenties par les salariés.

Ces indicateurs fournissent des éléments de nature quantitative (nombre de conflits) et qualitative (niveau de satisfaction des salariés) qui vont permettre de repérer les dysfonctionnements.

3. Tendance générale

La tendance générale est à la dégradation des indicateurs.

Éléments significatifs

Parmi les indicateurs qui se sont le plus dégradés, le micro-absentéisme a pour conséquence une désorganisation du travail qui entraîne une baisse de qualité. Ceci peut en partie expliquer la dégradation de l'image de l'entreprise.

Conclusion et analyse

Cette situation traduit une détérioration de la performance sociale et, par voie de conséquence, de la performance économique de l'entreprise.

Exercice 25

L'organisation du travail

1. « Le service est considéré comme de moins en moins performant. »

La répartition du travail n'est pas réalisée en fonction des compétences du personnel.

« Il y a de plus en plus d'erreurs dans la saisie des commandes, ce dont se plaignent les autres services. »

La tâche est réalisée par une seule personne, Mme Over, ce qui entraîne lassitude et désintérêt, la charge peut aussi être trop lourde.

« La recherche documentaire est de plus longue ce qui ne permet pas à l'entreprise de disposer des meilleurs fournisseurs et produits. »

La recherche documentaire est confiée à des personnes qui n'ont pas obligatoirement les compétences nécessaires.

2. « Le service est considéré comme de moins en moins performant. »

La clé de la répartition du travail doit être les compétences.

« Il y a de plus en plus d'erreurs dans la saisie des commandes, ce dont se plaignent les autres services. »

Il faut confier les charges demandant peu de compétences mais occasionnant une lourde charge de travail à plusieurs personnes.

« La recherche documentaire est de plus longue ce qui ne permet pas à l'entreprise de disposer des meilleurs fournisseurs et produits. »

Il faut confier cette recherche en priorité mais non en totalité à Mme Over.

3. Le tableau de répartition des tâches (TRT) permet de représenter et/ou d'améliorer la répartition des tâches entre les individus pour réaliser une mission. Il permet de visualiser la répartition du travail et de procéder à une éventuelle réorganisation en fonction des compétences ou des souhaits de chacun et d'assurer une répartition équitable de la charge de travail.

Exercice 26

Les méthodes de travail coopératif

1. La collaboration est un processus par lequel deux ou plusieurs personnes ou organisations s'associent pour effectuer un travail intellectuel suivant des objectifs communs.

La coopération suppose que les individus qui collaborent se partagent le travail et s'entraident.

2. Le principal problème au niveau des ressources humaines lors de la fusion de deux entreprises est la création d'une culture commune. Amener

les salariés à travailler ensemble sur les supports de travail futurs va les amener à partager plus que des informations : des valeurs communes.
Les technologies coopératives permettent de mettre fin au cloisonnement, de relier les salariés entre eux, de partager l'information et les idées. Une plateforme collaborative de travail est un outil qui centralise non seulement des informations mais aussi des pratiques.

3. Ce type de plateforme intègre de nombreuses fonctionnalités qui ont toutes une certaine importance. Dans le cadre du travail en commun de personnes qui ne se connaissent pas encore très bien, il semble important d'utiliser les outils suivants :
- des outils informatiques (logiciels, progiciels) ;
- un service de messagerie ;
- un système de partage de ressources et de fichiers ;
- des outils de type forum, pages de discussions…
- un annuaire des profils des utilisateurs ;
- un calendrier et un agenda partagé ;
- un index ou outil listant les tâches faites et à faire.

4. Les réunions sont essentielles pour faire coopérer des personnes issues ici de différentes entreprises.
Pour organiser des réunions efficientes et efficaces, il faut d'abord se poser la question de leur utilité. Ici le principe de la réunion est lié à la nécessité d'harmoniser les pratiques avant la fusion. Mais un autre élément rentre aussi en compte : les salariés seront amenés à se côtoyer. La reconnaissance préalable grâce à la pratique des réunions à distance facilitera la prise de contact. Ce qui simplifiera la procédure de fusion des équipes.
Mais se limiter à des réunions à distance peut-être contre-productif. Il serait judicieux d'envisager des réunions en face-à-face.
En conclusion, se passer de réunions n'est pas intéressant mais se limiter à des réunions à distance n'est pas suffisant.

Le marché du travail

LU ☐
SU ☐
REVU ☐

Le travail fait l'objet d'une offre et d'une demande sur le marché du travail, qui possède des caractéristiques et un fonctionnement propre.

1 Le fonctionnement du marché du travail

1.1. Un lieu d'échange entre l'offre et la demande

Le marché du travail représente le lieu théorique de rencontre entre l'offre et la demande de travail, et permet de déterminer le volume de l'emploi.
Il met en relation ceux qui offrent leur force de travail en échange d'un salaire et ceux qui demandent de la main-d'œuvre pour leur activité de production et pour lesquels le travail constitue un facteur de production.

Offre de travail Salariés	Force de travail →	Marché du travail	← Salaires	Demande de travail Entreprises

Le prix sur le marché du travail est le salaire.

1.2. La formation des salaires

Les salaires ne sont pas seulement fonction de l'offre et de la demande. Ils résultent de différents facteurs.

LE RÔLE DES NÉGOCIATIONS	• **Les négociations individuelles** Négociations entre les employés et les employeurs au moment de la signature du contrat de travail bien que, le plus souvent, cette capacité de négociation soit asymétrique et que ce soit l'employeur qui impose la rémunération du salarié. • **Les négociations collectives** Les salaires font régulièrement l'objet d'une négociation entre les représentants des salariés (les syndicats) et les organisations patronales, au niveau d'une entreprise ou d'une branche d'activité. Elles aboutissent, en général, à la conclusion d'accords et de conventions collectives qui s'imposent aux employeurs.
LE RÔLE DES POUVOIRS PUBLICS ET DE LA RÉGLEMENTATION : LE DROIT DU TRAVAIL	• **Le SMIC (salaire minimum interprofessionnel de croissance)** Salaire horaire en dessous duquel aucun salarié ne peut être payé. Il est réévalué chaque année pour garantir le pouvoir d'achat des bas revenus. • **Les obligations de négocier les salaires** Dans les entreprises d'au moins 50 salariés, l'employeur doit, tous les ans, convoquer les délégués syndicaux pour négocier sur les salaires.

2 Les déterminants de l'offre et de la demande

2.1. Les déterminants de l'offre

La quantité de travail disponible sur le marché dépend, à un instant donné, de la population active, c'est-à-dire des personnes disponibles pour travailler, soit qu'elles occupent déjà un emploi, soit qu'elles en recherchant un.

Population active = Population active occupée + Chômeurs
(environ 30 millions de personnes en 2018)

ÉCONOMIE

L'offre de travail dépend ainsi du taux d'activité de la population.

$$\text{Taux d'activité} = \frac{\text{Nombre de personnes actives}}{\text{Population totale}} \times 100$$

Plus ce taux est élevé, plus la population active, donc l'offre de travail, est importante. On peut le calculer par catégories : selon l'âge, le sexe…

EXEMPLE
En 2017, 67,6 % des femmes en âge de travailler (15-64 ans) sont actives, pour 75,6 % des hommes.

L'évolution de la population active et du taux d'activité dépend de différents critères.

CRITÈRES	FACTEURS D'ÉVOLUTION (EN FRANCE)
Démographiques	• **L'évolution démographique et la pyramide des âges** Vieillissement démographique, taux de fécondité élevé ⇒ hausse de la population active. • **L'évolution du solde migratoire** Entre 1950 et 1975, l'immigration contribue activement à la croissance de la population active. Depuis 1975, l'influence de ce facteur s'est considérablement réduite.
Juridiques	**La hausse de l'âge légal de départ à la retraite à 62 ans** Les séniors contribuent à l'augmentation de l'offre de travail.
Sociologiques	• **L'allongement de la durée des études** Entrée des jeunes plus tardive sur le marché du travail. • **La hausse du travail des femmes depuis les années 1950**

2.2. Les déterminants de la demande

La demande de travail issue des employeurs est conditionnée par :

- la productivité relative des facteurs de production, et donc le coût du travail : lorsque le coût du travail est élevé, les entreprises sont tentées de remplacer les hommes par des machines (capital) ;
- par les perspectives de croissance : si la conjoncture est favorable, les entreprises seront incitées à produire davantage et donc à embaucher.

En outre, devant l'augmentation de la concurrence conduisant à la recherche d'une plus grande flexibilité, les entreprises proposent de plus en plus de contrats dits « atypiques » comme le contrat à durée déterminée (CDD) ou à temps partiel.

mots clés
Marché du travail ◆ Salaire ◆ Négociations collectives ◆ Smic ◆ Population active ◆ Taux d'activité

S'entraîner au Bac
Exercice 1 : p. 123

Savoir 2

Le chômage

LU ☐
SU ☐
REVU ☐

Le chômage est un mal économique et social dont les causes font l'objet d'interprétations multiples.

1 Définition

Le chômage résulte d'un déséquilibre entre l'offre et la demande de travail. Au sens du bureau international du travail (BIT), un chômeur est une personne en âge de travailler (15 ans ou plus) qui répond simultanément à trois conditions :

- être sans emploi, c'est-à-dire ne pas avoir travaillé, ne serait-ce qu'une heure, durant une semaine de référence ;
- être disponible pour prendre un emploi dans les 15 jours ;
- avoir cherché activement un emploi dans le mois précédent ou en avoir trouvé un qui commence dans moins de trois mois.

EXEMPLE
Le nombre de chômeurs en France métropolitaine au 1er trimestre 2018 est de 2,6 millions.

Cette définition, utilisée par l'INSEE, permet d'effectuer des comparaisons internationales et d'analyser l'évolution du chômage dans le temps.

2 La mesure du chômage

2.1. Le taux de chômage

Le taux de chômage s'exprime en pourcentage de la population active.

$$\textbf{Taux de chômage} = \frac{\text{Nombre de chômeurs au sens du BIT}}{\text{Population active}} \times 100$$

EXEMPLE
Le taux de chômage en France métropolitaine au 1er trimestre 2018 s'élève à 8,9 %.

La mesure du chômage est complexe du fait de ce que l'INSEE nomme le « halo » autour du chômage. Les frontières entre emploi, inactivité et chômage sont parfois si minces que les statistiques ne rendent pas bien compte de la situation de ceux qui rechercheraient un emploi sans être disponibles (personnes en formation), de ceux qui sont découragés et non inscrits au chômage...
Remarque : Pôle emploi, organisme public chargé de l'emploi et de l'insertion professionnelle, réalise son propre recensement des chômeurs par le nombre de personnes qui y sont inscrits. Il distingue cinq catégories en fonction de la situation individuelle des chômeurs (temps partiel subi, personnes en formation, bénéficiaires de contrats aidés...) et fait ainsi apparaître un taux de chômage plus élevé que celui de l'INSEE.

2.2. L'évolution du chômage en France

Le chômage est devenu une caractéristique constante des économies développées depuis le début des années 1970, avec un niveau record en France en 1997 (10,7 %).

Il a globalement diminué de 1997 à 2007 (7,1 %), mais depuis la crise économique mondiale de 2008, l'ensemble des pays connaissent une recrudescence du chômage. Celle-ci est moins forte en France qu'en moyenne dans l'Union européenne : environ 15 % en Espagne et presque 20 % en Grèce, par exemple.

Les caractéristiques du chômage actuel

Le chômage des jeunes	Le chômage des séniors en hausse	Le chômage de longue durée
Taux de chômage : 22,3% en 2017.	Même s'il demeure moins élevé que pour les autres tranches d'âge : 6,7 % en 2017.	En 2017, 45,3 % des chômeurs le sont depuis plus d'un an.

ÉCONOMIE

3 Les causes du chômage

On distingue deux types de chômage en fonction de son origine : le chômage conjoncturel et le chômage structurel.

NATURE DU CHÔMAGE	CAUSES
Le **chômage conjoncturel** résulte du ralentissement de l'activité économique. C'est un chômage de court terme.	**L'insuffisance de la demande globale** Un ralentissement économique, voire une crise, a pour effet de ralentir la demande qui s'adresse aux entreprises, qui limitent leurs recrutements ou licencient. La crise, débutée en 2008, s'est traduite par une montée continue et inexorable du chômage, de plus de 3 points en France.
Le **chômage structurel** résulte des déséquilibres structurels de l'économie et perdure sur le long terme.	• **L'inadéquation entre l'offre et la demande de travail** La demande de travail des entreprises n'est pas toujours satisfaite, faute de trouver les individus possédant les compétences recherchées sur le marché du travail. C'est le cas notamment aujourd'hui dans les secteurs de l'hôtellerie-restauration et de l'informatique.
	• **Le manque de flexibilité du marché du travail** Il résulte principalement des contraintes issues de la réglementation du travail qui, en protégeant les salariés, sont source de rigidités pour les employeurs, qui peuvent être réticents à embaucher sachant qu'il sera difficile et coûteux de licencier si cela s'avérait nécessaire. De plus, la rigidité des salaires avec le poids des charges sociales et l'existence du SMIC freine l'embauche, notamment des jeunes, encore peu productifs, et des individus peu qualifiés dont la productivité est faible par rapport au coût du travail.

mots clés

Chômage ◆ Taux de chômage ◆ Chômage conjoncturel ◆ Chômage structurel ◆ flexibilité du marché du travail

S'entraîner au Bac
Exercice 2 : p. 123

Savoir 3

La politique sociale de l'État

LU ☐
SU ☐
REVU ☐

L'intervention de l'État a progressivement permis la prise en charge des risques sociaux et, dans une certaine mesure, la réduction des inégalités.

1 Les objectifs de la politique sociale

1.1. La justice sociale : réduction des inégalités et de la pauvreté

La justice sociale regroupe tous les principes qui visent la recherche d'une plus grande équité entre les individus dans la répartition des richesses issues de la répartition primaire.

La redistribution des revenus permet de lutter contre les inégalités en accroissant les revenus des plus modestes par le prélèvement sur les revenus des plus riches. Elle est basée sur un mécanisme de solidarité.

Depuis 2002, on observe une recrudescence de la pauvreté, après la diminution observée depuis les années 1970. En 2015, 14,2 % des Français vivent sous le seuil de pauvreté défini par Eurostat (60 % du revenu médian).

1.2. La protection contre les risques sociaux

Il s'agit d'assurer tous les individus contre les risques sociaux (maladie, maternité, chômage...) dans une logique de solidarité et de cohésion sociale.

2 Les modalités de la protection sociale

2.1. Définition

La protection sociale désigne l'ensemble des institutions (Sécurité sociale, mutuelles, caisses complémentaires...) et des mécanismes destinés à protéger les individus contre les risques sociaux entraînant une baisse des revenus ou une augmentation des besoins (charge d'enfants, situation de dépendance...).

2.2. Les deux logiques de la protection sociale

	LOGIQUE D'ASSURANCE	LOGIQUE D'ASSISTANCE
Objectif	L'assurance contre les différents risques sociaux (chômage, maladie, accident du travail, maternité, vieillesse).	Lutte contre la pauvreté par le versement de minima sociaux aux plus démunis (exemple : le revenu de solidarité active, RSA).
Financement	Par les cotisations sociales versées par les salariés et les employeurs qui ouvrent droit au versement d'une allocation (allocation chômage, indemnité de maternité...) ou d'une pension (pension de retraite) si le risque se produit.	- Par l'impôt. - Prestations versées sous conditions de ressources mais pas de cotisations préalables.

ÉCONOMIE

3 L'efficacité de la politique sociale en France

3.1. En termes de réduction des inégalités

Un système fiscal peu redistributif
Prédominance de la TVA par rapport à des impôts plus redistributifs comme l'impôt sur le revenu, impôt progressif, dont le poids reste faible dans l'ensemble des recettes fiscales (moins de 10 %).

L'efficacité de la protection sociale
L'ensemble des prestations permettent de réduire les inégalités de revenu et limitent les phénomènes de pauvreté.

↓

La persistance des inégalités et de la pauvreté
Si les inégalités diminuent du fait de la redistribution, on constate cependant que les écarts de revenus s'accroissent dans les tranches supérieures et que la pauvreté ne régresse plus.

Remarque : Un système fiscal est d'autant plus redistributif que les prélèvements progressifs y occupent une place prépondérante par rapport aux prélèvements proportionnels. Un impôt est progressif lorsque son taux s'élève avec l'augmentation du revenu. En France, c'est le cas de l'impôt sur le revenu, avec une progressivité définie par tranche de revenus.

3.2. Des difficultés de financement de la protection sociale

Les comptes de la Sécurité sociale ont été quasiment toujours déficitaires depuis 1990, en raison notamment du vieillissement de la population, aboutissant à l'augmentation des coûts en matière d'assurance-maladie de retraite et de dépendance ainsi qu'à l'amélioration des techniques médicales.

EXEMPLE
En 2018, le déficit du régime général de la Sécurité sociale (le « trou de la Sécu ») s'élève à 2,2 milliards (en nette réduction par rapport à 2017 où il s'élevait à 5,2 milliards).

3.3. Les effets désincitatifs du poids des prélèvements obligatoires

Dans un contexte de concurrence internationale, le poids élevé des prélèvements obligatoires (47,6 % du PIB en France en 2016) a des effets pervers :
- la pression fiscale peut aboutir à la fuite des capitaux et des savoirs dans des pays où l'imposition serait plus faible ;
- le poids élevé des cotisations sociales, en renchérissant le coût du travail, diminue la compétitivité-prix des produits français à l'exportation et pèse sur l'emploi, avec des risques de délocalisations, de substitution du capital au travail et de difficultés à attirer des entreprises sur le territoire français.

mots clés
Justice sociale ◆ Redistribution ◆ Inégalités ◆ Protection sociale ◆ Logique d'assurance ◆ Logique d'assistance ◆ Impôt progressif

L'économie sociale et solidaire

LU ☐
SU ☐
REVU ☐

L'économie sociale et solidaire regroupe un ensemble diversifié d'activités et d'acteurs. Complémentaire à l'action de l'État, son importance au niveau économique est croissante.

1 Un ensemble diversifié

1.1. Le concept d'ESS

Le secteur de l'économie sociale et solidaire (ESS) regroupe des structures très diverses qui ont en commun une manière différente d'entreprendre en privilégiant le service rendu à la personne plutôt que la recherche du profit. Ces organisations sont porteuses d'un projet d'intérêt collectif, le plus souvent à finalité sociale et/ou environnementale.

EXEMPLE Emmaüs, organisation caritative d'aide aux plus démunis ; Max Havelaar, organisation qui promeut le commerce équitable.

1.2. Les principes de l'ESS

La charte de l'économie sociale, élaborée par le Conseil des entreprises et groupements de l'économie sociale (CEGES), a défini l'ESS selon cinq critères.

La non-lucrativité ou la lucrativité limitée	Ce principe n'exclut pas la réalisation de bénéfices mais il interdit la distribution de dividendes aux sociétaires. Les éventuels profits sont réinvestis dans le projet.
La liberté d'adhésion	Nul ne peut être obligé d'adhérer ou de rester adhérent d'une structure de l'économie sociale.
La gestion démocratique et participative	Les dirigeants sont élus et les instances de décision sont collectives selon le principe « une personne = une voix », indépendamment de l'apport financier.
L'utilité collective ou l'utilité sociale du projet	Le projet doit être nécessairement au service d'une collectivité et non conduit par une seule personne dans son intérêt personnel. L'utilité sociale se réfère à une démarche participative associant de multiples partenaires (usagers, salariés, pouvoirs publics, réseaux associatifs...) vers la poursuite d'un objectif d'intérêt collectif.
La mixité des ressources	Les ressources de ce secteur sont soit privées, soit mixtes (fonds privés et subventions étatiques lorsqu'il participe à la mise en œuvre de politiques d'intérêt général tel que l'emploi, la santé, la politique d'environnement...).

1.3. Les acteurs de l'ESS

Il s'agit de groupements de personnes et non de capitaux.

Les acteurs de l'ESS

Les associations	Les sociétés coopératives	Les fondations	Les mutuelles
Mise en œuvre collective d'un projet destiné à satisfaire les besoins de ses membres. EXEMPLE : Artisans du Monde, réseau de distribution associatif pour un commerce équitable.	Regroupement pour répondre aux intérêts économiques de leurs membres. EXEMPLE : la société coopérative de production (SCOP) Chèque Déjeuner.	Affectation de ressources à la réalisation d'une œuvre d'intérêt général et à but non lucratif. EXEMPLE : la Fondation Cartier pour l'art contemporain.	Sociétés de personnes à but non lucratif, qui organisent la solidarité entre leurs membres pour la couverture des risques (santé, assurance) partagée équitablement par tous. EXEMPLE : la MAIF, société d'assurances.

Ces acteurs ont pour objectif commun de satisfaire l'objet social défini par leurs adhérents, associés ou sociétaires.

2 Les enjeux économiques et sociaux de l'ESS

2.1. Un poids croissant dans l'économie française

En France, les organisations de l'ESS sont des acteurs économiques de premier plan. Elles emploient plus de 2,3 millions de salariés, soit environ 10 % de l'emploi salarié. En forte croissance, la part de l'ESS est estimée à presque 10 % du PIB.

2.2. La complémentarité avec l'action de l'État

Les acteurs de l'ESS participent activement au développement économique et social en produisant des biens et des services dans de nombreux domaines d'activité, essentiellement tertiaires : action sociale, sport, loisirs, activités bancaires et d'assurance, artisanat, enseignement...

Devant la montée du chômage, de la précarité et des besoins sociaux, parallèlement aux difficultés de financement et d'action de l'État, l'ESS a montré sa capacité à répondre à ces nouveaux besoins de solidarité. Son action s'inscrit en complémentarité de celle de l'État.

EXEMPLE

L'ESS est très présente dans l'économie sociale à travers les mutuelles de santé, les organismes d'insertion professionnelle et les retraites complémentaires.

mots clés

Économie sociale et solidaire

Savoir
5

La politique économique

LU ☐
SU ☐
REVU ☐

L'État est amené à jouer un rôle dans l'économie pour compléter ou corriger le fonctionnement des marchés.

1 Les finalités de la politique économique

1.1. Définition

La politique économique désigne l'ensemble des décisions prises par les pouvoirs publics (État, collectivités locales, Banque centrale) afin d'atteindre, grâce à l'utilisation de divers instruments, certains objectifs économiques.
Elle exprime ainsi les choix et les modalités d'action mises en œuvre par l'État.

1.2. Le degré souhaitable d'intervention de l'État

La nature et le degré d'intervention de l'État dans l'économie a toujours fait débat parmi les économistes. Deux conceptions théoriques s'opposent, mais la réalité est plus contrastée, les pays ayant des degrés d'intervention entre ces deux extrêmes.

La conception libérale
Une intervention minimale de l'État dans l'économie
- → Fonctions régaliennes
- → Mise en place d'un cadre institutionnel assurant le libre fonctionnement des marchés

La conception interventionniste
La régulation de l'économie par l'État
- → Politique économique pour réguler l'activité car le fonctionnement des marchés crée des déséquilibres (chômage, inflation…)
- → Politique sociale pour la protection contre les risques sociaux

1.3. Politique conjoncturelle et politique structurelle

Pour atteindre les objectifs traditionnels de la politique économique (croissance, plein emploi, stabilité des prix), il existe deux types de politique économique ayant un objectif et un horizon différents.

La politique conjoncturelle
Horizon : court terme
↓
Maintenir ou rétablir les grands équilibres (croissance, stabilité des prix, emploi, équilibre du commerce extérieur).
EXEMPLE : la lutte contre l'inflation.

La politique structurelle
Horizon : long terme
↓
Modifier les structures économiques, le fonctionnement des différents marchés.
EXEMPLE : la réglementation du marché du travail pour la flexibilité de l'emploi.

ÉCONOMIE

2 Les objectifs et instruments de la politique conjoncturelle

2.1. La régulation des fluctuations de l'activité économique

L'analyse de l'activité économique a permis d'observer que la croissance n'est pas un phénomène stable et que l'activité connaît des fluctuations.
On distingue, à court terme, des phases d'expansion, de récession (ralentissement de la production), voire de dépression (diminution de l'activité économique).
La politique conjoncturelle vise à lisser les fluctuations de l'activité économique pour assurer une croissance régulière en menant :

- des politiques de relance, en cas de ralentissement de l'activité ;
- des politiques de stabilisation, en cas de surchauffe de l'économie pouvant entraîner l'inflation, qui a pour effet de diminuer le pouvoir d'achat des agents.

2.2. Les instruments de la politique conjoncturelle

Les instruments utilisés pour mener la politique économique sont la politique budgétaire et la politique monétaire.

POLITIQUES	INSTRUMENTS
Monétaire Action par laquelle la Banque centrale agit sur l'offre de monnaie dans le but de limiter l'inflation et de favoriser la croissance.	**Le taux directeur de la Banque centrale** Son niveau influence les taux d'intérêt des banques commerciales, et ainsi le coût du crédit et l'activité économique.
Budgétaire Action des pouvoirs publics à l'aide du budget de l'État (ensemble des recettes et des dépenses prévisionnelles pour l'année à venir).	• **Les recettes publiques** Les recettes (hausse ou baisse de la fiscalité) encouragent ou non l'activité. • **Les dépenses publiques** Elles permettent d'encourager la consommation, l'investissement, la recherche...

Ces différents leviers de politique économique peuvent être utilisés dans un objectif de relance comme de stabilisation.

EXEMPLE

Le cas d'une politique de relance :

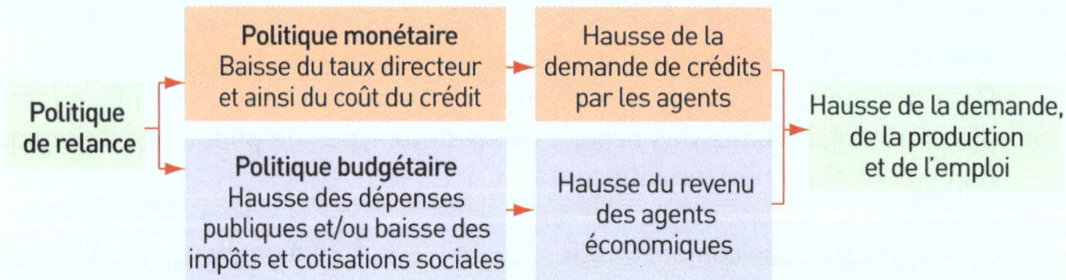

mots clés

Politique économique/conjoncturelle/structurelle ◆ Expansion ◆ Récession ◆ Dépression ◆ Politique de relance ◆ Politique de stabilisation ◆ Politique budgétaire ◆ Politique monétaire

S'entraîner au Bac
Exercice 3 : p. 124

Les contraintes de la politique économique dans la zone euro

LU ☐
SU ☐
REVU ☐

L'hétérogénéité de la situation économique des différents pays appartenant à la zone euro rend difficile la coordination des politiques économiques au sein de la zone, surtout dans le contexte actuel des difficultés de financement des déficits budgétaires.

1 La coordination des politiques économiques

1.1. Les difficultés d'une politique monétaire unique

La politique monétaire de la zone euro a été confiée à une autorité indépendante, la Banque centrale européenne (BCE), qui mène une politique monétaire unique. Cependant, la diversité des situations des pays de la zone euro (niveau d'activité, structure et fonctionnement économique) rend complexe la mise en œuvre d'une politique monétaire unique, qui s'applique donc à tous, indépendamment du contexte conjoncturel et du fonctionnement propre à chaque pays.

EXEMPLE
La BCE s'est longtemps concentrée sur l'objectif prioritaire de lutte contre l'inflation. Or, comme elle doit tenir compte des diverses situations économiques et budgétaires de chaque pays membre, ceci rend extrêmement complexe la détermination d'un taux directeur.

Cette difficulté pose la question de l'efficacité de la politique monétaire au niveau européen.

1.2. Les difficultés de coordination entre les politiques monétaire et budgétaire

Si la politique monétaire est menée par la BCE, les politiques budgétaires sont du ressort de chacun des États. La coordination entre les deux volets de la politique économique est alors difficile vu la diversité des situations de ces États.

a) L'échec du Pacte de stabilité et de croissance

La problématique de l'harmonisation des politiques budgétaires des États membres est apparue dès la mise en place de l'Union européenne avec l'adoption, en 1997, du Pacte de stabilité et de croissance (PSC). Celui-ci a pour objectif de coordonner les politiques budgétaires nationales de ces États et d'éviter l'apparition de déficits budgétaires excessifs : il contraint notamment les États à respecter des limites en termes de déficits budgétaires (3 % du PIB) et d'endettement (60 % du PIB).
Suite à la crise de la dette publique en 2011, les États ont mené des politiques budgétaires divergentes pour enrayer la crise, mettant en échec le PSC et rendant nécessaire une plus forte intégration des politiques budgétaires.

b) Vers une coordination renforcée

Le 2 mars 2012 est signé un traité sur la stabilité, la coordination et la gouvernance (TSCG), qui instaure davantage de discipline budgétaire dans la zone euro avec la définition d'une « règle d'or » budgétaire imposant que le déficit budgétaire structurel de chaque État membre ne dépasse pas 0,5 % du PIB (hors circonstances exceptionnelles).
Ce pacte budgétaire exige ainsi davantage de rigueur budgétaire pour les États membres, incluant un dispositif de sanctions en cas de non-respect.

2 Le financement du déficit budgétaire

2.1. La crise de la dette souveraine

La dette souveraine représente l'ensemble des emprunts émis par l'État ou les collectivités publiques.
La crise de 2008 a eu pour conséquence le creusement des déficits dans de nombreux pays. Avec la crise de la dette grecque en 2010, suivie par celle de l'Irlande, on observe presque partout un dérapage des déficits publics et de l'endettement, qui pose la question de leur financement.

EXEMPLE
La dette souveraine de la France représente environ 97 % de son PIB en 2017, alors qu'elle ne dépassait pas 60 % jusqu'en 2002.

2.2. Les modalités de financement

Lorsque les recettes sont inférieures aux dépenses, on est en présence d'un déficit budgétaire que les États doivent financer.

	FINANCEMENT PAR L'IMPÔT	FINANCEMENT PAR L'EMPRUNT
Modalités	– Création de nouveaux impôts. – Hausse des taux sur les impôts et/ou les cotisations sociales. EXEMPLE : la hausse du taux de TVA de 19,6 % à 20 % en 2014.	Émission de titres (obligations) sur les marchés financiers contre le versement d'un taux d'intérêt. EXEMPLE : émission d'un emprunt obligataire sur 30 ans par l'Espagne.
Risques	– Contraction de l'activité économique en raison de la baisse du pouvoir d'achat. – Évasion fiscale : fuite des capitaux et des savoirs, délocalisations...	– Effet « boule de neige » de l'endettement : situation dans laquelle la dette publique augmente mécaniquement du fait de la charge des intérêts des nouveaux emprunts qui creuse les déficits futurs. – Effet d'éviction de l'investissement privé : du fait de l'attractivité de la dette de l'État jugée peu risquée par les investisseurs, l'épargne est mobilisée au détriment de l'investissement productif, et donc de la croissance.

mots clés

Pacte de stabilité et de croissance ◆ Règle d'or budgétaire ◆ Dette souveraine ◆ Effet « boule de neige »

S'entraîner au Bac
Exercice 4 : p. 124

ÉCONOMIE

Savoir

7

LU ☐
SU ☐
REVU ☐

Des échanges internationaux multipolaires

Les échanges internationaux ont fortement progressé au cours du XXe siècle, traduisant l'ouverture croissante des économies au commerce mondial.

1 La mesure des échanges internationaux

1.1. La balance des transactions courantes

La balance des transactions courantes est un compte qui enregistre les échanges de biens, de services, de revenus (rémunérations des salariés et des investissements) et de transferts courants (contributions aux institutions internationales, dons...) entre une nation et le reste du monde.
Son solde est un indicateur de performance de l'économie.
Le solde des échanges de biens est nommé « solde commercial ». Il résulte de la différence entre les exportations et les importations de marchandises.

ÉCONOMIE

1.2. Le commerce extérieur de la France

En 2017, le solde de la balance des transactions courantes de la France enregistre un déficit de 13,1 milliards d'euros (soit 0,6 % du PIB), contre 19 milliards en 2016. Même si la France est le huitième exportateur mondial de marchandises, son déficit commercial ne cesse de se creuser depuis 2004, atteignant plus de 62,3 milliards d'euros en 2017.

Les points forts du commerce extérieur français
- La croissance des échanges de services
- Les secteurs de l'aéronautique, de l'agroalimentaire, des cosmétiques

Les points faibles du commerce extérieur français
- La perte de compétitivité dans certains secteurs du fait d'un coût du travail élevé et d'un euro fort
- Les secteurs des hydrocarbures et du pétrole, de l'informatique et de l'électronique

2 L'évolution des échanges internationaux

2.1. L'explosion des échanges

Depuis la fin de la Seconde Guerre mondiale, les économies connaissent une ouverture croissante et une progression considérable de leurs échanges commerciaux : les exportations mondiales représentent 5,5 % du PIB en 1950, presque 30 % aujourd'hui.
De plus, les exportations ont toujours crû à un rythme supérieur à celui de la production mondiale, hormis en 2009 du fait de la crise économique qui a fait brutalement ralentir la progression des échanges.

2.2. La structure des échanges

LA DOMINATION DES ÉCHANGES DE MARCHANDISES	LA CROISSANCE PUIS LA STABILISATION DES ÉCHANGES DE SERVICES
- Plus de 80 % de la totalité des échanges mondiaux en 2016, avec une part croissante des échanges de produits manufacturés.	- Environ 20 % de la totalité des échanges. Leur part est en forte progression.
- Forte croissance du commerce intrabranche, c'est-à-dire portant sur des biens de même nature.	- Leur croissance est portée notamment par les services informatiques et d'information.

2.3. La géographie des échanges

Jusqu'à la fin des années 1980, les échanges internationaux s'effectuent autour de trois zones principales, dénommées « la Triade » : l'Amérique du Nord, l'Europe occidentale et l'Asie. Ces pays réalisent alors près des deux tiers du commerce mondial et commercent essentiellement entre eux.
Depuis, leur importance diminue (environ 50 % du commerce mondial) au profit des pays émergents, notamment des BRICS (Brésil, Russie, Inde, Chine et Afrique du Sud) dont le point commun est d'afficher une croissance économique forte et soutenue, ainsi qu'un potentiel commercial considérable.

EXEMPLE
Depuis 2010, la Chine est le premier exportateur mondial (et le deuxième importateur), devant les États-Unis et l'Allemagne.

2.4. Le poids des firmes multinationales

Une firme multinationale (FMN) est une entreprise qui contrôle au moins 10 % de filiales situées à l'étranger. Elle exerce ainsi son activité et ses stratégies au niveau mondial.
Acteurs majeurs de la mondialisation, les FMN contribuent fortement à la croissance du commerce international.

FMN et commerce mondial

→ **- À l'origine des deux tiers du commerce mondial**
- Un tiers du commerce mondial est intrafirme
(les échanges sont réalisés par des entreprises appartenant à un même groupe).

→ **Une organisation de la production au niveau mondial**
- Recherche de coûts de production plus faibles (délocalisations)
- Pénétration de nouveaux marchés
- Contrôle de l'approvisionnement en matières premières

mots clés
Balance des transactions courantes ◆ Exportations ◆ Importations ◆ Firme multinationale

S'entraîner au Bac
Exercices 5, 6 : p. 125

Savoir 8

La pratique des échanges internationaux et leur régulation

LU ☐
SU ☐
REVU ☐

Si le libre-échange semble dominer le commerce international, certaines pratiques protectionnistes rendent nécessaire la régulation des échanges par une institution supranationale.

1 Des pratiques divergentes

1.1. Le libre-échange

Le libre-échange est une doctrine économique qui vise à limiter les obstacles à la circulation des biens et des services entre les économies nationales.

Les avantages du libre échange

Pour les pays	Pour les consommateurs
Spécialisation des productions et accès à de nouveaux marchés : économies d'échelle, gains de productivité, croissance économique	– Variété dans le choix de produits – Baisse des prix et amélioration du produit (innovation, qualité) du fait de la concurrence

1.2. Les pratiques protectionnistes

L'application des principes du libre-échange a permis le développement du commerce mondial. Cependant, avec l'accroissement des inégalités entre les nations et la propagation des crises, de nombreuses pratiques protectionnistes subsistent. Le protectionnisme regroupe l'ensemble des pratiques cherchant à protéger le marché d'un pays en limitant les importations de produits étrangers. Il peut prendre différentes formes.

PROTECTIONNISME TRADITIONNEL	PROTECTIONNISME DÉGUISÉ
Mise en place de : – barrières tarifaires (droits de douane) ; – barrières non tarifaires (normes, quotas…).	Utilisation de normes ou d'aides afin de favoriser les produits nationaux. EXEMPLES : réglementation sur les normes sanitaires, subventions aux entreprises nationales.

La protection du marché permet le développement des entreprises nationales, notamment des industries naissantes incapables d'affronter la concurrence internationale, ainsi que le maintien des emplois.

2 La régionalisation des échanges

2.1. Le principe de la régionalisation

La régionalisation des échanges correspond à la mise en place d'accords commerciaux privilégiés entre pays faisant partie d'une même zone géographique, leur permettant ainsi de bénéficier des principes du libre-échange à l'intérieur de la zone et de maintenir une protection vis-à-vis de l'extérieur.

ÉCONOMIE

2.2. Les accords régionaux

- La création d'une zone de libre-échange permet de supprimer les barrières tarifaires au sein de la zone mais chaque pays signataire peut continuer à appliquer sa propre politique commerciale vis-à-vis des pays hors de la zone.

EXEMPLE
L'accord signé entre la Chine et l'ASEAN (*Association of South-East Asian Nations*) en 2010.

- La création d'un marché commun correspond à une volonté plus avancée de régionalisation avec la mise en œuvre d'une politique commerciale unique vis-à-vis des pays tiers.

EXEMPLE
En 1957, le traité de Rome institue un marché commun au sein de l'Union européenne.

ÉCONOMIE

3 La régulation des échanges

3.1. La création et les objectifs de l'OMC

Créée en 1995, l'Organisation mondiale du commerce (OMC) succède à l'Accord général sur les tarifs douaniers et le commerce (GATT), signé en 1947. Ses objectifs sont de promouvoir le libre-échange et d'encadrer le commerce mondial. Depuis 2017, elle compte 164 pays membres.

3.2. Le fonctionnement de l'OMC

Les règles communes sont définies lors de cycles (ou *rounds*) de négociations entre les pays membres qui se concertent sur les questions clés de l'encadrement du commerce mondial et de la libéralisation des échanges.

EXEMPLE
Dernier *round* de négociations démarré en 2001, le cycle de Doha n'a toujours pas abouti en raison de désaccords importants, notamment sur les échanges de produits agricoles.

3.3. Les principes de l'OMC

LA CLAUSE DE LA NATION LA PLUS FAVORISÉE	LA CLAUSE DU TRAITEMENT NATIONAL	LE PRINCIPE DE NON-DISCRIMINATION
Tout avantage commercial accordé à un pays doit également être accordé aux autres pays membres.	Les produits étrangers importés doivent être traités comme les produits nationaux.	Le commerce international doit se développer sur la base du multilatéralisme, sans discriminations.

Lorsque les pays estiment que les principes de l'OMC sont violés, ils peuvent recourir à l'Organe de règlement des différends (ORD). En cas de désaccords persistants, l'ORD peut prendre des sanctions envers les pays.

mots clés
Libre échange ◆ Protectionnisme ◆ Régionalisation des échanges ◆ Organisation mondiale du commerce

S'entraîner au Bac
Exercices 7, 8 : p. 126

Savoir

9

La recherche d'une croissance soutenable

LU ☐
SU ☐
REVU ☐

Le mode de croissance actuel crée d'importants déséquilibres qui nécessitent une réflexion en vue d'assurer un développement durable.

1 Les limites de la croissance

1.1. La distinction entre croissance et développement

La croissance est l'accroissement durable de la production globale d'une économie. Ce phénomène quantitatif et de longue période se mesure par des indicateurs monétaires comme le PIB. La croissance n'est qu'une des composantes du développement.

Le développement désigne l'ensemble des transformations techniques, sociales, démographiques et culturelles qui accompagnent la croissance de la production. Il intègre ainsi des évolutions qualitatives (espérance de vie, taux d'alphabétisation...). Pour favoriser le développement, l'État joue un rôle prépondérant dans le financement des structures permettant d'améliorer la qualité de vie de chacun (éducation, accès à la santé...).

1.2. Les déséquilibres actuels de la croissance

LES INÉGALITÉS SOCIALES	• **Les inégalités entre les nations** Mesurées par le PIB/habitant, les inégalités sont très fortes entre les pays développés, les pays en développement (dont les pays émergents) ainsi que dans les pays les moins avancés (PMA). EXEMPLE : les PIB/habitant des États-Unis, de la Chine et du Sénégal s'élèvent respectivement à 59 532 $, 8 827 $ et 1 033 $. • **Les inégalités au sein des nations** En progression globale, les inégalités sont mesurées par l'écart de revenus des différentes catégories de la population d'une nation.
LES DÉSÉQUILIBRES DÉMOGRAPHIQUES	• **Le vieillissement de la population** dans les pays développés a pour effets de raréfier la population active et de peser sur la croissance future. • **La forte croissance démographique** dans les pays émergents où la main-d'œuvre est abondante et bon marché tire la croissance. Dans les pays pauvres, l'explosion démographique aggrave la situation déjà critique en termes de développement (difficultés alimentaires...).
L'ÉPUISEMENT DES RESSOURCES NATURELLES	La recherche d'une croissance toujours plus forte entraîne une pression sur les ressources qui sont limitées ainsi qu'une dégradation de l'environnement (réchauffement climatique, déforestation...).

2 Vers un développement durable

2.1. La notion de développement durable

Le développement durable désigne un mode de développement qui répond aux besoins du présent sans compromettre la capacité des générations futures à répondre à leurs propres besoins.

Les défis du développement durable

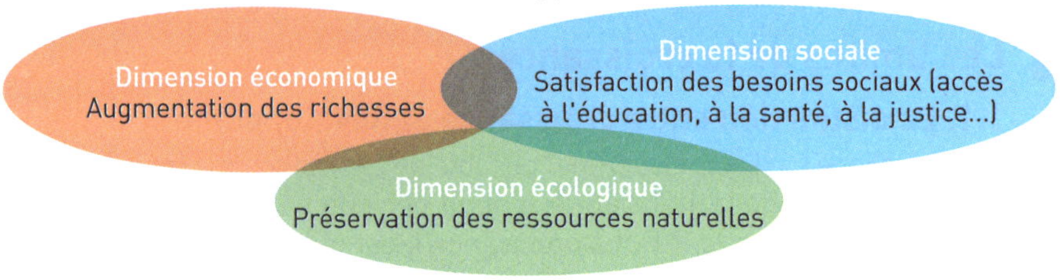

2.2. Les indicateurs de développement durable

Plusieurs indicateurs permettent de mesurer ces différents aspects :

- l'indice de développement humain (IDH), synthèse de plusieurs indicateurs (l'espérance de vie, le taux d'alphabétisation, la durée de scolarisation et le revenu par habitant), reflète la notion de développement, mais pas son aspect écologique ;
- l'empreinte écologique mesure la pression qu'exerce l'homme sur la nature en évaluant la surface nécessaire à mobiliser pour qu'une population puisse vivre ;
- le PIB vert est le PIB corrigé des dommages causés à l'environnement.

2.3. Les instruments du développement durable

L'État peut inciter les agents économiques à intégrer les contraintes environnementales à leurs décisions par différents moyens.

INSTRUMENTS	EXEMPLES
Les incitations fiscales Subventions des comportements favorables à l'environnement, taxes pour les comportements néfastes	Crédits d'impôt pour l'installation de matériels écologiques (isolation, panneaux solaires…)
La réglementation Instauration de normes et de labels permettant d'attester du respect de différentes contraintes environnementales ou de santé publique	L'écolabel français NF Environnement a pour objet d'attester la conformité des biens ou services aux exigences sur la qualité d'usage et la qualité environnementale des produits.
La mise en place d'un marché des droits à polluer Objectif : permettre l'échange de quotas de pollution à un prix de marché.	Le marché du carbone européen mis en place en 2005 : système européen d'échange de quotas d'émission de gaz à effet de serre.

mots clés Croissance ◆ Développement ◆ Développement durable ◆ Indice de développement humain ◆ Empreinte écologique ◆ PIB vert

S'entraîner au Bac
Exercice 9 : p. 127

Exercice 1 voir Fiche Savoir 1

Le SMIC : une contrainte pour l'emploi ?

Le ralentissement de la croissance mondiale impose aux pays de faire preuve de toujours plus de compétitivité pour attirer les entreprises et les capitaux. Or, la hausse régulière du salaire minimum français, revalorisé à 1 498,47 euros brut par mois au 1er janvier 2018, représente un poids important pour le marché du travail et la compétitivité des salariés français.

Le coût du travail en France est en effet parmi les plus élevés de la zone Euro, avec un coût horaire moyen pour l'employeur de 36,3 € fin 2016 (contre 29,80 € pour la zone Euro).

L'employeur peut accepter de payer sa main-d'œuvre plus chère, à condition qu'il y ait une justification à ce surcoût : un travailleur plus qualifié ou plus expérimenté, donc plus productif. Or, le marché du travail français est de plus en plus polarisé avec des emplois à forte qualification d'une part, et des emplois peu qualifiés, dans le secteur tertiaire en particulier. Les travailleurs sans formation sont donc particulièrement touchés par le niveau trop élevé du SMIC : leur valeur ajoutée est trop faible pour être rentable et l'employeur préfère renoncer à l'embauche. Ce problème est particulièrement sensible en France, où la proportion d'individus non qualifiés reste importante (selon l'INSEE, 25 % des 25-64 ans ont un niveau d'éducation inférieur ou égal au collège).

Pour autant, le SMIC reste un outil important de la politique sociale de l'État. Son objectif est de permettre aux individus d'avoir un salaire suffisant pour pouvoir s'assurer un niveau de vie décent. Une « prime d'activité » a d'ailleurs été créée récemment, complément de revenu pour les travailleurs modestes qui augmente les salaires jusqu'à 1,3 SMIC afin d'éviter la trop grande pauvreté et soutenir la consommation.

Cependant, conscient des enjeux pour l'emploi, l'État a cherché à réduire les cotisations sociales, en mettant en place, par exemple, des baisses de charges patronales sur les bas salaires (–26 % entre 1993 et 2009 – ministère de l'Économie et des Finances). Mais le SMIC progresse quand même beaucoup plus rapidement que le salaire moyen (sur la période 1990-2010, +28 % pour le SMIC net contre +10 % pour le salaire moyen net).

1. **Rappelez la définition du SMIC et son rôle.**

2. **Quelles sont les conséquences pour le marché de l'emploi d'un SMIC trop élevé ?**

FAIT ☐ REVU ☐

Exercice 2 voir Fiche Savoir 2

Les caractéristiques du chômage

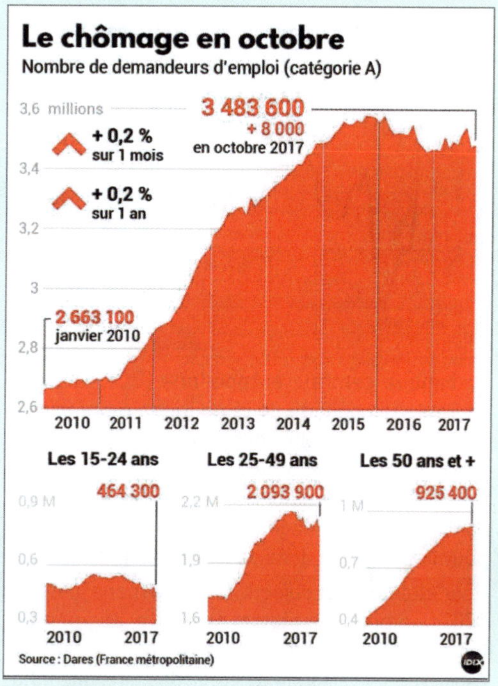

1. **Analysez l'évolution globale du chômage en France.**

2. **Repérez le critère utilisé ici pour différencier les chômeurs et précisez les évolutions des différentes catégories.**

3. **Rappelez les autres facteurs qui peuvent favoriser un taux de chômage plus élevé chez les individus.**

FAIT ☐ REVU ☐

ÉCONOMIE

Exercice 3 voir Fiche Savoir 5

La politique monétaire de la BCE

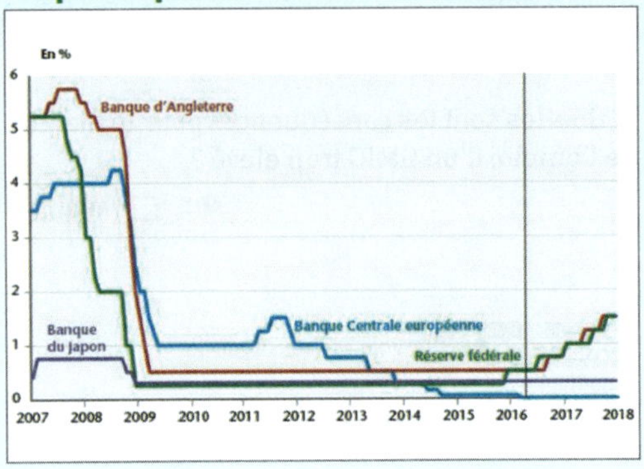

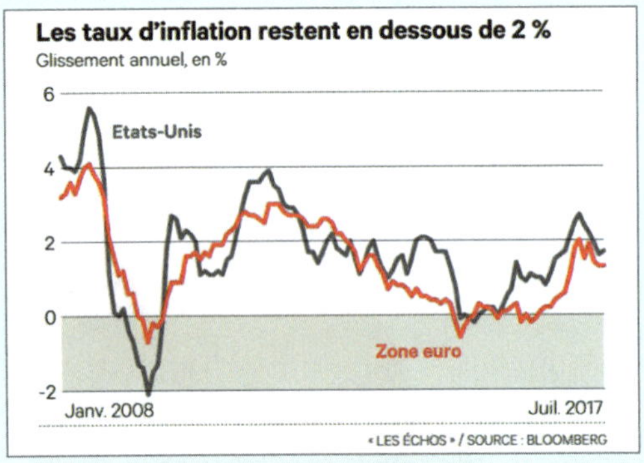

La banque centrale européenne (BCE), dans le cadre de la conduite de la politique monétaire, a pour objectif la stabilité des prix à la consommation avec un taux d'inflation souhaitable fixé par convention à 2 %. Cette stabilité est indispensable à la confiance des ménages dans le maintien de leur pouvoir d'achat et donc de leur consommation.

Pour atteindre cet objectif, la BCE a mené jusqu'en 2007 une politique plutôt restrictive, augmentant les taux d'intérêt lorsque l'activité progressait trop rapidement et risquait de créer des tensions inflationnistes. À l'inverse, lorsque l'activité économique montrait des signes de faiblesse et un risque de déflation, la diminution des taux d'intérêt permettait de relancer le crédit et la consommation.

Aujourd'hui, la situation semble plus complexe. La crise financière de septembre 2008 a entraîné un ralentissement très net de la croissance. Les politiques de relance mises en place dans les pays de la zone Euro n'ont pas eu les effets attendus et ont, au contraire, provoqué une crise de la dette souveraine en 2011. Le risque de déflation s'est accru avec un taux de croissance proche de 0 et le chômage progresse dans de nombreux pays.

La BCE a donc utilisé la baisse du taux d'intérêt directeur à 0 % pour relancer la croissance par le biais du crédit.

Cependant, cet instrument s'est révélé insuffisant et la croissance est restée très faible. Face au risque important de déflation, la BCE a alors pris la décision d'agir directement sur la quantité de monnaie dans l'économie. Cette politique de « quantitative easing » ou « assouplissement quantitatif » consiste à injecter massivement des liquidités dans l'économie en créant de la monnaie pour acheter des dettes privées ou publiques.

L'ensemble de ces mesures peut permettre de déprécier l'euro face aux autres monnaies et donc relancer la compétitivité prix de la zone et les exportations.

Cette politique est d'autant plus importante que les risques de la déflation sont élevés : les entreprises, pour faire face à la baisse des prix et maintenir leur marge, doivent baisser leurs coûts. Les revenus diminuent (baisse du salaire et/ou licenciement) et la consommation ralentit. De plus, les anticipations des agents les poussent à reporter leurs achats dans le futur, puisqu'une baisse des prix est attendue (exemple sur le marché de l'immobilier). Ce qui pousse un peu plus l'économie dans la récession.

1. Rappelez les mécanismes d'une politique monétaire de relance et d'une politique monétaire de rigueur.

2. Quel est le risque principal pour la zone Euro actuellement ?

3. Quelle est la politique monétaire mise en place par la BCE pour lutter contre ce risque ?

FAIT ☐ REVU ☐

Exercice 4 voir Fiche Savoir 6

QCM

Cochez la ou les bonnes réponses aux propositions suivantes.

1. Le Pacte de stabilité et de croissance :

a) oblige les États européens à aligner leur taux de TVA. ☐

b) fixe les grandes lignes de la politique monétaire. ☐

c) cherche à limiter l'apparition de déficits budgétaires excessifs. ☐

2. L'augmentation des impôts permet de :

a) limiter l'évasion fiscale. ☐

b) restaurer la balance des paiements. ☐

c) réduire le déficit budgétaire. ☐

3. **La mise en œuvre d'un emprunt d'État limite l'accès aux capitaux pour les autres agents économiques.**

Vrai ☐ **Faux** ☐

FAIT ☐ REVU ☐

Exercice 5 voir Fiche Savoir 7

Le commerce extérieur français

Solde : -3,5 milliards d'euros

Exportations : 41,3 Mds€
Importations : 44,8 Mds€

Echanges FAB/FAB
données estimées, CVS-CJO, en milliards d'euros

En 2017, le déficit commercial se dégrade nettement et passe à 62,3 milliards, après 48,3 milliards en 2016, soit la plus forte dégradation observée depuis 2011. Comme en 2011, l'accélération de l'activité se conjugue avec une forte croissance des importations, qui creuse le déficit commercial. Les deux dégradations de 2016 et 2017 succèdent à quatre années consécutives d'amélioration.
Ce creusement du solde repose en grande partie sur l'augmentation de la facture énergétique, en lien avec la remontée des cours du pétrole.
Les ventes à l'Union européenne progressent vivement (+ 3,4 %, après + 0,3 %), notamment celles destinées aux pays limitrophes. Elles sont très dynamiques vers l'Italie, l'Espagne et la Belgique, qui figurent parmi les principaux clients de la France, après l'Allemagne. Les ventes de véhicules automobiles contribuent majoritairement au dynamisme des ventes à l'Union européenne.
Les exportations de produits chimiques et métallurgiques, soutenues par la hausse des prix, se redressent nettement vers l'Europe qui est de loin le premier débouché.
Les exportations vers l'Asie rebondissent (+ 14,1 % après – 1,3 %), du fait du dynamisme des livraisons aéronautiques, surtout en Chine, Inde et Corée du Sud. Ce phénomène est renforcé en Chine par la reprise des ventes de produits de luxe tels que les boissons et les parfums.
Les exportations vers l'Europe hors UE restent dynamiques (+ 3,7 %, après + 5,1 %), la forte progression des ventes à la Russie l'emportant sur le recul vers la Turquie. Elles progressent de nouveau vers la Suisse.
La progression des ventes aux États-Unis (aéronautique et boissons) compense largement le recul des exportations vers les pays émergents d'Amérique.
L'évolution de la balance commerciale est donc très variable suivant les pays et suivant les produits échangés.

http://lekiosque.finances.gouv.fr

1. **Rappelez la définition du solde commercial et caractérisez la situation du solde commercial français.**

2. **Repérez les secteurs d'activité qui contribuent une diminution du déficit.**

3. **Quels sont les facteurs qui expliquent la persistance du déficit ?**

FAIT ☐ REVU ☐

Exercice 6 voir Fiche Savoir 7

Les risques du protectionnisme

Dans le cadre de leur lutte contre le dumping chinois, les États-Unis ont décidé fin 2014 d'instaurer des droits de douane allant jusqu'à 165,04 % sur les cellules photovoltaïques chinoises, dont les prix étaient jugés « anormalement » bas par rapport aux conditions du marché. S'y rajoutent 38 % de droits de douane anti-subventions imposés aux producteurs chinois.

La réaction de la Chine ne s'est pas fait attendre : elle va à son tour relever ses droits de douane sur les importations de polysillicium (un composant des panneaux photovoltaïques) en provenance des États-Unis et de la Corée du Sud. Motif ? Le produit est écoulé à un prix bas, qui lèse les producteurs chinois selon la conclusion d'une commission d'enquête « anti-dumping ». En conséquence, des droits de douane vont être instaurés, entre 53,3 % et 57 % pour les producteurs américains (et 48,7 % pour les Sud-Coréens). Mesure de rétorsion ou protectionnisme justifié ? Il est certain que l'effondrement des prix du marché des panneaux solaires, lié à la surcapacité mondiale de fabrication, fragilise les industries du secteur et l'emploi, aussi bien en Chine qu'aux États-Unis.

1. Pourquoi les États-Unis ont-ils imposé des droits de douane sur les cellules photovoltaïques chinoises ?

2. Quelle a été la réaction chinoise ?

3. Expliquez en quoi le protectionnisme peut s'avérer néfaste pour l'économie d'un pays.

FAIT ☐ REVU ☐

Exercice 7 voir Fiche Savoir 8

Les accords de libre-échange

En avril 2015, l'Union européenne et les États-Unis ont lancé à New York le 9e round de négociation en vue de conclure un accord de libre-échange entre les deux zones.

Le TTIP (Traité transatlantique sur le commerce et l'investissement) doit aboutir à la mise en place d'un marché unique transatlantique des biens et des services, grâce notamment à une harmonisation des réglementations (sociales, environnementales...).

Une fois conclu, ce traité devrait représenter un des plus gros accords de commerce bilatéral, qui générerait une augmentation de la croissance de 0,5 % du PIB pour l'Union européenne (soit 86 milliards d'euros de revenus supplémentaires) et de 0,4 % du PIB pour les États-Unis (soit 64 milliards d'euros de revenus supplémentaires). Les échanges commerciaux devraient augmenter de 7 % et au niveau de l'emploi, 400 000 emplois seraient créés en UE.

Sujet de polémique aussi bien aux États-Unis qu'en Europe, cet accord n'est pourtant que la concrétisation d'un axe d'échange déjà bien établi. Les États-Unis et l'Europe représentent en effet près de 50 % des richesses et des stocks d'investissement au niveau mondial, ainsi qu'un tiers des échanges commerciaux.

Annexe 1 : Les échanges commerciaux UE-États-unis en 2012

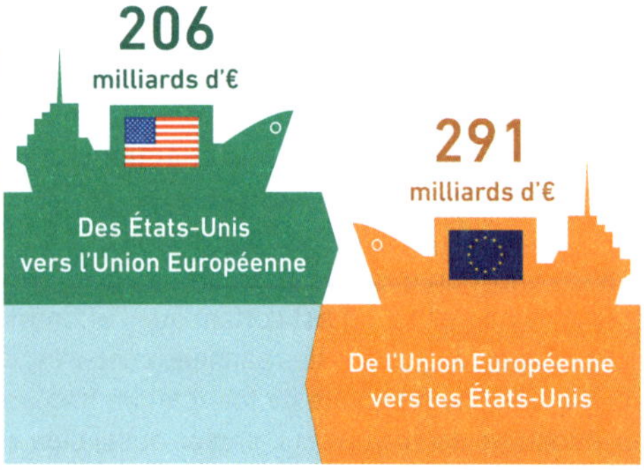

Annexe 2 : L'accord de libre échange UE-USA

• En quoi consiste-t-il ?

Il s'agit de supprimer les taxes aux frontières (ou « tarifs à l'importation » et surtout les barrières non-tarifaires (quotas d'importation, différences de réglementations et de normes) pour faciliter les échanges commerciaux de bien et de services.

• Quels sont les points de blocage ?

– Audivisuel et culture : la France veut protéger son exception culturelle (qutas, subventions...).

– Régulation financière et banques : les États-Unis aimeraient exclure le secteur financier de l'accord.

– Défense : la France estime que la concurrence serait déloyale vu l'ampleur des moyens américains (682 milliards de dollars de budget en 2012 contre 274 milliards pour l'ensemble de l'UE).

– Agriculture et normes alimentaires : la France ne veut pas adopter les pratiques américaines (cultures OGM, viande aux hormones).

– Ouverture des marchés publics : les États-Unis sont réticents.

1. Rappelez la définition d'une zone de libre-échange et son intérêt.

2. Quels avantages les États-Unis et l'Union européenne retirent-ils de la création de cette zone ?

3. Quelles sont les difficultés rencontrées pour mettre en place le traité ?

Exercice 8 voir Fiche Savoir 8

Le rôle de l'OMC dans la régulation des échanges

Fin 2014, l'Union européenne a saisi l'Organisation mondiale du commerce (OMC) pour dénoncer des taxes sur les importations mises en place par le Brésil, qu'elle juge discriminatoires.

Le Brésil applique en effet des taxes élevées dans plusieurs domaines, notamment l'industrie automobile ou les technologies de l'information (smartphones, ordinateurs...). Ainsi, la taxe appliquée aux véhicules à moteur importés a augmenté de 30 % depuis 2011 alors que les voitures fabriquées sur place en sont exemptées.

Ajoutée aux autres taxes pratiquées par le Brésil, le surcoût d'un produit importé peut grimper jusqu'à 80 % de la valeur du produit.

Pour régler ce conflit, l'organe de règlement des différends (ORD) de l'OMC a pris la décision de mettre en place un groupe spécial, ou « panel » d'experts, afin de trouver une solution équitable.

Il s'agit en effet de supprimer les cas de discrimination, tout en respectant le droit du Brésil d'établir sa politique fiscale et de prendre les mesures nécessaires pour assurer son développement.

Le Brésil, pour sa part, entend montrer à l'OMC que les règles qu'il a mises en place ne sont pas discriminatoires et respectent les principes du commerce international.

Les enjeux sont considérables pour les deux partenaires : l'Union européenne représente 20,8 % des échanges commerciaux du Brésil.

1. **Rappelez le rôle de l'ORD.**

2. **Quelles sont les règles du commerce international fixées par l'OMC ?**

3. **Pourquoi l'UE saisie-t-elle l'ORD ?**

FAIT ☐ REVU ☐

Exercice 9 voir Fiche Savoir 9

La fiscalité verte

L'impact de la contribution climat énergie en 2015.

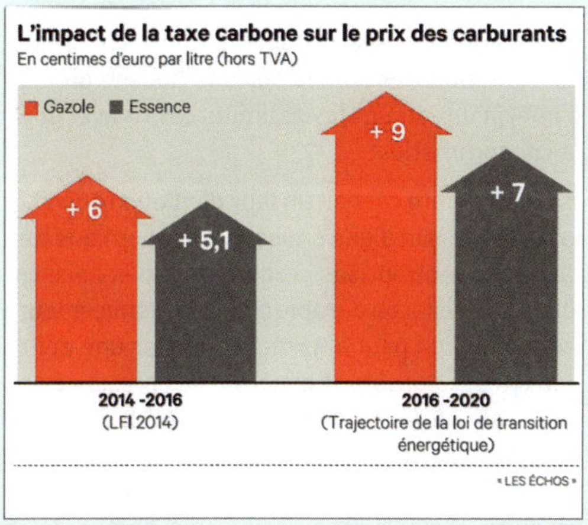

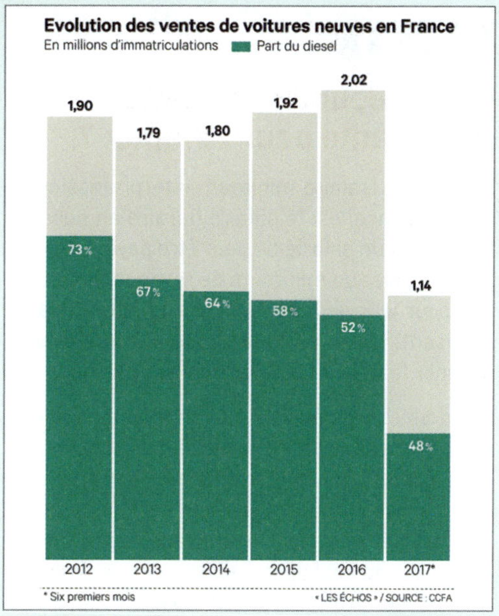

Dans le cadre de la mise en place d'un développement durable, le gouvernement a instauré une nouvelle taxe dans le cadre de la contribution climat-énergie (CCE). Cette taxe « carbone », instaurée fin 2013, était dans un premier temps prélevée sur le charbon, le fioul lourd et le gaz.

Cette assiette vient d'être élargie à toutes les énergies fossiles émettrices de gaz carbonique (essence, gazole et fioul domestique). L'ensemble du dispositif devrait rapporter 10 milliards d'euros en 2018 et 12,8 milliards en 2019.

Le bonus écologique est une prime qui récompense financièrement l'acquisition ou la location d'un véhicule particulier (VP) neuf électrique ou hybride émettant une quantité limitée de dioxyde de carbone (CO_2) par kilomètre.

Le montant de l'aide est de 27 % du coût d'acquisition TTC augmenté du coût de la batterie si elle est louée et ne peut pas dépasser 6 000 € (au 01/01/2017).

1. **Rappelez la définition du développement durable.**

2. **Expliquez en quoi les deux instruments ci-dessus permettent de le mettre en œuvre.**

FAIT ☐ REVU ☐

Exercice 1

Le SMIC, une contrainte trop importante pour l'emploi ?

1. Le SMIC (salaire minimum interprofessionnel de croissance) est le salaire horaire en dessous duquel aucun salarié ne peut être payé. L'objectif est d'assurer un minimum de revenus aux individus pour leur permettre d'avoir un niveau de vie suffisant. Il est réévalué chaque année pour garantir le pouvoir d'achat des bas revenus.

2. Un SMIC trop élevé peut représenter un frein important à l'emploi, en particulier non qualifié. En effet, l'employeur doit arbitrer entre le coût d'un employé et son apport à l'entreprise. Pour les salariés non qualifiés, la plus-value apportée à l'entreprise est trop faible par rapport au coût supporté. L'employeur préfèrera donc ne pas embaucher.
De plus, la hausse importante du SMIC (+28 %) pousse les autres salaires à la hausse, ce qui alourdit les charges de l'entreprise et diminue sa rentabilité. Elle peut donc priviliégier la maîtrise de la masse salariale en réduisant les effectifs ou l'embauche.

Exercice 2

Les caractéristiques du chômage

1. Entre 2010 et 2017, le nombre de demandeurs d'emploi a fortement augmenté, passant de 2 663 100 demandeurs en 2010 à 3 483 600 en 2017 (soit une augmentation de presque 31 %). Cette aggravation se constate à partir de 2011, début de la crise de la dette souveraine dans les pays européens.
On peut remarquer que la situation a connu une amélioration avec la baisse amorcée en 2016 grâce à une légère reprise économique. Cette reprise est cependant fragile et le chômage recommence à progresser en 2017.

2. Le critère qui est utilisé ici pour différencier les chômeurs est celui de l'âge. On constate ainsi une évolution différente en fonction de la tranche d'âge des individus. En proportion, les 25-49 ans sont les plus touchés par le chômage. Ils représentent en effet 60 % des chômeurs. Si on s'intéresse à l'évolution, le chômage des séniors est celui qui augmente le plus fortement puisqu'il passe d'un peu plus de 400 000 individus en 2010 à 925 400 en 2017. Il a donc plus que doublé. Le chômage des 25-49 ans progresse lui aussi fortement, passant d'environ 1,7 millions d'individus à un peu plus de 2 millions d'individus (soit une augmentation d'environ 23 %), avec une accélération très nette à partir de 2011. Cette catégorie subit donc davantage le chômage conjoncturel.
La catégorie des 15-24 ans est au final la moins touchée par la progression du chômage. Elle ne représente que 13 % des chômeurs et a moins souffert de la crise de 2011.

3. Le chômage ne touche pas tous les individus de la même façon. Plusieurs facteurs peuvent favoriser un taux de chômage plus élevé. Par exemple, le sexe (les femmes sont plus touchées que les hommes), mais aussi la région (chômage structurel des anciennes régions minières) ou l'absence de qualification (les non-diplomés ont une employabilité plus faible).

Exercice 3

La politique monétaire de la BCE

1. La politique monétaire est fixée par la Banque centrale. Elle consiste à agir sur l'offre de monnaie dans le but de limiter l'inflation et de favoriser la croissance.
La politique monétaire de relance consiste principalement à baisser le taux d'intérêt directeur afin d'assouplir les conditions d'octroi des crédits et donc de relancer la consommation et l'investissement.
La politique monétaire de rigueur cherche à limiter l'inflation et s'appuie sur une hausse du taux d'intérêt directeur afin de limiter le crédit et donc la consommation.

2. La zone euro connaît un taux d'inflation qui reste faible, en raison d'une croissance économique très faible. Les entreprises produisent peu et baissent leurs prix de façon durable afin de dynamiser leurs ventes. Ce qui peut à terme provoquer une déflation (baisse durable et générale des prix, à ne pas confondre avec la désinflation, qui indique un ralentissement dans la hausse des prix).
Or, la déflation entraîne souvent une baisse des revenus et donc de nouveau une baisse de la consommation. De plus, les individus anticipant une baisse des prix peuvent reporter leur consommation dans le futur. Ils accentuent donc le ralentissement global de l'économie. Cela peut alors se transformer en mécanisme autoentretenu, donc durable.

3. La politique monétaire mise en place par la BCE est une politique de relance. Elle s'est matérialisée par une baisse du taux d'intérêt directeur (à son plus bas niveau : 0 %) ainsi qu'une injection de liquidités (euros) par l'achat de titres sur les marchés financiers (politique dite d'open market). L'augmentation de la masse monétaire qui en résulte doit permettre de déprécier l'euro par rapport aux autres monnaies et donc relancer les exportations et le dynamisme économique.

Exercice 4

QCM

1. c) cherche à limiter l'apparition de déficits budgétaires excessifs.

2. c) réduire le déficit budgétaire.

3. Vrai

Exercice 5

Le commerce extérieur français

1. Le solde commercial correspond au solde des échanges de biens. Il résulte de la différence entre les exportations et les importations de marchandises. Lorsque les exportations sont supérieures aux importations, on parlera d'excédent commercial. Lorsque les importations sont supérieures aux exportations, la balance commerciale sera alors en déficit.
Le solde commercial francais est en déficit à –3,5 milliards d'euros en juillet 2018.
Ce déficit reste marqué, après deux années de dégradation successive, en 2016 et 2017.

2. Les secteurs d'activité les plus dynamiques permettent de limiter le déficit. Ce sont en particulier les secteurs de l'aéronautique, avec des ventes en progression vers les pays asiatiques et les États-Unis, mais aussi les produits de luxe comme le parfum ou les boissons (vins et alcools). À l'intérieur du marché commun, ce sont principalement les industries de l'automobile et des produits chimiques et métallurgiques qui dynamisent les exportations.

3. La persistance du déficit s'explique dans un premier temps par la dépendance énergétique de la France qui la rend particulièrement sensible aux fluctuations du prix des importations d'énergie. Ainsi, la remontée des cours du pétrole augmente mécaniquement le montant des importations. Par ailleurs, les exportations vers les pays émergents d'Amérique du Sud et la Turquie diminuent les rentrées de devise (en raison des instabilités politiques et des ralentissements économiques qui en découlent).

Exercice 6

Les risques du protectionnisme

1. Les droits de douane sont des barrières tarifaires mises en place par les États pour protéger l'économie de leur pays en augmentant par des taxes le prix des produits importés. Les États-Unis ont adopté ce mécanisme sur les cellules photovoltaïques chinoises car ils soupçonnaient la Chine de pratiquer des prix trop bas. Afin de rétablir un niveau de prix plus normal pour la concurrence, les produits chinois ont donc été taxés de façon importante (jusqu'à 250 % du prix).

2. La réaction chinoise illustre clairement un des risques majeurs du protectionnisme, à savoir les mesures de rétorsion. La Chine a en effet décidé d'augmenter à son tour les droits de douane sur des composants de panneaux photovoltaïques en provenance des USA et de Corée du Sud pour le même motif que les Américains, à savoir des prix trop bas par rapport au marché.

3. Le protectionnisme a d'autres effets négatifs qui s'ajoutent au risque de rétorsion. L'augmentation des prix des produits réduit le pouvoir d'achat du consommateur. La réduction de la concurrence réduit le choix disponible. L'innovation et la qualité diminuent, puisqu'il est moins important de se différencier des concurrents.

Exercice 7

Les accords de libre-échange

1. Une zone de libre-échange est une zone comprenant plusieurs pays qui suppriment entre eux les droits de douane ainsi que les restrictions quantitatives, tout en conservant une politique commerciale qui leur est propre pour les pays à l'extérieur de la zone.
Son intérêt est de favoriser le développement économique des pays sur le long terme. Cela permet aux nations de se spécialiser dans les productions pour lesquelles elles sont les plus performantes et favorise ainsi une meilleure utilisation des ressources. Le libre-échange accroît la taille des marchés et permet aux entreprises d'accéder à des économies d'échelle et de réduire les coûts.

Il augmente la concurrence et permet aux consommateurs d'avoir plus de choix, des prix plus faibles, davantage d'innovations et une meilleure qualité.

2. Pour les États-Unis et l'Union européenne, la création de cette zone représenterait près de la moitié du PIB mondial (47 % de la production mondiale) et un tiers du commerce mondial. Cela faciliterait les échanges de marchandises et de services (d'une valeur de 2 milliards d'euros) qui transitent chaque jour entre les deux zones et permettrait de dynamiser la croissance des deux pays, tout en créant des emplois.
À terme, l'enrichissement des pays serait de 65 milliards d'euros de revenu annuel et 0,4 % d'augmentation du PIB pour les États-Unis. Pour l'Union européenne, cet effet est encore plus marqué avec 86 milliards d'euros de revenus supplémentaires et 0,5 % d'augmentation du PIB.

3. La réalisation d'un accord de libre-échange pose souvent des difficultés car les pays veulent garder leur liberté d'action dans un certain nombre de domaines. Dans le cadre de l'accord entre les États-Unis et l'Union européenne, les désaccords concernent essentiellement la défense, l'agroalimentaire, la finance, l'audiovisuel et les marchés publics.
Ces domaines représentent à la fois des enjeux politiques (armement et marchés publics) mais aussi culturels, économiques ou sanitaires (refus des OGM par la France).

Exercice 8

Le rôle de l'OMC dans la régulation des échanges

1. L'ORD est l'Organe de règlement des différends de l'Organisation mondiale du commerce (OMC). Doté du pouvoir de sanction envers les différents pays membres, il est chargé de vérifier que ceux-ci appliquent correctement les principes de l'OMC. Il est saisi par les pays qui estiment subir un préjudice dans le cadre de leurs échanges.

2. Les principales règles fixées par l'OMC sont au nombre de trois :
– la clause de la nation la plus favorisée qui oblige un pays qui conclut un accord avec un autre pays membre à l'appliquer à l'ensemble des autres pays ;
– la clause du traitement national : les produits importés doivent être traités comme des produits nationaux ;
– le principe de non-discrimination : il ne doit pas y avoir de différences de traitement dans les relations entre pays membres.

3. Ici, l'Union européenne saisit l'ORD dans le cadre de ses échanges avec le Brésil car elle estime être victime de taxes discriminatoires sur de nombreux produits qu'elle exporte. Le Brésil ne respecte donc pas la clause du traitement national et crée un préjudice à l'UE. Cette dernière demande la saisie d'un panel afin de confirmer ses accusations et d'obtenir réparation.

Exercice 9

La fiscalité verte

1. Le développement durable désigne un mode de développement qui répond aux besoins du présent sans compromettre la capacité des générations futures à répondre à leurs propres besoins (rapport Bruntland 1987). Il intègre à la fois une dimension écologique (protéger l'environnement), économique (augmenter le niveau de vie et créer des richesses) et sociale (permettre aux individus d'avoir accès à un mode de vie décent).

2. L'État peut intervenir avec différents instruments afin de favoriser les comportements responsables des individus.
Ici, la taxe carbone mise en place a deux effets : elle permet à l'État d'augmenter ses recettes fiscales et donc de dégager des ressources supplémentaires qui pourront servir à promouvoir le développement d'énergies plus propres.
Elle dissuade les ménages d'utiliser les énergies fossiles en alourdissant les prélèvements. Ces derniers, pour éviter de payer plus, sont donc incités à moins consommer ou à privilégier des énergies moins polluantes ce qui explique le recul progressif des vehicules diesel par exemple, lourdement taxés.
Le bonus écologique permet de favoriser les investissements dans les véhicules propres en subventionnant une partie du prix d'acquisition. Cette subvention permet de favoriser un renouvellement du parc automobile et donc de réduire les émissions de CO_2.
Ces deux mesures permettent de répondre à la dimension environnementale du développement durable, mais aussi à la dimension sociale (moins de maladies liées à la pollution de l'air) et économique (développement de nouveaux marchés pour les véhicules hybrides).

Savoir 1

La responsabilité civile

LU ☐
SU ☐
REVU ☐

Être responsable, c'est être tenu de réparer les conséquences dommageables des agissements qu'on a eus dans sa vie sociale.

1 Les différentes responsabilités

1.1. La responsabilité pénale

La responsabilité pénale résulte d'un trouble apporté à l'ordre social, le droit pénal sanctionnant l'auteur de ce trouble par des peines adaptées aux infractions.

1.2. La responsabilité civile

Certains comportements génèrent des préjudices sans tomber sous le coup d'une qualification pénale. C'est ce qui justifie l'existence de la responsabilité civile :

- la responsabilité civile contractuelle est mise en œuvre quand un contractant n'exécute pas ses obligations et que l'exécution forcée est impossible ;
- la responsabilité civile extracontractuelle s'applique dans tous les cas où une personne subit un dommage qui ne trouve pas son origine dans l'inexécution d'un contrat.

EXEMPLE Un accident de la circulation.

1.3. Les fonctions des différentes responsabilités

RESPONSABILITÉ PÉNALE	RESPONSABILITÉ CIVILE
1. Sanctionner le coupable **2.** Protéger la société **3.** Prévenir la récidive	**1.** Réparer le dommage subi par la victime **2.** Prévenir la réalisation et la répétition des dommages **3.** Sanctionner le responsable

1.4. Le traitement des différentes responsabilités

RESPONSABILITÉ PÉNALE	RESPONSABILITÉ CIVILE
– **Juridictions spécifiques** pour l'application des sanctions pénales : tribunal de police, tribunal correctionnel, cour d'assises. – **Sanctions pénales :** principalement emprisonnement et amendes, ainsi que des sanctions spécifiques (suspension du permis de conduire, travaux d'intérêt général, etc.).	– **Juridictions compétentes :** tribunaux de droit privé (tribunal d'instance ou de grande instance selon que la demande est inférieure ou supérieure à 10 000 €), tribunal de commerce pour un litige commercial, conseil de prud'hommes pour un litige en droit du travail. – **Sanctions civiles :** réparation en nature ou dommages-intérêts.

2 Les faits générateurs de responsabilité civile

2.1. Le fait personnel

L'auteur du fait a commis une faute dont il est responsable. Celle-ci consiste soit en une faute volontaire, un délit civil (ex. : concurrence déloyale), soit en une négligence ou une imprudence, le quasi-délit (accident).

DROIT

2.2. Le fait d'autrui

Le responsable répond du fait d'une autre personne qui n'est pas responsable :

- responsabilité des père et mère : les parents sont responsables des faits commis par leur enfant mineur dont ils ont la garde : la responsabilité délictuelle est ici objective et non subjective. Elle naît de la situation des parents et non de leur faute ;
- responsabilité de l'employeur : tout employeur est responsable des dommages causés par un de ses salariés. Il tire un profit du travail de son salarié. En contrepartie, il doit assumer le risque lié à cette activité. Il s'agit là encore d'une responsabilité objective.

2.3. Le fait des choses

LA CHOSE EN GÉNÉRAL	LES CHOSES SPÉCIFIQUES
Il s'agit de toute chose inanimée : – un bien meuble ou un immeuble ; – une chose solide, liquide ou gazeuse ; – une chose dangereuse ou non dangereuse.	Divers cas sont prévus par la loi : – les animaux ; – les bâtiments menaçant ruine ; – les produits défectueux.

Le responsable est le gardien de la chose, qui n'est pas forcément le propriétaire mais la personne qui a l'usage, la direction et le contrôle de la chose.

DROIT

3 Du fait générateur à la réparation du dommage

3.1. Principe

Il appartient au juge de déterminer le lien de causalité entre le fait générateur et le dommage. Le dommage est réparé s'il est établi.

3.2. L'exonération de responsabilité

En cas de responsabilité pour fait personnel, si la personne mise en cause peut établir qu'elle n'a commis aucune faute, il n'y a pas de responsabilité. Dans les autres cas, la cause étrangère est la seule cause d'exonération possible.

LA FORCE MAJEURE	LE FAIT DE LA VICTIME OU LE FAIT D'UN TIERS
Événement insurmontable, imprévisible et extérieur au défendeur. EX. : catastrophe naturelle.	Pour exonérer totalement la personne mise en cause, ces comportements doivent être insurmontables et imprévisibles.

mots clés

Responsabilité pénale ◆ Responsabilité civile ◆ Délit civil ◆ Quasi-délit ◆ Gardien ◆ Lien de causalité ◆ Cause étrangère

S'entraîner au Bac
Exercices 1, 7 : p. 151-155

Savoir 2

Le dommage et sa réparation

LU ☐
SU ☐
REVU ☐

La personne responsable doit assumer la réparation des divers dommages dont elle doit répondre.

1 Les différents dommages

1.1. La nature des dommages

DOMMAGE CORPOREL	DOMMAGE MATÉRIEL	DOMMAGE MORAL
Atteinte à l'intégrité physique de la victime (blessures) pouvant aller jusqu'à la mort.	Atteinte aux droits de la victime qui lui cause un appauvrissement ou un manque à gagner.	Atteinte à des droits non pécuniaires (vie privée, honneur, etc.) ou à des sentiments d'affection (perte d'un être cher).

1.2. Les dommages patrimoniaux et extrapatrimoniaux

Les dommages patrimoniaux sont constitués par des atteintes à des droits patrimoniaux (pécuniaires) de la victime. Ils sont évaluables en argent. La réparation se fera selon l'importance économique du préjudice.

EXEMPLE Les dommages matériels ou certains dommages liés à des atteintes corporelles (ayant entraîné une inaptitude au travail, par exemple).

Les dommages extrapatrimoniaux sont les atteintes aux droits extrapatrimoniaux (non pécuniaires) de la victime, et, parfois, certains dommages résultant d'un préjudice corporel.

EXEMPLE Préjudice d'agrément résultant d'une blessure.

2 Les caractères du dommage réparable

CARACTÈRE CERTAIN	Le dommage doit être vérifiable, ou du moins vraisemblable, même s'il n'est que futur : un dommage seulement éventuel n'est pas réparable.
CARACTÈRE PERSONNEL	La personne indemnisée est celle qui a personnellement subi le préjudice. La victime « par ricochet » peut aussi être indemnisée : conjoint, enfants (parfois victimes directes d'un préjudice propre).
CARACTÈRE LÉGITIME	Le dommage peut être réparé seulement s'il est juridiquement protégé (pas d'indemnisation pour la perte d'un bien illicite).
CARACTÈRE DIRECT	Le dommage doit résulter directement du fait générateur de la responsabilité : le juge limitera les dommages « en cascade ».

3 La réparation du dommage

3.1. Les deux modes de réparation

Lorsque c'est possible, la meilleure réparation consiste à faire disparaître le préjudice par une remise en l'état des choses : on parle de réparation en nature.

EXEMPLE Faire cesser une campagne publicitaire constituant une pratique commerciale trompeuse.

Cependant, ce mode de réparation n'est pas le plus fréquent, et il ne répare pas vraiment le dommage déjà supporté. Il évite simplement son aggravation dans le temps. Dans la plupart des cas, c'est par l'attribution d'une somme d'argent à la victime – les dommages et intérêts – que le responsable répare le dommage.

3.2. Le rôle de l'assurance

a) Le dispositif de l'assurance

L'assurance est un contrat qui permet à l'assuré de faire supporter à l'assureur les risques de responsabilité. En échange de cotisations, l'assureur indemnise les victimes des agissements accidentels – et non volontaires – de l'assuré.

b) Les fonds de garantie

Les fonds de garantie ont été créés pour indemniser les victimes de situations particulières : victimes d'un attentat, victimes d'un conducteur non assuré, etc.

3.3. L'indemnisation des victimes d'accidents de la circulation

a) Les situations concernées

Des règles particulières s'appliquent aux accidents de la circulation causés par un véhicule à moteur : voitures, camions, motos, tracteurs, etc.

b) Les victimes prises en compte

VICTIMES « PROTÉGÉES »	VICTIMES « SUPER-PROTÉGÉES »
Piétons, cyclistes et passages transportés, à l'exclusion du conducteur.	Les mêmes personnes mais de moins de 16 ans, de plus de 70 ans, ou invalides.

c) La spécificité de l'indemnisation

Les victimes « protégées » sont toujours indemnisées, sauf si la cause exclusive de l'accident est une faute inexcusable de leur part.

EXEMPLE
Un cycliste fait du vélo sur une autoroute, la nuit, sans lumière.

Les victimes « super-protégées » sont toujours indemnisées, sauf si elles ont commis une faute volontaire à l'origine du dommage.

EXEMPLE
La personne se suicide en se jetant sous les roues de la voiture.

Tout conducteur d'un véhicule à moteur devant être assuré, c'est sa compagnie d'assurances qui prend en charge l'indemnisation de la victime. Une proposition de transaction évite souvent le procès. Si le responsable est inconnu ou non assuré, c'est un fonds de garantie qui se charge de l'indemnisation.

mots clés
Réparation en nature ◆ Dommages-intérêts ◆ Assurance ◆ Fonds de garantie ◆ Accident de la circulation

S'entraîner au Bac
Exercices 1, 7 : p. 151-155

Le contrat de travail

LU ☐
SU ☐
REVU ☐

La relation de travail entre le chef d'entreprise et le salarié est gouvernée par le contrat de travail.

1 Les spécificités du contrat de travail

1.1. Le lien de subordination, élément distinctif du contrat de travail

Le contrat n'est pas défini par la loi. C'est la jurisprudence qui indique que le contrat de travail est celui par lequel une personne, le salarié, s'engage à fournir une prestation de travail en échange d'une rémunération (principalement un salaire), pour le compte et sous la direction d'une autre personne, l'employeur. Cette formule traduit l'existence d'un lien de subordination, élément distinctif du contrat de travail. Les relations où une partie effectue un travail rémunéré par une autre partie ne donnent pas naissance au contrat de travail s'il n'y a pas de lien de subordination.

EXEMPLE
Travailleur indépendant, franchisé, sous-traitant, etc.

Selon la jurisprudence, le lien de subordination se traduit par le pouvoir de commandement, de contrôle et de sanction que l'employeur exerce sur le salarié.

1.2. La forme du contrat de travail

En l'absence d'écrit, un contrat de travail n'est pas nul. Il est présumé être un contrat à durée indéterminée (CDI) à temps plein, et il se prouve par tous moyens.

EXEMPLE
Le double de la déclaration d'embauche remis au salarié, les bulletins de salaire.

A contrario, tous les contrats atypiques (CDI à temps partiel, contrat d'apprentissage, etc.) doivent être écrits et contenir certaines mentions obligatoires.

1.3. Les obligations des parties

Le contrat de travail fixe les modalités d'exécution du travail : fonction, nature des tâches, lieu de travail, durée de l'engagement, obligations particulières.

EXEMPLE
Clauses de confidentialité, d'exclusivité, de mobilité, etc.

Pour ce qui concerne l'employeur, le contrat détermine principalement ses obligations en matière de rémunération.

1.4. Les pouvoirs du chef d'entreprise

POUVOIR DE DIRECTION	POUVOIR RÉGLEMENTAIRE	POUVOIR DISCIPLINAIRE
L'employeur recrute, organise le travail, détermine les horaires, choisit le lieu d'exécution des tâches, etc.	L'employeur édicte les consignes gouvernant le travail (hygiène et sécurité, harcèlement) et prévoit les sanctions en cas de faute.	L'employeur peut sanctionner les salariés ayant commis une faute dans l'exercice de leur travail.

2 Les différents contrats de travail

2.1. Le CDI, contrat de droit commun

Par définition, le CDI n'a pas de terme fixé lors de sa conclusion. Il est privilégié par le législateur, qui le considère comme le type de contrat le plus favorable au salarié. En effet, si l'employeur peut éventuellement licencier le salarié, cette mesure est encadrée par de nombreuses règles limitant les pouvoirs du chef d'entreprise.

EXEMPLE
L'employeur doit justifier d'une cause réelle et sérieuse, il doit verser une indemnité, etc.

2.2. Les contrats précaires

a) Le recours aux contrats précaires

Lorsque les besoins en travail ne sont pas permanents, l'employeur peut se tourner vers les contrats précaires, qui constituent un outil de flexibilité. Mais ces contrats sont pénalisants pour le salarié, car ils n'assurent pas un emploi durable.
La loi limite donc les possibilités de recourir à ce type de contrat.

CONTRATS PRÉCAIRES AUTORISÉS	CONTRATS PRÉCAIRES INTERDITS
– Remplacement d'un salarié absent. – Accroissement temporaire d'activité. – Emploi saisonnier ou temporaire par nature. – Remplacement du chef d'entreprise malade. – Contrat dans le cadre de mesures pour l'emploi.	– Pour un emploi permanent. – Pour remplacer un gréviste. – Pour des tâches particulièrement dangereuses. – Dans les 6 mois qui suivent un licenciement économique (sur le poste concerné).

b) Les règles communes aux contrats précaires

Le contrat est obligatoirement écrit et remis au salarié dans les 2 jours suivant son embauche. Sa durée est limitée en principe à 18 mois (y compris le maximum de 2 renouvellements). Ces règles s'appliquent à défaut d'autres dispositions prévues par convention collective de branche. À défaut, à la demande du salarié, il peut être requalifié en CDI par le conseil de prud'hommes.
Une indemnité de précarité est versée à la fin du contrat (10 % du salaire brut).

c) Les deux types de contrats précaires

CONTRAT À DURÉE DÉTERMINÉE (CDD)	CONTRAT DE TRAVAIL TEMPORAIRE (CTT)
Le CDD met en présence un salarié et un employeur. Ce dernier doit assurer lui-même le recrutement et la formation éventuelle du salarié. La rupture du contrat avant son terme n'est possible que dans certains cas : – accord entre les parties ; – faute grave du salarié ; – embauche du salarié en CDI.	Face à un besoin de main-d'œuvre, le chef d'entreprise s'adresse à une agence d'intérim. Il y a création de deux contrats : – un contrat de travail (contrat de mission) entre le salarié et l'entreprise de travail temporaire ; – un contrat de service (contrat de mise à disposition) entre l'entreprise de travail temporaire et l'entreprise utilisatrice du salarié.

mots clés
Lien de subordination ◆ Pouvoir de direction ◆ Pouvoir réglementaire ◆ Pouvoir disciplinaire ◆ CDI ◆ Contrat atypique ◆ Contrat précaire

S'entraîner au Bac
Exercices 2, 7 : p. 152-155

Savoir

4

Les conditions de travail

LU ☐
SU ☐
REVU ☐

Le droit veille à ce que la subordination du salarié ne soit pas synonyme de conditions de travail trop difficiles, même lorsqu'elles résultent de clauses particulières du contrat de travail.

1 Les aspects fondamentaux des conditions du travail

1.1. La durée du travail

- La durée légale du travail est fixée à 35 heures par semaine (ou 1 607 heures par an).
- Au-delà, les heures de travail imposées au salarié constituent des heures supplémentaires. Les accords collectifs doivent fixer les majorations de salaire appliquées à ces heures. À défaut, la loi prévoit une majoration de 25 % de la 36e à la 43e heure hebdomadaire, et de 50 % à partir de la 44e heure.
- Un contingent annuel d'heures supplémentaires doit être prévu par accord d'entreprise ou de branche. À défaut, la loi le fixe à 220 heures par an par salarié.

Par ailleurs, la loi fixe la durée hebdomadaire maximale de travail (heures supplémentaires comprises) à 48 heures pour une semaine isolée, et à 44 heures en moyenne. Depuis le 1er janvier 2017, les accords d'entreprise ou de branche peuvent repousser ces limites à 60 heures et 46 heures. Enfin, la durée quotidienne du travail est limitée à 10 heures.

DROIT

1.2. Les repos périodiques

Le repos quotidien est d'une durée minimale de 11 heures consécutives.
Le repos hebdomadaire doit avoir une durée minimale de 24 heures, en plus des 11 heures quotidiennes, soit 35 heures consécutives au minimum. Ce repos doit être donné, en principe, le dimanche. Plusieurs dérogations sont prévues par les textes.

EXEMPLE
Les salariés volontaires des commerces de détail situés dans les zones touristiques internationales peuvent travailler le dimanche. Le personnel des commerces de détail peut travailler 12 dimanches par an.

1.3. Les congés payés

DURÉE	2,5 jours de congé pour chaque mois de travail, avec un maximum de 30 jours ouvrables, soit 5 semaines.
DATES	Elles sont fixées par l'employeur après consultation des représentants du personnel, soit par roulement, soit par fermeture de l'entreprise pour tous.
INDEMNITÉ	Elle est au moins égale à ce que le salarié aurait perçu s'il avait travaillé durant les congés.

1.4. La rémunération

a) La détermination du salaire par le contrat de travail

Le salaire est un des éléments du contrat de travail. La liberté des parties est cependant limitée par plusieurs règles légales protégeant le salarié.

b) Les contraintes légales en matière de salaire

- Le SMIC (salaire minimum interprofessionnel de croissance) est le salaire minimum légal pour toute personne employée en France. Ce salaire plancher est régulièrement revalorisé (au moins une fois par an, au 1er janvier). Le mode de calcul appliqué à la révision du SMIC permet d'assurer, de façon progressive, une augmentation du pouvoir d'achat des salariés qui le perçoivent.

- Une autre règle légale s'impose à tout employeur : l'égalité de salaire entre tous les salariés effectuant un travail « de valeur égale », selon la formule de la loi. Toute discrimination salariale est prohibée, en particulier entre hommes et femmes.
- L'obligation de négocier collectivement sur les salaires : au niveau des entreprises (tous les ans) et des branches professionnelles (tous les 5 ans).

2 Les clauses particulières du contrat de travail

2.1. La clause de mobilité

a) Définition et utilité

La clause de mobilité est celle par laquelle le salarié accepte à l'avance l'éventualité d'une mutation géographique.

b) Les conditions de validité de la clause de mobilité

La loi étant silencieuse sur cette clause particulière, c'est la jurisprudence qui en a défini les conditions de validité : la Cour de cassation exige que la clause de mobilité soit rédigée avec précision et qu'elle détermine de façon claire le(s) lieu(x) que le salarié pourrait être obligé de rejoindre.

2.2. La clause de non-concurrence

a) Définition et utilité

Par la clause de non-concurrence, l'employeur interdit à un salarié de s'installer à son compte ou de se mettre au service d'un concurrent, après la rupture du contrat.

b) Les conditions de validité de la clause de non-concurrence

La loi ne dit rien sur ce type de clause. Aussi la Cour de cassation a-t-elle précisé les critères de validité, assez restrictifs.

PAS D'INTERDICTION ABSOLUE DE TRAVAILLER	- Limitation dans l'espace. - Limitation dans le temps. - Limitation à une activité précisément définie.
LA DÉFENSE NÉCESSAIRE DES INTÉRÊTS DE L'ENTREPRISE	La clause ne peut s'appliquer qu'aux salariés dont le passage à la concurrence risque d'être préjudiciable à l'ex-employeur.
UNE CONTREPARTIE FINANCIÈRE	Un dédommagement « non dérisoire » doit compenser les inconvénients de la clause.

mots clés
Durée légale du travail ◆ Heures supplémentaires ◆ SMIC ◆ Clause de mobilité ◆ Clause de non-concurrence

S'entraîner au Bac
Exercices 2, 7 : p. 152-155

Les libertés des salariés

LU ☐
SU ☐
REVU ☐

Tout salarié dispose de libertés individuelles et collectives dont le respect s'impose à l'employeur.

1 Les libertés individuelles

1.1. L'intimité de la vie privée des salariés

L'employeur a le droit de contrôler l'activité de ses salariés : il peut écouter les conversations téléphoniques, installer des caméras de surveillance, équiper les véhicules de fonction d'un dispositif de géolocalisation. Mais l'employeur doit informer les représentants élus du personnel ainsi que chaque salarié concerné.
L'employeur doit respecter la « sphère privée du salarié : lors d'un entretien de recrutement, par exemple, il ne peut poser que des questions en rapport avec l'emploi proposé.
D'une manière générale, la présence du salarié sur le lieu de travail n'autorise pas l'employeur à empiéter sur le domaine strictement privé de sa vie.

EXEMPLE Il ne peut pas consulter un dossier d'ordinateur d'un salarié noté « personnel ».

1.2. La liberté d'expression

La loi reconnaît aux salariés le droit de s'exprimer de façon collective, lors de réunions organisées selon un accord d'entreprise.
Par ailleurs, la liberté d'expression individuelle des salariés les autorise à dire ce qu'ils pensent de leurs conditions de travail et de l'organisation de l'entreprise.

2 Les libertés collectives

2.1. Le droit de grève

a) Les conditions d'exercice de la grève

La grève est un droit reconnu par la Constitution, mais c'est la jurisprudence qui en donne la définition : c'est une cessation collective et concertée du travail, en vue de faire aboutir des revendications professionnelles.

FORMES DE GRÈVES LICITES	MODALITÉS ET CARACTÉRISTIQUES
Débrayage	Grève de courte durée.
Grève tournante	Les salariés se mettent en grève successivement.
Grève surprise	Grève débutant sans avertissement ni préavis.
Grève sauvage	Grève décidée par les salariés, sans encadrement syndical.

b) Les effets de la grève

La grève entraîne la suspension du contrat de travail : les salariés n'exécutant pas leur travail, cela se traduit par une perte de salaire proportionnelle. L'employeur doit respecter le droit de grève : aucune discrimination, aucune sanction, aucun licenciement ne peuvent être envisagés à l'égard d'un gréviste, sauf en cas de faute lourde de sa part.

EXEMPLE Destruction du matériel de travail de l'entreprise.

2.2. Le droit à la représentation dans l'entreprise

La loi Travail de 2017 instaure une instance unique de représentation du personnel, le comité économique et social (CES), fusionnant ainsi les DP (délégués du personnel), le CE (comité d'entreprise) et le CHSCT (comité d'hygiène, de sécurité et des conditions de travail). Ce CES est obligatoire dans toutes les entreprises de 11 salariés et plus, si cet effectif est atteint pendant 12 mois consécutifs.

2.3. La liberté syndicale

a) Les manifestations de la liberté syndicale

Les syndicats sont des organismes de défense des intérêts professionnels. Un principe constitutionnel reconnaît la liberté des travailleurs de se regrouper en syndicats.

b) La représentativité des syndicats

La représentativité est reconnue aux syndicats qui répondent à divers critères légaux (ancienneté minimale de deux ans, indépendance, nombre d'adhérents, etc.) ; le plus important de ces critères est l'audience, mesurée au travers des voix obtenues (au moins 8 % au niveau national et 10 % dans une entreprise donnée) à l'occasion des élections des représentants des salariés dans les entreprises.
Au niveau national, les syndicats représentatifs négocient les conventions collectives de branche et les accords interprofessionnels.

c) Les syndicats dans l'entreprise

L'employeur doit accepter la mise en place de sections syndicales si l'effectif de l'entreprise est de 50 salariés ou plus. Ces sections sont constituées par les délégués syndicaux désignés par les syndicats représentatifs. Ils jouent un rôle actif dans les entreprises : ils informent, conseillent et défendent les salariés.
Les délégués syndicaux interviennent parfois pour encadrer les mouvements de grève et pour négocier avec l'employeur sur les conditions de travail.

EXEMPLE
Accord d'entreprise sur la politique salariale.

Pour mener à bien leurs missions, ils disposent de prérogatives propres : droit de circuler dans l'entreprise, droit d'affichage, et surtout des heures de délégation (12 à 24 heures par délégué selon l'effectif de l'entreprise).

mots clés
Intimité de la vie privée ◆ Liberté d'expression ◆ Droit de grève ◆ Délégué du personnel ◆ Comité d'entreprise ◆ Syndicat ◆ Délégué syndical

S'entraîner au Bac
Exercice 7 : p. 155

Savoir 6

La rupture du CDI

LU ☐
SU ☐
REVU ☐

Chacune des parties à un CDI peut y mettre fin, soit par décision unilatérale, soit d'un commun accord.

1 La démission

1.1. Les caractères de la démission

Selon la jurisprudence, la volonté de démissionner doit :
- manifester une volonté claire, sérieuse et non équivoque ;

EXEMPLE
Ne pas reprendre le travail à la fin d'un congé ne signifie pas démissionner.

- être librement donnée, sous peine d'être requalifiée en licenciement par le juge.

EXEMPLE
Démission pour mettre fin à un harcèlement moral (pas de vraie liberté).

1.2. Les modalités et conséquences de la démission

- La loi n'exige aucune forme pour la démission, qui peut donc être verbale ou signifiée par écrit (l'employeur peut demander une lettre à titre de preuve).
- Le salarié doit respecter un préavis. La loi n'en fixant pas la durée, il résulte soit d'un accord collectif, soit du contrat de travail, soit même des usages.
- La démission est irrévocable : le salarié ne peut pas revenir sur sa décision.
- Elle ne fait naître aucune obligation d'indemnisation par l'employeur. Ne constituant pas une perte involontaire d'emploi, elle ne donne pas droit, en principe, aux allocations chômage.

2 Le licenciement

2.1. Les motifs de licenciement

La loi impose que tout licenciement soit fondé sur une cause « réelle et sérieuse ».

FAUTE DU SALARIÉ	FAIT NON FAUTIF	MOTIF ÉCONOMIQUE
– **Faute sérieuse :** elle rend impossible le maintien du contrat. EX. : retards répétés. – **Faute grave :** elle implique la cessation immédiate du contrat. EX. : abandon de poste. – **Faute lourde :** d'une exceptionnelle gravité, elle révèle une intention de nuire à l'entreprise. EX. : sabotage.	Il relève d'une incapacité professionnelle, d'une inaptitude physique, d'une incompatibilité de caractère avec les autres salariés, etc. EX. : incapacité à s'adapter à un nouvel équipement informatique.	La loi le définit comme le licenciement résultant d'une suppression d'emploi liée, notamment, à des difficultés économiques (baisse des commandes ou du chiffre d'affaires, pertes d'exploitation, dégradation de la trésorerie, etc.), à des mutations technologiques, à une réorganisation de l'entreprise nécessaire à la sauvegarde de sa compétitivité ou à la cessation d'activité de l'entreprise.

Le licenciement sans cause réelle et sérieuse est sanctionné. Le salarié peut obtenir réparation en saisissant le conseil de prud'hommes.

DROIT

2.2. La procédure de licenciement

a) Le licenciement pour motif personnel

1. CONVOCATION À UN ENTRETIEN PRÉALABLE	La convocation, par lettre recommandée ou remise en main propre, indique l'objet, le lieu, la date de l'entretien. Elle précise au salarié qu'il a le droit de se faire assister par un représentant du personnel.
2. ENTRETIEN PRÉALABLE	L'employeur précise au salarié la cause de son licenciement. Ce dernier a le droit de s'exprimer librement pour faire valoir son point de vue.
3. LETTRE DE NOTIFICATION DU LICENCIEMENT	Si la décision est maintenue, le salarié doit recevoir une notification officielle de la rupture du contrat énonçant le motif retenu.

b) Le licenciement économique de moins de 10 salariés

La même procédure s'applique, mais l'employeur doit aussi aviser l'inspection du travail et consulter le comité économique et social si le licenciement touche plus d'un salarié.

Dans tous les cas, des mesures de reclassement doivent être recherchées par l'employeur, qui doit aussi proposer au salarié un contrat de sécurisation professionnelle : s'il l'accepte, Pôle Emploi lui verse une allocation équivalente à son salaire pendant un an, et il bénéficiera d'aides à la reconversion.

c) Le licenciement économique de plus de 10 salariés

L'employeur engage une concertation avec le comité économique et social et notifie le projet de licenciement à l'inspection du travail. Dans les entreprises d'au moins 50 salariés, l'employeur doit élaborer un plan de sauvegarde de l'emploi comportant diverses mesures : reclassement des salariés, actions de formation...

3 La rupture conventionnelle homologuée

3.1. Le principe et les effets

Le législateur a créé un dispositif permettant aux deux parties de convenir de la rupture du CDI et de ses suites, en prévoyant un contrôle par l'inspecteur du travail. Si la rupture conventionnelle est homologuée, le salarié a droit à un préavis et à une indemnité de rupture. Il perçoit par ailleurs les allocations chômage.

3.2. Les étapes de la procédure

1. Entretien(s) préalable(s) à la convention → 2. Rédaction de la convention (préavis, indémnité, etc.) → 3. Délai de rétractation de 15 jours pour chaque partie → 4. Convention transmise à l'inspecteur du travail → 5. Homologation ou refus sous 15 jours

mots clés Démission ◆ Licenciement ◆ Licenciement sans cause réelle et sérieuse ◆ Contrat de sécurisation professionnelle ◆ Rupture conventionnelle homologuée

S'entraîner au Bac
Exercices 3, 7 : p. 153-155

Savoir 7

LU ☐
SU ☐
REVU ☐

La liberté du commerce et la concurrence loyale

Chacun peut entreprendre et participer au marché de concurrence, mais le droit sanctionne tout comportement déloyal en affaires.

1 La liberté du commerce et de l'industrie

1.1. Les applications de la liberté du commerce et de l'industrie

LA LIBERTÉ D'ENTREPRENDRE	LA LIBERTÉ D'EXPLOITER	LA LIBERTÉ DE CONCURRENCER
Toute personne peut entreprendre toute activité professionnelle de son choix : aucune autorisation n'est nécessaire pour exercer le commerce ou toute activité de nature agricole, artisanale, etc.	L'entrepreneur choisit le marché visé, la forme juridique et la taille de l'entreprise, le mode de production ou de distribution, les modalités de financement de l'activité, etc.	C'est la liberté de présenter une offre plus attrayante que celle des autres (par la publicité, par le prix), et la liberté de réagir aux attaques commerciales pour préserver sa propre clientèle.

1.2. La protection de l'ordre public économique

LES RESTRICTIONS À LA LIBERTÉ D'ENTREPRENDRE	LES RESTRICTIONS À LA LIBERTÉ D'EXPLOITER	LES RESTRICTIONS À LA LIBERTÉ DE CONCURRENCER
– Pour certaines personnes : • **incapacité** (mineurs, majeurs en curatelle ou en tutelle) ; • **incompatibilité** (huissier, notaire, fonctionnaire, etc.) ; • **déchéance** (en cas de condamnation pénale grave). – Pour certaines activités : • **interdiction** en cas de risque pour la santé ou la moralité publique (vente de stupéfiants) ; • **contrôle administratif** (pharmacie, débit de boissons).	Il n'y a pas de liberté d'exploiter pour certaines activités réservées à l'État, qui en a le **monopole**. Il décide seul à qui il en cède l'exploitation. EX. : distribution du tabac, frappe de la monnaie, organisation des jeux de hasard, etc.	– Certaines pratiques sont prohibées : essentiellement la publicité et les promotions trompeuses, ainsi que les actions commerciales agressives. – La publicité est interdite ou restreinte pour le tabac, l'alcool, les armes, etc. – La publicité comparative doit répondre à des exigences d'objectivité. – Les périodes de soldes sont réglementées.

2 L'interdiction des pratiques déloyales

2.1. La concurrence déloyale

La conquête des marchés peut être rude. La loyauté n'empêche ni de s'installer à proximité d'entreprises concurrentes, ni les pratiques de prix cassés, mais chacun est responsable des manquements à l'honnêteté (responsabilité délictuelle).

a) Les comportements jugés déloyaux

COMPORTEMENTS DÉLOYAUX	ILLUSTRATIONS
Imitation du signe distinctif d'un concurrent	Reprise à l'identique ou de façon approchante du nom commercial, de l'enseigne, de la forme d'un produit, etc., créant la confusion dans l'esprit de la clientèle
Dénigrement de l'entreprise concurrente	Propos injurieux sur la compétence d'un concurrent ou sur la qualité de ses produits
Parasitisme	Reprise d'une idée d'un concurrent
Désorganisation de l'entreprise concurrente	Tout agissement créant une gêne dans le fonctionnement de l'entreprise concurrente (débauchage de salariés)

b) L'action en concurrence déloyale

C'est une action en responsabilité civile : la faute est constituée par un comportement déloyal. Le préjudice existe dès lors qu'il y a atteinte à la clientèle du concurrent ou dégradation de son image. Le lien de causalité est apprécié par le juge au regard des preuves apportées par le demandeur. L'auteur des faits doit cesser les agissements et réparer le préjudice (dommages-intérêts).

2.2. La contrefaçon de marque

La contrefaçon de marque constitue un délit pénal.

a) Les deux actions judiciaires possibles

La victime de la contrefaçon peut en faire état lors d'une action en responsabilité civile pour concurrence déloyale (elle sera alors indemnisée). Elle peut aussi porter plainte devant le tribunal correctionnel pour obtenir la condamnation pénale du contrefacteur, qui encourt six ans de prison et 400 000 € d'amende.

b) Les différentes contrefaçons de marque

COPIE SERVILE	Elle reproduit l'objet et sa marque à l'identique. EX. : fausse chemise Lacoste, faux sac Louis Vuitton, etc.
IMITATION	Elle reprend des éléments de la marque pour provoquer la confusion. EX. : flacon reprenant la forme de celui d'un parfum célèbre.
COPIE RESSEMBLANTE	Elle présente une petite modification, comme une faute d'orthographe. EX. : montre « Rollex » au lieu de « Rolex ».

mots clés Liberté du commerce et de l'industrie ◆ Concurrence déloyale ◆ Contrefaçon de marque

S'entraîner au Bac
Exercices 4, 5 : p. 153-155

Le droit de la concurrence

LU ☐
SU ☐
REVU ☐

Le droit de la concurrence est un ensemble de règles visant à organiser les conditions d'une saine confrontation entre entreprises.

1 Les pratiques anticoncurrentielles

1.1. Les ententes illicites

Une entente entre entreprises est un accord, quelle que soit sa forme, qui leur permet de mener à bien un projet commun. L'entente n'est pas répréhensible si elle ne porte pas préjudice au fonctionnement normal du marché de concurrence.

EXEMPLE S'entendre pour développer les moyens de conquête d'un marché étranger.

LES EFFETS DES ENTENTES ILLICITES SUR LE MARCHÉ	Elles ont pour objet (c'est l'effet recherché) ou peuvent avoir pour effet (même involontairement) d'empêcher, de restreindre ou de fausser le jeu de la concurrence sur un marché.
LES ENTREPRISES CONCERNÉES	– L'entente horizontale est conclue entre des entreprises concurrentes (ex. : plusieurs opérateurs téléphoniques). – L'entente verticale concerne des entreprises à des stades différents de la chaîne de production/distribution (ex. : un industriel de l'agroalimentaire et une enseigne de la grande distribution).
LES VISÉES DE L'ENTENTE	Elles peuvent porter sur les prix, un partage du marché, les conditions de vente, les moyens d'éliminer un concurrent...

1.2. Les abus de domination

- L'abus de position dominante : est illégal, pour une entreprise en position de force sur le marché de fausser le jeu de la concurrence.

EXEMPLE Microsoft imposait son logiciel Media Player aux fabricants d'ordinateurs.

- L'abus de dépendance économique : le droit français interdit à une entreprise dominante d'imposer des conditions contractuelles anormalement pénalisantes à ses partenaires, qu'il s'agisse de fournisseurs ou de clients.

EXEMPLE La vente liée (deux produits différents sont vendus de manière indissociable).

1.3. La sanction des pratiques anticoncurrentielles

En France, l'Autorité de la concurrence est compétente pour sanctionner ces pratiques ; au niveau européen, c'est la Commission européenne.
Les entreprises sont tenues de cesser leurs pratiques (injonction). Le plus souvent, d'importantes amendes leur sont infligées, pouvant atteindre 10 % du chiffre d'affaires des membres de l'entente, avec doublement en cas de récidive.

EXEMPLE
Le 26 juillet 2018, l'Autorité de la concurrence a puni de 16 millions d'euros les distributeurs en gros de médicaments vétérinaires (sociétés Alcyon France, Coveto, Agripharm, Véto Santé, etc.) pour avoir mis en œuvre plusieurs ententes dans le secteur de la distribution de médicaments vétérinaires.

2 Les pratiques restrictives de concurrence

2.1. Les principales pratiques interdites

Ici, ce n'est pas le marché dans son ensemble qui risque d'être dégradé comme dans le cas des pratiques anticoncurrentielles, mais la situation de certaines entreprises en position de faiblesse dans la négociation commerciale.

a) La rupture brutale de relations commerciales

C'est l'hypothèse où une entreprise abandonne les relations d'affaires qu'elle a avec une entreprise partenaire, sans respecter ni préavis écrit, ni même délai de prévenance.

EXEMPLE Décision soudaine d'un distributeur de rompre les achats habituellement réalisés auprès d'un fournisseur parce que ce dernier n'accepte pas une renégociation des prix.

b) La revente à perte

Dans le délit de revente à perte, l'infraction est constituée dès lors qu'une entreprise revend ou annonce la revente d'un produit à un prix inférieur à son prix d'achat effectif (prix figurant sur la facture d'achat, diminué d'éventuels avantages consentis par le vendeur), majoré des taxes propres à la revente et du prix du transport.
L'effet pernicieux de cette pratique est la déstabilisation des concurrents qui, incapables de s'aligner, risquent de perdre leur part de marché, voire de disparaître, laissant alors l'entière liberté à l'entreprise coupable de faire remonter les prix.
Dans certaines situations, la concurrence ne souffre pas de la revente à perte et le législateur en prend acte pour autoriser cette pratique.

EXEMPLE Périodes de soldes, ventes avant cessation d'activité, ventes de produits saisonniers en fin de saison, ventes de produits périssables proches de la péremption...

2.2. La lutte contre les pratiques restrictives de concurrence

a) Les sanctions

Toutes les pratiques restrictives de concurrence constituent des fautes engageant la responsabilité civile de leurs auteurs. En outre, le tribunal condamne l'entreprise à cesser ces pratiques, voire à publier dans la presse un avis de la condamnation.
Dans le cas de la vente à perte, le délit est sanctionné d'abord au plan pénal, les auteurs encourant une amende de 75 000 €. Au plan civil, les personnes et les entreprises victimes de cette pratique peuvent demander réparation du préjudice.

b) La prévention

La Commission d'examen des pratiques commerciales (CEPC) formule des avis sur les pratiques entre producteurs, fournisseurs et revendeurs ; elle émet aussi des recommandations sur le développement des bonnes pratiques commerciales.

EXEMPLE Une recommandation sur des délais de paiement raisonnables.

mots clés

Entente illicite ◆ Abus de position dominante ◆ Abus de dépendance économique ◆ Rupture brutale des relations commerciales ◆ Revente a perte

S'entraîner au Bac
Exercices 5, 7 : p. 154-155

Savoir
9

Les différentes formes d'entreprises

LU ☐
SU ☐
REVU ☐

Entreprendre implique de déterminer la forme juridique de l'entreprise. L'entrepreneur a le choix entre deux options : l'entreprise individuelle ou la société pluripersonnelle. Il peut aussi se rapprocher de partenaires.

1 L'entreprise individuelle

1.1. Les deux types d'entreprises individuelles

a) L'entreprise individuelle classique

L'entreprise individuelle se confond avec l'entrepreneur, lequel peut être commerçant, artisan, professionnel libéral ou agriculteur. L'entrepreneur n'a aucun apport à réaliser, puisqu'il n'y a pas constitution de personne morale.
Le fonctionnement de l'entreprise individuelle est simple : pas d'assemblée à réunir comme en société, pas de comptes à publier. Certaines obligations incombent cependant à l'exploitant : déclaration de revenus, tenue de comptabilité, etc.

b) La micro-entreprise (ex auto-entreprise)

CONSTITUTION	Il suffit de remplir un formulaire en ligne.
DROITS ET OBLIGATIONS	Régime favorable qui limite les cotisations sociales et l'impôt au versement d'un pourcentage du chiffre d'affaires (23,7 % pour les services, 13,8 % pour une activité commerciale). De plus, l'activité est exonérée de TVA jusqu'à certains seuils de CA.
ACCÈS AU STATUT	Toute personne physique (ne dépassant pas un certain seuil de revenu imposable) peut choisir ce statut (personne sans emploi, salarié à temps partiel, retraité, étudiant, etc.).
TAILLE	Statut réservé aux entreprises dont le chiffre d'affaires annuel ne dépasse pas 70 000 € pour les activités de service ou 170 000 € pour le commerce.

1.2. La responsabilité des dettes

En cas d'échec de l'entreprise commerciale, tous les biens constituant l'actif du patrimoine de l'entrepreneur individuel constituent la garantie de paiement de ses dettes (le passif du patrimoine). En vertu du principe d'unicité du patrimoine, il est impossible de dissocier les dettes professionnelles des autres dettes, ni les actifs professionnels des autres actifs.
Plusieurs lois se sont succédé au profit de l'entrepreneur individuel, une des plus importantes étant celle du 6 août 2015 qui prévoit que l'immeuble de la résidence personnelle de l'exploitant échappe automatiquement aux poursuites des créanciers professionnels.

1.3. Les alternatives à la confusion entreprise/entrepreneur

a) L'entreprise individuelle à responsabilité limitée (EIRL)

La loi du 16 juin 2010 a créé un nouveau statut juridique : l'entreprise individuelle à responsabilité limitée (EIRL). Bien qu'agissant dans le cadre de l'entreprise individuelle, l'entrepreneur peut destiner une partie de son patrimoine à son activité, tout en préservant ses autres biens contre les poursuites des créanciers professionnels en cas de difficultés financières.
Il y a donc une nouvelle règle de droit : la possibilité de constituer un patrimoine affecté spécifiquement à une activité, en identifiant et en désignant les biens qui serviront à garantir le paiement de dettes professionnelles. *A contrario*, les autres biens ne pourront pas être saisis par les créanciers professionnels (banquier, fournisseur, etc.).

EXEMPLE Un véhicule personnel non affecté à l'activité professionnelle ne pourra pas être saisi.

b) La formalité indispensable : la déclaration d'affectation

La création d'une EIRL impose de déclarer au Centre de formalités des entreprises (CFE), d'une part, la nature de l'activité exercée (commerce, artisanat, activité libérale ou agricole), d'autre part, la liste des biens affectés à l'activité professionnelle.
La déclaration d'affectation doit comporter un état descriptif des biens et des droits (dépôt sur un compte en banque) rattachés à l'activité professionnelle, en nature, en qualité, en quantité et en valeur.
Si la valeur du patrimoine affecté aux affaires dépasse 30 000 euros, l'entrepreneur doit le faire évaluer par un commissaire aux comptes ou par un expert-comptable.

c) L'entreprise unipersonnelle à responsabilité limitée (EURL)

L'EURL est une société à responsabilité limitée (SARL) à associé unique, qui est l'entrepreneur. Il existe donc une personne morale, avec tous les attributs de la personnalité juridique et en particulier un patrimoine propre. D'une manière générale, l'EURL relève des règles propres à la SARL.
Les apports faits à l'EURL par l'associé unique permettent d'en déterminer le capital (dont la loi n'exige pas de montant minimum), et seuls les biens de la personne morale garantissent les dettes contractées dans sa vie professionnelle. L'associé unique peut choisir d'être lui-même le gérant de l'EURL.
À la différence de l'EIRL, l'EURL peut facilement être cédée ou transmise par voie de succession à une ou plusieurs personnes, puisqu'elle est représentée par les parts sociales.

2 La société

2.1. Le contrat de société

a) Définition

Le Code civil définit la société comme un contrat entre deux ou plusieurs personnes qui conviennent « d'affecter à une entreprise commune des biens ou leur industrie en vue de partager le bénéfice ou de profiter de l'économie qui pourra en résulter ».

b) Le rôle des statuts

Les statuts constituent l'écrit obligatoire pour formaliser le contrat de société.
Ils définissent le type de société choisi et précisent l'objet social, le lieu du siège social, la dénomination sociale, la durée de la société (99 ans au maximum), le montant du capital, la nature et le montant des apports, etc.

c) Les éléments caractéristiques du contrat de société

LES APPORTS	Chaque associé s'oblige à apporter des droits et des biens à la société, dont l'ensemble constitue le capital social. Les apports sont divers : apports en nature (immeuble, fonds de commerce, machines, etc.), apports en numéraire (argent), apports en industrie (travail, savoir-faire).
LE PARTAGE DES BÉNÉFICES ET DES PERTES	C'est la contrepartie des apports et de la finalité de la société, son but lucratif. Chaque associé a droit à des **dividendes**, c'est-à-dire une partie des bénéfices. Mais les associés s'engagent aussi à contribuer aux pertes.
L'AFFECTIO SOCIETATIS	Selon la jurisprudence, une société est un groupement dont les membres veulent « collaborer sur un pied d'égalité ». Il s'agit là d'un élément psychologique, se traduisant par la participation de chaque associé à la gestion (ex. : vote aux assemblées générales).

2.2. L'acquisition de la personnalité morale par la société

a) L'immatriculation au Registre du commerce et des sociétés (RCS)

Elle confère à la société sa personnalité morale. Une fois les démarches accomplies par l'intermédiaire d'un CFE, l'entreprise reçoit un numéro unique d'identification.

b) Les attributs de la personnalité morale

- La dénomination sociale : c'est le nom de la société.
- Le siège social : c'est le lieu du principal établissement de la société.
- La nationalité : est française la société dont le siège social se situe en France.
- Le patrimoine : il est distinct de celui des associés. La société peut développer son actif par les profits nés de son activité, par ses investissements ou ses acquisitions. De même, elle est amenée à emprunter, à effectuer des achats, etc. : les obligations qui en découlent forment le passif de son patrimoine. En principe, seul l'actif garantit le passif, indépendamment du patrimoine des associés.

2.3. Les éléments fondamentaux des principales sociétés

	NOMBRE D'ASSOCIÉS, CAPITAL MINIMUM	ÉLÉMENT DISTINCTIF	RESPONSABILITÉ DES ASSOCIÉS
LA SOCIÉTÉ DE PERSONNES (EX. : SOCIÉTÉ EN NOM COLLECTIF - SNC)	Au moins 2 associés, pas de capital minimum exigé.	Société caractérisée par la confiance que se font les associés : elle repose sur l'*intuitu personae* (confiance renforcée entre les personnes). Les associés détiennent des parts sociales, titres non librement cessibles : pour les vendre, il faut l'accord unanime des autres associés.	Ils répondent des pertes sociales sur leur patrimoine.
LA SOCIÉTÉ DE CAPITAUX (EX. : SOCIÉTÉ ANONYME - SA)	Au moins 2 associés, capital minimum de 37 000 €.	Société qui réunit des capitaux fournis par des associés qui ne sont liés par aucun *intuitu personae*. Les associés détiennent des actions, titres librement négociables : chaque associé quitte librement la société.	Ils ne sont pas commerçants. Leur responsabilité est limitée au montant de leurs apports.
LA SOCIÉTÉ DE TYPE MIXTE (EX. : SOCIÉTÉ À RESPONSABILITÉ LIMITÉE - SARL)	Entre 2 et 100 associés, pas de capital minimum exigé.	Société avec un certain *intuitu personae*, mais l'engagement personnel des associés est limité. Les associés détiennent des parts sociales, titres non librement cessibles : pour les vendre, sauf entre associés, il faut un accord de la majorité.	

2.4. Le cas de la société coopérative

a) Le principe coopératif

Les sociétés coopératives favorisent un fonctionnement démocratique et une redistribution équitable des bénéfices. Le personnel est associé tant au capital qu'à la prise de décision, sur la base du principe coopératif d'une voix par associé.

b) L'exemple de la SCOP

Une SCOP est une société coopérative de forme SA ou SARL dont les salariés sont les associés majoritaires. Le dirigeant est élu. Le partage du profit se veut équitable entre salariés, salariés-associés (dividendes) et l'entreprise (réserves).

3 Le partenariat entre entreprises : la franchise

La franchise est un contrat par lequel le franchiseur accepte de mettre à la disposition d'un franchisé – commerçant indépendant – sa marque, ses produits, ses procédés de fabrication ou son savoir-faire, moyennant un droit d'entrée et une redevance régulière.

Le franchiseur peut développer un réseau de vente sans investir massivement, tandis que le franchisé peut développer sa clientèle grâce à la notoriété de la marque.

EXEMPLE McDonald's, Midas.

OBLIGATIONS DU FRANCHISEUR	OBLIGATIONS DU FRANCHISÉ
– Délivrer un document d'information précontractuel 20 jours au moins avant la formation du contrat. – Respecter la clause d'exclusivité territoriale éventuellement accordée au franchisé.	– Acquitter les charges de la franchise. – Respecter les instructions du franchiseur sur les méthodes de vente. – Respecter l'obligation de discrétion et de non-divulgation du savoir-faire du franchiseur.

DROIT

mots clés

Auto-entreprise ◆ EIRL ◆ EURL ◆ Apports ◆ Dividendes ◆ *Affectio societatis* ◆ Société coopérative ◆ Franchise

S'entraîner au Bac
Exercices 6, 7 : p. 154-155

Exercice 1 voir Fiches Savoirs 1 et 2

La responsabilité civile, le dommage et sa réparation

Situation juridique

Jim et Jules sont deux jumeaux, âgés aujourd'hui de 17 ans. En vacances à la campagne chez leur oncle, ils ne manquent pas d'idées pour se distraire, leur comportement étant parfois à la limite du raisonnable, voire franchement irresponsable. Ainsi ont-ils décidé un après-midi de chaparder une poule à un voisin, et pour cela ils se sont introduits chez lui en fracturant le portail du poulailler. Leur forfait ne sera pas impuni, car le vacarme fait par les volatiles affolés a alerté le propriétaire qui, avec l'aide de deux ouvriers agricoles, les a maitrisés et les a mis à la disposition des gendarmes.

1. Qualifiez la responsabilité consécutive aux agissements de Jim et Jules au regard du trouble causé au voisin de leur oncle et du préjudice qu'il a subi.

2. Qui est responsable pénalement dans cette affaire ? Quelles sont les sanctions encourues ?

3. Précisez le problème posé par le fait que Jim et Jules soient en vacances chez leur oncle et apportez la réponse à ce problème en la justifiant grâce au cas de jurisprudence fourni en annexe.

Annexe 1 : Articles du Code pénal

Article 121-4. Est auteur de l'infraction la personne qui :

1° Commet les faits incriminés ;

2° Tente de commettre un crime ou, dans les cas prévus par la loi, un délit.

Article 121-5. La tentative est constituée dès lors que, manifestée par un commencement d'exécution, elle n'a été suspendue ou n'a manqué son effet qu'en raison de circonstances indépendantes de la volonté de son auteur.

Article 311-1. Le vol est la soustraction frauduleuse de la chose d'autrui.

Article 311-3. Le vol est puni de trois ans d'emprisonnement et de 45 000 euros d'amende.

Annexe 2 : La responsabilité des père et mère de l'enfant mineur

Au regard de la responsabilité civile des parents pour les dommages causés par leur enfant mineur, l'article 1384 alinéa 4 du Code civil précise : « Le père et la mère, en tant qu'ils exercent l'autorité parentale, sont solidairement responsables du dommage causé par leurs enfants mineurs habitant avec eux. »

La question peut se poser de la responsabilité d'une personne à qui l'enfant a été confié. Loin de faire une lecture stricte de la formule « habitant avec eux » du Code civil, la Cour de cassation a tranché dans une affaire où l'enfant avait causé un dommage alors qu'il avait été confié à ses grands-parents :

Arrêt de la Cour de cassation du 8 février 2005 (extrait)

[...] Vu l'article 1384, alinéa 4, du Code civil [aujourd'hui art. 1242, alinéa 4] ;

Attendu que, pour déclarer les demandeurs [les grands-parents de l'enfant] civilement responsables des conséquences dommageables d'un incendie volontairement allumé par Grégory, l'arrêt attaqué retient que l'enfant, âgé de treize ans au moment des faits, vivait depuis l'âge d'un an avec sa grand-mère, Marie-Thérèse Y..., et Charles X..., concubin puis mari de celle-ci ; que les juges ajoutent que les époux X... avaient ainsi, avec l'accord de ses parents, la charge d'organiser et de contrôler le mode de vie du mineur ;

Mais attendu qu'en statuant ainsi, alors que la circonstance que le mineur avait été confié, par ses parents, qui exerçaient l'autorité parentale, à sa grand-mère, n'avait pas fait cesser la cohabitation de l'enfant avec ceux-ci*, la cour d'appel a méconnu le sens et la portée du texte susvisé ; [...]

Par ces motifs,

CASSE et ANNULE l'arrêt

* Au plan juridique, l'éloignement de l'enfant placé chez sa grand-mère ne s'oppose pas à ce qu'il soit considéré comme habitant chez ses parents... où il est toujours domicilié.

FAIT ☐ REVU ☐

DROIT

Exercice 2 voir Fiches Savoirs 3 et 4

Le contrat et les conditions de travail

Situation juridique

Germain Véran est embauché par la société Martyl, grande surface de bricolage, pour remplacer Mme Bardet. Il signe le contrat ci-après (extraits).

> **Contrat de travail à durée déterminée**
>
> Entre les soussignés :
>
> – la société Martyl, 145 avenue Maréchal Foch, 26000 Montélimar, représentée par Mme Picard, Directrice des ressources humaines, d'une part,
>
> – et M. Germain Véran, demeurant 8 rue Molière, 26000 Montélimar, d'autre part,
>
> IL A ÉTÉ CONVENU CE QUI SUIT :
>
> **Art. 1** – La société Martyl engage M. Véran, pour une durée déterminée, en vue de répondre à la nécessité qui s'impose à l'entreprise de remplacer Mme Sophie Bardet, caissière, faisant valoir ses droits à congé-maternité.
>
> **Art. 2** – M. Véran exercera en qualité d'employé la tâche de caissier.
>
> **Art. 3** – Le présent contrat, qui prend effet au 1er décembre 2015, est conclu pour une période de quatre mois et prendra fin le 31 mars 2019.
>
> [...]
>
> **Art. 6** – Les conditions de travail de M. Véran seront régies par les dispositions de la convention collective nationale du commerce de grande distribution applicable à l'entreprise.
>
> **Art. 7** – La durée du travail est normalement fixée à 35 h hebdomadaires, conformément à la durée légale. [...]
>
> **Art. 10** – À la cessation du présent contrat au terme convenu, M. Véran percevra une indemnité de fin de contrat égale à 10 % de sa rémunération totale brute et une indemnité de congés payés, calculée selon les dispositions de la convention collective précitée.
>
> Fait en deux exemplaires
>
> À Montélimar, le 28 décembre 2018

1. Qualifiez précisément le contrat et les parties contractantes.

2. Le recours à ce type de contrat est-il libre pour l'employeur ? Pourquoi est-il licite ici ?

3. Ce contrat de travail pourrait-il être reconduit à son terme ? Dans quelle situation et à quelle condition ?

4. Quel est le régime juridique des heures éventuellement effectuées au-delà de 35 h/semaine ?

5. Quelle serait la situation juridique de Germain Véran s'il était maintenu à son poste après le 31 mars 2016 sans un nouveau contrat écrit ?

> **Annexe 1 : Articles du Code du travail**
>
> **Article L. 1221-1.** Le contrat de travail est soumis aux règles du droit commun. Il peut être établi selon les formes que les parties contractantes décident d'adopter.
>
> **Article L. 1242-1.** Un contrat de travail à durée déterminée, quel que soit son motif, ne peut avoir ni pour objet ni pour effet de pourvoir durablement un emploi lié à l'activité normale et permanente de l'entreprise.
>
> **Article L. 1242-2.** [...] Un contrat de travail à durée déterminée ne peut être conclu que pour l'exécution d'une tâche précise et temporaire, et seulement dans les cas suivants :
>
> 1° Remplacement d'un salarié en cas :
>
> a) d'absence ; [...]
>
> c) de suspension de son contrat de travail ; [...]
>
> 2° Accroissement temporaire de l'activité de l'entreprise ;
>
> 3° Emplois à caractère saisonnier [...] ;
>
> 4° Remplacement d'un chef d'entreprise [...] ;
>
> 5° Remplacement du chef d'une exploitation agricole [...].
>
> **Article L. 1242-12.** Le contrat de travail à durée déterminée est établi par écrit et comporte la définition précise de son motif. À défaut, il est réputé conclu pour une durée indéterminée [...].

> **Annexe 2 : Les heures supplémentaires**
>
> Une heure supplémentaire est une heure de travail effectuée par le salarié, à la demande de l'employeur, au-delà de la durée légale. [...]
>
> **Rémunération.** Les heures supplémentaires sont rémunérées, sauf si un accord prévoit le remplacement de tout ou partie de la rémunération par un repos compensateur. Les heures supplémentaires ouvrent droit à une majora-

tion de salaire, dans les conditions suivantes :

– **25 %** de majoration pour les 8 premières heures (de la 36e à la 43e heure),

– **50 %** pour les heures suivantes.

Un taux de majoration différent, d'au moins **10 %**, peut être prévu par convention ou accord collectif.

vosdroits.service-public.fr

FAIT ☐ REVU ☐

Exercice 3 voir Fiche Savoir 6

La rupture du CDI

Étude d'un cas de jurisprudence

La Cour de cassation, chambre sociale, a rendu l'arrêt ci-après le 8 octobre 2014 (extrait) :

Vu les articles L. 1331-1, L. 1235-3, L. 1234-1, L. 1234-5 et L. 1234-9 du Code du travail ;

Attendu, selon l'arrêt [de la cour d'appel] attaqué [par le pourvoi en cassation] que M. X... engagé le 1er mai 1996 par la société d'assurance Generali IARD vie [...] a été convié à un voyage organisé du 7 au 10 mai 2009 par la société afin de récompenser les salariés lauréats d'un concours interne à l'entreprise ; qu'à la suite d'incidents survenus à l'occasion de ce séjour, il a été rapatrié le 8 mai et licencié pour faute grave par lettre du 9 juin 2009 ;

Attendu que pour dire le licenciement dépourvu de cause réelle et sérieuse, l'arrêt [de la cour d'appel] retient que les faits reprochés au salarié, commis à l'occasion d'un séjour d'agrément en dehors du temps et du lieu de travail, relevaient de la vie privée quand bien même des supérieurs hiérarchiques et d'autres salariés étaient conviés à participer à ce séjour [...] et qu'aucun manquement de l'intéressé à une obligation contractuelle n'était établi ;

Qu'en statuant ainsi, alors que les faits de menaces, insultes et comportements agressifs commis à l'occasion d'un séjour organisé par l'employeur dans le but de récompenser les salariés lauréats d'un « challenge » national interne à l'entreprise et à l'égard des collègues ou supérieurs hiérarchiques du salarié, se rattachaient à la vie de l'entreprise, la cour d'appel a violé les textes susvisés ;

PAR CES MOTIFS : CASSE ET ANNULE [...]

1. Qualifiez les parties en présence et les faits.

2. Identifiez le problème juridique.

3. Quel est le sens de l'arrêt de la cour d'appel à l'origine du pourvoi en cassation ?

4. Quel est le sens de l'arrêt de la Cour de cassation ? Quelle règle de droit pose-t-il en matière de droit du licenciement pour faute ?

FAIT ☐ REVU ☐

Exercice 4 voir Fiche Savoir 7

La liberté du commerce et la concurrence loyale

Situation juridique

M. Robin rêve de créer sa propre entreprise. Il envisage d'installer un commerce de vente d'ordinateurs et de produits informatiques. Le local dont il dispose se situe à proximité d'un magasin écoulant justement ce type de produits sous l'enseigne « Infomag ». Par ailleurs, M. Robin choisit comme enseigne le vocable « Infomagasin ».

1. Le choix du lieu de création du commerce retenu par M. Robin pose-t-il un problème au regard de son futur concurrent ? Justifiez votre réponse.

2. Aidez-vous du cas de jurisprudence rapporté en annexe 2 pour :

a) formuler le problème juridique posé par le choix de l'enseigne fait par M. Robin ;

b) indiquer la solution à ce problème et les sanctions encourues par M. Robin.

Annexe 1 : Le principe de la liberté du commerce

Depuis des textes de 1791 (décrets d'Allarde, loi Le Chapelier), la liberté du commerce et de l'industrie a été affirmée comme une règle majeure de l'organisation de notre société et de notre vie économique. Le droit consacre en effet les libertés économiques pour l'entreprise qui s'ajoutent au socle fondamental constitué par la liberté contractuelle et le droit de propriété. Le libre accès à l'activité commerciale est un principe constitutionnel dont la portée est double. Il signifie d'abord que tout commerce est autorisé, ensuite que le commerce est autorisé à toute personne.

Annexe 2 : Jurisprudence

[...] Attendu [...] qu'ayant constaté que le nom de domaine utilisé par la société X est un vocable imitant l'enseigne et le nom commercial de la société Y, et que le peu de différences existant entre les deux dénominations engendre la confusion dans l'esprit d'un client d'attention moyenne, la cour d'appel, qui a retenu que l'utilisation d'un nom commercial dans un nom de domaine, qui porte atteinte à la fonction d'identification ou de publicité du nom commercial antérieurement utilisé par un concurrent exerçant dans un même secteur d'activité et sur une même zone géographique, constitue un acte de concurrence déloyale, a statué à bon droit [...].

Arrêt de la chambre commerciale de la Cour de cassation, 7 juillet 2004 (extrait)

FAIT ☐ REVU ☐

Exercice 5 voir Fiche Savoir 8

Le droit de la concurrence

Situation juridique

L'Autorité de la concurrence a publié le 12 mars 2015 une décision par laquelle elle condamne les producteurs Yoplait, Senagral (Senoble), Lactalis, Novandie (groupe Andros), Les Maîtres Laitiers du Cotentin, Laïta, Alsace Lait, Laiterie de Saint-Malo, Yeo Frais (groupe 3A) et Laiteries H. Triballat (Rians).

Il a été établi l'existence, depuis 2006, de pratiques consistant en des réunions et des échanges téléphoniques nombreux entre entreprises concurrentes qui ont été le support de pratiques concertées ou d'accords portant sur les prix et des répartitions de volumes dans le secteur des produits laitiers.

Les entreprises ont été condamnées à des amendes d'un montant total de 192,7 millions d'euros.

1. Qualifiez les faits reprochés aux producteurs laitiers.

2. Quelle est l'autorité compétente pour sanctionner ces faits ?

3. Quelle est la condamnation prononcée ? Quelle autre sanction n'est pas citée ici ?

4. Qu'est-ce qui justifie de sanctionner ce type de pratiques entre entreprises ?

Annexe : Code de commerce (extrait)

Article L. 420-1. Sont prohibées [...], lorsqu'elles ont pour objet ou peuvent avoir pour effet d'empêcher, de restreindre ou de fausser le jeu de la concurrence sur un marché, les actions concertées, conventions, ententes expresses ou tacites ou coalitions, notamment lorsqu'elles tendent à :

1° Limiter l'accès au marché ou le libre exercice de la concurrence par d'autres entreprises ;

2° Faire obstacle à la fixation des prix par le libre jeu du marché en favorisant artificiellement leur hausse ou leur baisse ;

3° Limiter ou contrôler la production, les débouchés, les investissements ou le progrès technique ;

4° Répartir les marchés ou les sources d'approvisionnement.

FAIT ☐ REVU ☐

Exercice 6 voir Fiche Savoir 9

Les différentes formes d'entreprises

Situation juridique

Mme Dahan vient d'être licenciée. Elle décide de s'établir à son compte en ouvrant une jardinerie. Elle exclut toute société pluripersonnelle, car elle n'envisage pas de partager la direction de son entreprise avec d'autres personnes. Outre son épargne personnelle (40 000 euros sur un compte bancaire), elle possède un appartement où elle est domiciliée. Mme Dahan connaît les risques liés à la vie des affaires et elle ne voudrait pas mettre en péril tout son patrimoine.

En relevant les motivations de Mme Dahan et sa situation de fortune, dites quelles formes juridiques d'entreprises peuvent lui convenir. Vous ferez ressortir, pour chacune d'elles, les conditions de sa création et ses spécificités concernant la responsabilité de l'entrepreneur.

Annexe 1 : Le régime de la micro-entreprise

Cette forme simplifiée d'entreprise individuelle permet d'exercer une activité commerciale, artisanale ou libérale en bénéficiant d'avantages fiscaux et sociaux. Le micro-entrepreneur reste un entrepreneur individuel, responsable sur son patrimoine. L'auto-entreprise peut servir de cadre juridique à toute activité indépendante dont le chiffre d'affaires n'excède pas 170 000 euros pour une activité de vente (de marchandises, d'objets, d'aliments à emporter ou à consommer sur place), ou de fourniture de logement, ni 70 000 euros pour une autre activité de services ou une activité libérale.

Annexe 2 : L'entreprise individuelle à responsabilité limitée (EIRL)

Dans ce type d'entreprise, l'artisan, le commerçant, l'agriculteur ou le professionnel libéral (architecte, avocat, etc.) choisissent de destiner une partie de leur patrimoine à leur activité, en préservant les autres biens des poursuites des créanciers professionnels en cas de difficulté. À la différence de l'EURL, qui est une société à associé unique, l'EIRL est une entreprise individuelle, très facilement créée : il suffit à l'entrepreneur de déclarer au registre le concernant (registre du commerce et des sociétés, répertoire des métiers par exemple) la liste des biens qu'il envisage d'affecter à son activité. En cas de « faillite », les autres éléments du patrimoine sont ainsi préservés.

Annexe 3 : L'entreprise unipersonnelle à responsabilité limitée (EURL)

L'EURL est une SARL constituée d'un seul associé.

Elle est donc soumise aux mêmes règles qu'une SARL classique, exception faite toutefois des aménagements rendus nécessaires par la présence d'un unique associé.

Engagement financier : le montant du capital social est librement fixé par l'associé en fonction de la taille de l'activité et des besoins en capitaux de la société. [...] Les apports peuvent être réalisés en numéraire ou en nature. [...]

Responsabilité : la responsabilité de l'associé unique est limitée à ses apports.

www.apce.com

Annexe 4 : L'insaisissabilité des biens fonciers

Pour éviter de perdre l'ensemble des biens de son patrimoine en cas de disparition de son entreprise, l'entrepreneur individuel peut faire une déclaration d'insaisissabilité de ses immeubles (non affectés à l'exploitation professionnelle), au bureau de la publicité foncière, avec transcription de cette mesure au registre du commerce et des sociétés (s'il est commerçant) ou au répertoire des métiers (s'il est artisan).

FAIT ☐ REVU ☐

Exercice 7 voir Fiche Savoirs 1 à 9

QCM

Cochez la ou les bonnes réponses :

1. Le fondement de la responsabilité du fait des choses est basé sur :

a) La faute du gardien. ☐

b) Le simple fait que l'on a la chose en garde. ☐

2. Les situations de dommages non indemnisés par l'assurance sont prises en charge par :

a) Des fonds de dépôt. ☐

b) Des fonds de garantie. ☐

c) Des fonds d'assurance. ☐

3. On distingue le contrat de travail des autres contrats par :

a) La volonté des parties de contracter entre elles. ☐

b) L'existence du lien de subordination entre employeur et salarié. ☐

c) L'existence d'une clause de mobilité. ☐

4. La grève se caractérise par :

a) Une cessation individuelle du travail. ☐

b) Une cessation collective et concertée du travail. ☐

c) Des revendications professionnelles. ☐

5. La concurrence déloyale constitue un délit pénal.

a) Vrai. ☐ b) Faux. ☐

6. Toutes les ententes passées entre les entreprises sont illicites.

a) Vrai. ☐ b) Faux. ☐

7. L'auto-entreprise est :

a) Un type d'entreprise individuelle. ☐

b) Une société à associé unique. ☐

Exercice 1

La responsabilité civile, le dommage et sa réparation

1. La responsabilité mise en jeu est ici la responsabilité civile délictuelle. En effet, il y a un fait générateur non contractuel (les agissements des jumeaux Jules et Jim), un préjudice subi (la détérioration du portail du poulailler) et un lien de causalité (rapport de cause à effet entre les actes des garçons et les dégâts occasionnés).
On peut donc penser à une mise en cause des auteurs des faits. Cependant, le fait qu'ils soient mineurs amène à analyser le fait générateur comme un fait d'autrui : on est en présence d'un cas de responsabilité civile délictuelle des père et mère pour les faits de leurs enfants mineurs.
Le préjudice matériel subi par l'agriculteur devra être réparé par des dommages-intérêts.

2. La responsabilité pénale est d'une autre nature que la responsabilité civile : elle se traduit par une sanction infligée à l'auteur d'un trouble social. Il n'existe pas de responsabilité pénale pour autrui, et le droit dissocie la peine encourue des dommages-intérêts éventuellement alloués à la victime.
Jim et Jules sont donc les personnes responsables au plan pénal si une infraction peut être relevée, ou même une tentative d'infraction. C'est bien le cas ici, les faits constituant bien une tentative de vol : leur intention était de dérober une poule et le début d'exécution du forfait a été interrompu par un événement extérieur à leur volonté. Jim et Jules encourent donc une amende (jusqu'à 45 000 euros) et une peine d'emprisonnement (jusqu'à 3 ans).

3. Le problème posé par les faits est, pour ce qui concerne la responsabilité civile, celui de la garde des enfants mineurs. En effet, la lecture de l'article 1240 alinéa 4 du Code civil peut faire penser qu'une condition existe pour que les père et mère soient responsables des faits de leurs enfants mineurs : que ces derniers habitent sous leur toit. Or, la consultation du cas de jurisprudence nous apprend que, pour la Cour de cassation, cette formule doit s'entendre comme synonyme de garde juridique des enfants ou de domiciliation légale, quand bien même les enfants ne vivent pas concrètement chez leurs parents.
De plus, la loi ne prévoit pas la responsabilité d'un autre parent que les père et mère. On peut donc conclure que l'oncle de Jim et Jules ne sera pas mis en cause et que seuls les parents des enfants seront obligés d'assumer les conséquences financières du dommage causé au voisin.

Exercice 2

Le contrat et les conditions de travail

1. Il s'agit ici d'un contrat de travail à durée déterminée (CDD), conclu entre la société Martyl, personne morale (employeur) et Germain Véran (salarié).

2. La loi interdit de recourir au CDD pour pourvoir un emploi permanent. Ce type de contrat précaire ne peut être utilisé que dans les cas précisément prévus par la loi.
Ici la société Martyl a besoin de remplacer une salariée absente pour cause de congé-maternité. C'est bien une hypothèse de recours admis au CDD.

3. Il n'est pas interdit de recourir à des CDD successifs, dès lors que l'employeur peut justifier que le nouveau CDD est nécessité par un des cas de recours prévu par la loi. Ici, on pourrait imaginer qu'après son congé-maternité, la caissière remplacée décide de prendre un congé parental ou qu'elle se retrouve en congé-maladie. Il serait également possible que Germain Véran se voit proposer un nouveau CDD pour remplacer un autre salarié absent ou pour faire face à un surcroît exceptionnel d'activité, par exemple.

4. Les heures de travail effectuées au-delà de la duré légale hebdomadaire du travail (35 h) constituent des heures supplémentaires, soumises à un régime juridique spécifique.
C'est au chef d'entreprise qu'il revient de décider de recourir à ces heures ou non. Toutefois, les salariés bénéficient d'avantages spécifiques pour compenser l'allongement de leur semaine de travail. Ainsi, la loi précise que la rémunération doit être majorée. La règle, quant au montant de ce supplément de salaire, est qu'il appartient à un accord collectif de le définir (par exemple accord d'entreprise) sans que la majoration ne soit inférieure à 10 %.
À défaut de dispositions conventionnelles, la loi détermine le taux de rémunération des heures supplémentaires : de la 36e à la 43e par semaine (les huit premières), elles sont payées avec une majoration de 25 %. Au-delà, les heures supplémentaires bénéficient d'une majoration de 50 %.

5. Le Code du travail précise que la forme du contrat de travail à durée indéterminée (CDI) est libre. Il ajoute que le CDD doit impérativement être écrit et qu'à défaut le contrat est un CDI. Si Germain Véran est maintenu à son poste au-delà du terme du CDD, sa relation juridique avec la société Martyl est bien un contrat de travail, puisqu'il lui est toujours subordonné. Mais la nature de son contrat est déterminée par la loi : c'est un CDI. Au plan pratique, cette qualification juridique a une grande importance : si l'employeur (ou le salarié) veut mettre un terme à ce nouveau contrat, il doit respecter les règles du licenciement (ou de la démission).

Exercice 3

La rupture du CDI

1. Le demandeur au pourvoi est la société d'assurance Generali IARD vie, ancien employeur du défendeur M. X...
Le conflit qui les oppose dans cette affaire a pour origine le licenciement de M. X... Celui-ci, lors d'un voyage à l'étranger offert aux salariés méritants, a eu une altercation et un comportement agressifs à l'égard de certains collègues. Son employeur a vu dans cette attitude une faute grave justifiant son licenciement.

2. Le problème qui se pose est de savoir si des faits commis par un salarié en dehors du lieu de travail et des horaires de travail peuvent constituer une faute justifiant un licenciement disciplinaire.

3. La cour d'appel, en accueillant favorablement la prétention du salarié, a considéré que le licenciement prononcé à son encontre était sans cause réelle et sérieuse. Elle estime que le comportement reproché à M. X... relève de sa vie privée, puisqu'il s'est manifesté « à l'occasion d'un séjour d'agrément en dehors du temps et du lieu de travail ». Donc, pour les juges du fond, l'employeur peut sanctionner les fautes du salarié seulement lorsqu'il s'agit de fautes professionnelles, ou, tout au moins, commises à l'occasion de la prestation de travail.
C'est cette position qui explique le pourvoi de l'employeur.

4. En cassant l'arrêt de rendu par la cour d'appel, la Cour de cassation apporte une solution juridique différente. Elle estime que les juges du fond ont mal appliqué le droit, car ils auraient dû retenir la faute du salarié et valider son licenciement car les faits, bien que s'étant produits en voyage d'agrément, pouvaient se rattacher à la vie de l'entreprise.
D'après cet arrêt, l'employeur est en droit de sanctionner un salarié non seulement lorsqu'il commet une faute dans le temps et le lieu du travail, mais éventuellement à l'extérieur, à condition toutefois que ces faits puissent se rattacher à l'entreprise, par exemple soit en portant atteinte à son bon fonctionnement soit en dégradant son image.

Exercice 4

La liberté du commerce et la concurrence loyale

1. La création du commerce envisagée par M. Robin.

– Le problème juridique : quelles sont les conditions pour ouvrir un commerce ?
– Les règles de droit : d'abord, la liberté du commerce et de l'industrie autorise l'établissement de toute personne en tant que commerçant, dès lors qu'elle n'est pas visée par une restriction légale la concernant (incapacité, déchéance, etc.) ou touchant à l'activité (commerce illicite, contrôlé) ; ensuite, la liberté du commerce se traduit par la liberté d'exercer et de concurrencer, c'est-à-dire, en particulier, la possibilité de choisir le lieu de son entreprise et la possibilité d'affronter un concurrent « sur son terrain », tant géographique que professionnel.
– Dans la situation étudiée : M. Robin, qui ne semble concerné par aucun empêchement personnel, envisage un commerce dont l'exercice est libre. Il souhaite s'établir dans la même rue qu'un concurrent : ce n'est pas un acte de concurrence déloyale. Il peut donc mener à bien son projet.

2. Le choix de l'enseigne.

a) Le problème juridique posé : comme tout élément d'identification d'une entreprise, l'enseigne est protégée contre les usurpations qui pourraient semer la confusion dans l'esprit de la clientèle. On peut se demander si l'exploitation d'une enseigne proche de celle d'un concurrent est un acte de concurrence déloyale.

b) La règle de droit selon la jurisprudence : en cas d'exploitation d'une enseigne ressemblant à l'enseigne d'un concurrent, dont l'activité est iden-

tique dans un même secteur géographique, la concurrence déloyale doit être retenue si la ressemblance est susceptible de tromper un client potentiel d'attention moyenne.
Dans l'affaire évoquée, nul ne peut douter que la justice verrait dans le choix de M. Robin un acte de concurrence déloyale. « Infomagasin » est vraiment proche d'« Infomag ».
Les sanctions encourues : l'obligation de changer d'enseigne et des dommages-intérêts pour réparer le trouble subi par son concurrent.

Exercice 5

Le droit de la concurrence

1. Au cours de réunions et par téléphone, les producteurs laitiers mis en cause se sont mis d'accord sur les prix pratiqués et se sont répartis les volumes de production. Il s'agit là de pratiques anticoncurrentielles réprimées par l'article L. 420-1 du Code de commerce, qui interdit précisément les ententes illicites.

2. C'est l'Autorité de la concurrence qui a compétence pour poursuivre et sanctionner ces faits.

3. La condamnation prononcée est une importante amende (de presque 200 millions d'euros) répartie entre les différentes entreprises.
Une autre condamnation est évidente, même si elle n'est pas rappelée ici : l'entente doit cesser si les réunions et échanges sur les points litigieux n'ont pas encore été abandonnés.

4. Les ententes illicites empêchent que le marché produise ses effets bénéfiques pour les clients des entreprises. Les sanctionner vise donc à la fois à protéger l'équilibre concurrentiel avec les concurrents et à défendre les intérêts de consommateurs.

Exercice 6

Les différentes formes d'entreprises

La forme juridique d'entreprise conseillée à Mme Dahan.
– Le problème de droit est celui du choix de la forme juridique d'entreprise au regard des motivations du créateur et de sa situation personnelle.
– Les règles juridiques : le choix du statut de l'entreprise se fait d'abord en fonction d'une alternative : si le créateur veut garder le contrôle total de l'entreprise, il faut opter pour une entreprise individuelle, ou une société unipersonnelle. Ensuite, il faut envisager les risques que le créateur est prêt à assumer : s'il ne craint pas de mettre en péril son patrimoine, il peut opter pour l'entreprise individuelle classique ; en revanche, s'il veut limiter sa responsabilité patrimoniale, il doit opter pour l'entreprise individuelle avec le bénéfice de l'insaisissabilité de son appartement par les créanciers professionnels, ou pour l'EIRL, voire l'EURL.
– En l'espèce : Mme Dahan veut contrôler son affaire ; elle doit donc choisir entre l'entreprise individuelle, l'EIRL ou l'EURL. Dans le premier cas, elle peut opter pour la forme de micro-entreprise tant que son chiffre d'affaires est modeste (inférieur à 170 000 euros par an). Si elle choisit l'EIRL, il ne faut pas inclure son appartement dans le patrimoine affecté, et si elle retient la forme juridique d'EURL, elle ne devra pas faire d'apport en nature avec cet appartement.

Exercice 7

QCM

1. ⇒ **b)** Le simple fait que l'on a la chose en garde.

2. ⇒ **b)** Des fonds de garantie.

3. ⇒ **b)** L'existence du lien de subordination entre employeur et salarié.

4. ⇒ **b)** Une cessation collective et concertée du travail.
⇒ **c)** Des revendications professionnelles.

5. ⇒ **b)** Faux.

6. ⇒ **b)** Faux.

7. ⇒ **a)** Un type d'entreprise individuelle.

Savoir

1

LU ☐
SU ☐
REVU ☐

Les acteurs de l'organisation

Chaque organisation étant composée d'acteurs différents, comment le management peut-il concilier leurs attentes en vue de les faire participer ensemble à l'objectif commun de performance ?

1 Les sources du pouvoir de direction

Si, dans les petites entreprises, le dirigeant est très souvent l'unique propriétaire, dans la plupart des organisations, il est nommé par une instance collégiale.

LES ENTREPRISES	Le dirigeant de l'entreprise fait partie des propriétaires et est choisi lors d'un vote réalisé en assemblée générale. Dans les sociétés plus importantes, il peut être une personne salariée qui ne fait pas nécessairement partie des propriétaires.
LES COLLECTIVITÉS TERRITORIALES	Ce sont les conseillers qui élisent le dirigeant lors du premier conseil qui suit les élections.
LES ADMINISTRATIONS PUBLIQUES	Au niveau national, le dirigeant d'une grande administration publique est nommé en conseil des ministres.
LES ASSOCIATIONS	Il est choisi par les adhérents lors d'une assemblée générale.

2 Les styles de direction

LE MANAGEMENT AUTORITAIRE	Le manager dirige ses subordonnés de manière autoritaire en utilisant la menace de la sanction. Le pouvoir est centralisé, les salariés ne font qu'exécuter les décisions.
LE MANAGEMENT PATERNALISTE	Le pouvoir est concentré entre les mains du dirigeant, qui est très souvent le créateur de l'organisation. Ce dernier entretient des liens affectifs forts avec ses salariés. Il utilise un système de sanctions etde récompenses qui peut parfois sembler arbitraire.
LE MANAGEMENT CONSULTATIF	Le dirigeant sollicite ses subordonnés pour obtenir leur avis avant de prendre une décision. Ce système permet d'impliquer les salariés dans la vie de l'organisation.
LE MANAGEMENT PARTICIPATIF	La participation de tous les membres de l'organisation est favorisée. Ce style est adapté à des organisations souples qui doivent être réactives et prendre des décisions rapides.

Les styles de direction résultent d'une combinaison de la personnalité du dirigeant et des composantes propres à l'organisation. Selon les circonstances, le dirigeant peut adopter des styles différents. Ainsi, confronté à une situation d'urgence, il devra être autoritaire pour accélérer la prise de décision. Face à des créatifs, il devra être participatif pour permettre l'émergence des idées.

3 La diversité des acteurs et leurs attentes

3.1. Les acteurs au sein des entreprises

LES PROPRIÉTAIRES	Les propriétaires de l'entreprise (appelés « actionnaires » dans les sociétés) apportent à la firme les capitaux qui lui permettent de fonctionner. Ils souhaitent qu'une part des bénéfices leur soit attribuée.
LES SALARIÉS	Les salariés attendent de l'entreprise une sécurité de l'emploi et qu'elle leur verse un salaire décent leur permettant de satisfaire leurs besoins. Au sein des salariés, on distingue différents statuts (cadre, employé, ouvrier).
LES REPRÉSENTANTS DU PERSONNEL	Dans les entreprises de plus de 11 salariés, ou comité social et économique (CSE) est restitué afin de représenter les salariés. Dans les entreprises d'au moins 50 salariés, les syndicats peuvent désigner des délégués syndicaux. Ces représentants du personnel ont pour objectif de défendre les intérêts des salariés auprès de l'employeur.

3.2. Les acteurs au sein des administrations publiques

LES FONCTIONNAIRES	Titulaires d'un poste au sein d'une administration, les fonctionnaires attendent de leur employeur un salaire décent et une bonne gestion de leur carrière.

3.3. Les acteurs au sein des associations

LES BÉNÉVOLES	Les bénévoles consacrent gratuitement une partie de leur temps libre à l'association. Ils attendent que leur engagement soit une source de fierté et d'épanouissement personnel.
LES ADHÉRENTS	Les adhérents attendent que l'association leur fournisse la prestation pour laquelle ils ont adhéré.

3.4. Des acteurs aux intérêts divergents

Au sein d'une même organisation, les intérêts des acteurs sont souvent différents.

EXEMPLE

Dans une entreprise, les salariés et les actionnaires ont des intérêts contradictoires.

Ces divergences sont à l'origine de tensions et de conflits qui peuvent nuire à l'efficacité de l'organisation et à son image de marque. Le manager doit mettre en place les moyens qui vont prendre en compte les intérêts des différents acteurs et les concilier avec ceux de l'organisation.

mots clés

Dirigeant ◆ Style de direction ◆ Propriétaire ◆ Actionnaire ◆ Salarié ◆ Cadre ◆ Employé ◆ Ouvrier ◆ Délégué du personnel ◆ Délégué syndical ◆ Fonctionnaire ◆ Bénévole ◆ Associé ◆ Adhérent

S'entraîner au Bac
Exercices 1, 2 : p. 175

Savoir 2

Le management des emplois et des compétences

LU ☐
SU ☐
REVU ☐

L'organisation doit adapter ses ressources humaines à sa stratégie. Cette adaptation est à la fois quantitative et qualitative.

1 La gestion prévisionnelle de l'emploi et des compétences

1.1. Définition

La gestion prévisionnelle de l'emploi et des compétences (GPEC) est un outil d'adaptation des ressources humaines aux besoins de l'organisation.

1.2. Les étapes de la GPEC

La GPEC suit un processus en plusieurs étapes :

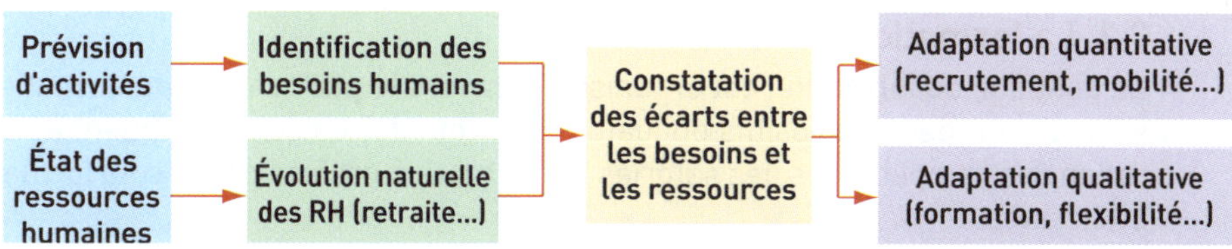

L'adaptation des besoins et des ressources peut être réalisée :

- sur le marché interne. Elle s'appuie sur les emplois et les compétences disponibles dans l'organisation ;
- sur le marché externe. Il s'agit principalement du recrutement extérieur.

2 L'adaptation quantitative de l'emploi et des compétences

En fonction de ses besoins, l'organisation recherche des solutions qui lui permettront de gagner en flexibilité.

2.1. L'adaptation quantitative interne

L'organisation doit, dans un premier temps, s'appuyer sur ses ressources existantes. Elle va alors proposer différentes solutions :

- la mobilité géographique (changement de région) ;
- la mobilité fonctionnelle (changement d'emploi) ;
- la promotion (passage à un niveau hiérarchique supérieur) ;
- les heures supplémentaires.

2.2. L'adaptation quantitative externe

L'organisation peut aussi embaucher des personnes extérieures. La relation entre le salarié et l'employeur est nouée par un contrat de travail.

Différents statuts d'emploi sont possibles :

- **Augmentation durable et pérenne de l'activité**
  - Contrat à durée indéterminée (CDI)
  - Ouverture de places au concours (fonction publique)
- **Augmentation brève et incertaine de l'activité**
  - Contrat à durée déterminée (CDD)
  - Contrat de travail temporaire (CTT)
  - Recours à des vacataires (fonction publique)

EXEMPLE En raison d'une activité saisonnière, le gérant d'un hôtel situé dans une station de ski recrute des CDD.

3 L'adaptation qualitative de l'emploi et des compétences

3.1. La formation

La politique de formation est organisée à travers le plan annuel de formation. Elle s'appuie sur deux dispositifs obligatoires et volontaires qui contribuent à l'amélioration des compétences des salariés : la formation professionnelle, la formation en alternance.

La formation vise à :
- adapter les compétences des salariés aux nouveaux besoins ;
- améliorer les compétences existantes des salariés ;
- faciliter la reconversion des salariés quand ils exercent des activités en déclin.

3.2. Les enjeux de la formation

Si, sur le plan légal, la formation est une obligation, elle constitue avant tout un investissement. La formation va apporter à l'organisation davantage de flexibilité et de polyvalence pour ses salariés. Ils gagneront en efficacité et seront plus motivés. La formation permet à l'organisation de s'adapter aux changements rapides de technologies.

4 La responsabilité sociale de l'organisation

La responsabilité sociale de l'organisation recouvre les dispositifs de gestion de l'emploi qui améliorent les conditions de travail, luttent contre les discriminations et favorisent l'intégration des personnes handicapées. Elle s'inscrit dans un cadre plus large qui est celui de la responsabilité sociétale de l'organisation. C'est cette responsabilité qui doit guider les choix des dirigeants en matière de gestion des ressources humaines.

EXEMPLE Pour une entreprise, la nécessité d'investir doit la conduire à rechercher un équipement qui, d'une part, accroît le rendement et, d'autre part, améliore le confort des salariés utilisateurs. Ce double critère relève d'une démarche socialement responsable.

mots clés

Gestion prévisionnelle de l'emploi et des compétences ◆ Marché interne ◆ Marché externe ◆ Flexibilité ◆ Statut d'emploi ◆ Politique de formation ◆ Polyvalence ◆ Responsabilité sociale

S'entraîner au Bac
Exercices 3, 4 : p. 175-176

Savoir 3

La motivation des hommes au travail

LU ☐
SU ☐
REVU ☐

Si la rémunération peut apparaître comme la première source de motivation des hommes au travail, d'autres facteurs existent néanmoins.

1 La politique de rémunération

1.1. Les enjeux

La rémunération est la contrepartie du travail fourni par la personne liée à l'employeur par un contrat de travail. Si elle représente un revenu pour le salarié, elle constitue à l'inverse un coût pour l'organisation.
La rémunération représente un enjeu pour l'organisation. Elle permet :
- de mobiliser et de motiver les hommes ;
- de fidéliser le personnel.

1.2. Les contraintes

La politique de rémunération doit respecter différentes contraintes :

La cohésion sociale
- Égalité entre personnes de même statut
- Égalité homme/femme
- Égalité de progression salariale
- Maintien de la cohésion sociale

Le respect des lois et des conventions collectives
- Respect des contraintes réglementaires (lois) et conventionnelles (conventions collectives)
- Respect des pratiques professionnelles

La politique de rémunération

La maîtrise des coûts
La masse monétaire est un coût qu'il faut maîtriser.

L'évolution dans le temps
- Promotion
- Ancienneté...

1.3. Les formes et les modes de rémunération

La rémunération peut prendre différentes formes :
- le salaire conventionnel (entreprise ou association) ou le traitement (administration) ;
- les avantages en nature ;
- les heures supplémentaires ;
- les primes (d'ancienneté, de rendement, de fin d'année...) ;
- l'intéressement aux bénéfices et la participation ;
- les éléments périphériques de rémunération : mutuelle, tickets-restaurants, véhicule de fonction.

En fonction de la politique appliquée dans l'organisation, la rémunération oscille entre deux modalités principales.

La rémunération au statut	La rémunération au résultat
C'est le statut qui détermine la rémunération. Ce principe prévaut dans les organisations publiques.	C'est la performance individuelle – ou celle d'un groupe réduit – qui détermine la rémunération. On parle alors d'individualisation de la rémunération.

2 Les autres facteurs de motivation

2.1. Les facteurs psychologiques de motivation

En dehors de la rémunération, une personne peut être motivée par des facteurs plus psychologiques. On distingue :

• des facteurs de motivation individuels :

La reconnaissance du travail	Les perspectives de promotion
La formation	L'enrichissement des tâches

• et des facteurs de motivation plus collectifs :

La qualité de communication	Le climat social	La culture de l'organisation

2.2. La culture

La culture de l'organisation est un ensemble cohérent de valeurs et d'attitudes communes à toutes les personnes dans leur contexte de travail.
Elle permet de créer les conditions favorables à l'implication des personnes dans l'organisation en leur offrant des valeurs communes à partager. Elle contribue au développement du sentiment d'appartenance à l'organisation.

EXEMPLE Les salariés de Google partagent des valeurs de convivialité et de créativité, ce qui contribue à créer une communauté de travail efficace.

La culture est un outil de conciliation des parties prenantes en cas de tensions sociales. Elle permet la réconciliation autour des valeurs communes.

3 La démotivation et le stress

En l'absence de facteurs de motivation ou en raison des pratiques managériales mises en place, les personnes peuvent être démotivées ou stressées par le travail.
Le stress au travail se définit comme une réponse de l'organisme à une agression physique ou psychologique. Il se traduit par des tensions, des angoisses qui perturbent l'activité professionnelle, et entraîne des dysfonctionnements importants dans l'organisation.

EXEMPLE La pression continuelle sur des vendeurs pour accroître leur chiffre de ventes est une situation stressante qui peut conduire les plus fragiles vers des états dépressifs.

mots clés

Rémunération ◆ Politique de rémunération ◆ Individualisation de la rémuneration ◆ Facteurs de motivation ◆ Culture de l'organisation ◆ Stress au travail

S'entraîner au Bac
Exercices 5, 6 : p. 176

Savoir 4

Les orientations stratégiques des organisations

LU ☐
SU ☐
REVU ☐

Les organisations doivent élaborer des stratégies en cohérence avec leur finalité et leur environnement. Elles s'appuient pour cela sur des objectifs et des décisions qui engagent leur avenir.

1 La stratégie globale

1.1. Définitions

Une stratégie est un ensemble de décisions prises par une organisation afin d'atteindre un objectif compte tenu des ressources dont elle dispose et de son environnement. Elle engage l'ensemble de l'organisation sur un horizon de temps assez long. Ses effets sont difficilement réversibles.
La stratégie globale consiste à choisir un domaine d'activité (biens ou services à proposer) et l'extension de la couverture géographique.

EXEMPLE
Airbus développe sa stratégie globale en s'appuyant sur son métier de constructeur aéronautique. Les conseils régionaux ont pour mission d'assurer la formation professionnelle. Leur stratégie doit intégrer cette mission sociale.

1.2. La cohérence de la stratégie avec les métiers ou les missions de l'organisation

Pour formuler ses choix stratégiques, une organisation doit s'appuyer sur sa finalité (sa raison d'être), sur son ou ses métiers (son savoir-faire) et sur sa mission (sa réponse aux attentes de ses parties prenantes).
Dans les organisations publiques, la stratégie doit être en phase avec la mission qui leur est assignée par l'autorité publique. Celle-ci découle des politiques publiques.

EXEMPLE
Parmi ses missions, une commune doit garantir la protection des citoyens. Elle va, dans le champ de ses compétences, mettre en place une stratégie reposant sur une politique de sécurité (présence renforcée de la police municipale, travail de prévention…).

Dans les associations, la stratégie doit découler des finalités qu'elles se sont fixées. Elle doit répondre aux attentes de ses adhérents. Elle peut aussi résulter d'une mission confiée par une organisation publique (délégation de service public).

EXEMPLE
La finalité des Restos du cœur est d'offrir de la nourriture à des personnes en difficulté (ses adhérents). L'association déploie une stratégie lui permettant de collecter des repas et de les distribuer.

Dans une entreprise, la stratégie doit être cohérente avec le ou les métiers maîtrisés.

EXEMPLE
Le développement de la voiture électrique par Renault constitue une stratégie cohérente car elle s'appuie sur le métier de Renault, qui est la conception et la fabrication de véhicules.

2 Le processus stratégique

Le processus stratégique est une succession de trois étapes.

Le diagnostic stratégique → La fixation d'objectifs → La définition d'un choix stratégique

Le diagnostic stratégique permet d'analyser les ressources et les compétences de l'organisation (diagnostic interne). Il met aussi en évidence les opportunités et les menaces que présente l'environnement (diagnostic externe).
La fixation des objectifs détermine où l'organisation veut aller, c'est-à-dire les résultats qu'elle souhaite obtenir à moyen ou long terme.
Enfin, les choix stratégiques précisent comment l'organisation va atteindre ces objectifs stratégiques.

3 Le processus stratégique dans les entreprises

3.1. La notion de domaine d'activité stratégique

La première étape du processus est un diagnostic stratégique mené au niveau de l'ensemble de l'organisation et pour chacun de ses domaines d'activité stratégiques (DAS). Un DAS est une partie de l'organisation qui gère ses ressources de façon indépendante, vise un marché spécifique et utilise une technologie propre.

EXEMPLE
Le groupe Bouygues comprend cinq DAS : Bouygues Construction (BTP), Colas (construction et entretien de routes), Bouygues Immobilier (immobilier), TF1 (télévision) et Bouygues Telecom (télécommunications).

3.2. Les compétences distinctives

À partir du diagnostic stratégique, l'entreprise doit repérer les compétences qui lui sont propres. Une compétence distinctive est un savoir-faire acquis par l'entreprise qui est rare et difficilement imitable par les concurrents.

EXEMPLE
La principale compétence distinctive d'Airbus est sa maîtrise de la technologie aéronautique.

3.3. L'avantage concurrentiel

À partir de la connaissance de son ou ses DAS et de ses compétences distinctives, l'organisation peut identifier son avantage concurrentiel. Celui-ci représente la capacité pour une entreprise à surpasser durablement ses concurrents. Cette dernière doit l'entretenir pour rester performante et compétitive.

Diagnostic → Compétence distinctive → Avantage concurrentiel

mots clés
Stratégie ◆ Stratégie globale ◆ Politique publique ◆ Processus stratégique ◆ Domaine d'activité stratégique ◆ Compétence distinctive ◆ Avantage concurrentiel

S'entraîner au Bac
Exercices 7, 8 : p. 177

Savoir 5

LU ☐
SU ☐
REVU ☐

Les composantes du diagnostic stratégique

Pour pouvoir évaluer sa situation stratégique, l'organisation doit procéder à deux diagnostics, l'un interne et l'autre externe.

1 Le diagnostic interne

1.1. Définition

Le diagnostic interne permet d'identifier le potentiel de l'organisation, son savoir-faire. Il met en évidence les forces sur lesquelles l'organisation peut s'appuyer pour construire sa stratégie mais aussi les faiblesses qui peuvent mettre en danger la stratégie.

Pour réaliser le diagnostic interne de l'organisation, il convient d'analyser ses ressources et ses compétences.

1.2. Le diagnostic des ressources

Le diagnostic des ressources porte sur des ressources tangibles et intangibles.

RESSOURCES TANGIBLES	Les ressources matérielles comprennent les locaux, les équipements et les outils de production.
	Les ressources financières sont formées des ressources dont dispose l'organisation (son capital…) et des ressources mobilisables (capacité d'autofinancement, capacité d'endettement).
	Les ressources humaines impliquent de connaître leur état (âge, niveau de formation) et leur potentiel d'évolution (mobilité, flexibilité).
RESSOURCES INTANGIBLES	Ces ressources immatérielles couvrent des éléments facilement identifiables (brevets, fonds de commerce) mais aussi des éléments difficilement mesurables (notoriété, image).

L'identification de ces ressources permet de dégager les sources de revenu durable pour l'organisation.

1.3. Le diagnostic des compétences

La compétence est un ensemble de connaissances (diplômes, formation), de capacités d'action (savoir-être) et d'expériences qu'une personne peut mobiliser pour atteindre un but.

Le savoir-faire de l'organisation repose sur l'agrégation de ses compétences. Parmi celles-ci, certaines sont rares et difficilement imitables. Elles deviennent alors fondamentales et représentent une source d'avantages pour l'organisation.

EXEMPLE L'entreprise Alstom dispose d'une compétence mondialement reconnue dans la fabrication de turbines pour les centrales électriques.

2 Le diagnostic externe

2.1. Définition

Le diagnostic externe permet de déceler dans l'environnement les caractéristiques et les perspectives qui vont avoir un impact sur l'organisation. Cet impact peut être positif (opportunités) ou négatif (menaces).

Le diagnostic doit s'effectuer au niveau global et au niveau du secteur d'activité.

2.2. Le diagnostic de l'environnement global

L'environnement global influence l'organisation sans que celle-ci puisse véritablement agir en réaction. Il se compose de multiples composants qu'il est possible de mémoriser en utilisant un acronyme : PESTEL.

POLITIQUE	Les choix gouvernementaux ou internationaux EXEMPLE : la réduction des dépenses publiques.
ÉCONOMIQUE	Les événements économiques ou financiers EXEMPLE : la hausse du cours d'une matière première.
SOCIAL	Le climat social dans le pays EXEMPLE : une négociation collective qui introduit la flexibilité.
TECHNOLOGIQUE	L'impact du progrès technique EXEMPLE : le développement des technologies mobiles.
ÉCOLOGIQUE	Les préoccupations environnementales des États et des consommateurs
LÉGAL	L'évolution du cadre réglementaire EXEMPLE : les incitations fiscales à l'innovation.

2.3. Le diagnostic sectoriel

Le diagnostic sectoriel peut être appréhendé à travers cinq forces concurrentielles.

LA CONCURRENCE DANS LE SECTEUR	Le nombre et le poids des concurrents constituent une menace importante pour l'organisation. Plus ils sont nombreux, moins l'organisation a de liberté d'action sur ses prix.
LE POUVOIR DE NÉGOCIATION DES CLIENTS	Les clients expriment des exigences de qualité, de prix, de délai.
LA PRESSION DE NÉGOCIATION DES FOURNISSEURS	S'ils sont peu nombreux, les fournisseurs peuvent exercer une pression sur leurs clients.
LES ENTRANTS POTENTIELS	Ce sont des entreprises susceptibles d'entrer sur le marché pour offrir un bien ou un service identique.
LES PRODUITS DE SUBSTITUTION	Ce sont des produits qui peuvent potentiellement remplacer les produits existants. EXEMPLE : l'arrivée de l'e-cigarette sur le marché de la cigarette classique.

L'organisation doit être en mesure de contrer les menaces détectées et de s'appuyer sur les opportunités pour construire et consolider sa situation stratégique.

mots clés

Diagnostic interne ◆ Diagnostic externe

S'entraîner au Bac
Exercices 9, 10, 11 : p. 177-178-179

Savoir 6

Les options stratégiques des entreprises

LU ☐
SU ☐
REVU ☐

Le diagnostic stratégique a fait apparaître les avantages concurrentiels sur lesquelles l'entreprise va s'appuyer pour faire des choix stratégiques. Différentes options s'offrent alors à elle.

1 Les stratégies globales

Les stratégies globales concernent l'ensemble de l'entreprise. Quand celle-ci n'a qu'un seul métier (DAS), elle est spécialisée. Quand l'environnement et ses parties prenantes l'y poussent, elle peut développer plusieurs métiers : elle se diversifie.

1.1. La spécialisation

La stratégie de spécialisation consiste à concentrer l'ensemble des ressources sur un seul domaine d'activité stratégique (DAS).

EXEMPLE En se concentrant sur la fabrication d'avions, Airbus est une entreprise spécialisée.

Poussée à l'extrême, la spécialisation peut devenir une stratégie de focalisation.

EXEMPLE Une entreprise textile se spécialise dans la fabrication de vêtements pour femmes enceintes.

AVANTAGES DE LA SPÉCIALISATION	INCONVÉNIENTS DE LA SPÉCIALISATION
– Elle permet, pour un nouvel entrant, de concentrer son savoir-faire sur un seul métier. – Elle donne une identité culturelle forte.	– Elle est risquée si le métier est en déclin (EXEMPLE : Kodak). – Elle peut entraîner des risques d'inertie et de routines.

1.2. La diversification

Quand le métier stagne ou commence à décliner, quand il devient difficile d'attaquer de nouveaux marchés, l'entreprise va se diversifier.
La stratégie de diversification consiste à répartir les ressources sur plusieurs DAS. L'entreprise va devoir acquérir de nouvelles compétences, maîtriser de nouvelles technologies et affronter de nouveaux concurrents.

EXEMPLE
Phillips est une entreprise diversifiée. Elle a développé trois métiers : les produits d'éclairage, le matériel médical et le petit électroménager.

AVANTAGES DE LA DIVERSIFICATION	INCONVÉNIENTS DE LA DIVERSIFICATION
– Elle permet de répartir les risques sur plusieurs activités. – Elle permet d'acquérir de nouvelles compétences.	– Elle nécessite des investissements pour financer les opérations de diversification. – Elle entraîne une dilution de l'image de l'entreprise. – Elle pose des problèmes de gouvernance liée à la connaissance de tous les métiers par les dirigeants.

2 Les stratégies de domaine

L'entreprise doit ensuite faire un choix stratégique à l'intérieur du domaine d'activité. Elle opte soit pour la domination par les coûts, soit pour la différenciation.

2.1. La domination par les coûts

La stratégie de domination par les coûts consiste à s'appuyer sur un avantage en termes de coût pour acquérir une position de leader sur son marché. La faiblesse du coût entraîne des prix bas et une hausse des volumes de ventes.

EXEMPLE
La compagnie aérienne Easyjet a opté pour une stratégie de domination par les coûts.

AVANTAGES DE LA DOMINATION PAR LES COÛTS	INCONVÉNIENTS DE LA DOMINATION PAR LES COÛTS
Elle crée une dynamique interne en enclenchant un processus continu de recherche de gains de productivité. Ceux-ci sont obtenus grâce à l'effet d'apprentissage et à une standardisation des procédés de fabrication.	– Elle entraîne une course permanente à la baisse des prix. – Elle oblige à standardiser la production au détriment de l'innovation.

2.2. La différenciation

La stratégie de différenciation consiste à proposer une distinction du bien ou du service permettant de créer un supplément de valeur pour le client.

EXEMPLE
En créant ses capsules Nespresso, Nestlé s'est différenciée des entreprises concurrentes.

AVANTAGES DE LA DIFFÉRENCIATION	INCONVÉNIENTS DE LA DIFFÉRENCIATION
– Elle valorise l'innovation comme moyen de se différencier. – Elle permet de fidéliser les clients.	– Elle doit être défendable sur le long terme. – Elle doit apporter un vrai supplément de valeur au client.

3 Externalisation et intégration

Compte tenu de la pression exercée par les parties prenantes (salariés et actionnaires), l'entreprise doit arbitrer entre l'externalisation et l'intégration.

3.1. L'externalisation

L'externalisation consiste à confier à des partenaires extérieurs une partie de l'activité. Elle peut porter sur des activités stratégiques (la fabrication) ou non stratégiques (la maintenance informatique).

3.2. L'intégration

L'intégration consiste à regrouper et contrôler l'ensemble du processus d'activités. Elle peut se faire en amont (vers le processus de distribution) ou en aval (vers le processus d'approvisionnement).

mots clés
Spécialisation ◆ Diversification ◆ Domination par les coûts ◆ Différenciation ◆ Externalisation ◆ Intégration

S'entraîner au Bac
Exercices 12 à 15 : p. 179-180-181

Savoir 7

Les spécificités des stratégies des organisations publiques

LU ☐
SU ☐
REVU ☐

Les organisations publiques conduisent des stratégies qui répondent à l'intérêt général et tiennent compte des contraintes et des marges de manœuvre inhérentes à leur statut.

1 Les missions spécifiques des organisations publiques

1.1. Des finalités et des missions réglementées

Les organisations publiques, à la différence des entreprises, agissent dans un cadre fortement réglementé. L'intérêt général est la première de leurs finalités. Il exprime la volonté générale, c'est-à-dire celle de l'ensemble des individus. Il dépasse les intérêts particuliers de chaque individu. Le profit n'est pas la finalité recherchée.

1.2. Les missions des organisations publiques

À l'intérieur de ce cadre, les organisations publiques exercent différentes missions. On distingue généralement cinq ensembles de missions.

LES MISSIONS RÉGALIENNES	Les organisations publiques doivent assurer la sécurité intérieure (police), la sécurité extérieure (défense nationale) et l'égalité de traitement des citoyens devant la loi (justice).
LES MISSIONS DE REDISTRIBUTION	À partir de la collecte des impôts et taxes, les organisations publiques assurent une redistribution visant à réduire les inégalités entre les citoyens. EXEMPLE : la couverture maladie universelle (CMU) permet d'assurer l'accès aux soins pour tous.
LES MISSIONS DE STABILISATION DE LA CONJONCTURE	Les organisations publiques agissent sur l'économie pour maintenir les grands équilibres macroéconomiques. EXEMPLE : la politique de création d'emplois aidés facilite l'accès des jeunes au marché du travail.
LES MISSIONS DE VALORISATION DES RESSOURCES LOCALES	En tant que gestionnaires du patrimoine public, les organisations publiques doivent entretenir et valoriser ces ressources. EXEMPLE : la création d'un parc naturel permet de préserver un site naturel dans l'intérêt de tous les citoyens.
LES MISSIONS D'AFFECTATION DES RESSOURCES	Les organisations publiques doivent produire des biens et des services publics répondant aux attentes des citoyens. EXEMPLE : l'entretien du réseau routier est un service public assuré par les collectivités locales.

2 Les contraintes spécifiques des organisations publiques

Les contraintes spécifiques qui pèsent sur les organisations publiques résultent des pressions exercées par les parties prenantes et de l'encadrement des ressources financières.

2.1. L'action des parties prenantes

Les parties prenantes peuvent contraindre l'action publique mais aussi contribuer à la réalisation des objectifs des organisations publiques.

LES CITOYENS ET LES USAGERS	Ils utilisent les services publics et contribuent aux ressources (impôts). Ils peuvent former des groupes de pression pour contester les décisions publiques. EXEMPLES : un groupe d'usagers peut s'opposer à la fermeture d'un bureau de poste dans un village. À l'inverse, la pression des usagers peut conduire à l'ouverture d'une crèche.
LES ÉLUS	La détermination des missions des organisations publiques résulte des orientations des élus qui sont responsables des politiques publiques. EXEMPLE : le conseil municipal vote la politique conduite par le maire.
LES FONCTIONNAIRES	Les agents employés par les organisations publiques accomplissent des missions de service public. Mais ils peuvent également se regrouper pour défendre des intérêts professionnels. EXEMPLE : les infirmières d'un hôpital public peuvent s'opposer à la fermeture d'un service de maternité.

2.2. La contrainte financière

Les organisations publiques doivent respecter un cadre budgétaire pour réaliser leurs missions. Elles doivent rendre des comptes sur l'utilisation de l'argent public.

EXEMPLE
Tous les ans, les élus d'une commune doivent adopter le budget proposé par l'équipe municipale. Ils peuvent s'opposer à l'engagement de certaines dépenses.

3 Les marges de manœuvre des organisations publiques

Différentes lois ont transféré de nouvelles compétences aux organisations publiques. Ces transferts de compétences leur ont donné davantage d'autonomie et de marges de manœuvre.
Le transfert de compétences est l'abandon par une organisation publique de la gestion d'une compétence au profit d'une autre organisation publique.

EXEMPLE
L'État a transféré la compétence en matière de formation professionnelle aux conseils régionaux, qui ont ainsi acquis une plus grande liberté pour agir.

mots clés
Intérêt général ◆ Valorisation des ressources locales ◆ Groupe de pression ◆ Transfert de compétences ◆ Marge de manœuvre

S'entraîner au Bac
Exercices 16, 17 : p. 181

Savoir
8

Les stratégies des associations

LU ☐
SU ☐
REVU ☐

Les stratégies des associations reposent essentiellement sur leur capacité à mobiliser des ressources pour réaliser leur objet social. Peut-on, dans ce contexte, parler de stratégie ?

1 Les spécificités de la stratégie des associations

1.1. Le respect de l'objet social

L'objet social correspond à l'activité pour laquelle une association a été créée. Il est librement déterminé par ses membres dans le respect de l'ordre public. Conformément aux finalités d'une association, l'objet social doit avoir un caractère non lucratif : il doit être autre que le partage d'un bénéfice entre ses membres. Le plus souvent, il conduit l'association à la spécialisation de ses activités. L'association ne peut agir que dans les limites de son objet social.

EXEMPLE
L'objet social du Secours populaire est d'aider les personnes en difficulté à sortir de la spirale de la pauvreté et à participer à un mouvement de solidarité.

1.2. Des ressources incertaines

Contrairement à une entreprise, une association ne peut pas compter sur une activité commerciale pour assurer sa pérennité. Elle a également comme particularité de s'appuyer sur l'engagement volontaire des bénévoles.

LES COTISATIONS ET LES DONS	Ils dépendent des adhérents à l'action de l'association. La crise économique peut contraindre les ménages à réduire leurs contributions.
LES SUBVENTIONS PUBLIQUES	Elles sont contraintes par les exigences de rigueur budgétaire des organisations publiques. Elles ne sont pas pérennes.
LES RECETTES PROPRES	Elles dépendent de la vigueur de l'action de l'association et de l'engagement des bénévoles.
LES BÉNÉVOLES	Ils sont la principale ressource d'une association. Leur engagement contribue à la réalisation de l'objet social. Ils ne sont attachés à l'association que par un contrat moral dont ils peuvent très aisément se délier.

2 Le développement des associations

La mise en œuvre d'une stratégie efficace va permettre le développement de l'association. Ce développement se construit sur la mobilisation et la diversification de ses ressources à la fois humaines et financières, ce qui la distingue fortement d'une entreprise.

2.1. La diversification des ressources humaines

La réussite de la stratégie d'une association repose sur sa capacité à mobiliser différentes formes de ressources humaines.
Elle peut s'appuyer sur l'implication des adhérents qui agissent bénévolement en donnant gratuitement de leur temps pour réaliser l'objet social.

EXEMPLE

Une association de préservation du milieu marin a réussi à mobiliser des bénévoles pour réaliser une grande opération de nettoyage des plages.

En se développant, l'association construit une structure permanente et va embaucher des salariés. Elle va mettre en place des structures de gouvernance (conseil d'administration) pour contrôler l'action des salariés.

2.2. La diversification des ressources financières

Pour pouvoir assurer son développement, une association doit recourir à diverses solutions de financement : les cotisations, les dons, les produits de son activité et des subventions.

EXEMPLE

Pour mener à bien ses missions, Les Restos du cœur sont financés à 47 % par des dons, 17 % par des subventions et 13 % par les ventes des CD et DVD des concerts des Enfoirés.

2.3. La reconnaissance d'utilité publique

Lorsqu'une association a acquis une certaine notoriété, qu'elle a atteint une taille significative, elle peut bénéficier d'une reconnaissance d'utilité publique.
Cette reconnaissance est délivrée par décret du Conseil d'État.

EXEMPLE

Emmaüs est une association reconnue d'utilité publique.

Cette reconnaissance permet à l'association de recevoir des dons et aux donateurs de bénéficier d'une déductibilité de ce don.

3 Le contrôle stratégique

Le contrôle stratégique est exercé en interne par les membres et en externe par les financeurs publics.

Les adhérents sont périodiquement sollicités dans le cadre de l'assemblée générale pour approuver l'action et les orientations de l'association.

Les associations déclarées et les associations reconnues d'utilité publique doivent également rendre des comptes sur l'utilisation des fonds publics dont elles ont bénéficié.

Les dirigeants associatifs doivent enfin se doter d'outils de contrôle de la performance pour suivre la réalisation de la stratégie de l'association.

mots clés

Spécialisation ◆ Développement de l'association ◆ Diversification des ressources ◆ Reconnaissance d'utilité publique

S'entraîner au Bac
Exercices 18, 19 : p. 182

Exercice 1 voir Fiche Savoir 1

Pouvoir et style de direction

Le groupe Bouteiller, installé à la Rochelle en Charente-Maritime, est une société spécialisée dans la fabrication de biscuits. L'entreprise compte 750 salariés et 5 usines qui se partagent la production de 15 familles de biscuits distribués dans toute l'Europe.

Louise Bouteiller, l'actuelle dirigeante, possède 51 % du capital de la société, le reste du capital est partagé entre les membres de la famille Bouteiller et des investisseurs privés.

L'ambition de la dirigeante est de devenir le leader incontestable sur le marché du biscuit.

Depuis 2014, elle a mis en place un nouveau style de management qui se caractérise par la volonté de donner à chaque collaborateur une certaine liberté : liberté de s'exprimer, liberté d'oser, liberté de créer.

La nouvelle organisation repose sur une idée simple : donner plus d'autonomie aux salariés. Pour les motiver, le groupe Bouteiller leur fournit des informations sur le marché, la concurrence et le comportement des consommateurs afin qu'ils comprennent dans quel environnement évolue leur entreprise.

Encouragés à s'exprimer, les salariés proposent des idées. En 2018, 70 % des nouveautés viennent d'idées émises par les salariés.

À ce jour, le bilan de ce nouveau style de direction est positif : l'absentéisme a quasiment disparu, le turnover est faible et les performances économiques se sont améliorées.

1. **Caractérisez l'organisation Bouteiller.**

2. **Identifiez la finalité du Groupe Bouteiller.**

3. **Identifiez et caractérisez le style de direction adopté par le groupe Bouteiller.**

4. **En quoi ce style de direction contribue-t-il à la réussite de l'entreprise ?**

5. **Louise Bouteiller a-t-elle réussi à satisfaire les intérêts de tous les acteurs internes et à les concilier avec l'intérêt de l'entreprise ? Justifiez votre réponse.**

FAIT ☐ REVU ☐

Exercice 2 voir Fiche Savoir 1

Les acteurs de l'organisation

Cochez la ou les bonnes réponses aux propositions suivantes.

1. **Les dirigeants des grandes administrations publiques sont nommés par :**

a) **le conseil régional.** ☐

b) **le conseil des ministres.** ☐

c) **le conseil municipal.** ☐

2. **Le management autoritaire consiste à :**

a) **faire participer les salariés à la prise de décision.** ☐

b) **entretenir des liens affectifs forts avec les salariés.** ☐

c) **diriger les salariés en utilisant la menace de la sanction.** ☐

FAIT ☐ REVU ☐

Exercice 3 voir Fiche Savoir 2

La GPEC

Important groupe agroalimentaire français, Navolait (SA) est présent dans 90 pays où travaillent 52 480 salariés. Il bénéficie de positions de leader de l'alimentation autour de deux métiers : les Produits Laitiers Frais et les boissons.

Afin d'anticiper les recrutements prévisibles avec la hausse de la pyramide des âges du personnel encadrant, le groupe Navolait a mis en place une démarche de GPEC.

Tout au long de l'année, les salariés rencontrent leurs responsables hiérarchiques lors d'entretiens qui constituent des moments privilégiés pour évaluer leur travail, prévoir leurs besoins en formation, discuter de leur évolution et plus largement se fixer des objectifs en identifiant les conditions nécessaires pour les atteindre. Signe de cette volonté de compter avant tout sur ses collaborateurs, Navolait s'est fixé comme objectif de pourvoir 80 % de ses postes vacants en favorisant la promotion interne. Globalement, un salarié chez Navolait change de poste tous les 3 ans.

Chaque salarié est encouragé à alterner les fonctions, les contextes (régions, pays) et les activités (produits laitiers, boissons). La mobilité se décide d'un commun accord avec le salarié, en fonction de ses souhaits d'évolution et des besoins de l'organisation.

Pour favoriser cette mobilité, le groupe mise sur une politique de formation pour accompagner chacun tout au long de sa carrière.

1. Caractérisez l'organisation Navolait.

2. Présentez l'intérêt pour le groupe Navolait de mettre en place une GPEC.

3. Repérez les dispositifs mis en œuvre dans le cadre de la GPEC.

4. Comment s'opère la mobilité interne au sein du groupe Navolait ?

5. Pourquoi la politique de formation est-elle indispensable pour accompagner la mobilité interne au sein du groupe ?

FAIT ☐ REVU ☐

Exercice 4 voir Fiche Savoir 2

Le management des emplois et des compétences

Cochez la ou les bonnes réponses aux propositions suivantes.

1. La responsabilité sociale de l'entreprise recouvre les dispositifs de gestion de l'emploi qui :

a) luttent contre les discriminations. ☐

b) favorisent les délocalisations des usines à l'étranger. ☐

c) améliorent les conditions de travail. ☐

d) favorisent les licenciements abusifs. ☐

2. La GPEC contribue à un ajustement des ressources humaines :

a) qualitatif. ☐

b) quantitatif. ☐

c) les deux. ☐

FAIT ☐ REVU ☐

Exercice 5 voir Fiche Savoir 3

La motivation des hommes au travail

« Apprendre Ensemble » est une association à but non lucratif qui a pour vocation d'apprendre à lire et à écrire à des adultes analphabètes.

Créée en 1970, cette association est aujourd'hui présente dans plus de 55 villes sur l'ensemble du territoire français.

En juin 2015, « Apprendre Ensemble » comptait 255 salariés qui assurent des fonctions administratives et pédagogiques au sein de l'association.

Pour motiver ses salariés, l'association a mis en place une politique de ressources humaines qui a pour objectif de favoriser le bien-être de chacun dans son travail.

Patrick Dupond, le président de l'association, nous précise que pour une organisation à but non lucratif ayant pour ressources essentielles les subventions publiques, il est impossible d'offrir de gros salaires et de rivaliser avec les rémunérations du secteur privé. Nos salariés doivent trouver leur motivation dans d'autres éléments.

« Nous avons développé une véritable culture qui repose sur des valeurs de solidarité et de partage. Nous avons également favorisé l'autonomie en confiant à nos salariés de nombreuses responsabilités dans leurs missions. Enfin, la communication interne à travers la mise en place d'un réseau social d'entreprise permet à chacun d'être parfaitement informés sur la vie de l'association. À travers des échanges permanents et des rencontres annuelles de l'ensemble de nos équipes, nous offrons à chacun l'opportunité de s'exprimer et de s'enrichir ».

1. Caractérisez l'organisation « Apprendre ensemble ».

2. Pourquoi le salaire n'est-il pas un facteur de motivation au sein de l'organisation « Apprendre Ensemble » ?

3. Repérez les moyens mis en œuvre au sein de l'association « Apprendre Ensemble » pour motiver les salariés.

4. Pourquoi la culture est-elle une source de motivation pour les salariés de l'association ?

FAIT ☐ REVU ☐

Exercice 6 voir Fiche Savoir 3

La motivation des hommes au travail

Cochez la ou les bonnes réponses aux propositions suivantes.

1. La rémunération permet de :

a) motiver les salariés. ☐

b) fidéliser les salariés. ☐

c) récompenser les actionnaires.

2. L'individualisation de la rémunération consiste à :

a) proposer le même salaire à tous les salariés. ☐

b) tenir compte de la performance individuelle de chaque salarié. ☐

c) distribuer une partie des bénéfices aux salariés. ☐

3. La culture d'une organisation représente :

a) la mission principale de l'organisation. ☐

b) l'ensemble des valeurs partagées par les membres de l'organisation. ☐

c) le style de direction du dirigeant. ☐

FAIT ☐ REVU ☐

Exercice 7 voir Fiche Savoir 4

L'avantage concurrentiel de L'Oréal

Fondée en 1909 par Eugène Schueller, la société L'Oréal est aujourd'hui leader mondial des cosmétiques.

Le groupe L'Oréal est structuré autour de quatre grandes divisions :

– la division des produits grand public, qui offre le meilleur de l'innovation cosmétique au plus grand nombre sur tous les continents. Ses marques sont accessibles dans les circuits de grande diffusion (hypermarchés, supermarchés, drugstores et magasins traditionnels) ;

– L'Oréal Luxe, qui propose un éventail de marques internationales prestigieuses (Lancôme, Giorgio Armani, Kiehl's, Yves Saint Laurent, Biotherm, Ralph Lauren, Diesel, Cacharel, Helena Rubinstein...) ;

– La division des produits professionnels, qui propose des produits aux professionnels dans les salons de beauté du monde entier ;

– la division Cosmétique Active, qui intervient sur le marché des produits pour soins dermo-cosmétiques avec les marques Vichy, La Roche Posay, SkinCeuticals, Roger & Gallet, Sanoflore.

Depuis plus d'un siècle, L'Oréal s'est donné pour mission d'offrir à toutes les femmes et à tous les hommes le meilleur de l'innovation cosmétique en termes de qualité, efficacité et de sécurité. Les équipes de chercheurs forment une communauté interculturelle qui intervient dans tous les champs de la science. Cette expertise dans la recherche et l'innovation s'appuie sur la compréhension des besoins des consommateurs.

Grâce à la puissance de sa recherche, le groupe peut garder un temps d'avance sur ses concurrents en mettant les grandes avancées cosmétiques à la portée de tous.

1. Caractérisez l'organisation L'Oréal.

2. Quelle est la mission du groupe L'Oréal ?

3. Identifiez les domaines d'activité stratégiques de L'Oréal.

4. Quelles compétences distinctives procurent un avantage concurrentiel à L'Oréal ?

FAIT ☐ REVU ☐

Exercice 8 voir Fiche Savoir 4

Les orientations stratégiques des organisations

Cochez la ou les bonnes réponses aux propositions suivantes.

1. La stratégie :

a) engage l'organisation sur du court terme. ☐

b) a des effets irréversibles. ☐

2. Un domaine d'activité stratégique (DAS) :

a) couvre l'ensemble des activités de l'entreprise. ☐

b) gère ses propres ressources. ☐

c) vise un marché spécifique. ☐

FAIT ☐ REVU ☐

Exercice 9 voir Fiche Savoir 5

Le diagnostic interne

Leader français de l'agencement gain de place depuis 1976, id-Mob fabrique en Savoie du mobilier durable et évolutif, designé pour optimiser l'espace de vie.

« Faites grimper votre lit au plafond » ; « Devenez le propriétaire d'un studio trois pièces »... Dans sa dernière campagne de publicité, id-Mob relève avec humour le potentiel de ses meubles « gain de place » et met en scène son produit phare de l'année, le Triptyque, qui réunit sur 2 m² un lit, un bureau et un coin salon. « Ce nouveau produit et le niveau de services et de personnalisation qui l'accompagne ont tiré vers le haut nos ventes auprès des particuliers », confie Paul Mauriac, le directeur. Une offre qui permet à Id-Mob de consolider son positionnement historique dans le haut de gamme. Malgré des prix beaucoup plus élevés que ses concurrents étrangers, le chiffre d'affaires de la société a doublé sur les 10 dernières années.

Id-Mob conçoit, produit et installe ses meubles sur tout le territoire national, ce qui est plutôt rare dans ce secteur. Pourtant, en 1994, lorsque Jean et Valérie Mauriac, les parents de Paul, rachètent la société, l'activité est éclatée entre la France, la Chine, la Pologne et le Portugal. Dès le départ, le couple prend le parti de tout rapatrier pour centraliser l'activité en France et de baser la production en Savoie. Leur pari : miser sur le savoir-faire en menuiserie de la région et sur la fidélité de la main-d'œuvre.

Cette conviction, qui perdure aujourd'hui, implique un investissement important dans les ressources humaines, en termes de formation continue des 55 salariés et des 10 apprentis car la principale difficulté pour l'entreprise est de trouver le personnel compétent. De moins en moins de jeunes choisissent de s'orienter vers les métiers de la menuiserie. Pas question non plus de négliger l'innovation. Pour développer de nouveaux produits, id-Mob s'appuie sur des architectes, des décorateurs d'intérieur, des prototypistes et un bureau d'études. Pour le design, Guillaume Cousin, qui a notamment travaillé pour le groupe LVMH, assure un suivi constant des collections depuis 2005 sur les plans mécanique, électrique et esthétique.

Fruit de son travail de recherche, la PME détient à ce jour un portefeuille de plus d'une centaine de brevets. Pour faire face à la demande, un autre chantier s'ouvre pour elle cette année : l'extension de son usine des Hullis, en Savoie.

1. Caractérisez l'organisation id-Mob.

2. Recensez les ressources d'id-Mob et classez-les.

3. Quelles compétences fondamentales sont sources d'avantages concurrentiels pour id-Mob ?

4. Effectuez le bilan des forces et faiblesses de l'entreprise id-Mob.

FAIT ☐ REVU ☐

Exercice 10 voir Fiche Savoir 5

Le diagnostic externe

Créée en 2014 à Rennes, la société Biofood propose un nouveau concept de restaurant pour la pause déjeuner. Son créateur, Loïc Le Blanc, a eu l'idée de positionner son activité dans le secteur de la restauration rapide en se différenciant grâce à une carte de produits haut de gamme. Biofood conçoit tous les jours des recettes à base de produits biologiques sains et savoureux choisis chez les meilleurs producteurs.

Annexe 1 : Le marché de la restauration rapide

Depuis quelques années, le secteur de la restauration rapide se montre très dynamique, les professionnels du secteur bénéficiant d'un contexte porteur.

Sur le plan conjoncturel, le contexte économique actuel conduit à des arbitrages dans les dépenses de restauration au profit de la restauration rapide (le prix moyen étant très inférieur à celui de la restauration traditionnelle). Le secteur est également favorisé par des évolutions dans le comportement des consommateurs : généralisation du nomadisme alimentaire, hausse de la restauration hors foyer, diminution du temps consacré au déjeuner...

Toutefois, on observe des évolutions différentes selon les segments du secteur. Le secteur de la restauration rapide reste dominé par le segment du hamburger et les deux enseignes leaders (Mc Donald's et Quick). De son côté, très atomisé, le segment de la sandwicherie à la française s'organise de plus en plus autour de réseaux sous enseigne (Brioche dorée, Pomme de Pain, Paul, etc.) face à la concurrence des boulangeries traditionnelles.

Pour fidéliser leur clientèle et séduire de nouveaux clients, les professionnels du secteur devront intensifier leurs efforts pour renouveler leur concept : élargissement de l'offre convivialité, libre service, wifi...

On observe un développement des concepts de restauration rapide « bio » jouant la carte de la santé et de l'écologie.

Source : « Le marché de la restauration rapide », www.jesuisentrepreneur.fr

Annexe 2 : Les nouvelles tendances de consommation

Dans la conjoncture actuelle, le mode de consommation du client est en pleine mutation. Tout d'abord, le consommateur fait office de prescripteur en recommandant telle ou telle enseigne qu'il a expérimentée, notamment via les réseaux sociaux. Comme le précise Nicolas Nouchi, « *cette tendance s'observe à travers le développement d'applications dédiées* », véritables tribunes qui fourmillent d'avis (positifs ou négatifs) de consommateurs afin d'aiguiller leurs pairs quant au choix de restaurant. Le monde de la restauration doit donc se montrer vigilant face à l'importance de l'outil digital, et l'utiliser à son avantage. [...]

Se tailler la part du lion dans le milieu de la restauration rapide n'est pas chose aisée. Pourtant, les boulangeries-pâtisseries tirent leur épingle du jeu en proposant une offre toujours plus variée à des prix attractifs (ticket moyen : 6 euros). Preuve de la part croissante de ces établissements dans la restauration rapide, 90 % proposent aujourd'hui une offre de déjeuner contre 50 % en 2004. [...] En parallèle, les commerces de proximité commencent eux aussi à développer une offre de snacking située en sortie de caisse. Bien qu'il s'agisse encore de balbutiements, l'enseigne Daily Monop a réussi à sortir du lot grâce à un merchandising adéquat. Plus récemment, Casino lui a emboîté le pas en lançant son concept Cœur de Blé.

Source : R. Nowicki, « Restauration rapide : quels enseignements pour 2015 ? », www.lesechosdelafranchise.com

Annexe 3 : Label Bio pour les restaurants français

Depuis (seulement) 2012, l'Agence Bio délivre une certification aux établissements français qui font l'effort d'être « 100 % bio ». Le logo AB est reconnu comme l'officiel.

Or, on constate qu'en France, très peu de restaurants en sont détenteurs. Cela laisse songeur et dubitatif. D'une part, cela veut dire que les contrôles semblent fréquents et rigoureux et c'est tant mieux. Mais cela montre aussi, malheureusement, le peu de restaurants réellement 100 % biologiques sur le territoire français...

Source : « Un label bio pour les restaurants français ? », orgaiam.fr

1. **Caractérisez l'organisation Biofood.**

2. **En utilisant la méthode PESTEL, recensez les facteurs environnementaux qui influencent l'enseigne Biofood en précisant s'ils constituent une menace ou une opportunité.**

3. **Réalisez un diagnostic sectoriel de la restauration rapide en appréciant les forces concurrentielles du secteur.**

FAIT ☐ REVU ☐

Exercice 11 voir Fiche Savoir 5

Les composantes du diagnostic stratégique

Cochez la ou les bonnes réponses aux propositions suivantes.

1. Les compétences d'une organisation sont fondées sur :

a) son savoir-faire. ☐

b) ses capacités financières. ☐

c) son expérience. ☐

2. Les ressources intangibles correspondent aux ressources matérielles de l'organisation.

Vrai ☐ Faux ☐

3. Toute modification de l'environnement favorable à l'organisation peut être considérée comme :

a) une opportunité. ☐

b) une faiblesse. ☐

c) une menace. ☐

d) une force. ☐

4. Le diagnostic sectoriel peut être appréhendé à travers :

a) les forces et les faiblesses de l'organisation. ☐

b) les ressources financières de l'organisation. ☐

c) 5 forces concurrentielles. ☐

FAIT ☐ REVU ☐

Exercice 12 voir Fiche Savoir 6

Les stratégies globales

L'éditeur et distributeur de musique classique Classica va fermer 15 boutiques sur une trentaine et supprimer 38 emplois sur 171 en France. « Malheureusement, l'évolution du marché, la fermeture des magasins spécialisés et le tournant de plus en plus accentué vers la vente dématérialisée nous atteignent aujourd'hui », indique la maison fondée en 1958. « La chute du marché du disque (–71 % en 11 ans), les changements de comportements des consommateurs (téléchargement, achat en ligne) ne nous permettent plus de préserver notre équilibre financier avec notre organisation actuelle », indique le communiqué. Le chiffre d'affaires (39,7 millions d'euros) a baissé de 9 % au cours des deux dernières années. La société anonyme Classica s'est principalement construite autour de la musique classique, mais produit également des disques de jazz et de musique du monde.

1. Présentez l'organisation Classica.

2. Identifiez la stratégie globale de Classica.

3. Pourquoi l'entreprise Classica connaît-elle des difficultés ?

FAIT ☐ REVU ☐

Exercice 13 voir Fiche Savoir 6

Les stratégies de domaine

Atouprix est une enseigne française de vente de textile bon marché. Ses magasins, devenus célèbres pour leurs prix modiques, sont présents dans 125 localités en France depuis bientôt un siècle.

Concurrencée par des chaînes comme Zara et H & M – qui proposent des vêtements plus « mode » à des tarifs à peine supérieurs, le roi du discount décline, au point de déposer le bilan en 2007 après plus de dix ans de pertes ininterrompues.

Le salut vient alors du groupe Erata, qui le rachète en 2009 avec l'idée de restructurer complètement l'entreprise. Il fallait reconstruire un modèle : vendre à bas prix, mais en créant des collections qui collent aux tendances. Pour cela, Atoutprix met en place une équipe d'une centaine de stylistes, graphistes et modélistes, qui dessinent chaque année 3 000 références inspirées des dernières nouveautés vues sur les podiums ou dans les magazines féminins.

Pour garder les tarifs les plus bas, l'enseigne s'approvisionne majoritairement en Asie, où elle possède quatre centrales d'achats, pour une seule en France.

« Nous réduisons nos dépenses marketing au maximum et ne mettons pas d'argent dans un décor fastueux ou des adresses prestigieuses », ajoute Philippe Ouchi, le PDG, qui ne se cache pas de négocier des « conditions économiques avantageuses » pour s'installer en centre-ville ou dans un centre commercial.

La marque utilise aussi des matières bon marché, pas toujours de très bonne qualité. Le gilet à 17,99 euros est 100 % acrylique, tandis que le tee-shirt à 6,99 euros est un mélange 95 % coton et 5 % viscose.

Résultat, le pionnier du discount a remonté la pente. Revenu à l'équilibre en 2014 après dix-huit années de pertes, il a réalisé l'an dernier un chiffre d'affaires de 400 millions d'euros.

« Nous affichons une croissance de 10 % par an », avance Philippe Ouchi, qui refuse de préciser si l'entreprise est bénéficiaire.

1. Caractérisez l'organisation Atouprix.

2. Identifiez la stratégie de domaine mise en place par l'enseigne Atouprix.

3. Comment l'entreprise réussit-elle à proposer des produits à des prix modiques ?

4. Montrez que cette stratégie est risquée pour l'entreprise.

FAIT ☐ REVU ☐

Exercice 14 voir Fiche Savoir 6

Externalisation et intégration

La marque féminine de prêt-à-porter LuLu a été créée sous la forme d'une société anonyme dans les années 1990 par la créatrice Lulu Legrand.

« Dans les années 90, nos vêtements étaient distribués dans des magasins multimarques de luxe, aux côtés de créateurs comme Sonia Rykiel ou Kenzo. Mais ceux-ci ont progressivement fermé. Ils étaient devenus trop chers pour ce mode de distribution, les clients réduisant leurs budgets. En 2008, nous étions présents dans 300 à 350 boutiques multimarques... Les commandes ont beaucoup baissé. Nous avons dû repenser notre distribution pour ne plus dépendre de nos revendeurs », détaille Caroline Legrand, la directrice générale de LuLu depuis 2009.

La griffe haut de gamme a décidé de développer ses propres boutiques. Aujourd'hui, LuLu compte 22 boutiques en propre (États-Unis, Russie, Japon...), dont 16 en France. Un magasin va ouvrir cet été à Bordeaux et un autre à Taiwan. « Cette stratégie est efficace, note Caroline. Cela nous permet d'optimiser notre méthode de vente et de bien répondre aux besoins de nos clientes ». Mais LuLu est déficitaire depuis deux ans. Le développement des boutiques et les stocks demandent de lourds investissements. LuLu a besoin d'argent frais et est en pourparlers avec des investisseurs pour entrer à son capital. La négociation devrait aboutir d'ici à la fin de l'année et amorcer un développement ambitieux : « Nous voulons ouvrir 25 boutiques d'ici à 5 ans, dont 15 hors de France ».

1. Caractérisez l'organisation LuLu.

2. Quelle est la stratégie développée par la marque LuLu depuis 2009 ?

3. Pourquoi l'entreprise a-t-elle décidé de créer ses propres boutiques ?

4. Identifiez les contraintes de cette stratégie.

FAIT ☐ REVU ☐

Exercice 15 voir Fiche Savoir 6

Les options stratégiques des entreprises

Cochez la ou les bonnes réponses aux propositions suivantes.

1. La stratégie de spécialisation consiste :

a) à se concentrer sur un seul DAS. ☐

b) répartir ses activités sur plusieurs DAS. ☐

c) à s'implanter sur des marchés étrangers. ☐

2. La stratégie de différenciation consiste à :

a) réduire les coûts pour proposer des prix bas. ☐

b) confier une partie des activités à des partenaires externes. ☐

c) proposer une offre distincte de celle de la concurrence. ☐

3. En regroupant et contrôlant l'ensemble du processus d'activités, une entreprise :

a) externalise. ☐

b) intègre. ☐

c) diversifie. ☐

FAIT ☐ REVU ☐

Exercice 16 voir Fiche Savoir 7

Les spécificités des stratégies des organisations publiques

Un parc national est un espace naturel dont les paysages, la biodiversité, la richesse culturelle et le caractère justifient une protection et une gestion qui garantissent, pour aujourd'hui et les générations futures, la pérennité de ces patrimoines exceptionnels.

La gestion administrative et financière des parcs nationaux est assurée par des établissements publics qui sont placés sous la tutelle du ministère chargé de l'environnement. Le parc national des Calanques, créé en 2012 aux portes de Marseille, s'inscrit dans le cadre des objectifs de la stratégie nationale pour la création et la gestion des aires marines protégées qui doit permettre de placer 20 % des eaux françaises sous protection, à l'horizon 2020. La création du parc national des Calanques a permis de donner un cadre structuré de gestion et de protection de ce patrimoine unique, en synergie avec tous les acteurs existants. L'objectif est, notamment, de concilier au mieux les activités professionnelles et de loisirs (pêche, chasse, tourisme…) avec la protection des espaces naturels (lutte contre les incendies, réduction de la pollution, meilleure organisation de la fréquentation du public…).

Visant à protéger la faune et la flore marines et sous-marines, l'une des réglementations phares du Parc national des Calanques concerne la pratique de la pêche. Des Zones de non-prélèvement (ZNP) strictement interdites à toute forme de pêche (professionnelle ou de loisirs, pratiquée à pied, depuis un bateau ou en apnée), ont ainsi été créées en différents points du parc.

Au nombre de 7, elles s'étendent sur 4 626 hectares, soit 10,6 % de la surface totale de la partie maritime du parc (43 500 ha). Insuffisant selon les associations de défense de l'environnement partisanes d'une plus grande sanctuarisation du territoire ; excessif pour les défenseurs d'une pratique libre et responsable de la pêche, à commencer par les professionnels qui ont toujours dénoncé cette réduction de leur espace de travail.

1. Montrez que les missions du parc naturel des Calanques visent un objectif d'intérêt général.

2. Identifiez les parties prenantes concernées par la réglementation des zones de pêche dans le parc naturel des Calanques.

3. Montrez que les intérêts de ces parties prenantes peuvent être contradictoires.

FAIT ☐ REVU ☐

Exercice 17 voir Fiche Savoir 7

Les spécificités des stratégies des organisations publiques

Cochez la ou les bonnes réponses aux propositions suivantes.

1. La stratégie d'une organisation publique est déterminée par :

a) la recherche du profit. ☐

b) la recherche de l'intérêt général. ☐

c) la volonté des actionnaires. ☐

2. Les organisations publiques doivent :

a) respecter un cadre budgétaire. ☐

b) obéir aux orientations des actionnaires. ☐

c) rendre compte de l'utilisation de l'argent public. ☐

d) distribuer une partie de leurs bénéfices aux actionnaires. ☐

FAIT ☐ REVU ☐

Exercice 18 voir Fiche Savoir 8

Les stratégies des associations

Lancé en 2002, le CAPPA (Comité d'action pour la protection des animaux) a ouvert son refuge d'Hectomare en 2007. « Nous accueillons actuellement 72 chats, entre ceux qui se trouvent au refuge et ceux qui sont placés dans des familles d'accueil », souligne la présidente Martine Fouques. Beaucoup sont destinés à l'adoption, mais d'autres, malades ou plus âgés, sont là pour couler une retraite paisible.

Depuis deux ans, le CAPPA affiche aussi le label « SPA du Neubourg ». « Nous sommes désormais affiliés à la confédération nationale des SPA de France, salue Martine Fouques. Reconnus d'utilité publique nous avons désormais le droit de recevoir des legs ».

C'est vrai au moins sur le papier. Car dans la pratique, aucun ami des animaux n'a encore couché le CAPPA d'Hectomare sur son testament ! « Nous ne sommes subventionnés par aucune commune du Pays du Neubourg », déplore sa présidente. Dans ces conditions, malgré l'aide des magasins qui fournissent des aliments à l'association pour nourrir ses chats, comment faire face aux dépenses importantes qu'elle doit assumer, notamment pour les frais de vétérinaire ?

« Nous faisions des foires à tout, pour vendre les objets qui nous étaient donnés, rappelle Martine Fouques. Mais c'est épuisant. Il faut se lever tôt, déballer le matin, remballer le soir... ». L'idée a donc germé d'ouvrir une boutique, pour permettre au CAPPA d'écouler directement les dons de ses bienfaiteurs. Un magasin a ouvert ses portes le samedi 2 mai à Elbeuf.

Grâce aux recettes dégagées par cette boutique, Martine Fouques espère dorloter davantage encore ses quelque 70 protégés, pour les faire ronronner de bonheur. Mais si le succès est au rendez-vous, elle redoute que les stocks du CAPPA ne s'épuisent très vite. « Nous invitons les personnes qui souhaitent soutenir notre action à nous faire des dons, rappelle la présidente. Ils peuvent nous contacter au 06 73 99 11 53, pour prendre rendez-vous afin de les déposer au refuge, 23 route d'Amfreville à Hectomare. Ils peuvent aussi les déposer directement à la boutique, 4 rue de Roanne à Elbeuf, aux horaires d'ouverture ».

Source : J.-P. Adam, « Une "seconde chance" pour les objets... et pour les 72 chats du CAPPA ! », www.lecourrierdeleure.fr

1. Caractérisez l'organisation CAPPA.

2. Quel est l'intérêt de la reconnaissance d'utilité publique pour l'association ?

3. Repérez les besoins de l'association et ses différentes sources de financement.

4. Quel est l'intérêt pour l'association d'ouvrir une boutique ?

FAIT ☐ REVU ☐

Exercice 19 voir Fiche Savoir 8

Les stratégies des associations

Cochez la ou les bonnes réponses aux propositions suivantes.

1. L'objet social d'une association doit avoir un caractère lucratif.

Vrai ☐ Faux ☐

2. Les ressources d'une association proviennent :

a) des cotisations des adhérents. ☐

b) des capitaux investis par les actionnaires. ☐

c) des subventions publiques. ☐

3. La reconnaissance d'utilité publique :

a) est attribuée à toutes les associations en France. ☐

b) est délivrée par le Conseil d'État. ☐

c) permet aux donateurs de bénéficier d'une déduction fiscale. ☐

FAIT ☐ REVU ☐

Exercice 1

Pouvoir et style de direction

1. Caractérisation de Bouteiller.

TYPE	Organisation marchande Entreprise privée
FINALITÉS	Finalité lucrative : faire du profit
STATUT JURIDIQUE	Société (le type de société n'est pas précisé)
RESSOURCES	Ressources financières : non mentionnées Ressources humaines : 750 salariés Ressources matérielles : 5 usines
CHAMP D'ACTION	France et Europe
NATURE DE L'ACTIVITÉ	Le groupe Bouteiller fabrique des biscuits.

2. ***Rappel de 1re STMG*** : la finalité est l'orientation que se fixe l'organisation sur du long terme.
La principale finalité d'une entreprise est lucrative : faire du profit.
Le Groupe Bouteiller a pour finalités de faire de bénéfices et pour cela devenir le leader incontestable sur le marché des biscuits.
La finalité est également sociale à travers la volonté d'accorder aux salariés davantage de liberté.

3. Le style de direction adopté par le Groupe Bouteiller est le management participatif. Au sein du Groupe, ce style se caractérise par la liberté laissée aux collaborateurs de s'exprimer et de proposer des idées.
L'entreprise donne à ses salariés les moyens de cette liberté en lui communiquant toutes les informations nécessaires à la prise de décision.

4. Ce style de direction favorise la réussite de l'entreprise car depuis sa mise en place les performances du groupe se sont améliorées.
Tout d'abord, la plupart des innovations proviennent d'idées émises par les collaborateurs. Elles ont permis de générer 70 % des nouveautés, ce qui enrichit la gamme de produits. D'autre part, la baisse de l'absentéisme et du turnover prouve que les salariés sont motivés et se sentent bien dans leur entreprise.
Cette baisse améliore aussi la performance en augmentant la productivité.

5. Parmi les acteurs internes à l'entreprise, on trouve les actionnaires et les salariés.
La dirigeante de l'entreprise, en instaurant un style de management participatif, accroît la motivation des salariés et leur implication. Ce style de management, favorisant les performances de l'entreprise satisfait également les attentes des actionnaires qui souhaitent que l'entreprise réalise des bénéfices. Louise Bouteiller réussit à satisfaire l'ensemble des parties internes en conciliant leurs intérêts autour de la réussite du Groupe.

Exercice 2

Les acteurs de l'organisation

1. Les dirigeants des grandes administrations publiques sont nommés par :
b) le conseil des ministres.

2. Le management autoritaire consiste à :
c) diriger les salariés en utilisant la menace de la sanction.

Exercice 3

La GPEC

1. Caractérisation de Navolait.

TYPE	Organisation marchande Entreprise privée
FINALITÉS	Finalité lucrative : faire du profit Finalité sociale : favoriser l'évolution des salariés
STATUT JURIDIQUE	Société anonyme (SA)
RESSOURCES	Ressources financières : non mentionnées Ressources humaines : 52 480 salariés Ressources matérielles : non mentionnées
CHAMP D'ACTION	Présence dans 90 pays
NATURE DE L'ACTIVITÉ	Le groupe Novalait produit des produits laitiers et des boissons.

2. La GPEC (Gestion prévisionnelle de l'emploi et des compétences) va permettre au groupe Navolait d'anticiper ses besoins en recrutement liés aux futurs départs à la retraite. Elle va également permettre de faire le point sur les besoins de l'entreprise en terme de formation.

3. Dans le cadre de la GPEC, le groupe Navolait a mis en place différents dispositifs :
- des entretiens individuels entre les salariés et leurs supérieurs hiérarchiques afin d'identifier leurs besoins et leurs souhaits d'évolution ;
- une politique de recrutement interne ;
- une mobilité interne ;
- une politique de formation.

4. Au sein du groupe Navolait, la mobilité interne s'opère à travers :
- la mobilité géographique qui permet aux salariés de changer de régions ou de pays ;
- la mobilité fonctionnelle qui permet aux salariés de changer de postes en alternant les fonctions au sein du groupe ;
- la promotion qui favorise le passage à un niveau supérieur hiérarchique (80 % des postes vacants sont pourvus en favorisant la promotion interne).

5. La politique de formation est indispensable pour accompagner la mobilité interne au sein de groupe. Elle va permettre d'améliorer et d'adapter les compétences des salariés afin qu'ils puissent évoluer géographiquement, fonctionnellement ou hiérarchiquement.

Exercice 4

Le management des emplois et compétences

1. La responsabilité sociale de l'entreprise recouvre les dispositifs de gestion de l'emploi qui :
a) luttent contre les discriminations.
c) améliorent les conditions de travail.

2. La GPEC contribue à un ajustement des ressources humaines :
c) les deux.

Exercice 5

La motivation des hommes au travail

1. Caractérisation d'« Apprendre ensemble ».

TYPE	Organisation à but non lucratif
FINALITÉ	Sa finalité est d'apprendre à lire et à écrire à des adultes analphabètes.
STATUT JURIDIQUE	Association
RESSOURCES	Ressources financières : les subventions publiques Ressources matérielles : non mentionnées Ressources humaines : 255 salariés
CHAMP D'ACTION	L'association est présente dans 55 villes sur l'ensemble du territoire français.
NATURE DE L'ACTIVITÉ	Cours pour apprendre à lire et à écrire à des adultes.

2. Le salaire n'est pas une source de motivation au sein de l'association « Apprendre Ensemble » car l'organisation ne dispose pas de ressources financières suffisantes pour proposer une rémunération importante à ses salariés. Elle ne peut pas rivaliser avec les entreprises du secteur privé. Pour motiver et fidéliser ses salariés, l'association doit développer des facteurs de motivation non financiers.

3. Pour motiver ses salariés, l'association leur donne de l'autonomie et des responsabilités. Pour favoriser leur implication dans l'organisation, elle a développé des moyens de communication internes pour que les salariés soient informés et pour les inciter à s'exprimer.
L'ensemble de ces moyens favorisent le sentiment de bien-être des salariés et leur épanouissement.

4. La culture d'une organisation se définit comme l'ensemble des valeurs partagées par ses membres. L'association « Apprendre Ensemble » a développé une culture autour des valeurs de solidarité et de partage. Cette culture est une source de motivation car elle permet de rassembler les salariés autour de ces valeurs communes et de développer un sentiment d'appartenance.

Exercice 6

La motivation des hommes au travail

1. La rémunération permet de :
a) motiver les salariés.
b) fidéliser les salariés.

2. L'individualisation de la rémunération consiste à :
b) tenir compte de la performance individuelle de chaque salarié.

3. La culture d'une organisation représente :
b) l'ensemble des valeurs partagées par les membres de l'organisation.

Exercice 7

L'avantage concurrentiel de L'Oréal

1. Caractérisation de L'Oréal.

TYPE	Organisation marchande Entreprise privée
FINALITÉS	Finalité lucrative : faire du profit
STATUT JURIDIQUE	Société
RESSOURCES	Ressources financières : non mentionnées Ressources humaines : non mentionnées Ressources matérielles : non mentionnées
CHAMP D'ACTION	Mondial
NATURE DE L'ACTIVITÉ	L'Oréal est fabricant de produits cosmétiques.

2. Depuis sa création en 1909, L'Oréal s'est donnée comme mission d'offrir à toutes les femmes et à tous les hommes le meilleur de l'innovation cosmétique en termes de qualité, d'efficacité et de sécurité.

3. La société L'Oréal intervient sur 4 domaines d'activité stratégiques distincts :
- les produits cosmétiques grand public ;
- les produits de luxe ;
- les produits pour les professionnels ;
- les produits pour soins dermo-cosmétiques.

4. Une compétence distinctive est un savoir-faire acquis par une entreprise qui est rare et difficilement imitable par ses concurrents.
La société L'Oréal a développé des compétences distinctives dans les domaines de la recherche et de l'innovation.
Ces compétences distinctives représentent un avantage concurrentiel pour L'Oréal car elle lui permet d'être toujours en avance sur ses concurrents en matière d'innovations cosmétiques.

Exercice 8

Les orientations stratégiques des organisations

1. La stratégie :
b) a des effets irréversibles.

2. Un domaine d'activité stratégique (DAS) :
b) gère ses propres ressources.
c) vise un marché spécifique.

Exercice 9

Le diagnostic interne

1. Caractérisation d'Id-Mob.

TYPE	Organisation marchande Entreprise privée
FINALITÉS	Finalité lucrative : faire du profit
STATUT JURIDIQUE	Société
RESSOURCES	Cf. réponse à la question 2
CHAMP D'ACTION	Présent sur tout le territoire français
NATURE DE L'ACTIVITÉ	Id-Mob fabrique du mobilier évolutif pour optimiser l'espace de vie.

2. Ressources d'Id-Mob.

RESSOURCES TANGIBLES
– Ressources humaines : 55 salariés et 10 apprentis – Ressources matérielles : 1 usine en Vendée – Ressources financières : non mentionnées
RESSOURCES INTANGIBLES
– 100 brevets déposés – Image haut de gamme

3. Les compétences sont des capacités à mobiliser au mieux les ressources en vue d'atteindre un objectif. Les compétences constituent un savoir faire et s'acquièrent par l'expérience.
Les compétences de l'entreprise Id-Mob reposent sur son savoir-faire dans la menuiserie et dans sa capacité à innover et proposer des nouveautés. Ces compétences sont fondamentales car elles permettent à l'entreprise d'être leader sur son marché. Elles représentent un avantage concurrentiel rare et difficilement imitable.

4. Bilan des forces et faiblesses de l'entreprise id-Mob.

FORCES
– Fabrication française – Savoir-faire dans la menuiserie – Fidélité des salariés – Capacité d'innovation – Portefeuille d'une centaine de brevets
FAIBLESSES
– Prix plus élevés que les concurrents – Difficultés pour recruter du personnel compétent

Exercice 10

Le diagnostic externe

1. Caractérisation de Biofood.

TYPE	Organisation marchande Entreprise privée
FINALITÉS	Finalité lucrative : faire du profit
STATUT JURIDIQUE	Société (pas de précision complémentaire)
RESSOURCES	Ressources financières : non mentionnées Ressources matérielles : un restaurant Ressources humaines : non mentionnées
CHAMP D'ACTION	Rennes
NATURE DE L'ACTIVITÉ	Restauration rapide haut de gamme proposant des plats à base de produits biologiques

2. Diagnostic de l'environnement.

FACTEURS	CARACTÉRISTIQUES	OPPORTUNITÉS/ MENACES
POLITIQUE	Aucune information	
ÉCONOMIQUE	Le contexte économique favorise la restauration rapide qui pratique des prix peu élevés. En période de crise les consommateurs font attention à leurs dépenses.	Opportunité
	Secteur très concurrentiel : de nombreux acteurs sont présents sur le marché de la restauration rapide.	Menace
SOCIOCULTUREL	Nouveaux comportements des consommateurs : nomadisme alimentaire, réduction du temps de la pause déjeuner, développement de la restauration hors foyer.	Opportunités
TECHNOLOGIQUE	Les restaurants s'équipent pour proposer la wifi à leurs clients.	Opportunité
	Les consommateurs diffusent leurs expériences et leurs avis sur les réseaux sociaux.	Menace (si les avis sont négatifs) Opportunité si les avis sont positifs, ce qui peut créer du bouche à oreille et attirer des nouveaux clients
ÉCOLOGIQUE	Développement des concepts Bio	Opportunité
	Peu de restaurants possèdent la certification 100 % Bio	Opportunité

FACTEURS	CARACTÉRISTIQUES	OPPORTUNITÉS/ MENACES
LÉGAL	La certification Bio délivrée par l'agence Bio est difficile à obtenir car les contrôles sont fréquents et rigoureux.	Menace car la certification est difficile à obtenir

3. Diagnostic sectoriel.

FORCES CONCURRENTIELLES	
LA CONCURRENCE DANS LE SECTEUR	Le secteur de la restauration rapide est très concurrentiel. Sur le segment des hamburgers, le marché est dominé par deux grands leaders. Sur le segment de la sandwicherie traditionnelle, la concurrence est atomisée avec de nombreuses enseignes en réseaux et les boulangeries traditionnelles.
LE POUVOIR DE NÉGOCIATION DES CLIENTS	Les clients partagent de plus en plus leurs expériences et leurs avis positifs et négatifs sur les réseaux sociaux.
LE POUVOIR DE NÉGOCIATION DES FOURNISSEURS	Aucune information
LES ENTRANTS POTENTIELS	Les commerces de proximité commencent à développer une offre de snacking (prêt-à-manger) à côté des caisses.
LES PRODUITS DE SUBSTITUTION	Aucune information

Exercice 11

Les composantes du diagnostic stratégique

1. Les compétences d'une organisation sont fondées sur :
a) son savoir-faire.
c) son expérience.

2. Les ressources intangibles correspondent aux ressources matérielles de l'organisation.
Faux.

3. Toute modification de l'environnement favorable à l'organisation peut être considérée comme :
a) une opportunité.

4. Le diagnostic sectoriel peut être appréhendé à travers :
c) 5 forces concurrentielles.

Exercice 12

Les stratégies globales

1. Caractérisation de Classica.

TYPE	Organisation marchande Entreprise privée
FINALITÉS	Finalité lucrative : Faire du profit Assurer sa pérennité
STATUT JURIDIQUE	Société anonyme (SA)
RESSOURCES	Ressources financières : non mentionnées Ressources humaines : 171 salariés Ressources matérielles : 30 boutiques
CHAMP D'ACTION	France
NATURE DE L'ACTIVITÉ	Classica est un éditeur et distributeur de musique. Cette entreprise produit des disques de musique classique, de jazz et de musique du monde qu'elle distribue dans 171 boutiques.

2. L'entreprise Classica a choisi une stratégie de spécialisation car elle intervient dans un seul domaine d'activité : la musique.

3. L'entreprise connaît des difficultés car le secteur de la musique, sur lequel elle s'est spécialisée, est en pleine mutation.
Du fait de la dématérialisation des ventes, le marché du disque est en chute car les consommateurs privilégient le téléchargement et les achats en ligne.

Exercice 13

Les stratégies de domaine

1. Caractérisation d'Atouprix.

TYPE	Organisation marchande Entreprise privée
FINALITÉS	Finalité lucrative : faire du profit
STATUT JURIDIQUE	Société (le type de société n'est pas précisé)
RESSOURCES	Ressources financières : non mentionnées Ressources humaines : non mentionnées Ressources matérielles : - 125 magasins et 1 centrale d'achat en France - 4 centrales d'achats en Asie
CHAMP D'ACTION	France
NATURE DE L'ACTIVITÉ	Vente de vêtements à prix bas

2. La société Atouprix a choisi de développer une stratégie de domination par les coûts.
Cette stratégie consiste pour Atouprix à réduire ses coûts pour proposer des vêtements à bas prix.

3. Pour proposer des produits à des prix modiques, Atouprix cherche à réduire ses coûts :
- en s'approvisionnant majoritairement en Asie ;
- en réduisant les dépenses en marketing ;
- en utilisant des matières bon marché pour ses vêtements ;
- en négociant des conditions économiques avantageuses pour l'implantation de ses magasins.

4. La stratégie de domination par les coûts est risquée pour l'entreprise car en proposant des prix bas l'entreprise a tendance à réduire ses marges.
Cette stratégie peut mettre en danger sa rentabilité et nuire à terme à sa pérennité.

Exercice 14

Externalisation et intégration

1. Caractérisation de Lulu.

TYPE	Organisation marchande Entreprise privée
FINALITÉS	Finalités lucratives : Faire du profit Poursuivre son développement en ouvrant des nouvelles boutiques
STATUT JURIDIQUE	Société (pas de précision complémentaire)
RESSOURCES	Ressources financières : l'entreprise est déficitaire depuis 2 ans Ressources humaines : non précisées Ressources matérielles : 22 boutiques
CHAMP D'ACTION	Mondial
NATURE DE L'ACTIVITÉ	Marque de prêt-à-porter

2. Depuis 2009, la société LuLu a décidé de développer ses propres boutiques. Cette stratégie correspond à une stratégie d'intégration.

3. L'entreprise a décidé de créer ses propres boutiques afin d'optimiser ses méthodes de vente et de bien répondre aux besoins de la clientèle.
Cette stratégie permet également à la marque de ne plus être dépendante des magasins multimarques de luxe et de contrôler son image de marque.
D'un point de vue financier, l'intégration permet à l'entreprise d'accroître sa rentabilité en supprimant les marges des intermédiaires.

4. Cette stratégie demande à la société LuLu de réaliser des investissements importants pour créer des nouvelles boutiques et gérer ses stocks.
Pour assurer son développement, l'entreprise a besoin d'argent et recherche des investisseurs pour entrer dans son capital.

Exercice 15

Les options stratégiques des entreprises

1. La stratégie de spécialisation consiste :
a) à se concentrer sur un seul DAS.

2. La stratégie de différenciation consiste à :
c) proposer une offre distincte de celle de la concurrence.

3. En regroupant et contrôlant l'ensemble du processus d'activités, une entreprise :
b) intègre.

Exercice 16

Les spécificités des stratégies des organisations publiques

1. Le parc naturel des Calanques a pour mission de protéger les paysages, la biodiversité et la richesse culturelle des calanques situées aux portes de Marseille.
Le parc poursuit un objectif d'intérêt général car il a pour finalité de préserver une zone naturelle dans l'intérêt de tous les citoyens et des générations futures.

2. Les parties prenantes concernées par la réglementation des zones de pêche dans le parc naturel des calanques sont :
- les pêcheurs professionnels ;
- les pêcheurs amateurs ;
- les associations de défense de l'environnement ;
- l'État.

3. Ces parties prenantes ont des intérêts contradictoires car :
- les pêcheurs professionnels dénoncent une réduction de leur espace de travail qui représente une de leurs principales ressources ;
- les pêcheurs amateurs voient leur espace de loisirs limité ;
- les associations de défense de l'environnement regrettent que les zones de non-prélèvement ne soient pas assez étendues ;
- l'État souhaite placer 20 % des eaux françaises sous protection.

Exercice 17

Les spécificités des stratégies des organisations publiques

1. La stratégie d'une organisation publique est déterminée par :
b) la recherche de l'intérêt général.

2. Les organisations publiques doivent :
a) respecter un cadre budgétaire.
c) rendre compte de l'utilisation de l'argent public.

Exercice 18

Les stratégies des associations

1. Caractérisation de CAPPA.

TYPE	Organisation à but non lucratif
FINALITÉ	Sa finalité est de protéger les animaux et plus particulièrement les chats.
STATUT JURIDIQUE	Association
RESSOURCES	Ressources financières : – aucune subvention publique – dons des magasins – ventes d'objets donnés Ressources humaines : non mentionnées
CHAMP D'ACTION	L'association est présente sur Hectomare et Elbeuf en Normandie.
NATURE DE L'ACTIVITÉ	L'association accueille les chats dans un refuge et les place dans des familles d'adoption.

2. En étant reconnue d'utilité publique, l'association peut recevoir des dons.
Les donateurs peuvent bénéficier d'une déductibilité fiscale.
De plus l'association peut recevoir des legs, c'est-à-dire qu'une personne peut décider de son vivant, par testament, de transmettre à titre gratuit un ou plusieurs biens à l'association.

3. L'association CAPPA doit faire face à des dépenses pour alimenter les chats et payer les frais de vétérinaire.
Pour financer ses besoins, l'association reçoit des dons de certains magasins, elle vend également des objets qui lui ont été donnés.

4. L'association CAPPA a ouvert une boutique sur Elbeuf pour vendre les objets qu'elle a reçus à travers des dons.
Auparavant, l'association vendait les objets dans des foires à tout mais cette opération était épuisante.
En ouvrant cette boutique, l'association espère dégager suffisamment de recettes pour subvenir à ses besoins.

Exercice 19

Les stratégies des associations

1. L'objet social d'une association doit avoir un caractère lucratif.
Faux.

2. Les ressources d'une association proviennent :
a) des cotisations des adhérents.
c) des subventions publiques.

3. La reconnaissance d'utilité publique :
b) est délivrée par le Conseil d'État.
c) permet aux donateurs de bénéficier d'une déduction fiscale.

Indice ; évolution

LU ☐
SU ☐
REVU ☐

1 Indice simple en base 100

Soit y_0 et y_1 deux nombres réels strictement positifs et t le taux d'évolution de y_0 à y_1.

1.1. Définition

- L'indice de y_1 par rapport à y_0 est le nombre réel strictement positif $\mathbf{I_{1/0} = 100 \times \frac{y_1}{y_0}}$.
- Lorsque l'indice est plus petit que 100, il s'agit d'une baisse de y_0 à y_1.

Lorsque l'indice est égal 100, il s'agit d'une stabilité de y_0 à y_1.
Lorsque l'indice est plus grand que 100, il s'agit d'une hausse de y_0 à y_1.

- En économie, $I_{1/0}$ est l'indice de la valeur d'une grandeur à la date 1 (y_1) par rapport à la valeur de cette grandeur à la date 0 (y_0).

$I_{1/0}$ est l'indice de la valeur d'une grandeur à la date 1, base 100 à la date 0.

1.2. Relation entre indice, coefficient multiplicateur et taux d'évolution

L'égalité reliant y_1 à y_0 et t s'écrit $y_1 = (1 + t)\, y_0$, où $(1 + t)$ est le coefficient multiplicateur de y_0 à y_1.

$$y_0 \xrightarrow{\times(1+t)} y_1$$

Ainsi, $1 + t = \frac{y_1}{y_0}$.

a) Relation entre indice et coefficient multiplicateur

$\frac{y_1}{y_0} = \frac{I_{1/0}}{100}$, donc $1 + t = \frac{I_{1/0}}{100}$ ou encore $\mathbf{I_{1/0} = 100 \times (1 + t)}$.

b) Relation entre indice et taux d'évolution

$\mathbf{t = \frac{I_{1/0}}{100} - 1}$ et $\mathbf{I_{1/0} = 100 + 100t}$.

EXEMPLES

- Pour $y_0 = 5$ et $y_1 = 8$, l'indice de 8 par rapport à 5 est $I_{1/0} = 100 \times \frac{8}{5} = 160$ et il s'agit d'une hausse, car $160 > 100$.

Ainsi, le coefficient multiplicateur de 5 à 8 est $\frac{160}{100} = 1{,}6$ et le taux d'évolution de 5 à 8 est $1{,}6 - 1 = 0{,}6 = 60\,\%$ (il s'agit d'une hausse de 60 %).

- Pour $y_0 = 16$ et $y_1 = 12$, l'indice de 12 par rapport à 16 est $I_{1/0} = 100 \times \frac{12}{16} = 75$ et il s'agit d'une baisse, car $75 < 100$.

Ainsi, le coefficient multiplicateur de 16 à 12 est $\frac{75}{100} = 0{,}75$ et le taux d'évolution de 16 à 12 est $0{,}75 - 1 = -0{,}25 = -25\,\%$ (il s'agit d'une baisse de 25 %).

2 Racine *n*-ième d'un nombre réel positif ou nul

Soit a un nombre réel positif ou nul et n un nombre entier naturel non nul.

2.1. Résolution, dans $[0\,; +\infty[$, de l'équation $x^n = a$

L'équation $x^n = a$ admet une unique solution dans $[0\,; +\infty[$.

Cette solution est le nombre réel noté $a^{\frac{1}{n}}$; on obtient une valeur approchée de ce nombre à l'aide de la calculatrice.

EXEMPLES

- La solution, dans $[0\,;+\infty[$, de l'équation $x^8 = 1{,}3$ est $1{,}3^{\frac{1}{8}} \approx 1{,}033$.
- La solution, dans $[0\,;+\infty[$, de l'équation $x^2 = 5$ est $5^{\frac{1}{2}} \approx 2{,}236$.

Graphiquement, $a^{\frac{1}{n}}$ est l'abscisse du point d'intersection de la courbe d'équation $y = x^n$ et de la droite d'équation $y = a$.

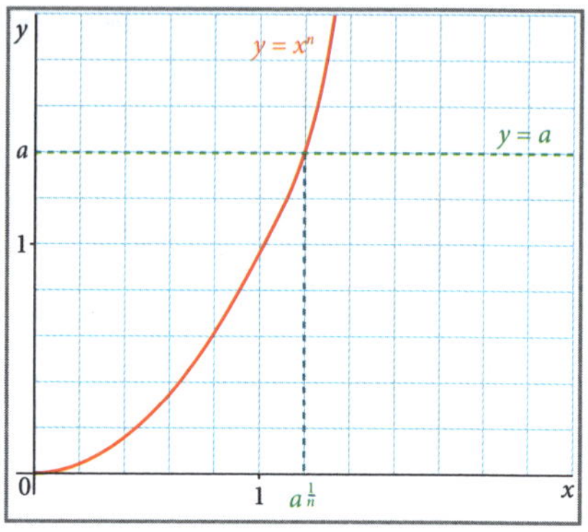

2.2. Racine n-ième de a

La racine n-ième de a est le nombre $a^{\frac{1}{n}}$.

EXEMPLES

- La racine sixième de 3 est $3^{\frac{1}{6}} \approx 1{,}2$.
- La racine deuxième (ou racine carrée) de 15 est $15^{\frac{1}{2}} \approx 3{,}9$.
- La racine cinquième de 32 est $32^{\frac{1}{5}} = 2$.

3 Taux d'évolution

Soit $y_0, y_1, \ldots, y_n$ des nombres réels strictement positifs.
Soit $t_1, t_2, \ldots, t_n$ les taux d'évolution successifs respectifs de y_0 à y_1, y_1 à y_2, …, y_{n-1} à y_n.
On note T le taux d'évolution global de y_0 à y_n et t_m le taux d'évolution moyen.

3.1. Taux d'évolution global

$$y_0 \xrightarrow{\times(1+t_1)} y_1 \xrightarrow{\times(1+t_2)} y_2 \ldots y_{n-1} \xrightarrow{\times(1+t_n)} y_n$$

$$y_0 \xrightarrow{\qquad\qquad \times(1+T) \qquad\qquad} y_n$$

Le coefficient multiplicateur global de y_0 à y_n est le produit des n coefficients multiplicateurs $1 + t_1$, $1 + t_2$, …, $1 + t_n$:
$1 + T = (1 + t_1) \times (1 + t_2) \times \ldots \times (1 + t_n)$,
donc $\boldsymbol{T = (1 + t_1) \times (1 + t_2) \times \ldots \times (1 + t_n) - 1}$.

3.2. Taux d'évolution moyen

$$y_0 \xrightarrow{\times(1+t_m)} y_1 \xrightarrow{\times(1+t_m)} y_2 \ldots y_{n-1} \xrightarrow{\times(1+t_m)} y_n$$

$$y_0 \xrightarrow{\qquad\qquad \times(1+T) \qquad\qquad} y_n$$

On considère n évolutions successives de même taux moyen t_m qui permettent d'obtenir le même nombre y_n en partant de y_0.
De l'égalité $(1 + t_m) \times (1 + t_m) \times \ldots \times (1 + t_m) = 1 + T$, soit $(1 + t_m)^n = 1 + T$,
on déduit que $1 + t_m$ est la racine n-ième de $1 + T$,
c'est-à-dire $1 + t_m = (1 + T)^{\frac{1}{n}}$.

Ainsi, $\boldsymbol{t_m = (1 + T)^{\frac{1}{n}} - 1}$.

3.3. Vocabulaire

$1 + T$ est le coefficient multiplicateur global et T le taux d'évolution global.
$1 + t_m$ est le coefficient multiplicateur moyen et t_m le taux d'évolution moyen.

S'entraîner au Bac
Exercices 1 à 7 : p. 211

MATHÉMATIQUES

Suites

LU ☐
SU ☐
REVU ☐

1 Expressions du terme général (ou terme de rang *n*) d'une suite arithmétique

Soit (u_n) une suite arithmétique de raison a.

1.1. Terme initial u_0

Le terme général de la suite (u_n) de terme initial u_0 s'écrit, pour tout nombre entier naturel n, $u_n = u_0 + na$.

EXEMPLES
Soit (u_n) la suite arithmétique de raison $a = 5$ et de terme initial $u_0 = -2$.
Pour tout nombre entier naturel n, $u_n = -2 + 5n$.

1.2. Terme initial u_1

Le terme général de la suite (u_n) de terme initial u_1 s'écrit, pour tout nombre entier naturel n non nul, $u_n = u_1 + (n - 1)a$.

EXEMPLE
Soit (u_n) la suite arithmétique de raison $a = 6$ et de terme initial $u_1 = 0{,}5$.
Pour tout nombre entier naturel n non nul, $u_n = 0{,}5 + 6(n - 1) = -5{,}5 + 6n$.

2 Expressions du terme général (ou terme de rang *n*) d'une suite géométrique

Soit (u_n) une suite géométrique, de raison $b > 0$.

2.1. Terme initial u_0

Le terme général de la suite (u_n) de terme initial u_0 s'écrit, pour tout nombre entier naturel n, $u_n = u_0 \times b^n$.

EXEMPLE
Soit (u_n) la suite géométrique de raison $b = 0{,}1$ et de terme initial $u_0 = 3{,}5$.
Pour tout nombre entier naturel n, $u_n = 3{,}5 \times 0{,}1^n$.

2.2. Terme initial u_1

Le terme général de la suite (u_n) de terme initial u_1 s'écrit, pour tout nombre entier naturel n non nul, $u_n = u_1 \times b^{n-1}$.

EXEMPLE
Soit (u_n) la suite géométrique de raison $b = 8$ et de terme initial $u_1 = 0{,}75$.
Pour tout nombre entier naturel n non nul, $u_n = 0{,}75 \times 8^{n-1}$.

3 Somme de termes consécutifs d'une suite

Soit (u_n) une suite.
Soit S une somme de termes consécutifs.

3.1. Nombre de termes consécutifs d'une somme

Le nombre de termes consécutifs d'une somme S est :
rang du dernier terme – rang du premier terme + 1.

EXEMPLES
- Le nombre de termes consécutifs de la somme $S_1 = u_{10} + u_{11} + ... + u_{15}$ est $15 - 10 + 1 = 6$.
- Le nombre de termes consécutifs de la somme $S_2 = u_0 + u_1 + ... + u_9$ est $9 - 0 + 1 = 10$.
- Le nombre de termes consécutifs de la somme $S_3 = u_1 + u_2 + ... + u_7$ est $7 - 1 + 1 = 7$.

3.2. Somme de termes consécutifs

a) Cas général

Soit $S = u_p + ... + u_q$.
S est la somme des $q - p + 1$ termes consécutifs de la suite (u_n).

EXEMPLE
$S = u_9 + u_{10} + u_{11}$.
S est la somme des $11 - 9 + 1 = 3$ termes consécutifs de la suite (u_n).

b) Cas particuliers importants : somme des premiers termes consécutifs

Si le terme initial est u_0 :
$S = u_0 + ... + u_n$.
S est la somme des $n + 1$ premiers termes consécutifs de la suite (u_n).

Si le terme initial est u_1 :
$S = u_1 + ... + u_n$.
S est la somme des n premiers termes consécutifs de la suite (u_n).

EXEMPLES
Soit (a_n) une suite de terme initial a_0 et (c_n) une suite de terme initial c_1.
$a_0 + a_1 + a_2 + a_3 + a_4$ est la somme des 5 premiers termes consécutifs de la suite (a_n).
$c_1 + c_2 + c_3 + c_4$ est la somme des 4 premiers termes consécutifs de la suite (c_n).

S'entraîner au Bac
Exercices 8 à 19 : pp. 212 et 213

LU ☐
SU ☐
REVU ☐

Dérivation

1 Dérivées des fonctions usuelles

f EST DÉFINIE ET DÉRIVABLE SUR	EXPRESSION DE f	EXPRESSION DE f'
$\mathbb{R}$	$f(x) = k$ (constante)	$f'(x) = 0$
	$f(x) = x$	$f'(x) = 1$
	$f(x) = x^2$	$f'(x) = 2x$
	$f(x) = x^3$	$f'(x) = 3x^2$
	$f(x) = x^n$ (cas général : n est un nombre entier naturel)	$f'(x) = nx^{n-1}$
$]-\infty\ ; 0[$ ou $]0\ ; +\infty[$	$f(x) = \frac{1}{x}$	$f'(x) = -\frac{1}{x^2}$

2 Opérations sur les fonctions dérivables

u et v sont des fonctions définies et dérivables sur I.

SOMME $u + v$	$(u + v)' = u' + v'$
DIFFÉRENCE $u - v$	$(u - v)' = u' - v'$
PRODUIT ku PAR UN NOMBRE RÉEL k	$(ku)' = ku'$
QUOTIENT $\frac{u}{v}$, OÙ $v(x) \neq 0$ POUR TOUT x DE I	$\left(\frac{u}{v}\right)' = \frac{u'v - uv'}{v^2}$

3 Tangente à une courbe en un point P

La tangente à la courbe représentative d'une fonction f au point P de coordonnées $(x_p\ ; f(x_p))$ est la droite passant par le point P d'abscisse x_p et de coefficient directeur $f'(x_p)$.

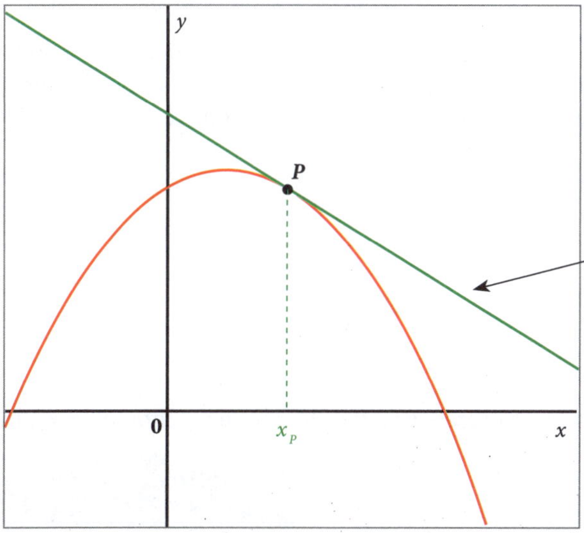

$f'(x_p)$ est le coefficient directeur de la tangente à la courbe au point P.

4 Applications de la dérivation

4.1. Sens de variation

Soit f une fonction dérivable sur un intervalle I.
Le sens de variation de la fonction f s'obtient à partir du signe de sa fonction dérivée.

- Si pour tout x de I, $f'(x) > 0$, alors f est strictement croissante sur I.

x	…		…
$f'(x)$		+	
$f(x)$		↗	

- Si pour tout x de I, $f'(x) < 0$, alors f est strictement décroissante sur I.

x	…		…
$f'(x)$		−	
$f(x)$		↘	

4.2. Extremums locaux

- Si une fonction f dérivable sur un intervalle I admet un extremum local en un point x_0 distinct des extrémités de I, alors $f'(x_0) = 0$.

On peut distinguer deux cas :

x	…		x_0		…
$f'(x)$		−	0	+	
$f(x)$		↘	$f(x_0)$	↗	

$f(x_0)$ est un minimum local.

x	…		x_0		…
$f'(x)$		+	0	−	
$f(x)$		↗	$f(x_0)$	↘	

$f(x_0)$ est un maximum local.

- Les extremums locaux sont à rechercher aux points où la dérivée s'annule.

Pour qu'une fonction admette un extremum local en x_0, il ne suffit pas que la dérivée s'annule en x_0, il faut aussi qu'elle change de signe en x_0.

x	…		x_0		…
$f'(x)$		+	0	+	
$f(x)$		↗	$f(x_0)$	↗	

$f(x_0)$ n'est pas un un extremum local ; en effet, la dérivée s'annule en x_0, mais ne change pas de signe.

S'entraîner au Bac
Exercices 20 à 25 : pp. 213 et 214

Statistiques à deux variables

LU ☐
SU ☐
REVU ☐

1 Série statistique à deux variables

• Pour une population donnée, on peut être amené à étudier simultanément deux variables (ou caractères quantitatifs), notées généralement x et y.

• On appelle série statistique à deux variables (ou série statistique double), l'ensemble des N points de coordonnées $(x_i\ ;\ y_i)$, où x_i représente les N valeurs prises par la variable x et y_i représente les N valeurs prises par la variable y.

2 Représentation graphique d'une série statistique à deux variables

2.1. Nuage de points

Dans le plan rapporté à un repère, la représentation graphique d'une série statistique à deux variables est appelée **nuage de points**.

Il est constitué de l'ensemble des points de coordonnées $(x_i\ ;\ y_i)$, où x_i représente les valeurs prises par la variable x et y_i représente les valeurs prises par la variable y.

2.2. Forme du nuage de points

La forme du nuage de points peut indiquer ou non une liaison entre les deux variables x et y.

Pour des raisons de simplicité du modèle, on s'attache à un type de liaison : la liaison affine.

• Si les points du nuage sont dispersés, ils n'indiquent pas de tendance particulière.

• Si les points du nuage sont sensiblement alignés, alors il existe une liaison affine entre les deux variables x et y. Il est alors possible de tracer une droite qui passe de façon équilibrée par les points du nuage.

EXEMPLES

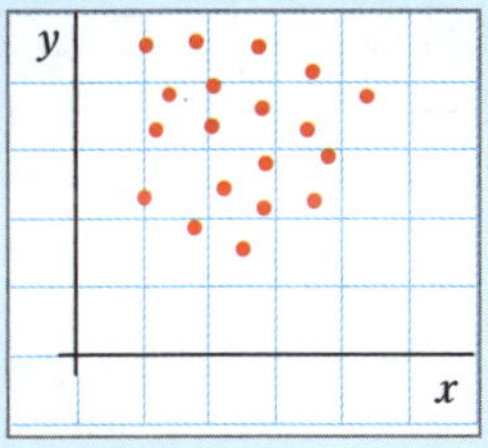

Pas de tendance visible

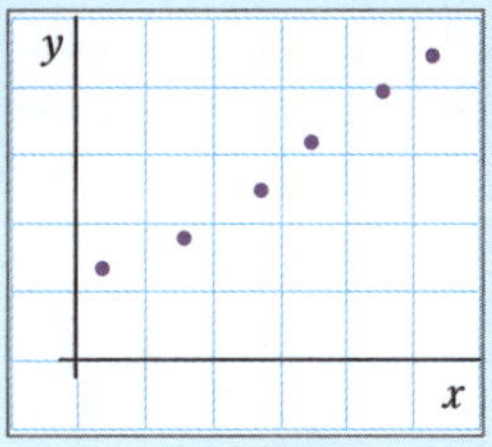

Liaison affine

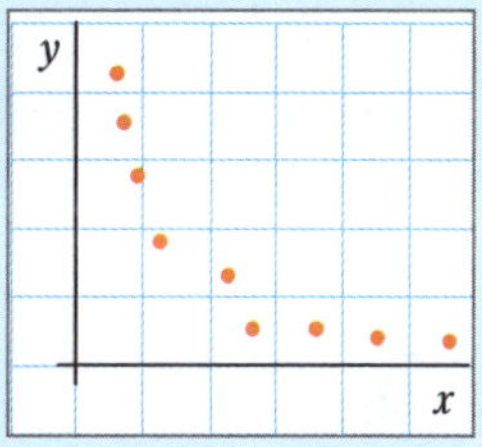

Liaison exponentielle

3 Ajustement affine d'une série statistique à deux variables

Lorsque le nuage de points met en évidence une liaison affine entre les deux variables étudiées, on peut la représenter par une droite d'équation $y = ax + b$.

Cette droite est appelée **droite d'ajustement** de la série statistique.

L'ajustement effectué est dit ajustement affine.

3.1. Ajustement affine graphique

Dans le plan rapporté à un repère, on trace une droite passant au plus près de tous les points du nuage en suivant les indications fournies par l'énoncé.

3.2. Ajustement affine par la méthode des moindres carrés

• Cette méthode consiste à déterminer une droite d'ajustement $\mathscr{D}$, d'équation $y = ax + b$, telle que la somme des carrés des écarts entre les points de même abscisse $M_i(x_i\,;\,y_i)$ du nuage et $P_i(x_i\,;\,y'_i)$ de la droite soit minimale.

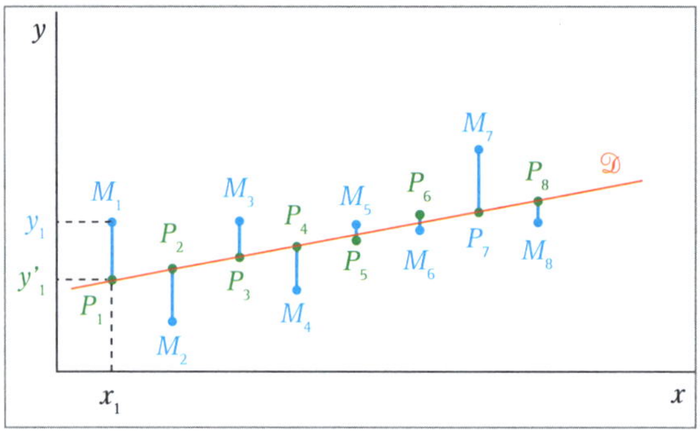

• On obtient les coefficients a et b de l'équation de cette droite d'ajustement avec la calculatrice ou le tableur.

4 Estimation ; prévision

En supposant que la tendance observée se maintienne, la droite d'ajustement permet de faire des estimations.
Ces estimations s'effectuent soit par lecture graphique (à partir du tracé de la droite d'ajustement), soit par le calcul (en utilisant l'équation de la droite d'ajustement).
Lorsque la variable x est une mesure du temps, la série est appelée série chronologique. Il s'agit alors de se projeter dans le futur et de faire des prévisions.

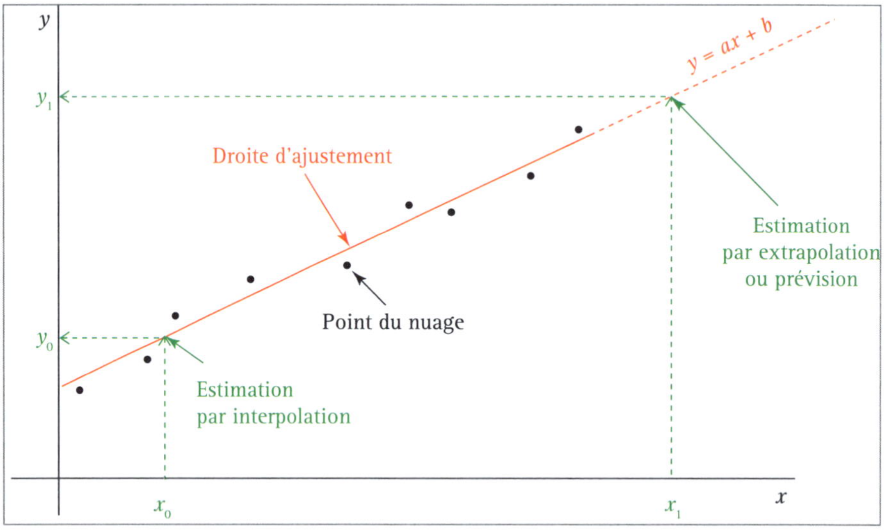

S'entraîner au Bac
Exercices 26 à 30 : pp. 215 et 216

MATHÉMATIQUES

Probabilités conditionnelles

LU ☐
SU ☐
REVU ☐

1 Probabilités conditionnelles

On considère un événement A d'un univers Ω tel que $P(A) \neq 0$.
Pout tout événement B, la probabilité de B sachant A, notée $P_A(B)$, est
$\mathbf{P_A(B) = \dfrac{P(A \cap B)}{P(A)}}$.

On en déduit $P(A \cap B) = P(A) \times P_A(B)$.

De la même manière, on a $\mathbf{P_B(A) = \dfrac{P(A \cap B)}{P(B)}}$, où $P(B) \neq 0$.

On en déduit $P(A \cap B) = P(B) \times P_B(A)$.

Ainsi, $\mathbf{P(A \cap B) = P(A) \times P_A(B) = P(B) \times P_B(A)}$.

2 Arbre pondéré de probabilités

2.1. Construction de l'arbre

Dans l'univers Ω d'une épreuve aléatoire, on considère les événements A_1, A_2, A_3, ..., A_n, de probabilités non nulles, formant une **partition** de Ω.
Étant donné un événement B conditionné par les événements A_1, A_2, ..., A_n, on représente la situation à l'aide d'un **arbre de probabilités**.

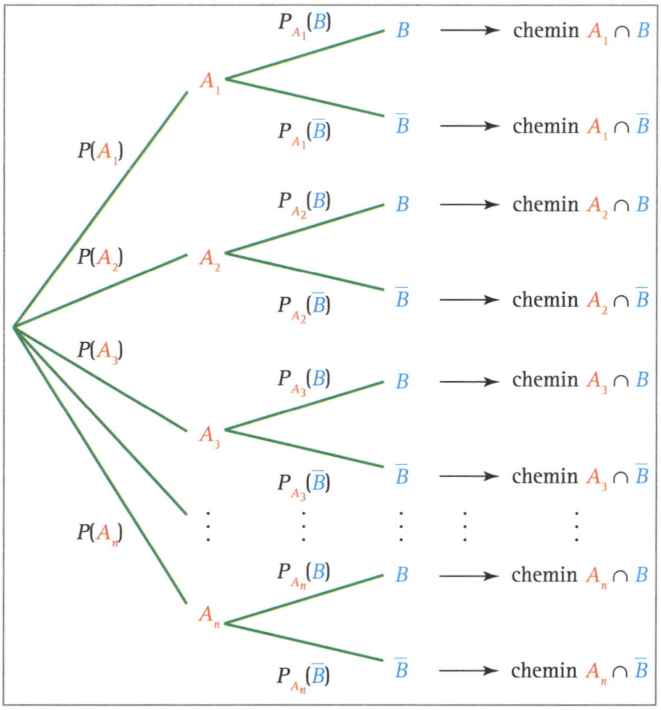

2.2. Propriétés et règles de calcul

- Chaque chemin correspond à un événement ; cet événement est l'intersection des événements figurant sur ce chemin.

• La somme des probabilités portées sur les branches issues d'un même nœud est égale à 1.
• La probabilité de l'événement correspondant à un chemin est le produit des probabilités portées sur ses branches.
• La probabilité d'un événement est la somme des probabilités des événements correspondant aux chemins qui y aboutissent.

EXEMPLE

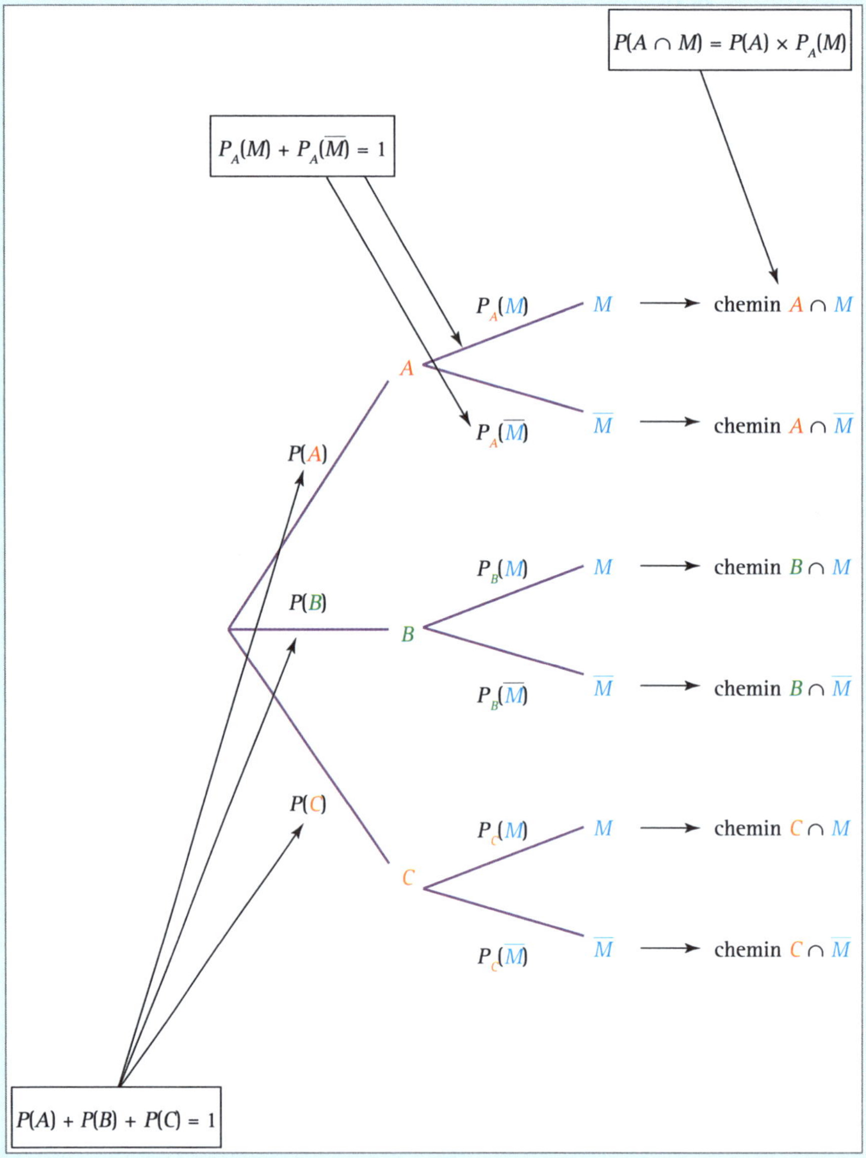

La probabilité de l'événement M est
$\boldsymbol{P(M) = P(A \cap M) + P(B \cap M) + P(C \cap M)}$.

S'entraîner au Bac
Exercices 31 à 36 : pp. 216 et 217

Savoir 6

Loi normale

LU ☐
SU ☐
REVU ☐

Le plan est rapporté à un repère orthogonal.

1 Loi normale

1.1 Définition

Dire qu'une variable aléatoire X suit la loi normale $N(\mu ; \sigma)$, de moyenne μ et d'écart type $\sigma > 0$, signifie que sa densité de probabilité est une fonction dont la représentation graphique est une « courbe en cloche ».

1.2 Propriétés

La courbe est symétrique par rapport à la droite d'équation $x = \mu$.
L'aire de la surface située entre la courbe et l'axe des abscisses est égale à 1.

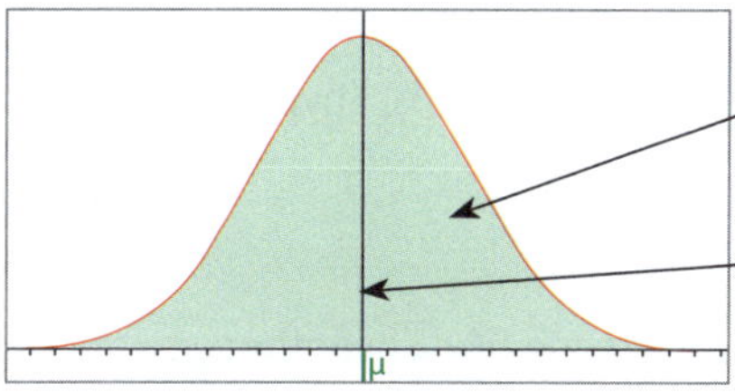

L'aire sous la courbe est égale à 1.

La courbe est symétrique par rapport à la droite d'équation $x = \mu$.

2 Calculs de probabilités

Soit une variable aléatoire X qui suit une loi normale $N(\mu ; \sigma)$.
Soit a et b deux nombres réels tels que $a < b$.

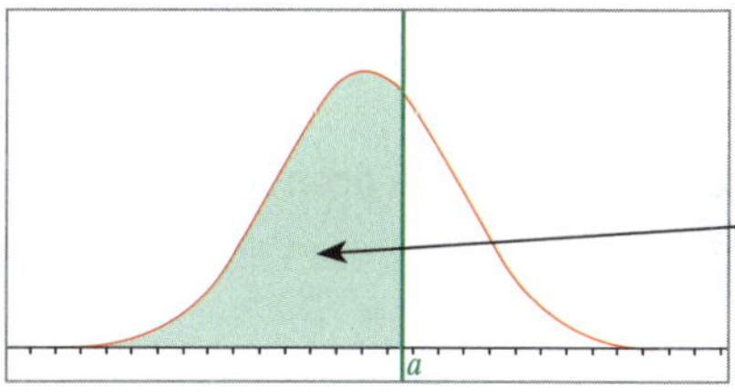

$P(X \leqslant a) = P(X < a)$

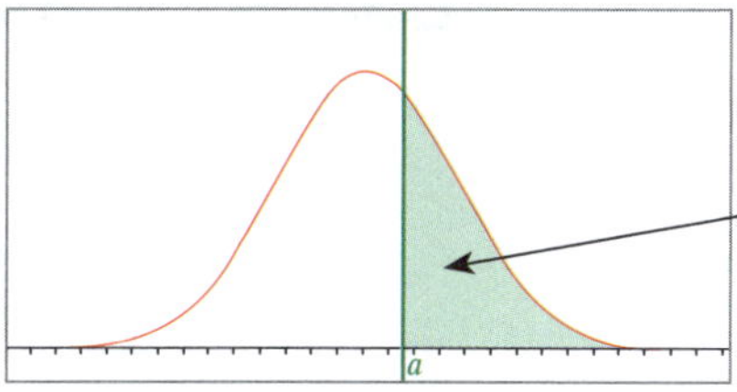

$P(X \geqslant a) = P(X > a)$

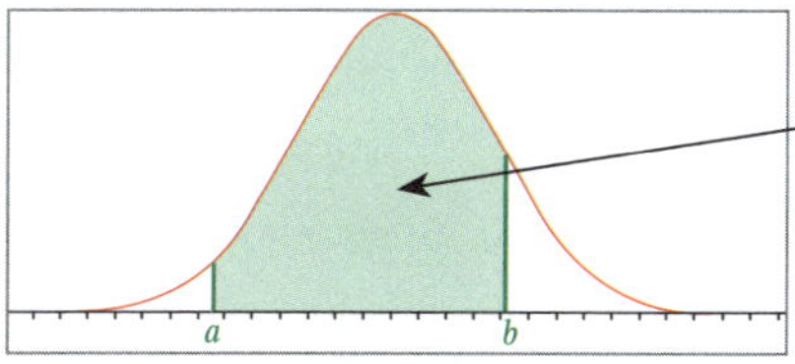

$$P(a \leqslant X \leqslant b) = P(a < X < b) = P(a < X \leqslant b) = P(a \leqslant X < b)$$

Les valeurs de ces probabilités s'obtiennent avec la calculatrice ou sur tableur.

MATHÉMATIQUES

3 Échantillonnage ; estimation

On s'intéresse, pour une population donnée, à une propriété α.
Soit p la proportion des individus de cette population qui possèdent cette propriété.
On prélève au hasard et avec remise un échantillon de n individus de la population.
Soit f la fréquence des individus de cet échantillon qui possèdent la propriété étudiée α.

3.1. Échantillonnage

L'intervalle $\left[p - \frac{1}{\sqrt{n}} ; p + \frac{1}{\sqrt{n}}\right]$ est l'intervalle de fluctuation à au moins 95 % de la fréquence f.

Autrement dit, avant même de prélever un échantillon de taille n dans la population, on sait que l'on a au moins 95 % de chance que la fréquence f appartienne à cet intervalle.

Ainsi, on peut « tester » la valeur de p :

- Si $f \in \left[p - \frac{1}{\sqrt{n}} ; p + \frac{1}{\sqrt{n}}\right]$, alors on accepte, au risque 5 %, l'hypothèse sur la valeur de p.

- Si $f \notin \left[p - \frac{1}{\sqrt{n}} ; p + \frac{1}{\sqrt{n}}\right]$, alors on rejette, au risque 5 %, l'hypothèse sur la valeur de p.

3.2. Estimation

On veut estimer la valeur de p, que l'on ne connaît pas, à partir d'un échantillon.
L'échantillon fournit la valeur de f.

L'intervalle $\left[f - \frac{1}{\sqrt{n}} ; f + \frac{1}{\sqrt{n}}\right]$ est un intervalle de confiance à au moins 95 %.

Autrement dit, il y a au moins 95 % de chance pour que la proportion inconnue p de la population appartienne à cet intervalle.

MATHÉMATIQUES

S'entraîner au Bac
Exercices 37 à 46 : pp. 217 et 218

MÉTHODE 1

Comment calculer une valeur à partir d'un indice ?

On transforme la formule $I_{1/0} = 100 \times \frac{y_1}{y_0}$ selon la valeur cherchée :
$y_0 = \frac{100 \times y_1}{I_{1/0}}$ ou $y_1 = \frac{I_{1/0} \times y_0}{100}$.

Exercice 1 : p. 211

MÉTHODE 2

Comment déterminer avec une calculatrice ou un tableur la solution positive d'une équation $x^n = a$ ($a > 0$) ?

1. On écrit que la solution, dans $[0 ; +\infty[$, de l'équation $x^n = a$ est le nombre réel $a^{\frac{1}{n}}$.
2. On donne la valeur exacte ou une valeur décimale arrondie de la solution à l'aide de la calculatrice en tapant (a) (^) (() (1) (÷) (n) ()) ou du tableur en entrant dans une cellule `=a^(1/n)`.

Exercice 2 : p. 211

MÉTHODE 3

Comment calculer le taux d'évolution global de plusieurs évolutions successives de taux différents ?

1. On détermine le nombre n d'évolutions successives de la période considérée.
2. On détermine le coefficient multiplicateur global des n évolutions successives de taux t_1, t_2, ..., t_n écrits sous forme décimale :
$1 + T = (1 + t_1) \times (1 + t_2) \times ... \times (1 + t_n)$.
3. On en déduit le taux d'évolution global : $T = (1 + t_1) \times (1 + t_2) \times ... \times (1 + t_n) - 1$.

Exercice 3 : p. 211

MÉTHODE 4

Comment calculer le taux d'évolution global à partir du taux d'évolution moyen ?

1. On détermine le nombre n d'évolutions successives de la période considérée et on écrit le taux d'évolution moyen t_m sous forme décimale.
2. On détermine le coefficient multiplicateur global : $1 + T = (1 + t_m)^n$.
3. On en déduit le taux d'évolution global : $T = (1 + t_m)^n - 1$.

Exercice 4 : p. 211

MATHÉMATIQUES

MÉTHODE 5

Comment calculer un taux d'évolution moyen à partir d'un taux d'évolution global ?

1. On détermine le coefficient multiplicateur moyen : $1 + t_m = (1 + T)^{\frac{1}{n}}$ après avoir déterminé le nombre n de périodes et écrit le taux d'évolution global T sous forme décimale.
2. On en déduit le taux d'évolution moyen : $t_m = (1 + T)^{\frac{1}{n}} - 1$.

Exercice 6 : p. 211

MÉTHODE 6

Comment calculer le taux d'évolution moyen de plusieurs évolutions successives de taux différents ?

1. On détermine le nombre n d'évolutions successives de la période considérée.
2. On détermine le coefficient multiplicateur moyen des n évolutions successives de taux t_1, t_2,..., t_n écrits sous forme décimale :
   $1 + t_m = [(1 + t_1) \times (1 + t_2) \times ... \times (1 + t_n)]^{\frac{1}{n}}$.
3. On en déduit le taux d'évolution moyen :
   $t_m = [(1 + t_1) \times (1 + t_2) \times ... \times (1 + t_n)]^{\frac{1}{n}} - 1$.

Exercice 5 : p. 211

MÉTHODE 7

Comment calculer des termes d'une suite arithmétique en utilisant l'expression de son terme général ?

Soit (u_n) une suite arithmétique définie par son terme initial et sa raison a.

1. Si le terme initial est u_0, on utilise l'expression $u_n = u_0 + na$.
2. Si le terme initial est u_1, on utilise l'expression $u_n = u_1 + (n - 1)a$.

Exercices 8, 9 et 11 : p. 212

MÉTHODE 8

Comment calculer des termes d'une suite géométrique en utilisant l'expression de son terme général ?

Soit (u_n) une suite géométrique définie par son terme initial et sa raison $b > 0$.

1. Si le terme initial est u_0, on utilise l'expression $u_n = u_0 \times b^n$.
2. Si le terme initial est u_1, on utilise l'expression $u_n = u_1 \times b^{n-1}$.

Exercices 13 et 14 : p. 212

MÉTHODE 9

Comment déterminer, à l'aide d'une calculatrice, une somme de termes consécutifs d'une suite arithmétique ou géométrique ?

Soit (u_n) une suite arithmétique ou géométrique définie par son terme initial et sa raison.

1. On détermine l'expression du terme général de (u_n).
   - Si (u_n) est une suite arithmétique, on utilise l'expression $u_n = u_0 + na$ ou $u_n = u_1 + (n - 1)a$.
   - Si (u_n) est une suite géométrique, on utilise l'expression $u_n = u_0 \times b^n$ ou $u_n = u_1 \times b^{n-1}$.
2. On identifie le rang du premier terme et le rang du dernier terme de la somme cherchée.
3. **Pour les calculatrices de modèle CASIO**
   - Dans le menu, on choisit RUN, puis on tape (EXE) (OPTN) LIST Sum Seq.
   - On entre l'expression du terme général de la suite.
   - On tape (,) (X,θ,T) (,) le rang du premier terme (,) le rang du dernier terme (,) (1) ()) (EXE).

Pour les calculatrices de modèle TI
   - On tape (mode) pour sélectionner Normal et Séquentiel puis (2nde) (stats) et on choisit MATH, puis 5: somme((entrer) (2nde) (stats) et on choisit OPS, puis 5: suite((entrer).
   - On entre l'expression du terme général de la suite.
   - On tape (,) (x,t,θ,n) (,) le rang du premier terme (,) le rang du dernier terme (,) (1) ()) (entrer).

Exercices 12 et 17 : pp. 212 et 213

MÉTHODE 10

Comment déterminer, à l'aide d'un tableur, une somme de termes consécutifs d'une suite ?

Soit (u_n) une suite définie par son terme initial et sa raison.

1. On entre dans la colonne A les rangs n successifs.
2. On détermine dans la colonne B les termes u_n correspondants.
   - Si (u_n) est une suite arithmétique, on utilise la définition $u_{n+1} = u_n + a$ ou le terme général $u_n = u_0 + na$ ou $u_n = u_1 + (n - 1)a$.
   - Si (u_n) est une suite géométrique, on utilise la définition $u_{n+1} = u_n \times b$ ou le terme général $u_n = u_0 \times b^n$ ou $u_n = u_1 \times b^{n-1}$.
3. On détermine dans une cellule la somme des termes avec la formule =somme(.......:.......).

Exercices 12 et 17 : pp. 212 et 213

Méthode 11

Comment calculer la dérivée d'une fonction ?

On considère une fonction f définie sur un intervalle I.

1. On identifie la forme de la fonction f : $u + v$, $u - v$, ku, $\frac{u}{v}$, en précisant ses différents éléments.
2. On énonce la formule à appliquer et on calcule la dérivée des éléments formant f : $u'(x) = ...$, $v'(x) = ...$, etc.
3. On calcule $f'(x)$ en utilisant les formules du cours :

$(u + v)' = u' + v'$, $(u - v)' = u' - v'$, $(ku)' = ku'$ et $\left(\frac{u}{v}\right)' = \frac{u'v - uv'}{v^2}$.

Exercice 20 : p. 213

Méthode 12

Comment étudier le sens de variation d'une fonction en utilisant sa dérivée ?

On considère une fonction f définie sur un intervalle I.

1. On calcule la dérivée $f'(x)$.
2. On étudie le signe de $f'(x)$.
3. On en déduit le sens de variation de f ; on dresse son tableau de variation.
4. On précise les éventuels extremums locaux de f à l'aide du tableau de variation.

Exercice 21 : p. 214

Méthode 13

Comment représenter graphiquement le nuage de points d'une série $(x_i ; y_i)$ à partir d'un tableau de données ?

1. Le plan étant rapporté à un repère orthogonal, on choisit une unité adaptée pour chaque axe :
   - en repérant dans le tableau de données la plus petite et la plus grande des valeurs prises par chacune des variables x et y ;
   - en précisant si nécessaire les coordonnées du point d'intersection des axes.
2. On place sur une figure, l'ensemble des points de coordonnées $(x_i ; y_i)$ donnés par le tableau.

Exercice 26 : p. 215

MÉTHODE 14

Comment effectuer un ajustement affine graphique d'une série $(x_i\,;\,y_i)$ à partir de la représentation graphique du nuage de points ?

1. On vérifie qu'un ajustement affine apparaît envisageable, c'est-à-dire que les points du nuage sont sensiblement alignés.
2. On trace une droite passant le plus près possible de tous les points du nuage en suivant les indications fournies par l'énoncé.

Exercice 27 : p. 215

MÉTHODE 15

Comment déterminer l'équation de la droite d'ajustement obtenue par la méthode des moindres carrés ?

1. • **Pour les calculatrices de modèle CASIO**

Dans le menu, choisir STAT, taper EXE et entrer les valeurs x_i dans List 1 et y_i dans List 2. (Le curseur étant situé sur le nom d'une liste, appuyer sur DEL-A YES pour effacer toutes les données précédentes de la liste.) Taper CALC SET, puis sur la ligne 2Var X :, sélectionner List 1 et sur la ligne 2Var Y:, sélectionner List 2. EXE REG X ax+b donne les coefficients *a* et *b*.

• **Pour les calculatrices de modèle TI**

Taper stats 1 : Edite... et entrer les valeurs x_i dans L1 et y_i dans L2. (Le curseur étant situé sur le nom d'une liste, appuyer sur annul entrer pour effacer toutes les données.) Taper stats CALC 4 : RegLin(ax+b), puis 2nde 1 , 2nde 2. entrer donne les coefficients *a* et *b*.

• **Sur tableur**

Entrer les valeurs x_i et les valeurs y_i dans les colonnes A et B.
Entrer dans une cellule la formule =droitereg(B1:B...;A1:A...) pour obtenir *a* et entrer dans une autre cellule la formule =ordonnee.origine(B1:B...;A1:A...) pour obtenir *b*.

2. On en déduit une équation de la droite d'ajustement de la forme $y = ax + b$.

Exercice 28 : p. 215

MÉTHODE 16

Comment effectuer des estimations ?

1. À partir d'un ajustement affine réalisé graphiquement : pour estimer y_0 à partir d'une valeur donnée x_0, on lit l'ordonnée y_0 du point de la droite d'abscisse x_0 ; pour estimer x_0 à partir d'une valeur donnée y_0, on lit l'abscisse x_0 du point de la droite d'ordonnée y_0.
2. À partir d'une équation de la droite d'ajustement, on calcule une estimation de la valeur y_0 correspondant à la valeur x_0 donnée.

Exercice 29 : p. 215

Méthode 17

Comment calculer une probabilité conditionnelle ?

On considère deux événements A et B tels que $P(A) \neq 0$.

1. On détermine $P(A)$ et $P(A \cap B)$ à l'aide de l'énoncé.
2. On utilise l'égalité $P_A(B) = \dfrac{P(A \cap B)}{P(A)}$.

Exercice 31 : p. 216

Méthode 18

Comment calculer, avec une probabilité conditionnelle, la probabilité de l'intersection de deux événements ?

On considère deux événements A et B tels que $P(A) \neq 0$.

1. On traduit les données de l'énoncé par des probabilités pour déterminer $P(A)$ et $P_A(B)$.
2. On utilise l'égalité $P(A \cap B) = P(A) \times P_A(B)$.

Exercice 32 : p. 216

Méthode 19

Comment calculer, à l'aide d'un arbre pondéré, la probabilité d'un événement A ?

1. On traduit les données de l'énoncé par des probabilités.
2. On représente la situation par un arbre pondéré.
3. On repère les chemins aboutissant à A et on calcule la probabilité de l'événement associé à un chemin (qui est le produit des probabilités portées sur ses branches).
4. On calcule la probabilité de A en additionnant les probabilités des événements de tous les chemins menant à A.

Exercice 36 : p. 217

MÉTHODE 20

Comment utiliser la calculatrice pour calculer une probabilité avec une loi normale ?

1. On repère les paramètres μ et σ de la loi normale et la ou les bornes a et b de la variable.

2. On obtient directement les probabilités $P(X \leqslant a)$ et $P(a \leqslant X \leqslant b)$ avec la calculatrice.

Pour obtenir $P(X > a)$, on calcule $1 - P(X \leqslant a)$.

• **Pour $P(X \leqslant a)$ ou $P(X < a)$**

Modèle CASIO GRAPH 35+

(MENU) STAT (EXE)

DIST NORM Ncd

Lower : ((–)) (1) (0) (^) (9) (9)

Upper : (a)

σ : (σ)

μ : (μ)

CALC

Modèle TI-82 Stats.fr

distrib DISTRIB 2:

normalFRép((entrer) puis

taper : ((–)) (1) (0) (^) (9) (9) (,) (a) (,) (μ) (,) (σ) ()) (entrer).

• **Pour $P(a < X < b)$**

Modèle CASIO GRAPH 35+

(MENU) STAT (EXE)

DIST NORM Ncd

Lower : (a)

Upper : (b)

σ : (σ)

μ : (μ)

CALC

Modèle TI-82 Stats.fr

distrib DISTRIB 2:

normalFRép((entrer) puis

taper : (a) (,) (b) (,) (μ) (,) (σ) ()) (entrer).

Remarque : on peut aussi calculer directement $P(X > a)$ ou $P(X \geqslant a)$ en entrant :

Lower : (a)

Upper : (1) (0) (^) (9) (9)

Exercices 37 à 42 : pp. 217 et 218

MÉTHODE 21

Comment utiliser un tableur pour calculer une probabilité avec une loi normale ?

1. On repère les paramètres μ et σ de la loi normale.

2. Pour $P(X \leqslant a)$, on entre dans une cellule du tableur la formule =LOI.NORMALE(a;μ;σ;1).

Exercices 37 à 42 : pp. 217 et 218

MÉTHODE 22

Comment exploiter un intervalle de fluctuation pour accepter ou rejeter une hypothèse sur une proportion p ?

Principe : on cherche à vérifier, à partir d'un échantillon de taille n, si une hypothèse sur une proportion p est acceptable.

1. On repère la valeur de p pour laquelle on doit prendre une décision et l'effectif n de l'échantillon.
2. On détermine l'intervalle de fluctuation $\left[p-\frac{1}{\sqrt{n}}\,;\,p+\frac{1}{\sqrt{n}}\right]$.
3. On calcule la fréquence f correspondant à l'échantillon.
4. On accepte l'hypothèse (à au moins 95 % ou encore au risque de 5 %) si $f \in \left[p-\frac{1}{\sqrt{n}}\,;\,p+\frac{1}{\sqrt{n}}\right]$, on la rejette si $f \notin \left[p-\frac{1}{\sqrt{n}}\,;\,p+\frac{1}{\sqrt{n}}\right]$.

Exercices 43 et 44 : p. 218

MÉTHODE 23

Comment estimer, par intervalle de confiance, une proportion p inconnue ?

Principe : on cherche, à partir d'un échantillon de taille n, à déterminer l'intervalle dans lequel on a au moins 95 % de « chance » de trouver la proportion p inconnue.

1. On calcule la fréquence f correspondant à l'échantillon de taille n.
2. On détermine l'intervalle de confiance $\left[f-\frac{1}{\sqrt{n}}\,;\,f+\frac{1}{\sqrt{n}}\right]$, puis on conclut par une phrase.

Exercices 45 et 46 : p. 218

Exercice 1 voir Fiche Savoir 1

Indice

Soit v_1, v_2, v_3 et v_4 les nombres respectifs de vélos vendus dans un magasin au cours des 4 semaines écoulées.

1. On sait que $v_1 = 15$ et $I_{2/1} = 180$. Calculez v_2.

2. On sait que $v_4 = 21$ et $I_{4/3} = 70$. Calculez v_3.

FAIT ☐ REVU ☐

Exercice 2 voir Fiche Savoir 1

Équation de la forme $x^n = a$

Résolvez, dans $[0\,;+\infty[$, chacune des équations suivantes (solution arrondie à 10^{-4} près si nécessaire).

a) $x^2 = 36$; **b)** $x^3 = 1\,000$; **c)** $x^4 = 2{,}9$;
d) $x^5 = \frac{7}{4}$; **e)** $x^6 = 18$; **f)** $x^{12} = 0{,}68$.

FAIT ☐ REVU ☐

Exercice 3 voir Fiche Savoir 1

Taux d'évolution global

Calculez le taux d'évolution global (arrondi à 0,1 % près) des évolutions successives suivantes.

a) Hausses successives de 15 %, 10 %, puis 7 %.

b) Baisses successives de 47 %, 28 %, puis 11 %.

c) Hausses de 8 %, puis de 5 % et baisse de 13 %.

d) Baisse de 9 %, puis hausses de 6 % et de 3 %.

FAIT ☐ REVU ☐

Exercice 4 voir Fiche Savoir 1

Taux d'évolution global

Calculez le taux d'évolution global (arrondi à 0,01 % près) des évolutions successives suivantes.

a) Trois hausses successives de 19 %.

b) Trois baisses successives de 4 %.

FAIT ☐ REVU ☐

Exercice 5 voir Fiche Savoir 1

Taux d'évolution moyen

Calculez le taux d'évolution moyen (arrondi à 0,1 % près) des évolutions successives suivantes.

a) Hausses successives de 100 %, 10 %, puis 1 %.

b) Baisses successives de 50 %, 5 %, puis 0,5 %.

c) Hausse de 8 %, puis baisses de 30 % et de 8 %.

d) Baisses de 45 %, puis de 4,5 % et hausse de 54 %.

FAIT ☐ REVU ☐

Exercice 6 voir Fiche Savoir 1

Taux d'évolution moyen

Calculez le taux d'évolution annuel moyen (arrondi à 0,1 % près) des évolutions suivantes.

a) Hausse de 50 % sur 5 ans.

b) Baisse de 60 % sur 12 ans.

FAIT ☐ REVU ☐

Exercice 7 voir Fiche Savoir 1

Taux d'évolution

Depuis sa création, le directeur d'un parc d'attraction calcule l'évolution, en pourcentage, du nombre de ses visiteurs d'une année à la suivante.

Les résultats sont consignés dans le tableau suivant.

ANNÉE	TAUX D'ÉVOLUTION
1	–
2	+ 4,4 %
3	+ 6,4 %
4	+ 7 %
5	+ 10,3 %
6	+ 13,6 %

1. a) Calculez, arrondi à 10^{-3} près, le coefficient multiplicateur du nombre de visiteurs de l'année 1 à l'année 6.

b) Le nombre de visiteurs l'année 6 s'élevait à 134 000. Quel était le nombre de visiteurs à la fin de la première année ?

c) Calculez le nombre de visiteurs les années 2, 3, 4 et 5.

2. a) Calculez le taux d'évolution annuel moyen du nombre de visiteurs de l'année 1 à l'année 6 (résultat arrondi à 0,01 % près).

b) Utilisez ce taux pour prévoir le nombre de visiteurs la 7e année, puis la 11e année.

FAIT ☐ REVU ☐

MATHÉMATIQUES

Exercice 8 voir Fiche Savoir 2

Terme général d'une suite arithmétique

Soit (u_n) une suite arithmétique de terme initial u_0 ou u_1 et de raison a. **Écrivez l'expression du terme général de cette suite dans les cas suivants.**

a) $u_0 = -2$ et $a = 3$.
b) $u_0 = 5$ et $a = 0,5$.
c) $u_1 = 8$ et $a = -10$.
d) $u_1 = -5$ et $a = -3$.

FAIT ☐ REVU ☐

Exercice 9 voir Fiche Savoir 2

Terme général d'une suite arithmétique

Soit (u_n) la suite arithmétique de terme initial $u_0 = 80$ et de raison -6.

1. **Écrivez l'expression du terme général de cette suite.**
2. **Calculez u_{10}.**
3. **Calculez le 10e terme de cette suite.**

FAIT ☐ REVU ☐

Exercice 10 voir Fiche Savoir 2

Termes consécutifs d'une suite arithmétique sur tableur

1. Soit (u_n) la suite arithmétique de terme initial $u_0 = 8$ et de raison $-4,5$.

Créez sur tableur une feuille de calcul permettant d'obtenir la liste des 11 premiers termes de cette suite.

2. Soit (u_n) la suite arithmétique de terme initial $u_1 = -15$ et de raison 7. **Créez sur tableur une feuille de calcul permettant d'obtenir la liste des termes de rangs 1 à 9 de cette suite.**

FAIT ☐ REVU ☐

Exercice 11 voir Fiche Savoir 2

Terme général d'une suite arithmétique

1. On considère la suite arithmétique (u_n), de terme initial $u_0 = -2$ et de raison 5. **Calculez u_{10}.**
2. On considère la suite arithmétique (v_n), de terme initial $v_1 = 5$ et de raison -3. **Calculez v_{10}.**

FAIT ☐ REVU ☐

Exercice 12 voir Fiche Savoir 2

Somme des termes consécutifs d'une suite arithmétique sur calculatrice ou tableur

(u_n) est la suite arithmétique de terme initial $u_0 = 4$ et de raison 25.

À l'aide d'une calculatrice ou d'un tableur, déterminez les sommes suivantes.

a) $u_0 + u_1 + ... + u_{17}$.
b) $u_1 + u_2 + ... + u_{18}$.
c) $u_8 + u_9 + ... + u_{45}$.
d) $u_{54} + u_{55} + ... + u_{60}$.

FAIT ☐ REVU ☐

Exercice 13 voir Fiche Savoir 2

Terme général d'une suite géométrique

1. On considère la suite géométrique (u_n), de terme initial $u_0 = 4$ et de raison 1,5. **Calculez u_5.**
2. On considère la suite géométrique (v_n), de terme initial $v_1 = 0,1$ et de raison 7. **Calculez v_5.**

FAIT ☐ REVU ☐

Exercice 14 voir Fiche Savoir 2

Terme général d'une suite géométrique

Soit (u_n) une suite géométrique de terme initial u_0 ou u_1 et de raison b.

Écrivez l'expression du terme général de cette suite dans les cas suivants.

a) $u_0 = 1$ et $b = 3$.
b) $u_0 = 4$ et $b = 0,9$.
c) $u_1 = 0,5$ et $b = 2$.
d) $u_1 = 10,2$ et $b = 1,4$.

FAIT ☐ REVU ☐

Exercice 15 voir Fiche Savoir 2

Termes consécutifs d'une suite géométrique sur tableur

Soit (u_n) la suite géométrique de terme initial $u_0 = 3$ et de raison 0,25.

Créez sur tableur une feuille de calcul permettant d'obtenir la liste des termes de rangs 0 à 8 de cette suite.

FAIT ☐ REVU ☐

Exercice 16 voir Fiche Savoir 2

Termes consécutifs d'une suite géométrique sur tableur

Soit (u_n) la suite géométrique de terme initial $u_1 = 140$ et de raison 0,05.

Créez sur tableur une feuille de calcul permettant d'obtenir la liste des 7 premiers termes de cette suite.

FAIT ☐ REVU ☐

Exercice 17 voir Fiche Savoir 2

Somme des termes consécutifs d'une suite géométrique sur calculatrice ou tableur

(v_n) est la suite géométrique de terme initial $v_0 = 5$ et de raison 0,6.

À l'aide d'une calculatrice ou d'un tableur, déterminez les sommes suivantes.

a) $v_0 + v_1 + ... + v_7$. **b)** $v_1 + v_2 + ... + v_{11}$.
c) $v_4 + v_5 + ... + v_9$. **d)** $v_2 + v_3 + ... + v_8$.

FAIT ☐ REVU ☐

Exercice 18 voir Fiche Savoir 2

Étude d'une suite arithmétique

La 1re année d'exploitation, le bénéfice d'une entreprise est de 3 000 €. Ses bénéfices augmentent chaque année de 15 000 €. On suppose que cette évolution va se poursuivre les années suivantes.

1. Calculez le bénéfice de l'entreprise la 2e année.

2. On note b_1 le bénéfice de la 1re année et b_n le bénéfice de la n-ième année.

a) Montrez que (b_n) est une suite arithmétique ; précisez son terme initial et sa raison.

b) Exprimez b_n en fonction de n.

3. Déterminez l'année à partir de laquelle le bénéfice sera pour la première fois supérieur à 200 000 €.

FAIT ☐ REVU ☐

Exercice 19 voir Fiche Savoir 2

Étude d'une suite géométrique

Une entreprise spécialisée dans la vente d'articles de bureautique a ouvert ses portes, il y a deux ans.

Le responsable réalise une étude sur le coût de revient des locaux de la société. Son étude porte sur les six premières années de vie de son entreprise. La première année, le loyer annuel a été fixé à 27 600 € ; le responsable se base sur une augmentation annuelle du loyer de 3 % pendant 6 ans.

On note l_1 le loyer de la 1re année et l_n le loyer de la n-ième année.

1. Montrez que (l_n) est une suite géométrique ; précisez son terme initial et sa raison.

2. a) Écrivez l'expression du terme général de (l_n).

b) À l'aide d'une calculatrice ou d'un tableur, déterminez le montant du loyer la 6e année, puis le montant total du loyer payé les 6 premières années.

FAIT ☐ REVU ☐

Exercice 20 voir Fiche Savoir 3

Dérivée d'une fonction

Déterminez, pour chaque cas la dérivée f' de la fonction f définie sur I.

a) $f(x) = x^3 - x^2 + \frac{1}{x} - 5$; $I =]0 ; 10]$.

b) $f(x) = -2x^4$; $I = \mathbb{R}$.

c) $f(x) = \frac{6}{x}$; $I =]0 ; 4]$.

d) $f(x) = 1{,}5x^4 - 2x^3 + 10x + \frac{3}{2}$; $I = \mathbb{R}$.

e) $f(x) = 1 - 0{,}5x^2 + 4x$; $I = \mathbb{R}$.

f) $f(x) = \frac{1}{3}x^3 - \frac{4}{x}$; $I =]0 ; +\infty[$.

g) $f(x) = (0{,}5x - 4)(2x^2 - 0{,}25)$; $I = \mathbb{R}$.

h) $f(x) = (2x - 3)^2$; $I = \mathbb{R}$.

i) $f(x) = \frac{2x}{x+1}$; $I = [0 ; 10]$.

j) $f(x) = \frac{3x+1}{-x-1}$; $I =]-1 ; 10]$.

k) $f(x) = \frac{5-2x}{x}$; $I =]0 ; 5]$.

l) $f(x) = \frac{4x}{x^2+1}$; $I = \mathbb{R}$.

m) $f(x) = \frac{3-x}{x^2}$; $I =]0 ; 5]$.

n) $f(x) = \frac{2-x}{x^2-1}$; $I =]1 ; +\infty[$.

o) $f(x) = \frac{1-4x}{x^2+2}$; $I = [0 ; 5]$.

FAIT ☐ REVU ☐

Exercice 21 voir Fiche Savoir 3

Étude du signe de la dérivée d'une fonction

Déterminez, pour chaque cas, la dérivée f' de la fonction f définie sur I, puis étudiez le signe de $f'(x)$ en présentant les résultats dans un tableau.

a) $f(x) = 0{,}5x^2 - 2x + 1$; $I = [0 ; 5]$.

b) $f(x) = -4x^2 + 4x - 1$; $I = [-5 ; 5]$.

c) $f(x) = 2x^3 + x + 1$; $I = [-4 ; 5]$.

d) $f(x) = -4x^3 - 1$; $I = [-5 ; 5]$.

e) $f(x) = -0{,}5 + \frac{1}{x}$; $I = [0{,}5 ; 5]$.

f) $f(x) = 4x - \frac{2}{x}$; $I = [1 ; 4]$.

g) $f(x) = \frac{4x+1}{-2x+1}$; $I = [1 ; 5]$.

h) $f(x) = \frac{-2x+1}{5-x}$; $I = [0 ; 4]$.

FAIT ☐ REVU ☐

Exercice 22 voir Fiche Savoir 3

Tableau de variation d'une fonction ; Extremum local

Étudiez, pour chaque cas, le sens de variation de la fonction f définie sur I en utilisant sa dérivée, dressez son tableau de variation et précisez ses éventuels extremums locaux.

a) $f(x) = 2x^2 - 6x + 1$; $I = [-1 ; 5]$.

b) $f(x) = -x^2 - 4x - 1$; $I = [-5 ; 5]$.

c) $f(x) = x^3 - 3x^2 + 5$; $I = [-1 ; 5]$.

d) $f(x) = -x^3 + x^2 + x + 1$; $I = \mathbb{R}$.

e) $f(x) = 2x^3 + 3x^2 + 1{,}5x - 0{,}5$; $I = \mathbb{R}$.

f) $f(x) = \frac{-2x}{x+3}$; $I = [0 ; 6]$.

FAIT ☐ REVU ☐

Exercice 23 voir Fiche Savoir 3

Équation réduite de la tangente à une courbe au point d'abscisse x_p

Le plan est rapporté à un repère, $\mathscr{C}$ est la courbe représentative de la fonction f définie sur I. Déterminez, pour chaque cas, l'équation réduite de la tangente $\mathscr{T}$ à $\mathscr{C}$ au point d'abscisse a et vérifiez la cohérence du résultat en traçant $\mathscr{C}$ et $\mathscr{T}$ sur l'écran d'une calculatrice ou sur tableur.

a) $f(x) = -x^3 - 2x^2 + 1$; $I = [-1 ; 5]$; $a = 1$.

b) $f(x) = \frac{1}{x+1}$; $I = [-0{,}5 ; 5]$; $a = 0$.

c) $f(x) = x - 1 + \frac{2}{x-1}$; $I =]1 ; 5]$; $a = 2$.

d) $f(x) = -2x - 1 - \frac{1}{x^2-1}$; $I =]-1 ; 1[$; $a = 0$.

FAIT ☐ REVU ☐

Exercice 24 voir Fiche Savoir 3

Étude d'une fonction polynôme

Un artisan fabrique des vases qu'il met en vente. On suppose que tous les vases fabriqués sont vendus. L'artisan veut faire une étude sur la production d'un nombre de vases compris entre 0 et 60. Il estime que le coût de production de x vases fabriqués est modélisé par la fonction c dont l'expression est $c(x) = x^2 - 10x + 500$, où x appartient à l'intervalle $[0 ; 60]$.
Chaque vase est vendu 50 euros.
On note $r(x)$ la recette, en euros, correspondant à la vente de x vases fabriqués.

1. Exprimez $r(x)$ en fonction de x.

2. a) Tracez les courbes représentatives des fonctions c et r sur l'écran d'une calculatrice.

b) Pour quel nombre de vases fabriqués et vendus, le bénéfice semble-t-il être maximal ?

3. a) Montrez que le bénéfice, en euros, réalisé par la fabrication et la vente de x vases, est donné par la fonction b dont l'expression est $b(x) = -x^2 + 60x - 500$, où x appartient à l'intervalle $[0 ; 60]$.

b) Calculez $b'(x)$.

c) Déterminez le signe de $b'(x)$ sur l'intervalle $[0 ; 60]$.

d) Dressez le tableau de variation de la fonction b sur l'intervalle $[0 ; 60]$.

e) Déduisez-en le nombre de vases à fabriquer et à vendre pour réaliser un bénéfice maximal.

FAIT ☐ REVU ☐

Exercice 25 voir Fiche Savoir 3

Étude d'une fonction rationnelle

Soit f la fonction définie sur l'intervalle $[5 ; 50]$ par $f(x) = x + 30 + \frac{400}{x}$. On note $\mathscr{C}$ la courbe représentative de f dans le plan rapporté à un repère.

MATHÉMATIQUES

Partie A

1. a) Tracez $\mathscr{C}$ sur l'écran d'une calculatrice ou sur tableur.

b) Ajoutez sur l'écran la droite d'équation $y = 80$.

2. a) Conjecturez le sens de variation de f.

b) Quel semble être le minimum de f ?

c) Résolvez graphiquement l'inéquation $f(x) < 80$.

Partie B

1. Calculez $f'(x)$.

2. Étudiez le signe de $f'(x)$.

3. Déduisez-en le sens de variation de f ; dressez son tableau de variation.

4. Quel est le minimum de f sur $[5 ; 50]$?

Partie C

Une entreprise fabrique des sacs (entre 5 et 50 sacs chaque jour). Le coût unitaire moyen pour x sacs fabriqués chaque jour est modélisé par la fonction f. Chaque sac est vendu 80 €.

1. Combien de sac l'entreprise doit-elle fabriquer pour que le coût unitaire moyen soit minimal ? Indiquez ce coût.

2. Pour quelle quantité de sacs fabriqués l'entreprise réalise-t-elle un bénéfice ?

FAIT ☐ REVU ☐

Exercice 26 voir Fiche Savoir 4

Nuages de points

Représentez le nuage de points de la série statistique suivante.

VARIABLE x_i	1	2	3	4
VARIABLE y_i	100	95	105	110

FAIT ☐ REVU ☐

Exercice 27 voir Fiche Savoir 4

Ajustement affine graphique

On considère le tableau de données suivant.

VARIABLE x_i	10	20	30	40	50
VARIABLE y_i	50	46	40	34	30

1. Représentez le nuage de points de cette série.

2. Tracez une droite d'ajustement passant par les premier et dernier points du nuage.

FAIT ☐ REVU ☐

Exercice 28 voir Fiche Savoir 4

Méthode des moindres carrés sur calculatrice ou tableur

Pour chacune des séries statistiques $(x_i ; y_i)$, $(x_i ; z_i)$ et $(z_i ; t_i)$, on admet qu'un ajustement affine est justifié.

À l'aide de la calculatrice ou du tableur, déterminez, pour chaque série statistique, une équation de la droite d'ajustement obtenue par la méthode des moindres carrés (arrondissez si nécessaire les valeurs de a et de b à 0,01 près).

x_i	1	2	3	4	5	6	7	8	9	10
y_i	10	9,7	9,5	9	8,6	8,3	8	7,5	7,6	7,1
z_i	150	160	155	170	180	200	220	215	200	250
t_i	0,2	0,4	0,8	0,7	1,6	2,8	3,5	4,5	6	9

FAIT ☐ REVU ☐

Exercice 29 voir Fiche Savoir 4

Estimation

La série statistique est représentée par un nuage de points sur lequel figure un tracé d'une droite d'ajustement.

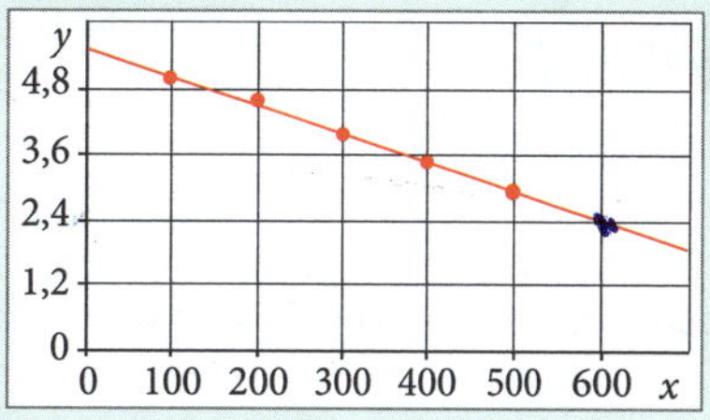

1. Déterminez graphiquement une estimation de y pour $x = 600$.

2. La droite d'ajustement tracée a pour équation $y = -0{,}0052x + 5{,}56$.
Utilisez cette équation pour vérifier le résultat obtenu à la question 1.

FAIT ☐ REVU ☐

Exercice 30 voir Fiche Savoir 4

Étude d'une série statistique

L'évolution, en pourcentage, du nombre d'individus d'une population d'oiseaux en période de reproduction est donnée dans le tableau suivant.

JOUR	1	2	3	4	5
ÉVOLUTION EN % D'UN JOUR À L'AUTRE	30 %	27 %	19 %	16 %	9 %

1. Calculez, pour chaque jour, le nombre d'oiseaux de la population étudiée sachant que leur nombre initial était 1 000 (arrondissez au nombre entier le plus proche).

2. a) Représentez le nuage de points de cette série statistique à deux variables x et y, où x désigne le jour et y l'évolution en pourcentage.

b) Un ajustement affine apparaît-il envisageable ?

3. À l'aide de la calculatrice ou du tableur, déterminez une équation de la droite d'ajustement obtenue par la méthode des moindres carrés.

4. En supposant que l'évolution constatée se poursuive :

a) quel serait le taux d'évolution du nombre d'oiseaux du 5e au 6e jour ?

b) quel serait le nombre d'oiseaux correspondant ?

FAIT ☐ REVU ☐

Exercice 31 voir Fiche Savoir 5

Probabilités

On a interrogé des élèves de Terminale sur leurs goûts musicaux.

55 % d'entre eux ont déclaré aimer la techno, 78 % ont déclaré aimer le rap et 45 % ont déclaré aimer la techno et le rap.

Pour l'un de ces élèves rencontré au hasard, on considère les événements T : « l'élève aime la techno » et R : « l'élève aime le rap ».

1. Donnez les probabilités des événements T, R et $T \cap R$.

2. Quelle est la probabilité que l'élève aime la techno sachant qu'il aime le rap ?

3. Quelle est la probabilité que l'élève aime le rap sachant qu'il aime la techno ?

FAIT ☐ REVU ☐

Exercice 32 voir Fiche Savoir 5

Probabilités

Dans un lycée, 72 % des élèves s'intéressent au football et parmi eux 20 % le pratique en club.

On interroge au hasard un élève de ce lycée.

On note F l'événement « l'élève s'intéresse au football » et C l'événement « l'élève pratique le football en club ». **Calculez la probabilité que l'élève s'intéresse au football et le pratique en club.**

FAIT ☐ REVU ☐

Exercice 33 voir Fiche Savoir 5

Calcul de probabilités

Les 160 employés d'une entreprise se répartissent de la façon suivante.

	HOMMES	FEMMES
CADRES	15	17
TECHNICIENS	52	76

Au cours de la fête de fin d'année, le comité d'entreprise offre un séjour à la montagne à une personne choisie au hasard parmi les 160 personnes de cette entreprise.

On définit les événements suivants.

C : « la personne choisie fait partie des cadres » ;

T : « la personne choisie fait partie des techniciens » ;

F : « la personne choisie est une femme » ;

H : « la personne choisie est un homme ».

1. Calculez $P(T \cap H)$, puis $P(F)$.

2. Calculez $P_C(F)$ et $P_F(C)$ (arrondissez à 0,01 près).

FAIT ☐ REVU ☐

Exercice 34 voir Fiche Savoir 5

Arbre pondéré de probabilités

Reproduisez et complétez l'arbre pondéré de probabilités suivant, en portant sur ses branches les probabilités manquantes.

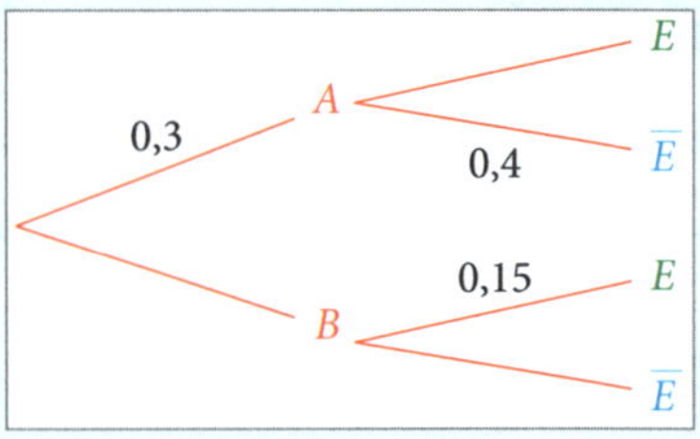

FAIT ☐ REVU ☐

Exercice 35 voir Fiche Savoir 5

Calcul de probabilités à l'aide d'un arbre pondéré

On considère l'arbre pondéré de probabilités suivant.

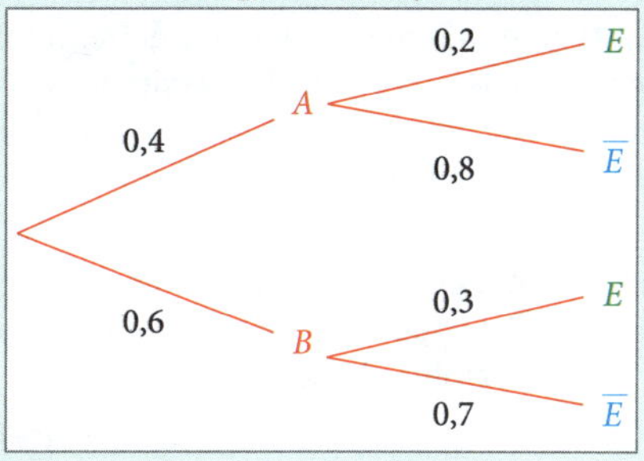

1. Donnez $P(A)$, $P(B)$, $P_A(E)$ et $P_B(E)$.

2. Déduisez-en $P(A \cap E)$ et $P(B \cap E)$, puis $P(E)$.

FAIT ☐ REVU ☐

Exercice 36 voir Fiche Savoir 5

Calcul de probabilités à l'aide d'un arbre pondéré

Dans un lycée, on interroge les élèves de Terminale STMG sur leurs intentions d'orientation post-bac après le conseil de classe du troisième trimestre.

On compte parmi ces élèves 45 % de filles.

95 % des filles souhaitent s'inscrire en BTS ou en DUT et 90 % des garçons souhaitent cette même orientation.

On choisit une fiche de renseignements d'un élève au hasard.

On note A, B et E les événements suivants.

A : « l'élève est une fille » ;

B : « l'élève est un garçon » ;

E : « l'élève souhaite s'inscrire en BTS ou en DUT ».

1. Complétez l'arbre de probabilités suivant illustrant la situation.

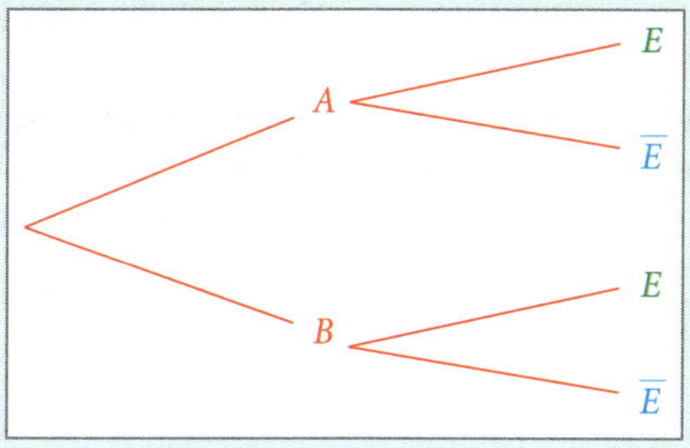

2. Calculez $P(A \cap E)$ et $P(B \cap E)$.

3. Déduisez-en la probabilité que l'élève souhaite s'inscrire en BTS ou en DUT.

FAIT ☐ REVU ☐

Exercice 37 voir Fiche Savoir 5

Calcul d'une probabilité avec une loi normale

On considère une variable aléatoire X qui suit la loi normale $N(10\,;\,2)$.

1. Calculez $P(X < 12{,}5)$, puis $P(X \geqslant 12{,}5)$.

2. Calculez $P(X > 7{,}8)$.

FAIT ☐ REVU ☐

Exercice 38 voir Fiche Savoir 5

Calcul d'une probabilité avec une loi normale

On considère une variable aléatoire X qui suit la loi normale $N(-5\,;\,2)$.

1. Calculez $P(X < -2)$, puis $P(X \geqslant -2)$.

2. Calculez $P(X > -6{,}5)$.

FAIT ☐ REVU ☐

Exercice 39 voir Fiche Savoir 5

Calcul d'une probabilité avec une loi normale

On considère une variable aléatoire X qui suit la loi normale $N(0{,}4\,;\,0{,}01)$.

1. Calculez $P(0{,}42 < X < 0{,}435)$.

2. Calculez $P(0{,}391 < X < 0{,}43)$.

FAIT ☐ REVU ☐

Exercice 40 voir Fiche Savoir 5

Calcul d'une probabilité avec une loi normale

On considère une variable aléatoire X qui suit la loi normale $N(-110\,;\,7)$.

1. Calculez $P(-111 < X < -109{,}5)$.

2. Calculez $P(-112{,}5 < X < -110)$.

FAIT ☐ REVU ☐

MATHÉMATIQUES

Exercice 41 voir Fiche Savoir 5

Calcul d'une probabilité avec une loi normale

Une machine produit des boutons pour l'industrie textile. Le diamètre de ces boutons correspond à une variable aléatoire D qui suit la loi normale de moyenne 15 mm et d'écart type 1,1 mm.

Un bouton est jugé défectueux si son diamètre est supérieur à 16,5 mm. On prend un bouton au hasard dans la production.

Calculez, à l'aide de la calculatrice ou du tableur, la probabilité que le bouton soit défectueux.

FAIT ☐ REVU ☐

Exercice 42 voir Fiche Savoir 5

Calcul d'une probabilité avec une loi normale

La durée de vie d'un certain type d'appareil est modélisée par une variable aléatoire V qui suit une loi normale de moyenne 2 200 jours et d'écart type 300 jours.

On considère un appareil choisi au hasard.

Quelle est la probabilité d'avoir un appareil dont la durée de vie est comprise entre 2 500 jours et 2 700 jours ?

FAIT ☐ REVU ☐

Exercice 43 voir Fiche Savoir 5

Intervalle de fluctuation

Le maire d'une ville affirme : « 70 % des habitants sont favorables à la construction d'une médiathèque ».

On interroge 200 habitants de la ville ; 128 sont favorables à la construction de la médiathèque (on assimilera cet échantillon à un prélèvement au hasard et avec remise).

À partir de cet échantillon, peut-on accepter au risque de 5 % l'affirmation du maire ?

FAIT ☐ REVU ☐

Exercice 44 voir Fiche Savoir 5

Intervalle de fluctuation

Un producteur de poires affirme que 80 % de sa production est de premier choix.

On teste son affirmation sur un échantillon de 320 poires de la production (on assimile ce prélèvement à un prélèvement au hasard et avec remise) ; 28 % des poires de cet échantillon ne sont pas de premier choix.

À partir de cet échantillon, peut-on accepter au risque de 5 % l'hypothèse que 80 % de la production est de premier choix ?

FAIT ☐ REVU ☐

Exercice 45 voir Fiche Savoir 5

Estimation d'une proportion inconnue par intervalle de confiance

Un sondage est effectué auprès d'un échantillon de 150 personnes d'une ville (on assimilera cet échantillon à un prélèvement au hasard et avec remise) ; 40 % d'entre elles sont favorables à l'action du maire.

À partir de cet échantillon, estimez par un intervalle de confiance à au moins 95 % la proportion des citoyens de la ville qui sont favorables à l'action du maire.

FAIT ☐ REVU ☐

Exercice 46 voir Fiche Savoir 5

Estimation d'une proportion inconnue par intervalle de confiance

On interroge 120 clients à la sortie d'une grande surface (on assimile ce prélèvement à un prélèvement au hasard et avec remise) ; 72 % d'entre eux déclarent être satisfaits de la qualité des produits vendus.

À partir de cet échantillon, estimez par un intervalle de confiance à au moins 95 % la proportion des clients satisfaits de la qualité des produits.

FAIT ☐ REVU ☐

Exercice 1

1. $I_{2/1} = 100 \times \frac{v_2}{v_1}$, soit $v_2 = \frac{I_{2/1} \times v_1}{100} = \frac{180 \times 15}{100} = 27$; soit 27 vélos vendus la 2e semaine.

2. $I_{4/3} = 100 \times \frac{v_4}{v_3}$, soit $v_3 = \frac{100 \times v_4}{I_{4/3}} = \frac{100 \times 21}{70} = 30$; soit 30 vélos vendus la 3e semaine.

Exercice 2

a) La solution, dans $[0 ; +\infty[$, de l'équation $x^2 = 36$ est $36^{\frac{1}{2}} = 6$.

b) La solution, dans $[0 ; +\infty[$, de l'équation $x^3 = 1\,000$ est $1\,000^{\frac{1}{3}} = 10$.

c) La solution, dans $[0 ; +\infty[$, de l'équation $x^4 = 2{,}9$ est $2{,}9^{\frac{1}{4}} \approx 1{,}3050$.

d) La solution, dans $[0 ; +\infty[$, de l'équation $x^5 = \frac{7}{4}$ est $\left(\frac{7}{4}\right)^{\frac{1}{5}} \approx 1{,}1184$.

e) La solution, dans $[0 ; +\infty[$, de l'équation $x^6 = 18$ est $18^{\frac{1}{6}} \approx 1{,}6189$.

f) La solution, dans $[0 ; +\infty[$, de l'équation $x^{12} = 0{,}68$ est $0{,}68^{\frac{1}{12}} \approx 0{,}9684$.

Exercice 3

a) $1{,}15 \times 1{,}10 \times 1{,}07 - 1 = 0{,}35355 \approx 35{,}4\,\%$.

b) $0{,}53 \times 0{,}72 \times 0{,}89 - 1 = -0{,}660376 \approx -66{,}0\,\%$.

c) $1{,}08 \times 1{,}05 \times 0{,}87 - 1 = -0{,}01342 \approx -1{,}3\,\%$.

d) $0{,}91 \times 1{,}06 \times 1{,}03 - 1 = -0{,}006462 \approx -0{,}6\,\%$.

Exercice 4

a) $1{,}19^3 - 1 \approx 0{,}6852 \approx 68{,}52\,\%$.

b) $0{,}96^3 - 1 \approx -0{,}1153 \approx -11{,}53\,\%$.

Exercice 5

a) $(2 \times 1{,}1 \times 1{,}01)^{\frac{1}{3}} - 1 \approx 0{,}305 \approx 30{,}5\,\%$.

b) $(0{,}5 \times 0{,}95 \times 0{,}995)^{\frac{1}{3}} - 1 \approx -0{,}221 \approx -22{,}1\,\%$.

c) $(1{,}08 \times 0{,}7 \times 0{,}92)^{\frac{1}{3}} - 1 \approx -0{,}114 \approx -11{,}4\,\%$.

d) $(0{,}55 \times 0{,}955 \times 1{,}54)^{\frac{1}{3}} - 1 \approx -0{,}068 \approx -6{,}8\,\%$.

Exercice 6

a) $1{,}5^{\frac{1}{5}} - 1 \approx 0{,}084 \approx 8{,}4\,\%$.

b) $0{,}4^{\frac{1}{12}} - 1 \approx -0{,}074 \approx -7{,}4\,\%$.

Exercice 7

1. a) Le coefficient multiplicateur du nombre de visiteurs de l'année 1 à l'année 6 est : $1{,}044 \times 1{,}064 \times 1{,}07 \times 1{,}103 \times 1{,}136 \approx 1{,}489$.

b) $\frac{134\,000}{1{,}489} \approx 89\,993$.

Le nombre de visiteurs à la fin de la première année était environ 89 993.

c) Les nombres de visiteurs les années 2, 3, 4 et 5 sont respectivement 93 953, 99 966, 106 963 et 117 980.

2. a) Le taux d'évolution annuel moyen est : $(1{,}044 \times 1{,}064 \times 1{,}07 \times 1{,}103 \times 1{,}136)^{\frac{1}{5}} - 1 \approx 8{,}29\,\%$. Le nombre de visiteurs a augmenté en moyenne d'environ 8,29 % par an.

b) $134\,000 \times 1{,}0829 \approx 145\,109$, soit 145 visiteurs la 7e année.
$134\,000 \times 1{,}0829^5 \approx 199\,548$, soit 199 548 visiteurs la 11e année.

Exercice 8

a) Pour tout nombre entier naturel n, $u_n = -2 + 3n$.

b) Pour tout nombre entier naturel n, $u_n = 5 + 0{,}5n$.

c) Pour tout nombre entier naturel n non nul, $u_n = 8 - 10\,(n - 1) = 18 - 10n$.

d) Pour tout nombre entier naturel n non nul, $u_n = -5 - 3\,(n - 1) = -2 - 3n$.

Exercice 9

1. Pour tout nombre entier naturel n, $u_n = 80 - 6n$.

2. $u_{10} = 80 - 6 \times 10 = 20$.

3. Le 10e terme est $u_9 \cdot u_9 = 80 - 6 \times 9 = 26$.

MATHÉMATIQUES

Exercice 10

1. Sur tableur.

	A	B
1	Rang n	u_n
2	0	8
3	1	3,5
4	2	-1
5	3	-5,5
6	4	-10
7	5	-14,5
8	6	-19
9	7	-23,5
10	8	-28
11	9	-32,5
12	10	-37

2. Sur tableur.

	A	B
1	Rang n	u_n
2	1	-15
3	2	-8
4	3	-1
5	4	6
6	5	13
7	6	20
8	7	27
9	8	34
10	9	41

Exercice 11

1. Pour tout nombre entier naturel n, $u_n = -2 + 5n$, donc $u_{10} = -2 + 5 \times 10 = 48$.

2. Pour tout nombre entier naturel n non nul, $v_n = 5 + (n-1) \times (-3) = -3n + 8$, donc $v_{10} = -3 \times 10 + 8 = -22$.

Exercice 12

a) $u_0 + u_1 + \ldots + u_{17} = 3897$.

b) $u_1 + u_2 + \ldots + u_{18} = 4347$.

c) $u_8 + u_9 + \ldots + u_{45} = 25327$.

d) $u_{54} + u_{55} + \ldots + u_{60} = 10003$.

Exercice 13

1. Pour tout nombre entier naturel n, $u_n = 4 \times 1{,}5^n$, donc $u_5 = 4 \times 1{,}5^5 = 30{,}375$.

2. Pour tout nombre entier naturel n non nul, $v_n = 0{,}1 \times 7^{n-1}$, donc $v_5 = 0{,}1 \times 7^{5-1} = 0{,}1 \times 7^4 = 240{,}1$.

Exercice 14

a) Pour tout nombre entier naturel n, $u_n = 3^n$.

b) Pour tout nombre entier naturel n, $u_n = 4 \times 0{,}9^n$.

c) Pour tout nombre entier naturel n non nul, $u_n = 0{,}5 \times 2^{n-1}$.

d) Pour tout nombre entier naturel n non nul, $u_n = 10{,}2 \times 1{,}4^{n-1}$.

Exercice 15

Sur tableur.

	A	B
1	Rang n	u_n
2	0	3
3	1	0,75
4	2	0,1875
5	3	0,046875
6	4	0,01171875
7	5	0,00292969
8	6	0,00073242
9	7	0,00018311
10	8	4,5776E-05

Exercice 16

Sur tableur.

	A	B
1	Rang n	u_n
2	1	140
3	2	7
4	3	0,35
5	4	0,0175
6	5	0,000875
7	6	0,00004375
8	7	2,1875E-06

Exercice 17

a) $v_0 + v_1 + \ldots + v_7 \approx 12{,}29$.

b) $v_1 + v_2 + \ldots + v_{11} \approx 7{,}47$.

c) $v_4 + v_5 + \ldots + v_9 \approx 1{,}54$.

d) $v_2 + v_3 + \ldots + v_8 \approx 4{,}37$.

Exercice 18

1. Bénéfice de l'entreprise la 2e année : 18000 €.

2. a) Pour tout nombre entier naturel n non nul, $b_{n+1} = b_n + 15000$. La suite (b_n) est arithmétique, de terme initial $b_1 = 3000$ et de raison 15000.

b) Pour tout nombre entier naturel n non nul, $b_n = 3000 + 15000(n-1) = -12000 + 15000n$.

3. On résout l'inéquation $b_n > 200\,000$, équivalente à $-12\,000 + 15\,000n > 200\,000$, soit $n > 14{,}13...$
Le bénéfice sera supérieur à 200 000 € à partir de la 15e année.

Exercice 19

1. Pour tout nombre entier naturel n non nul, $l_{n+1} = 1{,}03\,l_n$. La suite (l_n) est géométrique, de terme initial $l_1 = 27\,600$ et de raison 1,03.

2. a) Pour tout nombre entier naturel n non nul, $l_n = 27\,600 \times 1{,}03^{n-1}$.

b) $l_6 \approx 31\,996$ € et $l_1 + l_2 + ... + l_6 \approx 178\,528$ €.

Exercice 20

a) $f'(x) = 3x^2 - 2x - \dfrac{1}{x^2}$.

b) $f'(x) = -8x^3$.

c) $f'(x) = -\dfrac{6}{x^2}$.

d) $f'(x) = 6x^3 - 6x^2 + 10$.

e) $f'(x) = -x + 4$.

f) $f'(x) = x^2 + \dfrac{4}{x^2}$.

g) $f(x) = (0{,}5x - 4)(2x^2 - 0{,}25)$;
$f(x) = x^3 - 8x^2 - 0{,}125x + 1$.
$f'(x) = 3x^2 - 16x - 0{,}125$.

h) $f(x) = (2x - 3)^2 = 4x^2 - 12x + 9$.
$f'(x) = 8x - 12$.

i) $f'(x) = \dfrac{2}{(x+1)^2}$.

j) $f'(x) = \dfrac{-2}{(-x-1)^2}$.

k) $f'(x) = -\dfrac{5}{x^2}$.

l) $f'(x) = \dfrac{-4x^2 + 4}{(x^2+1)^2}$.

m) $f'(x) = \dfrac{x - 6}{x^3}$.

n) $f'(x) = \dfrac{x^2 - 4x + 1}{(x^2 - 1)^2}$.

o) $f'(x) = \dfrac{4x^2 - 2x - 8}{(x^2 + 2)^2}$.

Exercice 21

a) $f'(x) = x - 2$.
Tableau de signes.

x	0		2		5
$f'(x)$		$-$	0	$+$	

b) $f'(x) = -8x + 4$.
Tableau de signes.

x	-5		$0{,}5$		5
$f'(x)$		$+$	0	$-$	

c) $f'(x) = 6x^2 + 1 > 0$.
Tableau de signes.

x	-4		5
$f'(x)$		$+$	

d) $f'(x) = -12x^2 < 0$.
Tableau de signes.

x	-5		5
$f'(x)$		$-$	

e) $f'(x) = -\dfrac{1}{x^2} < 0$.
Tableau de signes.

x	$0{,}5$		5
$f'(x)$		$-$	

f) $f'(x) = 4 + \dfrac{2}{x^2} > 0$.
Tableau de signes.

x	1		4
$f'(x)$		$+$	

g) $f'(x) = \dfrac{6}{(-2x+1)^2} > 0$.
Tableau de signes.

x	1		5
$f'(x)$		$+$	

h) $f'(x) = -\dfrac{9}{(5-x)^2} < 0$.
Tableau de signes.

x	0		4
$f'(x)$		$-$	

Exercice 22

a) $f'(x) = 4x - 6$.
Tableau de variation.

x	-1		$1{,}5$		5
$f'(x)$		$-$	0	$+$	
$f(x)$	9	↘	$-3{,}5$	↗	21

$f(1{,}5) = -3{,}5$ est un minimum local.

b) $f'(x) = -2x - 4$.
Tableau de variation.

x	-5		-2		5
$f'(x)$		$+$	0	$-$	
$f(x)$	-6	↗	3	↘	-46

$f(-2) = 3$ est un maximum local.

c) $f'(x) = 3x^2 - 6x = 3x(x - 2)$.
$f'(x) > 0$ à l'extérieur de ses racines 0 et 2 ;
$f'(x) < 0$ entre ses racines 0 et 2.
Tableau de variation.

x	-1		0		2		5
$f'(x)$		$+$	0	$-$	0	$+$	
$f(x)$	1	↗	5	↘	1	↗	55

$f(0) = 5$ est un maximum local et $f(2) = 1$ est un minimum local.

d) $f'(x) = -3x^2 + 2x + 1$.
$f'(x)$ est un polynôme du second degré ; $\Delta = 16$,
$x_1 = \dfrac{-2 - 416}{2 \times (-3)} = 1$ et $x_2 = \dfrac{-2 + 416}{2 \times (-3)} = -\dfrac{1}{3}$.
$f'(x) < 0$ à l'extérieur de ses racines $-\dfrac{1}{3}$ et 1 ;
$f'(x) > 0$ entre ses racines $-\dfrac{1}{3}$ et 1.
Tableau de variation.

x	$-\infty$		$-\dfrac{1}{3}$		1		$+\infty$
$f'(x)$		$-$	0	$+$	0	$-$	
$f(x)$		↘	$\dfrac{22}{27}$	↗	2	↘	

$f\left(-\dfrac{1}{3}\right) = \dfrac{22}{27}$ est un minimum local et $f(1) = 2$ est un maximum local.

e) $f'(x) = 6x^2 + 6x + 1{,}5$.
$f'(x)$ est un polynôme du second degré ; $\Delta = 0$,
$x_0 = -0{,}5$. $f'(x) > 0$ (signe de a).
Tableau de variation.

x	$-\infty$		$-0{,}5$		$+\infty$
$f'(x)$		$+$	0	$+$	
$f(x)$			↗		

f n'a pas d'extremum local.

f) $f'(x) = -\dfrac{6}{(x + 3)^2} < 0$.
Tableau de variation.

x	0		6
$f'(x)$		$-$	
$f(x)$	0	↘	$-\dfrac{4}{3}$

f n'a pas d'extremum local.

Exercice 23

a) $T : y = -7x + 5$.
b) $T : y = -x + 1$.
c) $T : y = -x + 5$.
d) $T : y = -2x$.

Exercice 24

1. $r(x) = 50x$.

2. a) Tracé des courbes représentatives des fonctions c et r sur l'écran d'une calculatrice.

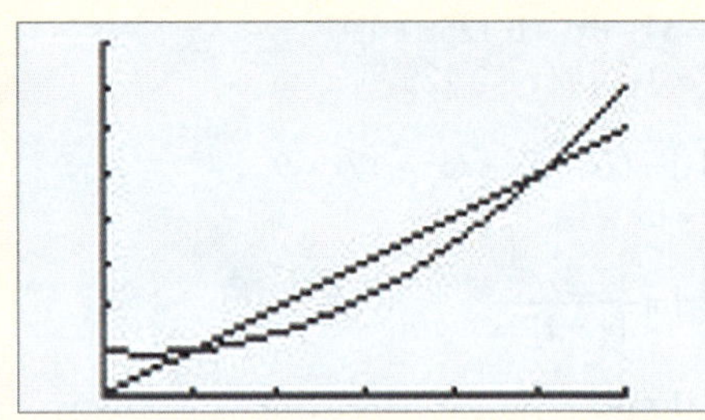

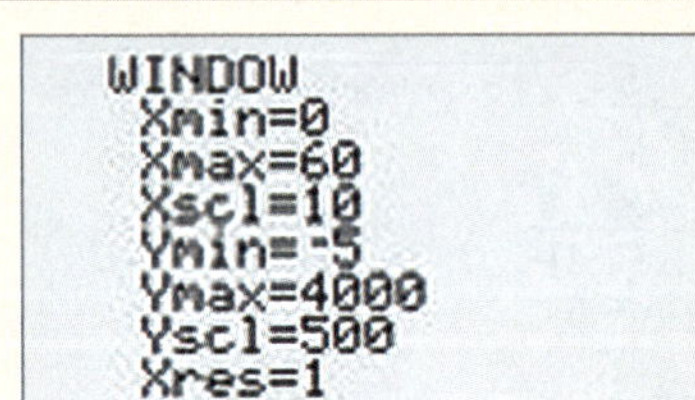

b) Le bénéfice semble être maximal pour $x = 30$ (écart maximal entre la courbe et la droite).

3. a) $b(x) = r(x) - c(x) = 50x - (x^2 - 10x + 500)$
$= -x^2 + 60x - 500$.

b) $b'(x) = -2x + 60$.

c) Tableau de signes.

x	0		30		60
$b'(x)$		$+$	0	$-$	

d) Tableau de variation.

x	0	30	60
$b(x)$	−500 ↗	400	↘ −500

e) Le bénéfice est maximal pour 30 vases fabriqués et vendus.

Exercice 25

Partie A

1. Tracé de $\mathscr{C}$ et de la droite d'équation $y = 80$ sur l'écran d'une calculatrice.

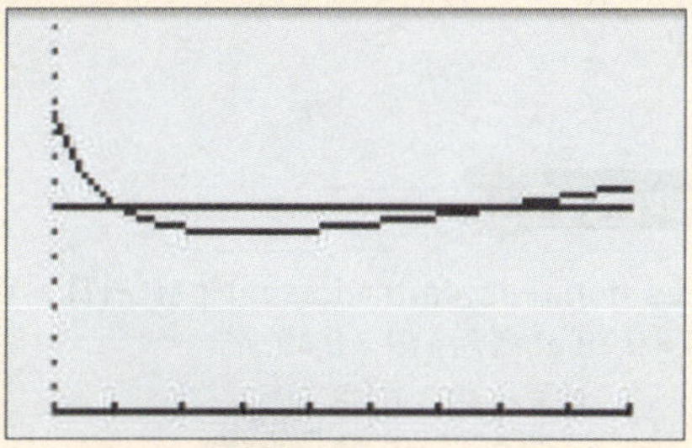

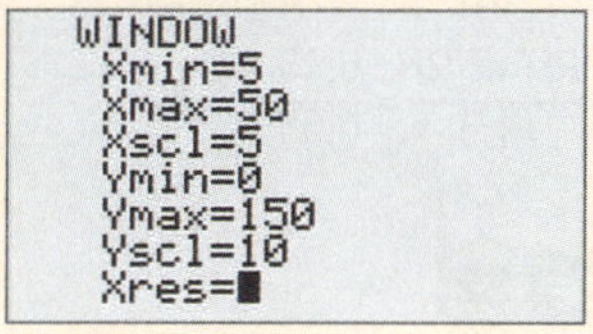

2. a) f semble être strictement décroissante sur $[5\,;20[$ et strictement croissante sur $]20\,;50]$.

b) Le minimum de f semble être 70.

c) L'ensemble des solutions de l'inéquation $f(x) < 80$ est l'intervalle $]10\,;40[$.

Partie B

1. $f'(x) = 1 - \dfrac{400}{x^2}$.

2. $f'(x) = 1 - \dfrac{400}{x^2} = \dfrac{x^2 - 400}{x^2} = \dfrac{(x+20)(x-20)}{x^2}$.

Sur $I = [5\,;50]$, $x^2 > 0$ et $x + 20 > 0$, donc $f'(x)$ a le même signe que $x - 20$.

Tableau de variation.

x	5		20		50
$f'(x)$		−	0	+	
$f(x)$	115	↘	70	↗	88

3. Le minimum de f sur $[5\,;50]$ est 70, atteint en $x = 20$.

Partie C

1. Pour que le coût unitaire moyen soit minimal, l'entreprise doit fabriquer 20 sacs ; ce coût est 70 €.

2. L'entreprise réalise un bénéfice lorsqu'elle fabrique entre 11 et 39 sacs (le coût unitaire moyen est inférieur au prix d'un sac).

Exercice 26

1. Dans un repère orthogonal du plan, on choisit :
- 1 graduation pour 1 unité sur l'axe des abscisses (en commençant à l'abscisse 0) ;
- 1 graduation pour 5 unités sur l'axe des ordonnées (en commençant à l'ordonnée 90).

2. On place sur la figure les quatre points de coordonnées (1 ; 100), (2 ; 95), (3 ; 105) et (4 ; 110).

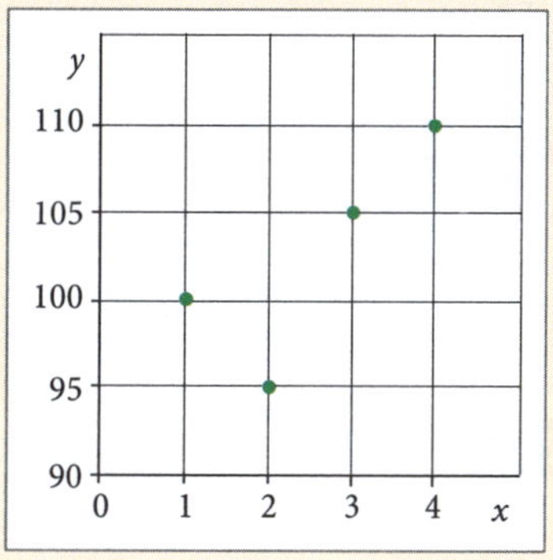

Exercice 27

1. Nuage de points : on place les cinq points sur une figure.

2. Les points du nuage étant sensiblement alignés, un ajustement affine apparaît envisageable.

On trace la droite passant par les points de coordonnées (10 ; 50) et (50 ; 30).

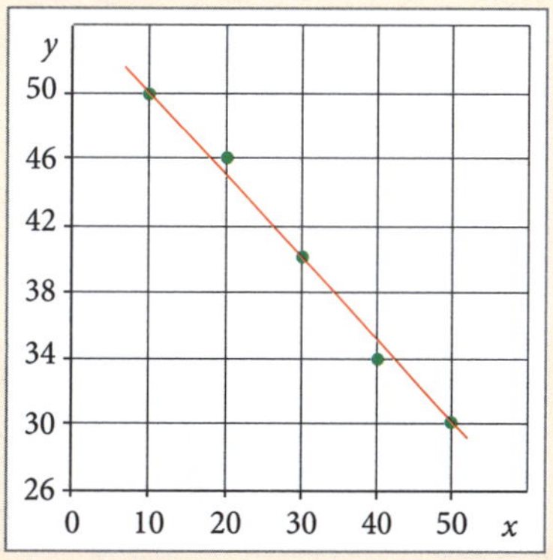

MATHÉMATIQUES

Exercice 28

• La droite d'ajustement de la série $(x_i ; y_i)$ a pour équation $y = -0{,}33x + 10{,}33$.
• La droite d'ajustement de la série $(x_i ; z_i)$ a pour équation $z = 10x + 135$.
• La droite d'ajustement de la série $(z_i ; t_i)$ a pour équation $t = 0{,}08z - 12{,}32$.

Exercice 29

1. Pour $x = 600$, on lit $y \approx 2{,}4$. La valeur de y peut être estimée à 2,4.

2. Pour $x = 600$, $y = -0{,}0052 \times 600 + 5{,}56 = 2{,}44$. On retrouve bien le résultat du **1.**

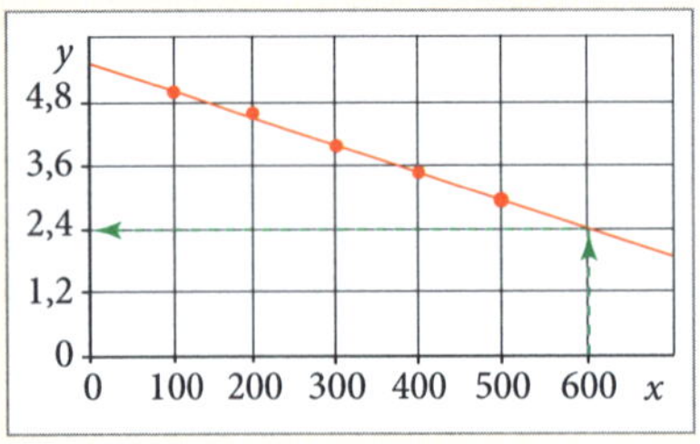

Exercice 30

1. Tableau.

JOUR	1	2	3	4	5
NOMBRE D'OISEAUX	1300	1651	1965	2279	2484

2. a) Nuage de points.

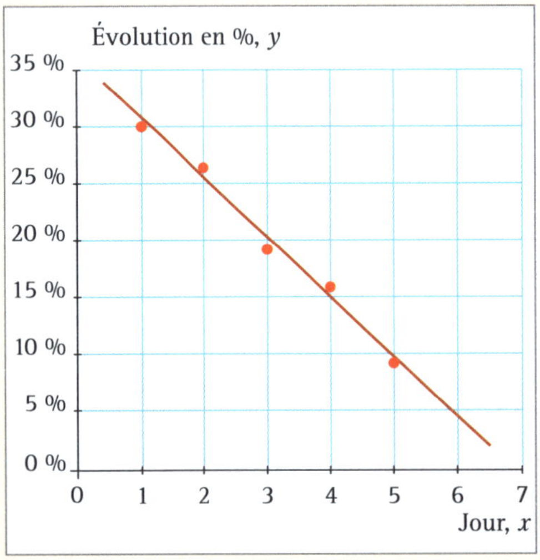

b) Un ajustement affine apparaît envisageable, car les points du nuage sont sensiblement alignés.

3. La droite d'ajustement de la série $(x ; y)$ obtenue par la méthode des moindres carrés a pour équation $y = -0{,}053x + 0{,}361$.

4. a) Pour $x = 6$,
$y = -0{,}053 \times 6 + 0{,}361 = 0{,}043 = 4{,}3\,\%$.
Le taux d'évolution du nombre d'oiseaux du 5e au 6e jour serait 4,3 %.

b) $2484 \times 1{,}043 \approx 2591$.
Le nombre d'oiseaux le 6e jour serait environ 2591.

Exercice 31

1. Les données se traduisent par $P(T) = 0{,}55$, $P(R) = 0{,}78$ et $P(T \cap R) = 0{,}45$.

2. $P_R(T) = \dfrac{P(T \cap R)}{P(R)} = \dfrac{0{,}45}{0{,}78} \approx 0{,}58$.

3. $P_T(R) = \dfrac{P(T \cap R)}{P(T)} = \dfrac{0{,}45}{0{,}55} \approx 0{,}82$.

Exercice 32

72 % des élèves s'intéressent au football signifie que $P(F) = 0{,}72$; parmi eux 20 % le pratiquent en club signifie $P_F(C) = 0{,}2$.
L'élève s'intéresse au football et le pratique en club est l'événement $F \cap C$.
On a $P(F \cap C) = P(F)P_F(C) = 0{,}72 \times 0{,}2 = 0{,}144$.

Exercice 33

	HOMMES	FEMMES	TOTAL
CADRES	15	17	32
TECHNICIENS	52	76	128
TOTAL	67	93	160

1. $P(T \cap H) = \dfrac{52}{160} = 0{,}325$ et $P(F) = \dfrac{93}{160} = 0{,}58125$.

2. $P_C(F) = \dfrac{17}{32} \approx 0{,}53$ et $P_F(C) = \dfrac{17}{93} \approx 0{,}18$.

Exercice 34

Arbre pondéré de probabilités.

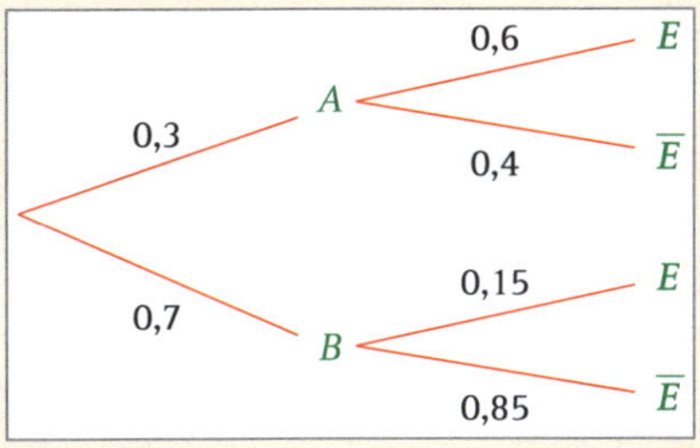

Exercice 35

1. $P(A) = 0,4$, $P(B) = 0,6$, $P_A(E) = 0,2$ et $P_B(E) = 0,3$.

2. $P(A \cap E) = 0,4 \times 0,2 = 0,08$ et
$P(B \cap E) = 0,6 \times 0,3 = 0,18$.
$P(E) = P(A \cap E) + P(B \cap E) = 0,26$.

Exercice 36

1. Arbre pondéré de probabilités.

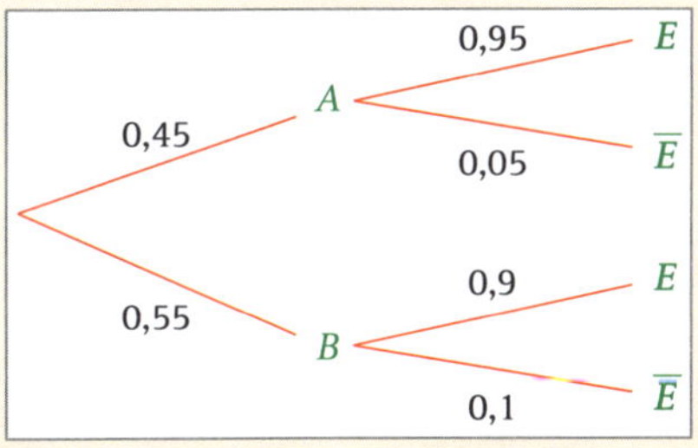

2. $P(A \cap E) = 0,45 \times 0,95 = 0,4275$ et
$P(B \cap E) = 0,55 \times 0,9 = 0,495$.

3. La probabilité que l'élève souhaite s'inscrire en BTS ou en DUT est $P(E)$.
$P(E) = P(A \cap E) + P(B \cap E) = 0,9225$.

Exercice 37

1. $P(X < 12,5) \approx 0,8943$;
$P(X \geqslant 12,5) \approx 0,1056$.

2. $P(X > 7,8) \approx 0,8643$.

Exercice 38

1. $P(X < -2) \approx 0,9332$;
$P(X \geqslant -2) \approx 0,0668$.

2. $P(X > -6,5) \approx 0,7734$.

Exercice 39

1. $P(0,42 < X < 0,435) \approx 0,0225$.

2. $P(0,391 < X < 0,43) \approx 0,8146$.

Exercice 40

1. $P(-111 < X < -109,5) \approx 0,0853$.

2. $P(-112,5 < X < -110) \approx 0,1395$.

Exercice 41

La probabilité que le bouton soit défectueux est $P(D > 16,5) \approx 0,0863$.

Exercice 42

La probabilité d'avoir un appareil dont la durée de vie est comprise entre 2500 jours et 2700 jours est $P(2500 \leqslant X \leqslant 2700) \approx 0,1109$.

Exercice 43

L'intervalle de fluctuation à au moins 95 % est

$\left[0,7 - \dfrac{1}{\sqrt{200}} ; 0,7 + \dfrac{1}{\sqrt{200}}\right]$, soit approximativement

[0,629 ; 0,771].
La fréquence de l'échantillon est $f = \dfrac{128}{200} = 0,64$.

$0,64 \in [0,629 ; 0,771]$, donc on peut accepter au risque de 5 % l'affirmation du maire.

Exercice 44

L'intervalle de fluctuation à au moins 95 % est

$\left[0,8 - \dfrac{1}{\sqrt{320}} ; 0,8 + \dfrac{1}{\sqrt{320}}\right]$, soit approximativement

0,744 ; 0,856].
28 % des poires de cet échantillon ne sont pas de premier choix, donc 1 – 28 % = 72 % des poires de cet échantillon sont de premier choix.
72 % = $0,72 \notin [0,744 ; 0,856]$, on ne peut donc pas accepter au risque de 5 % l'hypothèse selon laquelle 80 % de la production est de premier choix.

Exercice 45

La taille de l'échantillon est 150 ; la fréquence est $f = 0{,}4$.

L'intervalle de fluctuation à au moins 95 % est $\left[0{,}4 - \frac{1}{\sqrt{150}} ; 0{,}4 + \frac{1}{\sqrt{150}}\right]$, soit approximativement [0,318 ; 0,482].

La proportion des citoyens de la ville qui sont favorables à l'action du maire est dans cet intervalle au niveau de confiance 95 %.

Exercice 46

La taille de l'échantillon est 120 ; la fréquence est $f = 0{,}72$.

L'intervalle de fluctuation à au moins 95 % est $\left[0{,}72 - \frac{1}{\sqrt{120}} ; 0{,}72 + \frac{1}{\sqrt{120}}\right]$, soit approximativement [0,629 ; 0,811].

La proportion des clients satisfaits de la qualité des produits est dans cet intervalle au niveau de confiance 95 %.

L'épreuve écrite

LU ☐
SU ☐
REVU ☐

L'épreuve écrite se divise en deux parties. Une épreuve de compréhension composée de deux documents à partir desquels des questions vous seront posées. Elle se termine généralement par une confrontation des documents.
Ensuite vient l'épreuve d'expression écrite.

1. Méthodologie : comment aborder l'épreuve écrite ?

a) Étape 1 : compréhension générale

Lisez le texte en entier au moins une fois en repérant où l'action se passe, quand elle se passe et qui sont les personnages principaux, le thème principal. Il faut repérer / souligner / entourer / surligner les dates, les noms propres, pronoms personnels et possessifs (noms géographiques, noms de personnes).
N'oubliez pas de lire le paratexte qui vous permet de noter de précieuses informations : auteur, date, nature du document...

b) Étape 2 : compréhension détaillée

Relisez le texte en repérant :
- les actions des différents personnages et ce qui motive leur actions ;
- les verbes et formes verbales ;
- le vocabulaire qui vous est inconnu pour essayer de trouver le sens d'après le contexte.

Il existe plusieurs typologie de questions. Il faut bien les identifier pour y répondre correctement.

- *Choose the right answer.* → Choisissez la bonne réponse.
- *Say whether the following statements are TRUE or FALSE. Justify your choice by quoting from the text and give the line numbers.* → Dites si les phrases suivantes sont VRAIES ou FAUSSES, justifiez votre choix en citant le texte et en donnant le numéro de la ligne.
- *Pick out three different examples showing that...* → Choisissez trois exemples différents qui montrent que...
- *Match each element with the corresponding definition.* → Reliez chaque élément avec la définition qui lui correspond.
- *Complete the sentences by using one of the following adjectives.* → Complétez les phrases en utilisant l'un des adjectifs suivants.

c) Étape 3 : confronter les documents

La dernière partie de l'épreuve de compréhension porte sur les deux documents. Ces documents ont nécessairement un thème en commun, mais ils comportent également un point de divergence.

- *What theme do document 1 and 2 have in common?* → Quel est le thème commun à ces deux documents ?
- *Which sentence best describes the differences between the two texts?* → Quelle est la phrase qui décrit le mieux les différences entre les deux textes ?
- *Write down the two titles that correspond to both documents 1 and 2.* → Choisissez les deux titres qui conviennent aux deux documents.
- *Write down the 5 adjectives that can apply to both.* → Choisissez les 5 adjectifs qui conviennent aux deux documents.

Exemple sur le document 1

In the month of July 1947, having saved about fifty dollars from old veteran benefits, I was ready to go to the West Coast. My friend Remi Boncœur had written me a letter from San Francisco, saying I should come. [...] My aunt was all in accord with my trip to the West; she said it would do me good. [...] Folding back my comfortable home sheets for the last time one morning, I left with my canvas bag in which a few fundamental things were packed and took off for the Pacific Ocean with the fifty dollars in my pocket.

I'd been poring over maps of the United States in Paterson for months, even reading books about pioneers and savoring names like Platte and Cimarron and so on, and on the road-map was one long red line called Route 6 that led to the tip of Cape Cod clear to Ely, Nevada, and 10 there dipped down to Los Angeles. I'll just stay on 6 all the way to Ely, I said to myself and confidently started. To get to 6 I had to go up to Bear Mountain. [...] Five scattered rides took me to Bear Mountain Bridge. It began to rain in torrents when I was left off there. It was mountainous. Route 6 came over the river, wound around a traffic circle and disappeared into the wilderness. Not only was there no traffic but the rain came down in buckets and I had n° 15 shelter. I had to run under some pines to take cover; this did no good; I began crying and swearing and socking myself on the head for being such a damn fool. I was forty miles north of New York; all the way up I'd been worried about the fact that on this, my big opening day, I was only moving north instead of the so-longed-for west. Now I was stuck on my northernmost hangup. [...] 'What the hell am I doing up here?' I cursed. I cried for Chicago.

Jack Kerouac, *On the Road*, 1957.

a) Étape 1 : compréhension générale

– Les dates sont surlignées en jaune, en rose les personnages et en vert les lieux. Avec ce relevé, vous repérez, dès les trois premières lignes du document, que l'action se déroule en juillet 1947, que le narrateur est à la première personne (I/me/my), que le narrateur est en partance pour la côte ouest des États-Unis (San Francisco) probablement pour rejoindre son ami Rémi Boncœur

– En prenant connaissance du paratexte (source, date), Jack Kerouac, *On the Road*, 1957, on s'aperçoit qu'il y a un décalage entre la date de publication et la date du récit : c'est un piège à éviter lorsque la question de la date du récit vous sera posée.

b) Étape 2 : compréhension détaillée

• Repérez les formes verbales

Dans le document vous pouvez repérer les phrases suivantes :

– ... **I left** *with my canvas bag in which a few fundamental things* ***were packed*** *and* ***took off*** *for the Pacific Ocean with the fifty dollars in my pocket...*

– ... ***I'd been poring*** *over maps of the United States in Paterson for months, even* ***reading*** *books about pioneers and* ***savoring*** *names like Platte*

– *...Five scattered rides* ***took me to*** *Bear Mountain Bridge*.

Ces verbes nous indiquent tout ce que le narrateur a entrepris/fait jusqu'à son arrivée à Bear Mountain bridge.

I left → j'ai quitté – *a few things were packed* → quelques affaires avaient été emportées

I'd been poring over... → J'avais passé du temps à étudier des cartes

Reading books about pioneers → à lire des livres sur les pionniers

savoring names like Platte → à me régaler de noms comme Platte.

... *took me to Bear Mountain Bridge* → me conduisirent jusqu'à Bear Mountain Bridge

• **Aborder le vocabulaire difficile**

– Quand le vocabulaire est inconnu, il faut essayer d'en déduire le sens :

EX 1 : *I'd been poring over* ***maps****.*

– Si on comprend le mot *maps* (cartes routières) on peut penser que le narrateur n'a guère pu faire autre chose que de les regarder. Par conséquent, on en déduit que *to pore over something* est proche du verbe regarder. (définition du dictionnaire : étudier de près.)

EX 2 : *I began crying and swearing and* ***socking*** *myself on the head for being such a* ***damn fool***

– Si l'on comprend le verbe *crying* (pleurer) et *swearing* (jurer, proférer des jurons), on peut facilement imaginer que *socking myself on the head* ne peut être qu'une action liée au désespoir du narrateur; on peut donc en déduire qu'il se frappe la tête de dépit.
Le verbe *sock* signifie (définition du dictionnaire) : « flanquer un gnon » (registre familier).
Attention, certains mots peuvent être pris pour des verbes.
Par exemple, *five scattered* ***rides*** *took me to Bear Mountain Bridge*. Ici ***rides*** est un nom, sujet du verbe *took.*

Exemple sur le document 2

The three Alaskans dynamited the offending stick dams and drained the ponds. Then they motored onward, up a rocky creek bed and through dense alder thickets. It was late afternoon by the time they finally arrived at the bus. When they got there, according to Thompson, they found "a guy and a girl from Anchorage standing fifty feet away, looking kinda spooked." ...Handwritten in neat block letters on a page torn from a novel by Nikolay Gogol, it read:

S.O.S. I NEED YOUR HELP. I AM INJURED, NEAR DEATH, AND TOO WEAK TO HIKE OUT OF HERE. I AM ALL ALONE, THIS IS <u>NO JOKE</u>. IN THE NAME OF GOD, PLEASE REMAIN TO SAVE ME. I AM OUT COLLECTING BERRIES CLOSE BY AND SHALL RETURN THIS EVENING. THANK YOU, CHRIS MCCANDLESS. AUGUST?

McCandless's signature had been penned at the bottom of the SOS note, and the photos, when developed, included many self-portraits. But because he had been carrying no identification, the authorities didn't know who he was, where he was from, or why he was there.

Excepted from Jon Krakauer, *Into the Wild* by, 1996.

c) Étape 3 : confronter les deux documents

Les documents 1 et 2 ont un thème en commun : le voyage initiatique aux États-Unis. Dans le document 1, le héros est découragé mais vivant alors que le héros du document 2 a trouvé la mort au bout de son périple en solitaire.

2. Méthodologie : expression écrite

a) Des textes de nature différente

On pourra vous demander de produire :
– un texte narratif (une lettre / une suite à l'histoire / un dialogue / d'une conversation entre deux personnages / un article de journal)
– un texte argumentatif. Vous devez défendre un point de vue : problématiques possibles (toujours en lien avec les documents proposés).

EXEMPLES DE PROBLÉMATIQUES
a. *Would you leave your home and friends with 50 dollars in your pocket to explore the world?*
b. *Do you think human beings can survive all by themselves?*

ANGLAIS

b) Comment rédiger un texte narratif ?

– Si c'est une lettre, le texte doit respecter la mise en page d'une lettre avec les formules de salutation d'usage.
– Si c'est un dialogue, il faut veiller dans votre texte à poser des questions et à y répondre.
– S'il s'agit d'imaginer une suite à l'histoire, il faut utiliser les temps grammaticaux qui conviennent. Le temps de la narration en anglais est généralement le prétérit. Veillez à respecter la tonalité du texte, évitez les anachronismes (pas de téléphone portable avant les années 1995, etc.).

c) Comment rédiger un texte argumentatif

– Il faudra obligatoirement une introduction, un développement en deux ou trois parties et une conclusion.
– Le développement doit être organisé : vos idées doivent s'enchaîner, pour cela utilisez des connecteurs logiques, donnez des exemples.
– Dans la conclusion, vous récapitulez l'essentiel de ce qui a été écrit afin de faire avancer la réflexion en amorçant des pistes encore inexplorées.

EXEMPLE À PARTIR DU SUJET : ***Would you leave your home and friends with 50 dollars in your pocket to explore the world?***

Introduction

Young people usually want to experience life abroad after graduating from high school. Yet, they do not realize that leaving home is no easy task as it requires a lot of self - assurance and an ability to adapt to a new environment, a new culture.
First, I will examine the advantages of travelling abroad at a young age, and second, I will have a closer look at some of the mishaps and hurdles that can make life more difficult than expected.

Développement

In favour
– Socializing: meeting new people can be fun and rewarding.
– Getting acquainted with new habits is eye opening.
– Travelling on your own builds up your character.

Against
– You might meet dangerous people/be the victim of prejudices.
– You can be homesick/have troubles adapting to the local food.
– You may find it difficult to communicate with the local population (language barrier).

– ***You might be the victim of prejudices***.
Indeed, an American friend of mine spent six months in France and she had a hard time getting used to being told all the time that Americans spent all their time at Mc Donald's.
She was extremely upset because she's a vegan.

– ***Travelling on your own builds up your character***.
Once I found myself in a deserted train station in the middle of the night; I was scared to death but I had to find my way to the hotel. For some reason, I managed to pull myself together that I could do it. It was a real turning point, I was a grown up at last!

Conclusion

There is no straight answer to this question; some people are nurtured by their travel experience, other find it disheartening and cannot cope with the cultural gap they come across.

L'épreuve orale (1re partie)

LU ☐
SU ☐
REVU ☐

L'épreuve a lieu en cours d'apprentissage, ce qui signifie que vous serez évalué en cours d'année de terminale, vers le mois de mars dans votre établissement.

1. Comment l'épreuve se déroule-t-elle ?

– L'épreuve consiste en trois écoutes d'un document audio en langue anglaise ou en trois visionnages d'un document vidéo en langue anglaise d'une longueur d'1 minute 30.
– Pendant l'écoute ou le visionnage, vous devez prendre des notes dans la langue de votre choix.
– Chaque écoute est suivie d'une pause de 2 minutes, temps que vous devez utiliser pour rassembler et compléter vos idées.
– Après les trois écoutes/visionnages, il vous reste environ 15 minutes pour rédiger un compte rendu du document en français.
Pour vous aider, le document est présenté avec un titre qui doit vous permettre d'anticiper sur son thème.

2. Comment se préparer à cette épreuve ?

– Votre oreille doit s'habituer à tous les accents rencontrés dans les pays anglophones. Cela passe par l'écoute et le visionnage de films en version originale. Grâce à internet vous avez accès à des documents sonores authentiques récents.
– La compréhension passe également par la pratique de la langue: un mot que vous utilisez est un mot que vous comprenez.
– Le compte rendu de l'écoute étant en français, il faut veiller à ne pas mélanger les deux langues.

3. Méthodologie de la compréhension orale

a) Comment prendre des notes

– Soyez extrêmement concentré sur l'écoute pour éviter les contre-sens.

EX.: *Mark Obama's autobiography.*

L'anticipation vous permet de savoir de qui va parler le document : *Mark Obama* (un membre de la famille du Président des États-Unis) et de repérer le genre : une autobiographie, ce qui signifie qu'il va parler de son enfance, de ses parents, de ses souvenirs personnels qui seront présentés de façon chronologique. Il ne s'agit en aucun cas de raconter la vie de Barack Obama.
– Évitez de rédiger des phrases complètes.
– Notez les noms propres, les chiffres dès que vous les repérez à l'écoute.
– Lors de la dernière écoute vous devez savoir à quoi ces noms et chiffres se rapportent.

Conseils

◆ Utilisez des stylos de couleurs différentes correspondant à chaque écoute.
◆ Prenez vos notes en divisant votre feuille de brouillon en trois parties : début / milieu / fin.

L'épreuve orale (2e partie)

LU ☐
SU ☐
REVU ☐

Vous devrez tirer au sort une des 4 notions au programme et vous en rendrez compte à l'oral pendant 10 minutes.

1. Comment l'épreuve se déroule-t-elle ?

L'épreuve dure 20 minutes en tout : 10 minutes de préparation et 10 minutes de passage devant l'examinateur.
À l'issue des 10 minutes de préparation, l'épreuve elle-même est divisée en 2 temps :
– 5 minutes d'exposé de votre notion problématisée,
– 5 minutes en interaction avec l'examinateur.

2. Comment se préparer à cette épreuve ?

– Pendant les 10 minutes de préparation, vous mettez au clair la problématique concernant la notion dont vous allez parler. Soyez confiant, vous connaissez la problématique que vous allez exposer.
– Notez au brouillon un plan cohérent et pensez à citer les documents étudiés en cours.

3. Un exemple

a) Introduction possible

The notion I will talk about today is heroes and myths. Let me define what a hero is. In my eyes, a hero is someone that people admire. It can be somebody famous or somebody who is not famous at all. A hero can also be a real person like Mother Teresa or a fictitious character such as Wonderwoman.

b) Problématique choisie

Now I want to discuss the following theme: Do we need heroes whatever our age? Or do we especially need heroes when we grow up?

c) Début de développement

First, I strongly believe that we have more heroes when we are little. As we saw in class when studying "Road to Perdition", the little boy looks up to his father. What is interesting here is that the father is a hitman, a killer who works for the mafia. The boy understands at a later stage what type of job his father has... In this document, on the trailer we can see 'Every father is a hero to his son"...
We may wonder if it is true especially when fathers are killers. But may be the father has redeeming qualities...
Second, I know myself that I strongly admire my swimming instructor. She won many medals and she makes me want to improve myself. Physically she is strong and self-confident and she can be trusted. In a second document we studied there was this young girl who started doing charity work...

d) Exemple de conclusion possible

As I said our heroes do help us grow up. But once we are grown-up, we still admire football players or brave women and men. However they play a lesser role in our life...

Conseils

Que devez-vous retenir de ce que vous venez de lire ?
◆ **Toujours avoir un plan.**
Votre présentation orale est organisée: *The notion... Let me define / Let us define / Let me give a definition...*
◆ **Puis vous annoncez votre problématique :** *I would like to ask the following question...*
◆ **Montrez que vous avez préparé votre oral.**

Mythes et héros

LU ☐
SU ☐
REVU ☐

Un héros / une héroïne peut être soit une personne d'un grand courage, d'une grande bravoure, soit le personnage d'une histoire, d'un film, d'un livre qui se distingue par ses actions.

1. Qui sont les héros ?

- Le héros dépasse la condition humaine par des hauts faits moraux ou physiques. C'est la raison pour laquelle nous applaudissons les sportifs et les sportives qui accomplissent des exploits physiques qui nous éblouissent.
- Notre admiration va aussi à des hommes ou des femmes qui s'engagent dans une lutte par conviction, pour le bien de l'humanité, dans un complet désintéressement au risque même d'en mourir. Cet éblouissement, cette admiration sont semblables aux sentiments éprouvés pour les personnages des mythes comme Ulysse, David avec Goliath qui ont des dons de force, de rapidité, de courage, de ruse, etc.
- Aujourd'hui, nos héros s'appellent Nelson Mandela, Rosa Parks ou encore Malala Yousafzai. Leur courage, leur abnégation forcent notre admiration et nous invitent à leur ressembler.

2. Quelques expressions pour parler des héros

a) Generality

– A man distinguished by exceptional courage, nobility, fortitude, etc.
– A man who is idealized for possessing superior qualities in any field.

b) To worship heroes

– The chief character in a book, play, or film, who is typically identified with good qualities, and with whom the reader is expected to sympathize.
– Heroes are heroic. They help saving people or society from villains or natural disasters, like Superman or Batman.

c) Extraordinary achievements

– To be regarded/considered as a model, an example, a hero...
– To achieve something great, unbelievable, a real feat...

3. Quelques problématiques liées à la notion de héros

– A child needs models to grow up: Heroes are essential to grow up.
– How can heroes and myths change our life?
– Can we do without heroes?
– Do we always have the same heroes or do we get rid of our childhood's heroes?
– Do heroes change the course of history?
– Why does society create myths and heroes?
– Are there not national heroes and international heroes?

4. Méthodologie : exemple guidé

La lecture amène nécessairement le lecteur à se poser des questions, et c'est le but. Ici, par exemple, le lecteur doit tout d'abord comprendre les liens qui existent entre les protagonistes, dont le narrateur/trice fait partie ici et joue un rôle fondamental.

From embarrassment to admiration

The next day, **Mama** comes to pick **me** up on her way home. [...] Her hair is particularly poofy, with the hairpiece done in this cascade of waves. She has that anything-can-happen Saturday afternoon look and her arm is propped on the partially rolled-down window with a cigarette dangling between her fingers. **Mrs. Williams** comes out of the house, wiping her hands on a dishtowel, and walks to the end of the driveway to be polite. [...]

Mrs. Williams says, Oh **Mrs. Walker**, your hair always looks so pretty.

Mama smiles generously. Thank you, darling, she purrs. You don't know what I go through to get it like this! I only have three hairs on my entire head, you know – the whole thing is done with mirrors.

Mama loves to put herself down when she's feeling all superior to someone. It's how you can tell something is coming. She lifts up her sunglasses and then French-inhales while she stares at Mrs. Williams' hair. This is the first time I notice how oily and stringy it is. It has no luster to it whatsoever. It looks like the kind of hair that if you sniffed it, it would just smell too human to bear.

Mama says, You know, **Antoinette**, you really ought to get yourself on over to the House of Beauty. Talk to **Jeannine**. She's my girl. Tell her I sent you.

Rebecca Wells, *From Little Altars Everywhere*, 1992.

a) Compréhension générale : *Who? Where? When? What?*

– ***Who?* : les personnages**

Repérage : *Mama* et *me* (l. 1); Mrs Williams (l.4-5) ; Mrs Walker (l. 7) ; Antoinette (l. 16) ; Jeannine (l. 17).

Une première indication : *Me* est le narrateur ou la narratrice.

Une deuxième indication : on comprend que *Mrs Walker*, c'est *Mama* (*Mama smiles generously* (l.6)).

Une troisième indication : on comprend que Jeannine est *my girl* de *House of Beauty* donc une coiffeuse.

– ***What?* : le sujet du dialogue**

Un mot ou un champ lexical éclaire sur les deux personnages principaux.

Mrs Walker / Mama: *hair, hairpiece* (l. 2); *cascade of waves* (l. 2); *your hair looks pretty* (l. 7); *three hairs* (l. 9).

Mrs Williams/Antoinette: *dishtowel* (l. 5); *Mrs Williams'hair* (l. 13); *oily and stringy* (l. 13-14).

b) Compréhension détaillée

Les adjectifs décrivent les deux personnages ou les adverbes et les verbes utilisés par le narrateur.

En rouge : Mama est décrite comme *superior* avec *sunglasses* et qui fume à la manière de *french inhale.*

Conclusion : les deux personnages féminins sont très différents.

c) À quelle(s) notion(s) ce texte peut-il être associé ?

d) Proposition d'élargissement sur la notion à partir du texte

– *To which extent can we say that Mama is a heroine?*

– *Is telling the truth a quality required to be a hero or heroine?*

– *Is being good-looking necessary to be a hero?*

e) Pour conclure

There are no real heroines here.

Remarque

Les documents ne traitent pas toujours directement de l'une des 4 notions.

Savoir

4

Le progrès

LU ☐
SU ☐
REVU ☐

La notion de progrès est une idée moderne que l'on pense souvent en lien avec la révolution industrielle.

1. Qu'est ce que le progrès ?

- Si nous nous accordons à dire que le progrès est l'action d'aller vers l'avant, de s'accroître (*a movement toward a goal or to a further or higher stage*), d'être meilleur (*to get better*), c'est souvent dans les domaines techniques, technologiques, médicaux (*it is often applied to technical, medical fields*) que nous l'appliquons ou l'évoquons.
- Pourtant le terme peut être pensé pour décrire une amélioration dans la société (*the notion can also describe a more equal society*) dans le sens où il y a plus d'égalité, de bonheur soit parce que les régimes politiques (*political regimes*) sont plus démocratiques, soit qu'il y a une meilleure répartition des richesses (*a better distribution of wealth*), soit qu'il y a accès à la connaissance (*an access to education*).
- Le progrès étant lié à l'économie et à la science, il est quantifiable car l'amélioration des techniques de production entraîne une avancée sociétale.
- Alors, la conclusion qui semble s'imposer *(the conclusion is self-evident)*, c'est d'un côté *(on the one hand)* que le progrès technique entraîne une amélioration de nos conditions de vie et de l'autre *(on the other hand)*, une amélioration liée à un accès à l'éducation, à la connaissance qui nous permet d'embrasser *(to embrace the world from a more sensible point of view)* le monde d'un point de vue plus rationnel. Par conséquent, cela nous donne la capacité de mieux comprendre les désastres naturels et humains et d'essayer d'y remédier.

2. Quelques expressions pour parler du progrès

– Developmental activity in science, technology, etc., especially with reference to the commercial opportunities created thereby or to the promotion of the material well-being of the public through the goods, techniques, or facilities created.
– Advancement in general.
– Growth or development; continuous improvement:
– He shows progress in his muscular coordination.
– The development of an individual or society in a direction considered more beneficial than and superior to the previous level.

3. Méthodologie : exemple guidé

[Part 1]

'We can't breathe': Eric Garner's protesters use his last words in anger

The Guardian,
Thursday 4 December 2014.
PROTESTS IN NEW YORK OVER THE DANIEL PANTALEO GRAND JURY DECISION

The last words of Eric Garner became the rallying cry for protests that swirled in New York after a grand jury refused to indict a police officer who placed the unarmed black man in a chokehold, reigniting racial tensions that have been simmering for months in the US.

"I can't breathe," protesters chanted, in mostly peaceful demonstrations that brought longstanding strains over race to the heart of America's most populous city. Earlier in the day, prosecutors announced the jury's decision not to charge Daniel Pantaleo, one of the New York police department officers who had confronted Garner for selling loose cigarettes on Staten Island in July. /...

ANGLAIS

/...

[Part 2]

The protesters' anger echoed the tensions in Ferguson, Missouri, the scene of violence and rioting after another grand jury declined to bring charges against a white police office in the killing of Michael Brown, an unarmed black teenager suspected of robbing a convenience store. His death sparked hundreds of protests across the country and snapped into focus seething race issues.

Garner, who was black, died in July after being put in a chokehold by Pantaleo. Police had stopped the heavy-set father of six on suspicion of selling untaxed "loose" cigarettes. Garner had been arrested previously for selling untaxed cigarettes, marijuana possession and false impersonation.

A video shot by a bystander shows Garner resisting arrest as a plainclothes officer attempts to handcuff him. Backing away from the officer, Garner tells him: "This stops today," which has become a rallying cry for protesters in New York. After a struggle during which Garner is wrestled to the ground by several officers, he gasps "I can't breathe" until his 350lb body goes limp.

Barack Obama, criticised for his response to unrest in Ferguson, suggested the Garner case had reaffirmed his determination to ensure all Americans are treated equally in the criminal justice system.

a) Compréhension générale

– *What?* : le sujet du texte

Comme nous abordons un article de presse, nous commençons par examiner le titre.
Dans le titre, on observe des guillemets. On peut en déduire que les manifestants ont repris la phrase d'Eric Garner en transformant le « *I* » en « *we* ».
Avant le début de l'article, on trouve des indications sur le journal *The Guardian* et la date de parution.
Questions à se poser après ce premier repérage :

→ *Who is Eric Garner?*
→ *Who are the protesters?*
→ *What is the meaning of "We can't breathe"?*

– *Who?* : les personnes impliquées

Repérez les personnes citées dans le texte : *Daniel Pantaleo, Eric Garner, one of the New York Department police officers, the grand jury, prosecutors, an unarmed black man, protesters.*

b) Compréhension détaillée

– La liste de protagonistes vous permet de connaître toute l'histoire :

Eric Garner is an unarmed black man who was arrested by one police officer from the New York Department, Daniel Pantaleo. The grand jury in a court or tribunal decided that Daniel Pantaleo had not discriminated against Eric Garner, a black man.

– Il faut maintenant chercher les raisons de l'arrestation et ce que veut dire "*We can't breathe*".
Collectez les termes qui appartiennent à la même thématique : *reigniting racial tensions, Strains over race.*
– Vous avez le sujet de l'article : la persistance de la discrimination raciale aux États-Unis au XXIe siècle au sein de la police et du système judiciaire.
– Quels autres événements signalent une discrimination raciale ?

c) À quelle(s) notion(s) ce texte peut-il être rattaché ?

Lieux et formes de pouvoir

LU ☐
SU ☐
REVU ☐

La notion « Lieux et formes de pouvoir » peut englober de nombreux thèmes. Il faut aussi définir le type de pouvoir : politique, économique, ou/et culturel.

1. Les lieux du pouvoir

Le pouvoir s'exerce dans de nombreux lieux :
- les institutions politiques (Congrès, Parlement, etc.)
- la rue (rôle des manifestations, grèves)
- une salle de rédaction d'un journal, la télévision.
- internet par les tweets ou les blogs.
- les livres aussi dans une autre mesure.

2. Les formes de pouvoirs

– Le pouvoir, c'est la capacité de certain(e)s à être écouté : Martin Luther King, Mandela, Sœur Theresa, etc.

Quelles qualités sont nécessaires pour avoir le pouvoir de convaincre ?

– Le pouvoir, c'est aussi le savoir, la connaissance : les spécialistes, universitaires, savants diplômés possèdent des arguments pour questionner, mettre en doute, faire réfléchir.

3. À tout pouvoir, il y a un contre-pouvoir

Le champ est vaste, aussi vous devez vous poser des questions à chaque document que vous étudiez.

Power can be political, economic or cultural. Of course, we are very much aware that we entrust power to our representatives when we vote. They represent the people. However, there are countries where you cannot vote or not everybody has the right to vote. Think of North Korea or the USA in the 1960s or South Africa. When people are not citizens, their political regime is a dictatorship or a totalitarian regime. But people can also fight to gain power. This is what happened with Mandela who was imprisoned for 27 years and in 1994 was elected president of South Africa. People protested also against the Vietnam war and in the civil rights movement alongside people like MLT, Rosa Parks, or Mr Young or Harry Bellafonte.
In the newsroom, journalists are there to inform people to make sure that they are not taken for a ride. The press, TV, the internet now play a major role in informing us rapidly and exposing flaws or twisted deals between politicians and business people.
So power and where it is exercised is a large topic that needs to be understood and analysed.

4. Quelques expressions pour parler des lieux et formes de pouvoir

– *Censorship versus freedom*
– *News media: the death of the American newspaper; the birth of new interactive ways and means of exchanging.*
– *Political regimes: democracy, dictatorship, etc.*
– *Readers are gullible, naïve, informed, credulous, candid, aware.*
– *The coming of news websites.*
– *Exercising your right to voice your opinion on the comment box.*
– *People can put pressure on politicians. They can struggle, threaten decisions to secure freedom.*
– *Opinions are valuable/valueless or worthwhile/worthless or meaningful/meaningless or pointless or insignificant.*

5. Méthodologie : exemple guidé

Avant d'aborder un texte, rappelez-vous :
– Toutes les informations ne sont pas de même importance.

– Chaque paragraphe forme un tout.
– Questionnez la fonction des informations données.

And there is also the question of space, Yola broods, studying the new girl as she makes her way past the men's caravan and up the field. Although there are more women than men, the women's caravan is the smaller. [...] that you might tow behind when you go off on holiday to the Baltic. Yola, as the supervisor, is a person of status, and although petite she is generously proportioned, so naturally she has a single bunk to herself. Marta, her niece, has the other single bunk. The two Chinese girls – Yola can never get the hang of their names – share the fold-out double bed, which, when extended takes up the whole floor space. That's it. There is no room for anyone else.

The four of them have done their best to make their caravan seem bright and homely. The Chinese girls have stuck pictures of baby animals and David Beckham on the walls. Marta has stuck a picture of the Black Virgin of Krakow beside David Beckham. Yola, who likes things to smell nice, has set a bunch of wild flowers in a cup, hedge roses, campion and white-gold honeysuckle, to sweeten the air. [...].

Yola likes things to be neat. The four women have become skilled at avoiding each other, skirting around each other in the small space with womanly delicacy, unlike men, who are defective creatures prone to be clumsy and take up unnecessary room, though of course they can't help it and they do have some good points, which she will tell you about later.

This new girl – she skips straight up to the caravan and drops her bag down right in the middle of the floor. She has come from Kiev, she says, looking around her with a smile on her face. Irina is her name. She looks tired and disheveled with a faint whiff of chip fat about her. Where does she think she is going to keep that bag? Where does she think she's going to sleep? What does she have to smile about? That's what Yola wants to know.

Extracted from Marina Lewycka,
Two Caravans, 2007.

a) Compréhension globale

– *Who? Where? When?*

– 1er contresens à éviter : les mots *caravan* et *holiday* peuvent être trompeurs. En réalité il s'agit d'un habitat de fortune où de nombreuses nationalités sont mélangées et où les hommes et les femmes sont séparées.

– 2e contresens à éviter : le mot *Baltic* nous donne des indications sur la région d'origine de Yola et Marta.

b) Ce que vous devez retenir du texte

Vous devez aboutir à la conclusion que les personnages sont des migrants, peut-être clandestins. Même si le nom du Royaume-Uni n'apparaît pas, l'indice de David Beckham, répété à deux reprises, n'est pas une coïncidence.

Vous devez choisir une problématique en relation avec les 4 notions. Le thème « espace et échange » est le plus évident mais pas le seul.

Voici quelques questions possibles pour problématiser :

- *What makes people leave their country?*
- *Is it always for economic reasons?*
- *Are they welcome when they arrive?*
- *What is the UK's point of view regarding immigration?*
- *Is hierarchy legitimate among immigrants? Yola is the supervisor: she has more power.*
- *What makes the other women accept Yola's domination?*
- *Why is the UK an attractive destination for immigrants?*
- *Can we speak of a British dream?*

Espace et échange

LU ☐
SU ☐
REVU ☐

La notion d'espace et échange évoque autant les mouvements migratoires, que les étudiants qui prennent une année sabbatique. Il s'agit donc de tous les thèmes en lien avec les voyages, les déplacements de personne et/ou de marchandises, en un mot la mondialisation. Mais les échanges peuvent aussi être pensés par l'intermédiaire d'internet. Les déplacements ici ne sont plus réels mais virtuels.

1. Quelles raisons aux déplacements des hommes et des marchandises ?

- De tout temps, les hommes ont quitté leur village, région, pays. Il y a ceux qui sont partis de leur plein gré, pour visiter, explorer un autre pays. Et il y a ceux et celles qui sont forcés de partir. La guerre, la révolution, la misère ou la persécution religieuse peuvent amener des hommes à tout quitter pour trouver une meilleure situation ailleurs. C'est le cas des nombreux Syriens, Erythréens qui fuient la guerre ou la dictature. Ou encore, les migrants qui quittent d'autres régions d'Afrique pour l'Europe espérant de meilleures conditions de vie.
- Dans un tout autre domaine, l'échange de marchandises et de services amène les hommes à se côtoyer et à mieux se connaître. La mondialisation a accentué un processus qui a toujours existé et l'usage d'internet et des téléphones portables semblent avoir réduit les distances et l'étranger.
- Les déplacements qu'ils soient réels ou virtuels grâce aux nouvelles technologies sont très nombreux.

2. Quelques expressions pour évoquer les déplacements virtuels et réels

- *People travel abroad or to a foreign country to get to know a different culture, a foreign language.*
- *People might decide to leave their fatherland or native country to escape political or religious persecutions.*
- *People might have to pay a smuggler to get into a country illegally.*
- *People might believe in the American Dream or the French Dream and cross the Mediterranean Sea at the cost of their life. They might be willing to die for an ideal to fulfill their dream of a better life in a richer country.*
- *Exchanges of services or goods have become global or globalized but it is far from being recent.*

3) Quelques problématiques

– Migrating to a different country is no easy decision to make : you do not know the language, you leave your family and friends behind.

→ *So why do people take so many risks?*

– Exchanging with China or developing countries is mostly done at the expense of the poorest. So trading is based on unfair principles.

→ *Should we keep promoting it as the WTO does?*

– Asylum seekers are forced to leave their country if they do not want to die. But it might traumatized them all their life.

→ *Should totalitarian political regimes be erased so as to prevent asylum seekers?*

4. Méthodologie : exemple guidé

October 22, 2011

A Silicon Valley School That Doesn't Compute

By MATT RICHTEL

LOS ALTOS, Calif. – The chief technology officer of eBay sends his children to a nine-classroom school here. So do employees of Silicon Valley giants like Google, Apple, Yahoo and Hewlett-Packard.

But the school's chief teaching tools are anything but high-tech: pens and paper, knitting needles and, occasionally, mud. Not a computer to be found. No screens at all. They are not allowed in the classroom, and the school even frowns on their use at home.

a) Compréhension

- On étudie le paratexte du texte : source, date, titre.
- On peut en conclure qu'il s'agit d'un article de presse qui aborde un sujet d'actualité.
- Que peut on déduire à partir du titre *"A Silicon Valley School That Doesn't Compute"* ?

– It's about a school in the Silicon Valley (California, US).
– It might be about computers as we recognize the word "compute".
– A school that doesn't compute might be a school without computers. You will check if it's true or not by reading the article.

- Silicon Valley fait référence au berceau emblématique de la nouvelle technologie.

Ici un paradoxe doit vous sauter aux yeux : comment le temple de la nouvelle technologie peut-il abriter des écoles sans technologie ?
Dans le cas présent vous vous apercevrez que la thématique entière de l'article se trouve résumée dans le titre.

- On vérifie l'hypothèse trouvée d'après le titre.

b) Conclusion

- Une notion possible pour ce texte est celle du progrès.
- Une problématique possible :

→ *Are computers a tool to improve education? Or do new technologies represent progress?*

LES PRINCIPAUX MOTS DE LIAISON

EXPRIMER LE DÉBUT, LA FIN, LA CONTINUITÉ

- **As long as:** *du moment que*
  (As long as you call me back within 3 days : *du moment que vous me rappelez...*)
- **At the same time (as):** *en même temps que*
- **Every time:** *à chaque fois que...*
- **Since:** depuis
  (We have been marketing this product **since** 2011. : *Nous commercialisons ce produit depuis 2011.)*
- **The first / second / next / last time:** *la première / deuxième /prochaine /dernière fois*
- **Whenever**: *quand vous voulez / à n'importe quel moment*
- **While**: *tandis que*
- **By the time:** *le temps que...*
  (By the time you think it over, the product may be sold out.: *Le temps que vous réfléchissiez, il se peut que le produit ne soit plus disponible.*)
- **Until**: *jusqu'à*
- **At first:** *tout d'abord*
- **Meanwhile**: *pendant ce temps là*
- **Eventually:** *en fin de compte, finalement, enfin*
- **As soon as**: *aussitôt que/dès que*
- **Following**: *suite à* (**following** our conversation)
- **Then / Next:** *ensuite*
- **First:** *premièrement, tout d'abord*
- **To begin:** pour commencer
- **Second / Secondly:** *ensuite, deuxièmement*
- **Third/ Thirdly/ Finally/ Last/Lastly:** *pour finir*

CONCLUSION

- **So :** *donc / par conséquent*
- **In conclusion / to conclude:** en conclusion, pour conclure

CONTRASTE / CONCESSION

- **But:** *mais*
- **Yet:** *pourtant*
- **Although / Even though :** *bien que*
- **Despite / In spite of:** *malgré (+nom)*
- **Instead of:** *au lieu de*
- **Whereas:** *alors que*
- **While:** *tandis que*
- **By comparison:** *en comparaison*
  (ex: **by comparison** the price on the internet in much lower)
- **However:** *cependant*
- **In contrast:** *par opposition*
- **Nevertheless / Nonetheless:** *néanmoins*
- **On the contrary:** *au contraire*
- **On the one hand / on the other hand:** *d'une part/d'autre part*
- **Otherwise**: *autrement, sinon*

SIMILITUDE

- **Neither... nor :** *ni... ni*
- **Either... or:** *soit... soit... (ou bien... ou bien)*
- **In other words:** *en d'autres termes, autrement dit*
- **Likewise:** *de la même manière/façon*

Lexique

ILLUSTRER PAR DES EXEMPLES

- **Besides**: *d'ailleurs*
- **Furthermore / Moreover / In addition** : *de plus*
- **For instance / for example**: *par exemple*
- **Such as**: *tel que*

CAUSE

- **Because of:** *à cause de*
- **Thanks to :** *grâce à*
- **In order to... :** *de manière à*

CONSÉQUENCE

- **Accordingly / Consequently / As a result** : *en conséquence (de quoi)*
- **Therefore**: *par conséquent*
- **Thus**: *ainsi*

CONDITION

- **Even if**: *même si*
- **In case**: *au cas où*
- **Provided that / Providing**: *du moment que*
- **Unless** : *à moins que*

D'AUTRES EXPRESSIONS À L'ORAL

- **By the way**: *au fait*
- **Actually**: *en réalité*
- **To be frank / to be honest**: *pour être franc*
- **In a nutshell**: *en bref, en résumé*
- **As a matter of fact**: *d'ailleurs*
- **If I understand well/ If I get it right:** *si je comprends bien*

POUR ÉVITER LES BLANCS...

- **well...**
- **you know...**
- **let me think...**
- **I mean...**

Sujet du bac

Document 1

Thor actress teams with Marvel on new contest to connect girls with the most successful women in science, technology, engineering and mathematics

To celebrate the new Thor sequel coming out in November 2013, Marvel and Natalie Portman have partnered on a fantastic initiative/contest designed to inspire young girls to consider future careers in science. Titled the 'Ultimate Mentor Adventure,' the project aims to "empower girls ages 14 and up in grades 9-12 to embark on a journey that will allow them to explore their 5 potential in the world of STEM: Science, Technology, Engineering and Mathematics."

Portman, who plays astrophysicist Jane Foster in the Thor films, says in a short video that she loves science. "Today, I'm here to tell you about a life-changing opportunity for girls like you. Marvel has created a program that will give you a chance to explore science, meet amazing scientists and mentors, and even get some time in front of the camera yourself." 10 Entries will be accepted through Oct. 20. Jump here to learn more and apply!

TO ENTER:

STEP 1: Download, Complete, and Submit Your Form.

STEP 2: Go On Your Own Hometown Mentor Adventure!

Interview a successful woman working in a STEM field in your hometown. This is your chance to go out into the real world and ask successful women in STEM fields about what they do, how they got where they are today, and how you might follow in their footsteps.

STEP 3: Create a Video About Yourself.

Next, create a 5-minute, unedited video of yourself so that we can learn a little about you! You may use a Smartphone, computer, tablet, or a camera to make your video. Tell us about your interview. Whom did you meet? What does she do? How is her career related to STEM? What inspired you?

STEP 4: Upload your video.

Finalists of MARVEL's THOR: The Dark World: ULTIMATE MENTOR ADVENTURE will be notified by Thursday, October 24, 2013. Each winner and one legal guardian will travel to Los Angeles, California on or about Sunday, November 3, 2013 and will return home on or about Saturday, November 9, 2013 (the "Trip"). All winners must be available to travel to Los Angeles during this period and must be available to participate in the premiere screening of the MARVEL's THOR: The Dark World ULTIMATE MENTOR ADVENTURE documentary short at 4:20 PM on November 8, 2013. Questions? Click Here.

Adapted from: http://www.mnn.com/green-tech/
Wed, Oct 02 2013 at 12:42 PM

Document 2

Brian Cox says TV shows inspire a new generation of children to study science

Presenter cites BBC series as a big factor in the popularity of biology and physics

By Daniel Boffey (Policy Editor) He conquered the pop charts with 1990s band D:Ream, explained the intricacies of gravity to a confused nation and even appeared in a magazine list of the sexiest men alive. Now Professor Brian Cox, one of the BBC's star turns, has laid claim to a new achievement: inspiring a generation of children to take up biology, chemistry and physics in school.

In an interview in the Observer Magazine, Cox – who has been a ubiquitous présence on the BBC in recent years – says he believes there can be little doubt that science on television has been a factor in an upward trend in the number of children taking up the subjects at GCSE and A-levels.

Cox said he believed that the series of science programmes, including his Wonders of the Solar System, aired during the BBC's year of science in 2010, had had a major impact.

In 2012, there was a 36.1% increase in the number of students doing GCSE science exams, compared with the previous year. Biology and chemistry were two of the three A-level subjects, including ICT, where attainment rates at A*/A3 rose in 2012. Cox, who is currently filming a new show about man's growing understanding of the universe, said: "It's kind of obvious when you think about it. A public service broadcaster in my view is part of the education system, as it does change behaviour."

"I think the year of science did that. There has been an upswing in the number of students applying to university to do scientific subjects. It's difficult to say why, as there are many factors. It's important to say that. But one of the factors is the popularity of science on television."

The presenter and academic, a graduate of Manchester University who is regarded by many as the BBC's successor to David Attenborough, said the success of the programmes in 2010 had also made it easier than ever to pitch science to channel controllers.

The Observer, 05.05.13

ANGLAIS

I. COMPRÉHENSION DE L'ÉCRIT

Documents 1 and 2

A. Choose the right answer.

Both documents are about :

1) girls choosing scientific studies.

2) famous people promoting science.

3) criticising the entertainment industry.

Document 1

B. Match each element with the corresponding definition from the following list. Some definitions will not be used.

a scientist in a film – a media corporation – a competition – a film – a science laboratory – an actress – a film director

1) Thor: ....

2) Ultimate Mentor Adventure: ....

3) Natalie Portman: ....

4) Jane Foster: ....

C. The people who enter the competition.

1) Who are they? Pick out the three necessary conditions to enter the competition.

2) What do they have to do? Complete the following summary with words from Document 1 (one blank = one word).

To participate, the applicants must :

a) fill in and send a .... on-line;

b) make a .... which should contain information about the .... they did with a famous .... who works in the domain of ....

D. What is the prize of the competition? (2 elements).

Document 2

E. Copy the following table onto your paper and complete it.

NAME	Brian Cox
AGE	–
PLACE OF STUDY	–
JOBS IN THREE DIFFERENT DOMAINS	– – –

F. Match and write out the appropriate dates with the sentences in the list below.

1) 1990s
2) 2010
3) 2010
4) 2012
5) 2012

a) British pupils got better results in science exams.
b) Brian Cox and his group of musicians had a hit.
c) More pupils took science degrees.
d) Brian Cox's first show about our universe was broadcast.
e) The national TV channel dedicated this year to science.

G. Pick out one sentence in the text for EACH statement showing that

1) according to Brian Cox, TV has an obligation to help people to learn.

2) Brian Cox thinks there will be more science on TV in the future.

H. Complete the sentence by using one of the following adjectives.

complicated – useful – unprofitable – elitist

→ As a conclusion, we can say that science programmes are ....

Documents 1 and 2

I. The following sentences are right. Justify by quoting the text.

1) Natalie Portman thinks her action can transform girls' destinies. (Document 1)

2) Brian Cox thinks the media can transform the way people think and react. (Document 2)

II. Expression écrite

Choose ONE of the following subjects (150 words minimum).

A. Write about a television programme that you find particularly inspiring. Choose any domain : arts, sports, travel, science, technology, cooking, etc.

OR

B. Here are the profiles of three successful scientists. You have interviewed ONE of them. Write out the interview.

① **NAME:** R. Rodriguez
JOB: Aerospace Engineer
ADDRESS: Phoenix, Arizona
OTHER INFORMATION:
took a trip to Space Center in Houston at the age of 11; 2 years at International Space University in Strasbourg; fluent in French & Japanese.

② **NAME:** G. Knopf
JOB: Professor of Biomedical Science
ADDRESS: Eagle, Idaho
OTHER INFORMATION:
High school dropout but ultimately got a PhD in physical chemistry; active in research in stem cell biology, diabetes, and blood vessel disease.

③ **NAME:** E. Sky
JOB: App developer for smartphones
ADDRESS: Franklin, Georgia
OTHER INFORMATION:
writes articles about video games for computer magazines and science fiction novels.

I. Compréhension de l'écrit

Documents 1 & 2

A. Both documents are about famous people promoting science

Document 1

B. 1) Thor : a film

2) Ultimate Mentor Adventure: a competition

3) Natalie Portman: an actress

4) Jane Foster : a scientist in a film

C. 1) You have to be a girl, aged 14 or more, in grades 9-12.

2) To participate, the applicants must

a) Fill in and send a form on-line;

b) Make a video/document which should contain information about the interview they did with a famous woman who works in the domain of STEM (Science, Technology, Engineering and Mathematics).

D. The winner travels to Los Angeles, California and participates to the première screening of the Ultimate Mentor Adventure documentary.

Document 2

NAME	Brian Cox
AGE	45
PLACE OF STUDY	Manchester University
JOBS IN THREE DIFFERENT DOMAINS	– was part of a band in the 1990's, D : Ream – was a BBC presenter (science programmes) – is a University Professor

F. 1) 1990's / b. Brian Cox and his group of musicians had a hit

2) 2010 / d. Brian Cox's first show about our universe was broadcast

3) 2010 / e. The national TV channel dedicated this year to science

4) 2012 / a. British pupils got better results in science exams

5) 2012 /c. More pupils took science degrees

G. 1) line 31 : « A public service broadcaster in my view is part of the education system »
2) line 45 : « the success of the programmes in 2010 had also made it easier than ever to pitch science to channel controllers ».

H. As a conclusion, we can say that science programmes are useful.

Documents 1 & 2

I. 1) line 7 : « I'm here to tell you about a life-changing opportunity for girls like you ».
2) line 33/34 « as it does change behaviour ». Line 20 "...had had a major impact » pouvait également convenir.

II. Expression écrite

Quelques conseils – Sujet A

Conseil 1

Choisissez un programme TV et donnez l'heure, le jour, etc. et décrivez ce qui se passe et les raisons de votre goût pour cette émission. Dites s'il y a des invités, si ces invités sont connus, ce qu'ils apportent à cette émission.
Ces éléments factuels vous permettront d'utiliser des phrases simples comme :
– It is scheduled at 4 in the afternoon.
– It is broadcast on TV5
– The moderator is ....
– It is a programme about cooking where viewers learn new recipes.
– I like it because ... I am keen on this programme because... I do not like it but my mother watches it so I watch it with her.

Conseil 2

Utilisez des mots de liaison : *in addition*, *finally*, *in fact*, etc.

Corrigé – SUJET A

TV can be boring but it can also be life-inspiring especially if it has good programmes about topical issues, books or documentaries. I do not watch much TV but I have a favourite radio programme entitled The Why Factor. It is a programme which is broadcast on Radio 4 on BBC World Service. It only lasts about 17 or 18 minutes. When I miss it, I download from the BBC website.

The Why Factor is presented by Mike Williams and is also about a concept that is analysed and examined from different points of view. I have listened to the ones on loyalty, honour or memorialization recently.
My favourite was on memorialization or memorial mania or the fact that people are keener and keener to pay tribute to their dead. Two people were invited: a stone-cutter, Eric and a Cambridge professor from the UK, Dr Rose who has specialized in cultural heritage or the politics of the past. Eric said that graveyards and the name on tombs satisfy a need to leave traces of our loved ones. Dr Rose mentioned that there are more and more memorials after traffic accidents, natural disasters or violent act such as September 11 in New York. In her eyes, the reasons that explain more and more memorials are due to a need we have to have ties to event or places. She talked of roots.
I like this programme very much because I always feel more intelligent after listening to the programme and there are people with great ideas and I love ideas.

Quelques conseils – Sujet B

Vous étiez très guidé et des idées vous étaient fournies donc il faut utiliser des éléments qui doivent faciliter la rédaction.
Ici vous pouvez utiliser du discours direct ou indirect.
– I would like to know why you have chosen this job.
– I am interested in knowing how long you spent in Strasbourg.
– Can you tell me why you speak Japanese?
– Why did you decide to be an engineer?

SUJET B

An interview with a famous scientist:
– Hello Mrs Rodriguez. Thank you for speaking to me.
– Hello Sarah. It is a real pleasure to be here
– Well, first I would like to know why you became an aerospace engineer.
– This started when I was a little girl. My mum would spend a lot of time looking at the sky and telling us about the planets and constellations and it was incredibly beautiful. We would even sleep outside in the summer my brother and I. These memories are very dear to me and made me choose to have something to do with planets.
– But you speak French and Japanese. How do you explain that?
– Well, I spent a few months in Strasbourg and that's why I learned French and there were a lot of Japanese engineers with me and that is how I got to know people from Japan and then worked in Japan.
– You must have had an amazing life, mustn't you?
– Yes, I must say I was a lucky woman who was influenced by my mum and my trip to the Space Center in Houston.
– Thank you for answering me. This interview will stay with me.

Savoir

1

LU ☐
SU ☐
REVU ☐

Compréhension orale

Vous devrez rendre compte, en français, d'un document sonore d'1 min 30 énoncé dans un espagnol courant que vous écouterez 3 fois.

CONSEIL Soyez très attentif au titre du document, s'il y en a un, avant la première écoute, cela vous permet de mobiliser les connaissances que vous avez sur le sujet.

1. Première écoute

CONSEIL Écoutez l'enregistrement jusqu'à la fin lors de la première écoute car les mêmes idées sont souvent reprises plusieurs fois de manière différente.

• **Repérez** l'idée principale, ne prenez pas de notes.
• **Ne traduisez pas,** vous comprenez l'ensemble sans traduire et un seul mot ne doit pas vous empêcher de comprendre.
• **Repérez :**
- le type de document : émission de radio, flash d'information, dialogue, interview, débat ;
- qui parle ? : des hommes, des femmes, des enfants, des jeunes... ;
- combien de personnes parlent ;
- les indices sonores : les bruits, la musique, les accents, les sons des voix, les cris, les applaudissements, etc.

2. Écoutes suivantes

• **Notez les mots-clés** : ce sont ceux qui doivent éclairer l'idée principale. La suite de l'écoute vous permettra de préciser ce que vous avez compris.
Si des mots ou des expressions se répètent il y a forcément une raison, cherchez-la et expliquez-la.
• **Écoutez les indicateurs de temps** pour savoir quand se déroule l'action.

3. Préparation

Posez-vous les questions *¿Quién? ¿Qué? ¿Cuándo? ¿Cómo? ¿Dónde? ¿Por qué?* pour rendre compte de ce que vous avez écouté. Les réponses que vous y apporterez vous permettront de retrouver le sens du document.
• **Classez vos informations** en fonction de l'importance qu'elles ont par rapport au type de document dont vous avez à rendre compte.
• **Revenez** sur ce que vous n'avez pas bien compris, mais qui peut vous sembler important.
Cette écoute active vous permet de comprendre les faits présentés, mais aussi le problème qu'ils posent ou l'issue possible de la situation exposée.

4. Rédaction

• Vous avez maintenant **10 minutes pour rédiger** votre compte rendu en français.
• **Faites un plan** en respectant le déroulement de l'enregistrement.
• **Donnez les idées essentielles** que vous mettrez en relief grâce aux détails que vous avez compris.
• **Définissez** le type de document et le thème.
• **Concluez.**

Oral en continu

LU ☐
SU ☐
REVU ☐

L'oral en continu se prépare pendant chaque cours, aussi travaillez régulièrement toute l'année.
Vous tirez au sort en entrant dans la salle une des 4 notions du programme : « Mythes et héros » ; « Espaces et échanges » ; « Lieux et formes de pouvoir » ; « L'idée de progrès ».

1. Déroulement de l'épreuve

• Vous devrez faire un exposé de 5 minutes pour développer différents aspects de la notion en fonction des documents vus en classe ou au cours de vos lectures.
• Vous dialoguerez 5 minutes avec votre examinateur. Pour vous aider durant ces 5 minutes, apprenez les expressions ci-dessous et habituez-vous à les utiliser.
• Vous avez 10 minutes pour préparer votre exposé.

CONSEIL L'examinateur attend que vous vous exprimiez en espagnol avec **précision** et **clarté** et non pas que vous récitiez un texte que vous aurez préparé pendant 10 minutes.
Vous démontrerez que vous savez **décrire**, **expliquer**, **commenter** et **défendre** votre point de vue.
Cette épreuve est un test oral très rapide, soignez particulièrement l'**intonation**, la **prononciation**, le **plan** de votre présentation, le **vocabulaire** choisi ainsi que la **grammaire** et la **conjugaison**. En outre, même si vous êtes, dans la première partie, seul à prendre la parole, n'oubliez pas votre interlocuteur, regardez-le, appuyez vos propos par des gestes, soyez dynamique et essayez d'être convaincant et d'intéresser votre auditoire.

2. Liste non exhaustive de mots et expressions utiles

Lo siento	Je suis désolé(ée)
No sé decir	Je ne sais pas dire
¿Cómo se dice por favor?	S'il vous plaît, comment dit-on?
En primer lugar	Tout d'abord. En premier lieu. Premièrement
Tambien podemos imaginar…	Nous pouvons aussi imaginer que…
Sin embargo	Cependant
Por lo tanto	Par conséquent
En segundo lugar	Deuxièmement
Luego, después	Ensuite
Así que	Ainsi donc
Por eso	Pour cela. Pour cette raison
Lo más importante	Ce qu'il y a de plus important
Para acabar	Pour finir
Si nos fijamos bien	Si nous prêtons bien attention
La verdad es que…	À vrai dire, en réalité
Muy bien	Très bien, bien sûr
Claro	Bien sûr
¡Como no!, Por supuesto	Évidemment
¡Verdad! ¡Verdad que sí!	N'est-ce pas ?

Savoir 3

Oral en interaction

LU ☐
SU ☐
REVU ☐

Cette épreuve de 5 minutes est une brève conversation avec un hispanophone sur un thème que vous êtes censé connaître.
Pour réussir cet oral, la meilleure préparation est un travail régulier toute l'année.
Apprenez et retenez 2 exemples pour illustrer chacune des notions du programme (8 au total).
Révisez ou apprenez le vocabulaire, la conjugaison et la grammaire dont vous n'êtes pas sûr.

CONSEILS Vous devez comprendre ce que vous demande votre interlocuteur, réagir à ses propos et répondre avec assurance. Vous devez bien observer ses gestes, ses expressions.
Écoutez-le attentivement : un mot répété est souvent la clé de la question.
Montrez que vous écoutez en réagissant.
Parlez assez fort et clairement, corrigez-vous spontanément si vous pensez avoir fait une faute.
Ne vous exprimez qu'en espagnol.
Vous devez convaincre votre interlocuteur, c'est en maîtrisant bien les 4 notions du programme que vous parviendrez à élargir le sujet et à enrichir votre propos.

1. N'hésitez pas à ponctuer vos phrases

bueno	bon
pues	eh bien
mire	regardez
por supuesto	bien sûr
estoy seguro(a) de que	je suis sûr(e) que
parece obvio	il semble évident

2. Sachez exprimer votre accord ou votre désaccord

Estoy de acuerdo	Je suis d'accord
Comparto su opinión	Je suis de votre avis
No estoy de acuerdo	Je ne suis pas d'accord

3. Que vous soyez d'accord ou pas, justifiez votre position

No comparto su opinión porque... Je ne partage pas votre avis parce que...
Para concluir, quisiera decir que este tema es interesante ya que... pour conclure je voudrais dire que ce thème est intéressant puisque...

4. Utilisez des périphrases

Apprenez régulièrement le vocabulaire courant, n'inventez rien. Le cas échéant, utilisez une périphrase.
ex : si le mot «mi casa» ne vous revient pas dites «El sitio donde vivo»...
Si l'examinateur vous demande de répéter, ne stressez pas et corrigez la faute que vous avez certainement faite.

CONSEIL
Apprenez par cœur une liste de mots de liaison qui donneront de la fluidité à votre réponse.

LU ☐
SU ☐
REVU ☐

Compréhension écrite

Pour cette épreuve, vous aurez un ou plusieurs (maximum 3) documents en espagnol en rapport avec les 4 notions du programme.

CONSEIL
Travaillez méthodiquement :
– premièrement lisez jusqu'au bout tous les documents ;
– deuxièmement répondez aux questions.

1. Première lecture

- **Lisez** très attentivement le ou les documents proposés en totalité.
- **Repérez** le (ou les) titre(s) et reportez-vous aux notes qui sont là pour vous aider.
- **Identifiez** le type du ou des document(s) : lettre, article de presse, etc.
- **Repérez** l'auteur, la date, les personnages, le lieu, etc.
- **Repérez** les thèmes présentés et le ton employé.
- **Recherchez** les informations principales sans vous attarder sur les mots inconnus et en étant attentif au contexte, il éclaire souvent ce qui ne vous paraît pas évident.
- **Déterminez** à quelle notion ces documents font référence.

2. Deuxième lecture

La bonne compréhension de cette lecture vous permettra de répondre facilement aux questions.

Dans le cas où vous êtes face à plusieurs documents, **identifiez** leurs points communs, leurs liens, leurs différences.

Expliquez pourquoi vous pensez qu'ils sont présents ensemble (rappelez-vous la notion).

3. Réponse aux questions

- **Traitez** les questions dans l'ordre où elles sont posées, elles suivent le déroulement du texte et souvent une réponse vous aide à mieux comprendre la question suivante.
- Après avoir bien lu et bien compris la question, **repérez** le passage qui vous a permis de répondre et **surlignez** dans le texte les mots, expressions ou phrases qui justifient votre réponse.

CONSEIL
Visuellement, utilisez des couleurs différentes vous facilitera la tâche.
Exemple : si la question 2 est surlignée en jaune, les éléments qui y répondent dans le texte seront aussi surlignés en jaune.

- **Sachez** bien situer vos citations dans le document :
- *"En la línea (x...) la palabra (...) /la frase (...) justifica..."*
- **Introduisez** toujours votre réponse en reprenant les termes de la question.
- **Utilisez** dans la réponse le temps utilisé dans la question.
- **Apprenez** par cœur une liste de mots de liaison qui donneront de la fluidité à votre réponse.

Savoir 5

Expliquer – Argumenter – Décrire

LU ☐
SU ☐
REVU ☐

Vous allez trouver ci-dessous des listes non exhaustives de mots de liaison ou d'expressions.
Ils vous aideront :
– à expliquer un comportement ou les sentiments d'une personne, un problème d'actualité, le fonctionnement d'un objet ou ce qu'il y a d'implicite dans un document ;
– à défendre votre point de vue et discuter des arguments présentés ;
– à commenter des textes ;
– à décrire des documents iconographiques.

CONSEIL
Choisissez dans ces listes les mots et expressions qui vous correspondent le mieux, ceux que vous utilisez le plus souvent en français et **forcez-vous** à les introduire fréquemment en espagnol tant à l'écrit qu'à l'oral pour que cela devienne naturel . Cette stratégie est à mettre en place tout au long de l'année.

1. Les connecteurs

a) On présente des idées ou des événements en ordre

primero	tout d'abord
para empezar	pour commencer
en primer lugar	en premier lieu
en segundo lugar	en second lieu
segundo	deuxièmement
por un lado, por otro lado	d'une part, d'autre part
a continuación	pour continuer
luego, después	ensuite, après
a lo largo del texto	au cours du texte
por fin	enfin
en último lugar	en dernier lieu
para terminar	pour finir

b) On ajoute une idée

claro	bien sûr
por cierto, a propósito	à propos
en lo que respecta a	quant à
incluso	même
además	de plus
en realidad	en réalité, en fait
por ejemplo	par exemple

c) On exprime une notion de temps

dentro de una hora	dans une heure
desde hace tiempo	depuis longtemps
antes de	avant de
después de	après
a veces	parfois
durante (una hora)	pendant (+ durée)
mientras (duermo)	pendant que (+ verbe), (ici : pendant que je dors)

ESPAGNOL

d) On exprime une conséquence

por eso	pour cela
por lo tanto	par conséquent
por consiguiente	par conséquent
así pues	ainsi donc

e) On s'oppose ou on approuve

en cambio	en revanche
más bien	plutôt
sin embargo	cependant
a pesar de eso	malgré cela
mientras que	tandis que
desde luego	bien sûr
eso es	c'est cela
vale, de acuerdo	d'accord
ahora bien	cela dit
por el contrario	au contraire

f) On récapitule

en conclusión	en conclusion
al fin y al cabo	en fin de compte
se puede deducir	on peut déduire que

2. Les relateurs

dado que + indicatif	étant donné que
puesto que ; ya que	puisque
igual que + nom, pronom ou verbe	tout comme ; aussi bien que
a pesar de + nom	malgré
aunque + indicatif	bien que
aunque + subjonctif	même si
de modo que + indicatif	de telle sorte que
con el fin de + infinitif	afin de ; dans le but de
así es como + indicatif	c'est ainsi que
basta que + indicatif ou subjonctif	jusqu'à ce que

Commenter un document iconographique

LU ☐
SU ☐
REVU ☐

Un document iconographique peut se présenter sous différentes formes : une photographie, une publicité, un dessin humoristique, un tableau de maître, etc.
Quel que soit le document iconographique que vous aurez à commenter, vous procéderez de la même façon : décrire, analyser et conclure.

1. Décrire

• **Indiquez la nature du document.** *Se trata de una fotografía, un cómic, un cartel publicitario, un cuadro, etc.*
• **Annoncez le thème.** *El documento trata / habla de la educación, la inmigración, el turismo, el comercio, etc.*
• **Présentez** de façon ordonnée en allant toujours du général au particulier.
• **Situez les éléments :** *en primer plano (au premier plan), en segundo plano (au second plan), en el fondo (au fond), a la derecha (à droite), a la izquierda (à gauche), en medio (au milieu), al lado de (à côté), etc.*
• **Commentez les couleurs** *(los colores)*, ou s'il s'agit d'une image en noir et blanc *(blanco y negro).*
• **Décrivez les personnages**, leur place les uns par rapport aux autres, s'il y en a plusieurs, etc.
Cette partie de description permet de mettre en relief les éléments qui créent la première impression, qui justifient l'importance d'un élément par rapport à un autre.
• **Terminez** cette description par l'impression générale qui se dégage du document :
Se desprende una impresión de... tristeza, alivio, miedo... (tristesse, soulagement, peur...).
Este documento me parece interesante porque ilustra la noción... (Mitos y Heroes o Espacios e Intercambios o...)

2. Analyser

• Le peintre, le dessinateur, le photographe etc. veut **montrer, critiquer, dénoncer, ridiculiser...**
Quels procédés utilise-t-il pour cela : espace, couleurs, lumière etc. ?
Se vale para eso de la luz, espacio, tonos oscuros o chillones, si es una pintura o una foto en picado (en plongée) *o en contra picado* (en contre-plongée) *un plano americano*, etc.
• **Émettez des hypothèses :**
Quizás quiere : peut-être qu'il veut..
Quizás no pueda : peut-être qu'il ne peut pas...
Es posible que no admita : il est possible qu'il n'admette pas ...
Se puede suponer que : on peut supposer que ...
• **Donnez votre avis** et justifiez-le :
me extraña , me sorprende, me molesta, me interesa, me gusta... (cela m'étonne, me surprend, me gêne, m'intéresse, me plaît...) porque...

3. Conclure

Terminez par **une ouverture** en rapprochant le document de l'actualité et en **élargissant** le thème : *este documento se refiere a..., se puede relacionar con...*

4. Vocabulaire

un cómic, una historieta	une bande dessinée
el dibujante	le dessinateur
el fotógrafo	le photographe
un cuadro	un tableau
conmovedor	émouvant
sorprendente	surprenant
caricaturizar	caricaturer
mostrar	montrer
criticar	critiquer
denunciar	dénoncer
potenciar	dynamiser
en el centro, en medio	au centre
en la parte alta, baja	dans le haut, bas
más lejos	plus loin
constar de	se composer de
hacer hipótesis	formuler une hypothèse
una escena	une scène
fijarse en	porter son attention sur
darse cuenta de	se rendre compte de
el propósito	le propos
incitar a reflexionar	amener à réfléchir
el artista se vale de	l'artiste utilise
el enfoque	le point de vue
en picado	en plongée
en contrapicado	en contreplongée
a contra luz	à contrejour
¿Cuál será la intención de...?	Quelle doit être l'intention de ...?
¿Quién será el blanco?	Qui sera la cible de... ?
se desprende una impresión de...	il se dégage une impression de
respecto a	par rapport à
el decorado	le décor
en negrilla	en caractères gras
lo insólito estriba en	ce qui est insolite provient
facilitar datos	donner des informations.
experimentar una emoción	éprouver une émotion
plantear el problema de	poser le problème de
revelar un aspecto positivo, negativo	révéler un aspect positif, négatif .
el artista quiere que tomemos conciencia de	l'artiste veut nous faire prendre conscience de.
este documento produce un efecto	ce document produit un effet
tiene un interés documental, artístico	il a un intérêt documentaire, artistique.
Si tuviera que proponer un título sería... ya que	Si je devais proposer un titre ce serait... étant donné que...
cambiar el punto de vista inicial	changer d'avis
la técnica	la technique
la intención	l'intention
las actitudes	les attitudes

Savoir
7

Lire un graphique, un diagramme, un camembert

LU ☐
SU ☐
REVU ☐

1. Décrire

Identifiez la nature du document. Définissez son origine, son objet, la date et le contexte géographique ou social de l'étude.

camembert : *gráfico circular*
courbe : *curva*
graphique : *gráfico*
tableau : *cuadro*
histogramme : *histograma*
organigramme : *organigrama*
statistiques : *estadísticas*

2. Donner du sens

Les chiffres donnés aboutissent à des constations sur les évolutions (*tendencias*).

a) augmenter : *aumentar, subir*

atteindre un sommet : *alcanzar un nivel máximo*
s'envoler : *dispararse*
se redresser : *recuperarse*
une augmentation : *un aumento, un incremento, una subida*

b) diminuer : *disminuir, caer, bajar*

chuter : *bajar en picado*
décliner : *rechazar, disminuir*
dégringoler : *hundirse*
s'effondrer : *hundirse, desmoronarse*
atteindre un creux : *alcanzar un mínimo*
une diminution : *un descenso, una disminución*

c) stagner : *estabilizarse, estancarse, permanecer estable*

atteindre un palier, se stabiliser : *nivelarse, estabilizarse*
varier, fluctuer : *variar, fluctuar*
être au même niveau que : estar al mismo nivel que

d) Attention aux prépositions :

augmenter de : *aumentar en*
augmenter/diminuer jusqu'à : *aumentar/caer hasta*
fluctuer entre... et... : *fluctuar entre... y ...*

e) Nuancer les tendances avec des adjectifs ou des adverbes :

brutal : *brusco, a*
important : *considerable, importante*
léger : *ligero*
petit à petit : *poco a poco, gradualmente*
soudain : *repentino, repentinamente*
spectaculaire : *espectacular, dramático*
environ : *aproximadamente*

f) Utiliser des chiffres, des comparatifs ou des superlatifs :

el, la más alto(a) - cifras más bajas -más, menos... que - mayor, menor en... que en...

3. Interpréter

Mettez les données en perspective : les statistiques décrivent un phénomène mais n'en donnent pas l'analyse. À vous de formuler :
Le graphique paraît indiquer... : *El gráfico parece indicar...*
À en juger par... : *A juzgar por...*
Cela signifierait que : *Esto significaría que...*
Nous pouvons en déduire que : *Podemos inferir que...*

Les nombres et les dates

LU ☐
SU ☐
REVU ☐

1. Les nombres

a) Nombres cardinaux de 0 à 50

0 *cero*, 1 *uno*, 2 *dos*, 3 *tres*, 4 *cuatro* , 5 *cinco*, 6 *seis*, 7 *siete*, 8 *ocho*, 9 *nueve*, 10 *diez*, 11 *once*, 12 *doce*, 13 *trece*, 14 *catorce*, 15 *quince*, 16 *dieciséis*, 17 *diecisiete*, 18 *dieciocho*, 19 *diecinueve*, 20 *veinte*, 21 *veintiuno*, 22 *veintidós*, 23 *veintitrés*, 24 *veinticuatro*, 25 *veinticinco*, 26 *veintiséis*, 27 *veintisiete*, 28 *veintiocho*, 29 *veintinueve*, 30 *treinta*, 31 *treinta y uno*, 32 *treinta y dos*, 33 *treinta y tres*, 34 *treinta y cuatro*, 35 *treinta y cinco*, 36 *treinta y seis*, 37 *treinta y siete*, 38 *treinta y ocho*, 39 *treinta y nueve*, 40 *cuarenta*, 41 *cuarenta y uno*, 42 *cuarenta y dos*, 43 *cuarenta y tres*, 44 *cuarenta y cuatro*, 45 *cuarenta y cinco*, 46 *cuarenta y seis*, 47 *cuarenta y siete*, 48 *cuarenta y ocho*, 49 *cuarenta y nueve*, 50 *cincuenta*.

• À partir de 16, l'espagnol dit : *dieciséis* (le « z » de *die**z*** devient « c » et le « y » devient « i »). Il en est de même pour 17, 18 et 19.
• Pour les chiffres de 21 à 29, le même type de modification a lieu: 21 s'écrira *veintiuno*.
• Pour les autres dizaines, il n'y a aucune contraction. On écrit donc *treinta y uno*...
• On n'emploie pas la conjonction **y** entre les centaines et les dizaines ni entre les centaines et les unités. *Ciento treinta, ciento dos.*
• Devant un nom masculin, ***uno*** devient ***un***. *Veintiún días.* Au féminin, *una* ne varie pas. *Veintiuna chicas.*
• Il n'y a que *uno* et les centaines qui peuvent être masculin ou féminin : 400 *cuatrocientos(as)*, 500 *quinientos(as)*, 600 *seiscientos,(as)*, 700 *setecientos(as)*, 800 *ochocientos(as)*, 900 *novecientos(as)*.
• ***Ciento*** devient ***cien*** devant un nom masculin ou féminin ou un nombre qu'il multiplie. *Cien casas, cien mil euros.*
• ***Mil*** est invariable : 2 000 *dos mil*, 5 000 *cinco mil*.
• Au pluriel, ***miles*** est synonyme de ***millares*** : des milliers. *Miles de músicos, millares de músicos* : des milliers de musiciens.
• **milliard se dit *mil millones*.**

b) Les nombres ordinaux

1° *primero(a)*, 2° *segundo(a)*, 3° *tercero(a)*, 4° *cuarto(a)*, 5° *quinto(a)*, 6° *sexto(a)*, 7° *séptimo(a)*, 8° *octavo(a)*, 9° *noveno(a)*, 10° *décimo(a)*, 11° *undécimo(a)*, 12° *duodécimo(a)*.
On notera que deux de ces adjectifs, *primero* et *tercero*, subissent le phénomène de l'apocope lorsqu'ils sont placés devant des noms masculins singuliers.
En el primer párrafo... Dans le premier paragraphe...

2. Les dates

Estamos en el siglo veintiuno, hoy es lunes, once de mayo de dos mil quince.

Quel jour sommes-nous ?	*¿Á qué día estamos?*
Quelle est la date d'aujourd'hui?	*¿Qué fecha es hoy?*
Le jour de son anniversaire.	*El día de su cumpleaños.*

Attention ! *un aniversario:* une commémoration

Savoir 9

LU ☐
SU ☐
REVU ☐

Le vouvoiement, les possessifs, les démonstratifs

1. Le vouvoiement

Quand on dit « vous » en espagnol, il faut déterminer à qui on parle.

• **Si l'on vouvoie une seule personne,** on emploie ***Usted*** **+ verbe à la 3e personne du singulier** :
Usted tiene cuatro hijos. Vous avez quatre enfants.

• **Si l'on vouvoie plusieurs personnes**, on emploie ***Ustedes*** **+ verbe à la 3e personne du pluriel** :
Ustedes no han hecho las compras. Vous n'avez pas fait les courses.

N'oubliez pas d'employer, en cas de vouvoiement, les possessifs (*su, sus*), le pronom réfléchi (*se*) et les pronoms personnels COD et COI correspondants (*lo, la, los, las le, les*) :
Sus preguntas son muy complejas. Vos questions sont très complexes.
Se interesan por los idiomas. Vous vous intéressez aux langues.
Se lo dije dos veces. Je vous l'ai dit deux fois.

• **Si vous vouvoyez plusieurs personnes que vous tutoyez individuellement**, utilisez la **2e personne du pluriel** (*vosotros, vosotras, vuestros, vuestras, os*).
Habéis perdido vuestros documentos. Vous avez perdu vos documents.

2. Les possessifs

Leur forme dépend de leur position dans la phrase.

a) Placés avant l'objet possédé

mi	*mis*	*nuestro/a*	*nuestros/nuestras*
tu	*tus*	*vuestro/a*	*vuestros/vuestras*
su	*sus*	*su*	*sus*

Mi amigo es muy alto. Mon ami est très grand.

b) Placés après l'objet possédé

mío/a	*míos/as*	*nuestro/a*	*nuestros/as*
tuyo/a	*tuyos/as*	*vuestro/a*	*vuestros/as*
suyo/a	*suyos/as*	*suyo/a*	*suyos/as*

¡Vida mía! Mon amour!

c) Pour indiquer la possession, après le verbe *ser*

Lo tuyo es más importante. Ton problème est plus important.
¿Es suyo? C'est à lui/vous ? (politesse)

3. Les démonstratifs

• **Trois types** de démonstratifs selon qu'on parle de quelque chose de très proche, de proche, ou d'éloigné.

este/a	*estos/estas (aquí)*
ese/a	*esos/esas (ahí)*
aquel/lla	*aquellos/aquellas (allí)*

Su amiga es aquella que tiene el pelo largo. Son amie est celle qui a les cheveux longs.
Démonstratifs neutres : *esto; eso; aquello.*
Esto es tuyo. Cela est à toi.

Les adverbes

LU ☐
SU ☐
REVU ☐

Les adverbes donnent des informations, apportent de la précision aux propos.

1. Les adverbes simples

así	ainsi
bien	bien
mal	mal
mejor	mieux
peor	pire
aprisa	vite
despacio	lentement
adrede	exprès

2. Les adverbes en *-mente*

• Ils sont formés à partir de l'adjectif qualificatif au féminin auquel on ajoute la terminaison *–mente*.
lento/lenta/lentamente
alto/alta/altamente

Attention aux adjectifs terminés par « e » qui ont la même forme pour les deux genres (*inteligente* > *inteligentemente*) et aux adjectifs qui se terminent par une consonne (*fácil* > *facilmente*).

• Quand deux ou plusieurs adverbes se suivent, seul le dernier porte la terminaison *–mente*, ceux qui précèdent gardent simplement la forme d'adjectifs au féminin singulier :
Este joven, que habla confusa y lentamente, debe estar medio dormido. Ce jeune, qui parle confusément et lentement, doit être moitié endormi.

Attention ! *Poco* (peu), *mucho* (beaucoup), *bastante* (assez) et d*emasiado* (trop) placés devant des noms deviennent des adjectifs et s'accordent avec le mot qu'ils quantifient :
Hay poca gente en la calle. Il y a peu de gens dans la rue.

3. Les locutions adverbiales

por otra parte	d'autre part
dondequiera	n'importe où
a propósito	exprès
de buena gana	volontiers
de mala gana	à contrecœur
de veras	vraiment
a medias	à moitié
cada vez más	de plus en plus
cada vez menos	de moins en moins
hasta, incluso, inclusive	même
por/en todas partes	partout
a continuación	suivant, à la suite
a diario	tous les jours
ahora mismo	maintenant
por/en todas partes	partout
ahora bien	*cependant, néanmoins*

Les prépositions

LU ☐
SU ☐
REVU ☐

Les prépositions sont fondamentales, elles lient les mots entre eux et peuvent leur donner un sens différent.

A

• **S'emploie devant tous les COD représentant une personne.**
Veo a *Mercedes en la tienda.* Je vois Mercedes (une fille) dans la boutique.
Veo un Mercedes en el garaje. Je vois une Mercedes (voiture) dans le garage.
• **Dans les tournures affectives avec les verbes :** *gustar, doler, encantar, importar, apetecer, dar pena...* etc.
A Diego, le duelen las muelas.
Diego a mal aux dents.
A su abuela, ya, nada le apetece.
Sa grand mère, maintenant, plus rien ne lui fait envie.
• **Après les verbes de mouvement.**
El año que viene iremos a Irún. L'année prochaine nous irons à Irún.

DE

• **Indique la provenance, l'origine.**
Los Sevillanos vienen de Andalucía. / Les Sévillans viennent d'Andalousie.
• **Une caractéristique.**
La señora de gafas rojas / La dame aux lunettes rouges.
• **La matière.**
Un abrigo de piel. / Un manteau en cuir.
• **La propriété, l'appartenance.**
El cuadro Las Meninas *de Velázquez.* / Le tableau *Les Ménines* de Velázquez.
• ***De*** **peut marquer la cause.**
Partirse de risa. / Se tordre de rire.

EN

• **Indique l'endroit où l'on se trouve.**
Los pasajeros esperan en la estación.
Les passagers attendent dans la gare.

POR

• **Indique le lieu par où l'on passe.**
El tren París-Irún pasa por Dax.
Le train Paris-Irún passe par Dax.
• **La durée**
Salimos de vacaciones por quince días.
Nous partons en vacances pour quinze jours.
• **La périodicité**
Salimos de viaje una vez por año. Nous partons en voyage une fois par an.
• **S'emploie dans les locutions de temps :** *por la mañana* /le matin, *por la tarde*/ l'après-midi, *por la noche*/ dans la soirée, *por el momento*/ pour le moment.
Viajamos a San Sebastián mañana por la mañana y volvemos por la noche.
Nous partons à San Sebastián demain matin et nous revenons dans la soirée.
• **La cause**
Los esquiadores no van a Baqueira este invierno por falta de nieve. Les skieurs ne vont pas à Baqueira cet hiver à cause du manque de neige.
Por se place devant le complément d'agent :
El programa fue adaptado por famosos informáticos. Le logiciel a été adapté par des informaticiens célèbres.

PARA

• **Indique une destination**
Este AVE sale para Sevilla.
Ce TGV part pour Séville.
• **Une échéance précise**
Hay que estar listo para las tres.
Il faut être prêt pour 3 heures.
• **L'attribution**
Este regalo es para tí.
Ce cadeau est pour toi.
• **Le but**
Emigra para encontrar trabajo.
Il émigre pour trouver du travail.
• **Le point de vue**
Para mí, esto es lo de menos.
Pour moi, cela n'a pas la moindre importance.

Dans la plupart des cas **POR** marque la cause **PARA** marque le but.

Les pronoms

LU ☐
SU ☐
REVU ☐

1. Les pronoms personnels sujets

yo – tú - él/ella/usted – nosotros/as – vosotros/as – ellos/ellas/ustedes
Les pronoms sujets sont peu utilisés, la terminaison du verbe suffit à identifier celui qui parle.
On les emploie pour insister :
Yo trabajo mientras que tú descansas. Moi, je travaille pendant que toi, tu te reposes.
On les emploie également si la terminaison du verbe prête à confusion :
Yo, sí lo decía mientras que él, no lo decía. Moi, oui, je le disais alors que lui, non, il ne le disait pas.

2. Les pronoms COD

me – te – lo, la – nos – os – los, las
On peut dire ***le, les*** au lieu de ***lo, los*** si le pronom se réfère à une personne de sexe masculin :
Elle attend Juan. *Espera a Juan* / Elle l'attend. *Lo espera* ou *Le espera.*
Attention ! Elle attend l'autobus = *Lo espera.*

3. Les pronoms COI

me –te – le – nos – os – les
Le hablo. Je lui parle.
Les doy la carta. Je leur donne la lettre.
• En espagnol le pronom COI se place toujours devant le pronom COD :
Me lo dices. Tu me le dis.
• Lorsque deux pronoms de la 3e personne se suivent, le premier (donc *le* COI ou *les*) devient toujours *se* :
Les doy su regalo. Je leur donne leur cadeau → *Se lo doy.* Je le leur donne.
• Lorsque le verbe est à l'impératif, à l'infinitif ou au gérondif, le pronom est placé à la fin du verbe et se soude à lui, c'est **l'enclise** :
Donne moi la main. *Dame la mano. / Dámela.*
Tu vas me donner la main. *Vas a darme la mano. /Vas a dármela.*
En me donnant la main. *Dándome la mano. / Dándomela.*

4. Le pronom neutre *lo*

lo remplace une phrase :
Lo que hablamos no lo sabe nadie. Ce dont on a parlé, personne ne le sait.

5. Les pronoms réfléchis

me – te – se – nos – os – se
Me miro al espejo. Je me regarde dans le miroir.
Nos cepillamos los dientes todas las noches. Nous nous brossons les dents tous les soirs.

6. Pronoms précédés d'une préposition

a/de/para/por... mí – a/de/para/por... ti – a/de/para/por... él/ella/usted – a/de/para/por... nosotros - a/de/para/por... vosotros - a ellos/ellas/ustedes
Mais avec la préposition *con* :
Conmigo : avec moi / *Contigo* : avec toi / *Consigo* : avec soi-même, avec lui, avec elle, avec vous

Le vocabulaire des notions du programme

LU ☐
SU ☐
REVU ☐

Idée de progrès

las nuevas tecnologías	les nouvelles technologies
la investigación científica	la recherche scientifique
la paradoja	le paradoxe
la red	la toile
el inconveniente, la desventaja	l'inconvénient
un suceso	un événement
el exceso	l'excès
el balance	le bilan
el aislamiento	l'isolement
rechazar	repousser / refuser
el reciclaje	le recyclage
el ecoturismo	l'écotourisme
el turismo ecológico	le tourisme vert
el rumbo del turismo	l'orientation du tourisme
el mercado laboral	le marché du travail
el desarrollo	le développement
el logro /el éxito	la réussite
el auge	l'essor
desconfiar	se méfier de
las redes sociales	les réseaux sociaux
el cambio climático	le changement climatique
la sequía	la sécheresse
los abonos	les engrais
la capa de ozono	la couche d'ozone
un aerogenerador	une éolienne
la ganancia	le gain
el coste/el costo	le coût
el medio ambiente	l'environnement.
la toma de conciencia	la prise de conscience
el riesgo	le risque

Espaces et échanges

la frontera	la frontière
el desarrollo	le développement
enriquecer	enrichir
une inversión redituable	un investissement lucratif
el paro	le chômage
la ayuda mutua	l'entraide
comprometerse	s'engager
dedicarse a	se consacrer à
huir de la miseria	fuir la misère
mandar/enviar dinero	envoyer de l'argent
la esperanza	l'espoir, l'illusion
una temporada	une période
el afán, el deseo	le désir
trabajar de	travailler comme
el presupuesto	le budget

el encuentro	la rencontre
compartir	partager
añorar	avoir la nostalgie de
favorecer	favoriser
la apertura	l'ouverture
ser responsable de	être responsable de
el comercio justo	le commerce équitable
la empresa	l'entreprise
el mercado	le marché
el poder de compra	le pouvoir d'achat
la emigración	l'émigration
la deslocalización	la délocalisation
estar indocumentado	être sans papiers

Lieux et formes de pouvoir

el gobierno	le gouvernement
la prensa	la presse
los medios de comunicación	les médias
un evento, un acontecimiento	un événement
aludir a	traiter de, parler de
lograr	obtenir
desconfiar	se méfier
calar, propagarse	se propager
un impulso	un élan
una queja	une plainte
conseguir un dato	obtenir un renseignement
influyente	influant
acechar	guetter
el peligro	le danger
una trampa	un piège
una herramienta	un outil
las manipulaciones	les manipulations
un asunto	une affaire
la prensa sensacionalista	la presse à scandale
investigar	enquêter
la opinion pública	l'opinion publique
la protesta	la protestation
la corrupción	la corruption
oponerse a	s'opposer à
unirse a, unirse contra	s'unir à, s'unir contre
aguantar	supporter
un artista comprometido	un artiste engagé
influenciar	influencer
un partido	un parti
la democracia	la démocratie
la dictadura	la dictature
el poder	le pouvoir
las elecciones	les élections
la ley	la loi
un sondeo	un sondage d'opinion

Mythes et héros

tomar por modelo	prendre pour modèle
una referencia	une référence
un ideal	un idéal
idealizar	idéaliser
identificarse	s'identifier
superarse	se surpasser, donner son maximum
simbolizar	symboliser
encarnar	incarner, représenter
luchar por	lutter pour
combatir	combattre
tener ganas de	avoir envie de
dar ganas de	donner envie de
soñar con	rêver de
las cualidades	les qualités
las hazañas	les prouesses
la leyenda	la légende
heróico(a)	héroïque
idealista (masc. y fem.)	idéaliste
la fuerza	la force
valiente	courageux
el valor	le courage
altruista	altruiste
egoísta	égoïste
generoso(a)	généreux(-euse)
honesto(a), honrado(a)	honnête, honorable
leal	loyal
el sentido del honor	le sens de l'honneur
sensato(a)	sensé(e), raisonnable
ejemplar	exemplaire
cobarde	peureux, vil
corromper	corrompre
famoso(a)	célèbre, fameux(-euse)
la fama	la réputation, la célébrité
tener fama	être célèbre
rico(a), adinerado(a)	riche, fortuné(e)
el dinero	l'argent
un(a) deportista	un sportif, une sportive
un(a) cantante	un chanteur, une chanteuse
un personaje ficticio	un personnage fictif
juegos televisivos	des jeux télévises
el éxito	le succès
valores superficiales	des valeurs superficielles
hacer soñar	faire rêver

Documento 1

La narradora, Patricia, es modelo en una agencia.

Antonio Magistrelli, el presidente de la empresa era encantador. Al principio de entrar en la agencia de modelos llegué a pensar que se había enamorado de mí. Me sonreía de una forma que creía que era solo para mí, con una comprensión que creía solo para mí; parecía que me protegería ante la adversidad, que me defendería ante cualquiera que deseara atacar mi trabajo. Me llenaba de euforia cuando me invitaba a comer o a las fiestas de alto copete[1]. Mostrarse en público a su lado era como estar a la diestra del padre, todo el mundo me respetaba inmediatamente de una manera exagerada. Los diseñadores se fijaban en mí solo porque antes se había fijado Antonio. Su despacho era famoso por no albergar un solo papel, solo ordenadores, una pantalla gigante y fotos de chicas y chicos. [...] Algunos decían que era un genio negociando y a mí alguna vez también me lo había parecido. [...] – ¿Qué tal están Karim y su esposa? – preguntó nada más verme entrar en su despacho, al día siguiente de mi ajetreado viaje de Nueva Delhi. Todo había ido bien. Por supuesto no le conté que casi nos estrellamos[2] en el viaje de vuelta porque a Antonio le aburrían las pequeñeces y las anécdotas, le distraían de los grandes planes que tenía en la cabeza para todos nosotros. [...]

– Bien. Tengo mucho que hacer. Tienes un nuevo desfile en Berlín, un pase[3] privado muy importante. Si les gustas, te llevarán a Nueva York. Ya sabes que el trabajo no está como hace dos años, ahora hay que pelearlo todo con uñas y dientes[4] . Irina os acompañará a Manuela y a ti y os dará todos los detalles. [...]

Un coche nos recogió a Manuela y a mí en el aeropuerto de Berlín. Íbamos directamente a la pasarela. Por las ventanillas desfilaba toda la nieve del mundo. Irina había llegado en un vuelo anterior para prepararlo todo y nos había advertido de que por mucho frío que hiciese no se nos ocurriera llevar unas de esas botas enormes forradas de piel de cordero porque quizá alguien nos fotografiase al bajar del avión o al entrar en el hotel, en cuyo caso debíamos parecer modelos y no leñadoras[5]. Una modelo, en cuanto sale de su casa, ya está en una pasarela, repetía una y mil veces. Una modelo no siente frío ni suda[6]. Una modelo es como una bailarina del Bolshoi: jamás se le debe notar el sufrimiento. Una modelo es una flor que puede marchitarse[7] al día siguiente y por lo tanto ha de aprovechar su esplendor al máximo, y más cosas por el estilo. Imaginaba el esfuerzo que debía de haber hecho Antonio para que me contrataran con Manuela. La agencia me estaba muy agradecida[8] y yo a la agencia por lo bien que nos había ido juntos durante estos años, pero ahora todo el mundo quería a Manuela.

Clara Sánchez, *El cielo ha vuelto*, 2013

1. De alto copete : *huppées, chics*
2. Estrellarse: *s'écraser*
3. Un pase : un desfile demodelos : una pasarela
4. Pelearlo todo con uñas y dientes: *se battre bec et ongles pour tout*
5. Una leñadora : *une bûcheronne*
6. Sudar : transpirar
7. Marchitarse : *se fâner*
8. Estar agradecido : *être reconnaissant*

ESPAGNOL

Documento 2

El triunfo de las modelos 'reales'

Carla Trujillo [...] a sus 17 años, con una cara preciosa y un cuerpo proporcionado y esbelto, pero curvilíneo (el sueño de cualquier mujer), ha comenzado a despuntar[1] como modelo... de tallas grandes.

Sí, de tallas grandes, o XXL, o Plus, que así se conoce en las pasarelas a quienes no son capaces de embutirse en una 36. Porque Carla tiene hechuras[2] de mujer y eso es algo ante lo que los popes de la moda, que diseñan para modelos[4] andróginas, tuercen el gesto[3]. Y hoy con más recelo, porque se afianza4 una tendencia que busca devolver[5] su lugar de privilegio a la mujer con curvas, real.

MUJER HOY/ María Borja,3/11/2010
http://www.mujerhoy.com/moda/modelos/triunfo,modelos,reales,129125,3,2010.html

1. Despuntar = distinguirse
2. Hechuras = formas
3. Torcer el gesto: *faire la grimace*
4. Se afianza = se confirma
5. Devolver: *rendre*

Documento 3

Carmen Dell'Orefice, modelo de ochenta años

* El palacio de Hierro: tienda online en México.

I - Compréhension de l'écrit

Contesta en español.

Document 1

1. Cita dos elementos que revelan el poder de Antonio en la agencia.

2. La narradora se sentía en seguridad gracias a Antonio. Cita la frase que lo evidencia.

3. Irina es:
a) una modelo de la agencia
b) una clienta de la agencia
c) la ayudante de Antonio
Elige la respuesta correcta y justifica con un elemento del texto.

4. Manuela es:
a) una modelo de la agencia
b) la esposa de Karim
c) la secretaria de Antonio
Elige la respuesta correcta y justifica con un elemento del texto.

5. Di si las afirmaciones siguientes son verdaderas o falsas y justifica cada respuesta citando el texto.
a) Ahora ser modelo es más fácil que antes.
b) Una modelo tiene que viajar mucho.
c) Manuela se ha convertido en la rival de la narradora.

6. Apunta cuatro elementos que evidencian las difíciles condiciones de trabajo de una modelo.

Documents 1, 2 et 3

7. Répondre en français : en quoi les documents 2 et 3 s'opposent-ils au document 1 ? (environ 5 lignes).

II - Expression écrite

Le candidat traitera l'un des trois sujets au choix.

1. Relaciona los tres documentos con la noción "Mitos y héroes" y/o "Lugares y formas de poder". (unas 12 líneas)

OU

2. Carmen Dell'Orefice (documento 3) cuenta en una revista su vida de modelo. Imagina su relato en unas 12 líneas.

OU

3. ¿Te parece ideal la vida de los modelos? Argumenta en unas 12 líneas.

I. Compréhension de l'écrit

1) « Antonio Magitrelli, el presidente de la empresa era encantador » « Algunos decían que era un genio negociando... ».

2) « Me sonreía de una forma que creía que era solo para mí, con una comprensión que creía solo para mí ; parecía que me protegería ante la adversidad, que me defendería ante cualquiera que deseara atacar mi trabajo ».

3) La ayudante de Antonio. "Irina os acompañará a Manuela y a ti y os dará todos los detalles".

4) Una modelo de la agencia. "Imaginaba el esfuerzo que debía de haber hecho Antonio para que me contrataran con Manuela".

5) a) Falso. "Ya sabes que el trabajo no está como hace dos años, ahora hay que pelearlo todo con uñas y dientes".
b) Verdadero. "...al día siguiente de mi ajetreado viaje de Nueva Delhi" "...tienes un desfile en Berlín..." "... te llevarán a Nueva York".
c) Verdadero. "...pero ahora todo el mundo quería a Manuela".

6) "Una modelo no siente frío ni suda" "Una modelo es como una bailarina del Bolshoi: jamás se le debe notar el sufrimiento" "Una modelo es una flor que puede marchitarse al día siguiente..." "... y nos había advertido de que por mucho frío que hiciese no se nos ocurriera llevar unas de esas botas enormes forradas de piel de cordero..."

7) Dans le document 1, on perçoit la vie que mènent les jeunes mannequins. Pour réussir, ces femmes doivent répondre à des critères très stricts comme être belles et minces tout le temps, ou ne pas montrer leur souffrance. Dans les documents 2 et 3, elles sont plus réelles, car elles peuvent être plus fortes et même très âgées.

II. Expression écrite

N'oubliez pas de présenter vos idées dans l'ordre et d'expliquer votre point de vue avec des arguments clairs et concis.

Les relations internationales Question obligatoire

LU ☐
SU ☐
REVU ☐

1 Le jeu des puissances dans un espace mondialisé de 1945 à nos jours

1. Durant la guerre froide, un monde bipolaire

a) Après 1945 deux superpuissances. Leur victoire sur l'Allemagne et le Japon marque le triomphe des États-Unis et de l'URSS face aux puissances européennes affaiblies. Grande-Bretagne et France n'ont plus qu'un rôle secondaire dans la conduite des affaires du monde.

b) L'affrontement entre Ouest et Est. Dès 1947, États-Unis et URSS s'opposent pour des raisons idéologiques et stratégiques. Cette guerre « froide » qui oppose les deux blocs est une alternance de moments de détente, ou « dégel », et de crises ou « glaciations ».
Cette période ne comporte pas d'épisode militaire direct, en raison de l'équilibre de la terreur nucléaire, mais de nombreux conflits périphériques (crise de Berlin, de Cuba, guerre du Vietnam).

c) La sortie de la guerre froide. L'organisation bipolaire du monde prend fin avec la chute du mur de Berlin (novembre 1989), puis avec la disparition de l'URSS (décembre 1991).

2. L'émergence de nouveaux acteurs

a) Les vagues de décolonisation. Elles se déroulent pour la plupart entre 1950 et 1970. Les nouveaux États indépendants deviennent des acteurs de la vie internationale (Mouvement des non-alignés, participation à l'assemblée générale des Nations Unies).

b) Le « premier choc pétrolier ». En 1973, les États exportateurs de pétrole qui appartiennent pour beaucoup au Tiers monde augmentent leurs prix, ils découvrent leur puissance et la dépendance des pays consommateurs.

c) Les puissances émergentes. Dans la décennie 1990 de nouvelles puissances économiques connaissent une croissance rapide dans le cadre de la mondialisation des échanges (Chine, Inde, Brésil).

3. Un monde multipolaire et complexe

a) Un nouvel ordre mondial ? Au début des années 1990, après l'effondrement de l'URSS et du bloc de l'Est, l'ONU (Organisation des Nations Unies) retrouve un rôle dans le règlement des conflits et les États-Unis seule hyper puissance assument le rôle de « gendarme mondial ».

b) De nouveaux conflits. Mais les résultats de leurs interventions (Irak 1991 - 2003) sont mitigés. Les guerres locales menées au nom de motifs nationalistes (conflit entre nationalités dans l'ex-Yougoslavie dans les années 1990), économiques ou religieux se multiplient.

c) Le choc du 11 septembre 2001. Les attentats du 11 septembre sur le sol des États-Unis mettent fin au mythe de leur invincibilité. Au début du XXIe siècle, le monde doit désormais compter avec le terrorisme. Il semble de plus en plus multipolaire, complexe et instable.

Notions
◆ Guerre froide ◆ Monde bipolaire/multipolaire ◆ Nationalités ◆ Terrorisme

Les relations internationales Sujets d'étude

LU ☐
SU ☐
REVU ☐

2 Le Moyen-Orient et le pétrole

1. De la domination à l'inversion des rapports de force

a) Depuis les années 1920, le Moyen-Orient riche en pétrole («or noir») et en gaz est dominé par les grandes compagnies pétrolières occidentales. En 1953, le dirigeant iranien Mossadegh qui avait nationalisé le pétrole iranien est renversé par un coup d'état dans lequel les États-Unis (CIA) et le Royaume-Uni sont impliqués.

b) En 1973 lors de la guerre du Kippour entre l'État d'Israël (créé en 1948) et ses voisins arabes, l'OPEP, organisation des pays exportateurs de pétrole (Arabie saoudite) décide l'augmentation du prix du baril (159 litres) de pétrole brut (premier choc pétrolier). Les pays pétroliers du Moyen-Orient reçoivent une énorme rente financière (pétrodollars) qu'ils réinvestissent dans le monde où qu'ils utilisent pour engager de gigantesques travaux dans les villes (Doha au Qatar, Bahreïn, Abou Dhabi).

2. Un arc de crises

a) Les tensions internes au Moyen-Orient s'expriment dans de multiples conflits : 1980-1988 guerre entre Iran-Irak qui provoque un deuxième choc pétrolier.

b) 1990 : invasion du Koweït riche en pétrole par l'Irak ; une coalition internationale menée par les États-Unis intervient sous mandat du Conseil de Sécurité de l'ONU.

c) En 2003 une nouvelle intervention aboutit au renversement de Saddam Hussein.

d) Depuis, l'Irak est profondément désorganisé ; l'Iran cherche à se doter de l'arme nucléaire et la Syrie est en proie à une guerre interne opposant de multiples acteurs.

3 L'Amérique latine : entre domination des États-Unis et retour à l'autonomie

1. L'arrière cour des États-Unis

a) Au XIXe siècle l'Amérique latine devient progressivement une zone réservée pour les États-Unis qui y protègent leurs intérêts géopolitiques et économiques (Doctrine de Monroe), ils utilisent à la fois la force (interventions militaires) et l'aide financière aux régimes qui leur sont favorables.

b) Pendant les années 1950-1980 (guerre froide), les États-Unis, craignant l'extension du communisme, renforcent leur tutelle. La crise de Cuba (1962) porte la tension à son maximum : en 1962, l'URSS prépare l'installation de fusées à tête nucléaire à Cuba dirigée par Fidel Castro. Dans les années 1960-1980, les États-Unis soutiennent les dictatures (Plan Condor, assassinats d'opposants politiques) et participent au renversement de régimes jugés hostiles (Chili 1973, Grenade 1983).

2. Une autonomie retrouvée

a) De 1975 à 1991, les États-Unis relâchent leur pression permettant le retour de la démocratie en Amérique latine.
En 1991 naît le Mercosur (Marché commun du Sud) qui regroupe 270 millions d'habitants et 80 % de richesse du continent.

b) Le Brésil redevenu démocratie en 1985 est la principale puissance d'Amérique latine (vaste étendue et puissance économique émergente au niveau mondial).

Savoir 2

LU ☐
SU ☐
REVU ☐

Décolonisation et construction de nouveaux États – Question obligatoire

1 De la décolonisation à la mise en place de nouveaux États depuis 1945

1. L'accès à l'indépendance

a) L'inversion des rapports de force. Les empires coloniaux résultent de la domination d'une métropole sur des peuples et territoires conquis par la force. Après 1945 cette domination est :
- contestée par les revendications d'indépendance des peuples colonisés ;
- mise en cause par l'affaiblissement des puissances coloniales (Royaume-Uni, France, Pays-Bas) ;
- condamnée par la communauté internationale (ONU, États-Unis, URSS).

b) La lutte pour l'indépendance prend différentes formes. La revendication politique portée par des intellectuels et militants (égalité des droits).
La lutte armée contre les colonisateurs, ou comme en Inde la résistance passive (non-violence, Gandhi).

c) Plusieurs vagues de décolonisation. Après la Seconde Guerre mondiale, des indépendances négociées : Indes Britanniques (1947), Indonésie (Pays-Bas, 1949), Cambodge (France, 1953), Indochine (France, 1954) Maroc et Tunisie (France, 1956).
Au début des années 1960 : indépendance de la plupart des colonies belges, britanniques et françaises d'Afrique noire, Algérie (France, 1962).
1975 : fin de l'empire colonial portugais (Angola, Mozambique, Guinée Bissau).

2. Les nouveaux États face aux défis de l'indépendance

a) Gérer l'héritage colonial. Des frontières tracées par les colonisateurs qui tiennent peu compte des peuples.
Des économies (agriculture de plantation, mines, produits forestiers) tournées vers l'exportation.
Des populations pauvres, en croissance rapide.

b) S'insérer dans le monde. En conservant des liens avec l'ancienne métropole (Afrique noire francophone), ou en se tournant vers L'URSS ou les États-Unis.
Quelques dirigeants, Sukarno (Indonésie), Nehru (République indienne), Nasser (Égypte), Tito (Yougoslavie) refusent la logique des blocs et proposent une troisième voie, le non-alignement (conférences de Bandung en 1955 et de Belgrade en 1961).
Des conflits aux raisons locales (Inde/Pakistan, Afrique) ou liés à l'affrontement des blocs (Vietnam de 1954 à 1975) se développent.

c) Quels choix de développement ? Les nouveaux États appartiennent globalement au « tiers-monde », peu développé.
Dans les années 1960-1970, les situations se diversifient :
- certains pays bénéficient de ressources en pétrole, gaz ou minerais qui leur fournissent une rente financière.
- quelques uns cherchent à s'industrialiser (Algérie, Inde, NPI d'Asie).
- d'autres stagnent dans la pauvreté, principalement en Afrique.

Le pluriel s'impose (les tiers-monde, les Suds) pour rendre compte de la diversité des situations (Nouveaux pays industriels, pays en développement, pays les moins avancés).

Notions
- Anticolonialisme
- Décolonisation
- Développement
- Impérialisme
- Non-alignement
- Tiers monde/Sud

HISTOIRE

Savoir 2

Décolonisation et construction de nouveaux États - Sujets d'étude

LU ☐
SU ☐
REVU ☐

2 L'Algérie de 1954 à 1962

1. La guerre sans nom

a) L'Algérie française. Vers 1950, l'Algérie compte 9 millions de musulmans (arabes et berbères) et 1 million de Français d'Algérie inégaux en droits. Le 8 mai 1945, le massacre de Sétif (armée française) fait plusieurs milliers de morts.

b) Insurrection et lutte armée. Le 1er novembre 1954 (Toussaint rouge), plusieurs attentats marquent le début d'un affrontement entre armée française et combattants algériens dirigé par le FLN.
La « Guerre de libération nationale » pour le FLN ou « opération de maintien de l'ordre » du côté français, d'abord guérilla dans les campagnes et montagnes, se déplace vers les villes (attentats à la bombe, Bataille d'Alger en 1957). Elle est marquée par des violences, des tortures, des déplacements forcés de population côté français et des massacres qui visent à rallier les populations par la terreur côté FLN.

2. L'indépendance

a) La France négocie. Début 1958, la France est critiquée au niveau international et la IVe République est affaiblie (instabilité ministérielle, Putsch des généraux d'Alger du 13 mai 1958).
De Gaulle, premier président de la Ve République, engage la marche vers l'indépendance de l'Algérie (principe d'autodétermination).

b) Un nouvel État. L'Algérie est indépendante le 5 juillet. La guerre prend fin en mars 1962 (accords d'Évian). Un million de pieds noirs arrivent en métropole.
Les nouveaux dirigeants de la République algérienne, (Ahmed Ben Bella, Houari Boumediene) engagent le pays dans la voie d'un socialisme d'État.

3 L'Union indienne à partir de 1947

1. Les défis du nouvel État indien

a) Une naissance dans la violence. La République indienne naît le 15 août 1947 dans un contexte difficile : partition Inde/Pakistan sur une base religieuse (Indouisme/Islam), déplacements et massacres de population).

b) Des choix originaux. Malgré les difficultés (croissance démographique rapide, pauvreté, famines, système des castes), l'Inde fait le choix de la démocratie politique (suffrage universel) et du non-alignement entre blocs Ouest/Est.
Économiquement, le socialisme indien ou développement auto centré fait face à la croissance de population (de 450 millions à l'indépendance à 1,3 milliard) : limitation des naissances, « Révolution verte » agricole, capitalisme industriel national (famille Tata).

2. Une puissance émergente

a) Le décollage économique. La République indienne connaît des succès : autosuffisance alimentaire, classe moyenne (100 millions de personnes) qui accède à la consommation.
Les groupes industriels indiens (Mittal) deviennent des FTN. Mumbaï (Bombay) où se trouve le centre de production de films (Bollywood) est devenue une ville mondiale.

b) Un acteur géopolitique. L'Inde accède à l'arme nucléaire en 1998. C'est une puissance régionale, (importante diaspora indienne, « diplomatie de proximité »).

Savoir 3

La France sous la Ve République Question obligatoire

LU ☐
SU ☐
REVU ☐

1 L'évolution politique sous la Ve République

1. Une République nouvelle

a) De nouvelles institutions. Revenu au pouvoir en juin 1958, le général de Gaulle fait rédiger une nouvelle **constitution** que les Français approuvent par référendum (28 septembre 1958), la Ve République est née.
Afin d'éviter l'instabilité ministérielle, le poids de l'exécutif (Président, Premier ministre, Gouvernement) est renforcé par rapport au législatif (Assemblée nationale, Sénat).

b) Le président, personnage central. La présidentialisation du régime est accentuée par la personnalité du général de Gaulle (Président de 1958 à 1969), et par l'élection au suffrage universel direct, décidée en 1962. En 1965, Charles de Gaulle l'emporte au second tour sur François Mitterrand.

2. La République au fil du temps

a) La république gaullienne. De 1958 à 1981, les majorités électorales (droite républicaine) s'inscrivent dans la continuité des orientations voulues par de Gaulle.

b) L'alternance. Aux présidentielles de mai 1981, François Mitterrand l'emporte sur le président sortant Valéry Giscard d'Estaing. Pour la première fois sous la Ve République, le pouvoir est exercé par la gauche.

c) Les cohabitations. En 1986, la défaite de la **gauche** aux élections législatives ouvre une première période de cohabitation : le président de gauche doit travailler avec une majorité parlementaire et un Premier ministre de **droite** (Jacques Chirac). La situation se reproduit en 1993 (Édouard Balladur). En 1997, c'est le président Chirac qui doit cohabiter avec Lionel Jospin, Premier ministre de gauche.

3. Des adaptations nécessaires

a) Un nouveau contexte. Avec le choix de l'intégration à L'Europe (Politique agricole commune, monnaie unique, espace Schengen), la France délègue une partie de sa souveraineté aux institutions communautaires (Parlement européen, Commission, Banque centrale).
À partir du milieu des années 1970, le contexte économique et social devient plus difficile : chômage structurel, déficit des finances publiques, mise en cause du modèle français de protection sociale.

b) Plusieurs révisions constitutionnelles

- **1999 :** parité homme/femme dans l'accès aux fonctions électives et mandats électoraux.
- **2005 :** adoption du quinquennat, modification du calendrier électoral pour limiter les risques de cohabitation.
- **2008 :** le Président ne peut exercer plus de 2 mandats consécutifs, il ne préside plus le Conseil supérieur de la magistrature ; mise en place d'une procédure de référendum d'initiative populaire.
- **2014 :** loi sur le non cumul des mandats électifs.

Notions

Alternance ◆ Cohabitation ◆ Constitution ◆ Droite-gauche ◆ Parti politique.

La France sous la Ve République Sujets d'étude

LU ☐
SU ☐
REVU ☐

2 Les femmes dans la société française

1. Principes et réalités

a) L'égalité des droits entre hommes et femmes dans tous les domaines est affirmée dans le préambule de la Constitution de 1946, le droit de vote est accordé aux femmes en 1944.

b) L'infériorité juridique de la femme remonte au Code civil de 1804. Elle prend fin en 1965 : possibilité de travailler sans l'autorisation du mari, de détenir un compte en banque, de disposer de ses biens et revenus.

c) Le taux d'activité des femmes atteint 50 % vers 1970. Majoritaires dans les emplois peu qualifiés et peu rétribués, elles se heurtent au « plafond de verre » dans l'accès aux postes de responsabilité.

2. Des luttes et des conquêtes

a) La maîtrise de la maternité est un des terrains de lutte des femmes. La loi Neuwirth (1967) et la loi défendue par Simone Veil (1974) légalisent la contraception et facilitent l'accès à l'IVG.

b) La loi impose l'égalité de salaire à fonction égale en 1971 et l'interdiction de toute discrimination professionnelle homme / femme en 1983.

c) Le principe de parité dans les fonctions électives est adopté en 1999 ; mais la France reste en retard pour l'accès des femmes à la vie politique.

3 L'élection présidentielle, un enjeu majeur de la vie politique française

1. Le Président, personnage central de la Ve République

a) Il préside le conseil des ministres à l'Élysée, peut dissoudre l'assemblée nationale. Depuis 1962, il est élu au suffrage universel (scrutin uninominal à deux tours).

b) Démocratie parlementaire, la Ve République évolue vers une forme de régime présidentialiste ou de « monarchie présidentielle ». En 2000, le septennat est remplacé par le quinquennat, qui correspond à la durée d'élection des députés (législature).

2. La vie politique rythmée par les élections présidentielles

a) Le poids des médias

Depuis 1965, les médias (télévision, sondages d'opinion) prennent une place croissante dans les campagnes. En 1974, le premier débat télévisé en direct entre Valéry Giscard d'Estaing et François Mitterrand est suivi par 25 millions de téléspectateurs (sur 29 millions d'électeurs).

b) À chaque élection ses enjeux

En 1965, De Gaulle est réélu face à François Mitterrand. Il démissionne en 1969 et Georges Pompidou lui succède. Valéry Giscard d'Estaing est élu en 1974 puis battu en 1981 par François Mitterrand. Jacques Chirac est élu en 1995 et reélu en 2002 avec 82 % des voix face à Jean-Marie Le Pen (Front national). Les élections de 1981 (gauche), 1995 et 2007 (droite), 2012 (gauche) provoquent des alternances politiques. En 2017, pour la première fois, un candidat, Emmanuel Macron, est élu alors qu'il n'est pas issu des grands partis de gauche et de droite.

Savoir 4

Les territoires dans la mondialisation Question obligatoire

LU ☐
SU ☐
REVU ☐

1 Centres d'impulsion et inégale intégration

1. La hiérarchisation des territoires

a) Les différenciations territoriales. Elles existent à différentes échelles : entre pays aux niveaux de richesse différents, entre grandes régions mondiales plus ou moins connectées, dans les aires urbaines entre hyper centres (CBD) où se concentrent pouvoir et décision et leurs périphéries.

b) Aires de puissance et pôles d'impulsion. Souvent proches des côtes, (façades maritimes), les aires de puissance réunissent des villes bien reliées entre-elles qui constituent les **mégalopoles**.

Au cœur des aires de puissance le pouvoir se concentre dans les grandes villes (métropolisation). New York, Londres, Tokyo, Paris ont un statut de **villes mondiales** (*global cities*) grâce à la concentration d'activités de haut niveau.

c) Des mondes à l'écart. Certains pays et territoires sont peu intégrés au système mondial d'échanges. Les populations y sont pauvres (IDH défavorable). L'Afrique concentre nombre de pays les moins avancés (PMA) qui cumulent les handicaps (risques naturels, guerres).

2. Les centres d'impulsion mondiaux

a) L'Amérique du Nord. L'aire de puissance nord-américaine est centrée sur les États-Unis, ouverts sur deux façades maritimes. Au Nord-est une mégalopole s'étire sur 800 km (Boston, New York, Washington, Baltimore, Philadelphie). À l'ouest des États-Unis, la Californie (Los Angeles, San Francisco), constitue le premier pôle informatique et numérique mondial.

b) L'Europe. La puissance de cette aire se concentre dans la mégalopole étirée de Londres à Milan, et dans deux pôles, Londres et Paris ; elle est reliée au monde par la façade maritime de la mer du Nord (Rotterdam).

c) Du Japon à l'Asie. La puissance industrielle de l'Asie d'abord centrée sur le Japon s'est diffusée dans les NPI (nouveaux pays industriels) : Corée du Sud, Hong Kong, Singapour. Avec l'essor de la Chine, la notion d'aire de puissance asiatique s'élargit à un vaste ensemble s'étirant de Tokyo et de Pékin au Nord jusqu'à Singapour au Sud.

3. Des évolutions en cours

a) Développement et émergence. À partir des années 1970, la diversification des « suds » se diversifie, certains pays s'industrialisent. Les notions de développement puis d'émergence s'appliquent à des pays qui connaissent des formes de développement économique et social.

b) Des puissances émergentes. La croissance rapide de grands États (Chine, Brésil, Inde, Afrique du Sud), en fait de nouvelles puissances à l'échelle du monde.

c) Un monde de plus en plus polycentrique. L'espace mondial se modifie. Europe et Amérique du Nord doivent désormais compter avec les nouveaux pôles et aires de puissance, asiatiques surtout.

Notions Aire de puissance ◆ Centre d'impulsion ◆ Interface ◆ Intégration/Marginalisation ◆ Mégalopole.

Les territoires dans la mondialisation Sujet d'étude

LU ☐
SU ☐
REVU ☐

2 Londres

1. Une ville et une aire urbaine

a) Une ville et un port. Le cœur historique de Londres est situé sur les rives de la Tamise à 60 km de l'estuaire, le port s'étire en direction de la mer. L'aire urbaine de Londres (14 millions d'habitants) s'étend largement au sud-est de l'Angleterre.

b) Les héritages historiques. Capitale du Royaume-Uni, Londres a été le centre de l'empire colonial britannique et de la première puissance maritime du monde. Le *Commonwealth*, qui a succédé à l'empire britannique (54 États) contribue à son rayonnement mondial.

2. Des fonctions internationales

a) Une ville connectée au monde. Londres est tournée vers l'Europe, (2 heures de Bruxelles, 2 h 15 de Paris avec l'Eurostar) et reliée au monde (aéroport d'Heathrow, 3e rang mondial). Elle est au cœur des circuits de financiers internationaux : le *London Stock Exchange* est la 3e place boursière mondiale derrière New York et Tokyo.

b) Des activités de métropole mondiale. Au 2e rang des villes mondiales derrière New York, Londres concentre des activités tertiaires supérieures (quartiers de la *City*, des *Docklands*) : sièges sociaux, banques, sociétés de bourse et d'assurance (la *Lloyd*), d'origine britannique ou étrangère.
Le rayonnement de Londres tient aussi à son patrimoine culturel (British Museum) à son caractère multiculturel et au rôle de la langue anglaise dans le monde.

3 Shanghai

1. Un essor rapide

a) De l'ouverture coloniale au repli. En 1842, Angleterre, États-Unis et France imposent l'ouverture du port au commerce international (boulevard du Bund). De 1949 à 1990, la Chine communiste se replie sur elle-même.

b) Le réveil. À partir de 1990, la ZEE de Pudong, en aval de Shanghai, favorise l'essor économique de la ville dont la population passe de 5 millions d'habitants en 1950, à plus de 18 millions en 2012.

c) Un pôle économique majeur. Première métropole économique chinoise elle accueille 50 % des investissements étrangers en Chine, plusieurs centaines de sièges sociaux de FTN et environ
50 000 personnels étrangers d'entreprises installées sur place. Le trafic portuaire est le plus important du monde.

2. Une métropole à différentes échelles

a) Un pôle de développement régional. Au débouché de la vallée du Yangzi, Shanghai est à la tête d'un axe de développement pénétrant profondément dans l'intérieur du territoire chinois.

b) Un pôle économique chinois. Shanghai est situé en position intermédiaire entre le pôle du nord (Pékin, Tianjin) et celui du sud (Guangdong, Hong Kong).

c) Un statut international. Shanghai se situe aux alentours du 20e rang des villes mondiales et son rayonnement s'accroît.

Savoir 5

La mondialisation : acteurs, flux et réseaux – Question obligatoire

LU ☐
SU ☐
REVU ☐

1 Mondialisation et firmes transnationales

1. Les FTN acteurs majeurs de la mondialisation

a) Les firmes transnationales. Ce sont des entreprises qui possèdent bureaux de vente, filiales, ateliers d'assemblage dans plusieurs pays. Elles gardent des attaches avec le pays où elles ont leur siège social.

b) Des acteurs puissants. Elles contribuent à ¼ du PIB mondial et alimentent ⅔ du commerce international ; 80 000 d'entre-elles contrôlent 800 000 filiales dans le monde. Quelques dizaines de FTN ont des chiffres d'affaire supérieurs aux PIB de nombreux pays de taille moyenne.

c) Des stratégies mondialisées. Pour la production, elles utilisent les avantages comparatifs de chaque localisation : réglementations souples, fiscalités avantageuses, salaires faibles.
Pour la vente, elles développent des campagnes destinées à faire connaître leur produits, et à en créer le besoin à l'échelle mondiale (Coca-Cola, Nike, Apple ; etc.).

2. Des échanges mondialisés

a) Ouverture économique et déréglementation. Les 3/4 des États sont membres de l'OMC (Organisation mondiale du commerce). Dans les années 1980-2000, la libéralisation des échanges s'est étendue aux capitaux (globalisation financière).

b) Transports et communications. Le mer assure 90 % des échanges internationaux de marchandises, en vrac (pétroliers, céréaliers) ou en conteneurs. Les transports aériens servent au fret léger (FeDex, UPS) et aux déplacements de personnes. Les réseaux de câbles terrestres et sous-marins, les réseaux satellitaires, permettent la transmission quasi-instantanée d'informations (téléphone, Internet, télévision).

c) Des flux de toute nature. Les flux de marchandises sont des produits bruts (miniers, agricoles, énergie), et surtout des composants semi-finis transitant d'une usine à l'autre avec l'éclatement des lieux de production.
Depuis la déréglementation des années 1980, la circulation financière est amplifiée, en revanche la plupart des pays cherchent à limiter l'immigration sur leur sol.

3. D'autres acteurs

a) Les États. Ils gardent un pouvoir de réglementation et peuvent attirer capitaux et entreprises (zones franches, fiscalité).

b) La mondialisation grise. Elle résulte d'activités illégales et souvent criminelles condamnées par l'ONU : trafics (stupéfiants, armes, produits toxiques), traite d'êtres humains, contrefaçons.

c) Des contestations. Depuis les années 1990, l'alter mondialisme dénonce et combat les excès de la mondialisation : pillage des ressources naturelles, concentration des richesses aux mains d'une minorité, exploitation du plus grand nombre.

Notions : Acteurs spatiaux ◆ Division internationale du travail ◆ Flux ◆ FTN ◆ Mondialisation ◆ Réseaux.

Savoir 5

La mondialisation : acteurs, flux et réseaux – Sujet d'étude

LU ☐
SU ☐
REVU ☐

1 Les migrations internationales

1. Des courants migratoires complexes

a) Des migrations croissantes mais limitées. Autorisées ou clandestines, elles représentent environ 3 % de la population mondiale chaque année (250 millions). Les principaux motifs sont la recherche de meilleures conditions de vie et la fuite devant une menace de famine ou de guerre (réfugié).

2. Des courants migratoires partagés en 3 tiers

a) Du Sud vers le Nord. Ils sont liés à la proximité géographique ou aux liens historiques entre anciennes colonies et métropoles (Afrique francophone vers la France, Inde et Pakistan vers le Royaume-Uni).

b) Dans le Sud. Les pays pétroliers du Golfe persique, peu peuplés et avec de grands chantiers de construction constituent une destination en provenance de l'Océan indien ou d'Asie.

c) Entre pays du nord. Amérique du Nord – Europe – Japon échangent principalement des cadres ou des techniciens d'entreprises transnationales.

3. Des effets différents

a) Dans les pays de départ. Les transferts financiers des travailleurs expatriés constituent une ressource importante mais l'émigration de personnes qualifiées est un appauvrissement.

b) Dans les pays d'accueil. On cherche à freiner l'immigration, sauf pour les personnes diplômées et qualifiées (*brain drain*).
Quelques pays (Australie, Canada) accueillent des immigrants sélectionnés avec soin.

2 Transports et routes maritimes

1. La mer, un trait d'union

c) Routes et façades maritimes. Les routes maritimes relient les grandes façades maritimes du monde Nord-est de l'Amérique du Nord, Europe occidentale, Asie orientale (littoralisation).
Les zones littorales et les arrières pays bien reliés aux ports constituent des territoires favorisés par rapport aux régions intérieures continentales.

d) Le transport maritime, techniques et acteurs. Les navires sont spécialisés (vraquiers, porte-conteneurs). La conteneurisation permet de conditionner les produits fabriqués dans les ateliers de production et de les livrer directement à l'utilisateur.
Les navires des grandes entreprises d'armement : Maersk Line (Danemark) ; CMA-CGM (France) sont en partie immatriculés dans de petits États aux fiscalités faibles (Panama, Libéria, Bahamas).

2. Des enjeux économiques et géopolitiques

a) Un rôle essentiel dans le mondialisation des échanges. Les transports maritimes dominent le transport des marchandises (90 %).

b) Menaces et lieux critiques. La navigation maritime est exposée aux risques naturels (tempêtes) et accidentels (collisions) susceptibles d'entraîner naufrages ou marées noires, et sous la menace de la piraterie maritime.

Savoir 6

LU ☐ SU ☐ REVU ☐

La France dans le monde Question obligatoire

1 La présence française dans le monde

1. Les moyens de la puissance

a) Le territoire et ses prolongements. Pays de dimensions modestes à l'échelle du monde (550 000 km² soit 1 % de la population), la France dispose avec les territoires d'outre-mer de la deuxième ZEE du monde.

b) L'économie. Les points forts de la 5e économie mondiale sont l'agriculture, l'aéronautique, le BTP et l'économie de services (banque assurance). Une dizaine de FTN françaises se classent dans les 100 premières mondiales.

c) Diplomatie et présence militaire. Membre du Conseil de sécurité de l'ONU, la France a une diplomatie active qui défend ses intérêts géostratégiques et joue un rôle de conciliation dans les situations de tension ou de crise. L'AFD agence française de développement, finance des actions dans les pays pauvres et accorde des aides aux ONG. Ses capacités militaires lui permettent d'assurer sa sécurité et de conduire des opérations extérieures (OPEX).

2. Un rayonnement culturel

a) La francophonie. La communauté francophone compte environ 220 millions de personnes (3 % de la population mondiale), en Europe, Amérique du Nord (Québec, Haïti) et Afrique où elle croît rapidement.
L'OIF (Organisation internationale de la francophonie) réunit 77 pays et gouvernements. RFI, F24 et TV5 monde diffusent, dans le monde entier, des images et des informations en français.

b) Une image de marque. L'image de la France dans le monde est globalement positive : attrait touristique, patrimoine historique, architectural et culturel (Châteaux de la Loire, musée du Louvre), événements internationaux (Festival de Cannes), industrie du luxe, gastronomie.
Les musées français s'exportent. Le cinéma français est l'un de ceux qui résiste le mieux au cinéma hollywoodien, quelques films français (*Intouchables* en 2012) connaissent une diffusion mondiale.

3. Une puissance en question

a) Des signes de fragilité. La place de la France est contestée par la montée des pays émergents et par ses propres faiblesses : balance commerciale déficitaire, endettement de l'État, désindustrialisation, chômage. Le rôle du français comme langue internationale s'affaiblit.

b) L'ancrage européen. Dès les années 1950 la France a fait le choix de l'Europe, ce qui permet de résister aux superpuissances : monnaie commune, succès internationaux d'Airbus industries ou de l'agence spatiale européenne.

c) Tenir son rang dans le monde. La France dispose d'atouts qu'elle peut valoriser dans la compétition internationale : territoire attractif, agriculture performante.

Notions Francophonie ◆ Géostratégie ◆ Puissance ◆ ZEE.

Savoir 6

LU ☐
SU ☐
REVU ☐

La France dans le monde Sujets d'étude

1 Les engagements militaires et humanitaires de la France dans le monde

1. Une puissance militaire

a) Assurer sa défense. La France, puissance nucléaire, dispose d'un éventail complet de forces armées (Armée de terre, Marine nationale, Armée de l'air) destinées à la défense du territoire (métropole et outre-mer).

b) Jouer son rôle dans le monde. Dans le cadre d'accords internationaux, la France mène des opérations militaires extérieures (OPEX) dans plusieurs parties du monde : Océan indien (lutte contre la piraterie) Côte d'Ivoire, Liban, Centrafrique, Mali, afin d'assurer la sécurité des intérêts français, ou de participer à des opérations de maintien ou de restauration de la paix.

2. Une présence importante dans l'humanitaire

a) Origines et objectifs de l'humanitaire. Les ONG à but humanitaire ont pour objectif d'aider les populations civiles : nourriture, soins médicaux et chirurgicaux, aide au développement.
Les ONG utilisent les médias pour faire connaître les situations de crise, mobiliser l'opinion publique et rassembler les fonds nécessaires à leurs actions.

b) Les ONG humanitaires françaises. Elles sont reconnues pour leurs compétences dans le monde : Secours populaire français, Secours catholique, MSF (Médecins sans frontières), Médecins du monde, Pharmaciens sans frontière, CCFD-Terre Solidaire (Comité catholique contre la faim et pour le développement), ACF (Action contre la faim).

2 Les Français dans le monde, de nouvelles mobilités

1. Les Français à l'étranger

a) Une mobilité croissante. Le nombre de Français à l'étranger augmente régulièrement (2,3 millions, 1,5 % de la population).
Ce sont principalement des actifs, expatriés temporaires avec ou sans leur famille.

b) Des destinations diversifiées. La moitié des expatriés sont installés en Europe, (droit de libre installation dans l'UE). L'Amérique du Nord (États-Unis et Canada) est la 2e zone d'accueil. L'Afrique a tendance à stagner ou régresser ; l'Asie et le Moyen-Orient sont en très forte progression.

2. Un rôle important pour l'influence et l'image de la France

a) Différentes catégories d'expatriés. Le corps diplomatique, et les militaires des opérations extérieures dépendent directement de l'État. Les personnels de l'AEFE assurent un service d'enseignement français dans 130 pays.
Les cadres et personnels techniques d'entreprises transnationales d'origine française sont les plus nombreux : BTP (Bouygues ou Vinci), pétrole (Total), automobile (Renault, Citroën).

b) L'image de la France. Par leurs fonctions, ou par leurs métiers les Français de l'étranger font connaître leur pays, ses productions et spécialités dans le monde : gastronomis, architecture avec des réalisations à Abu Dhabi, en Chine ou au Brésil.

Notions d'histoire

1. LES RELATIONS INTERNATIONALES

◆ **Guerre froide :** de 1947 à 1989 période d'affrontement entre blocs de l'Est (URSS) et de l'Ouest (États-Unis).

◆ **Monde bipolaire :** organisation du monde en deux blocs, chacun dominé par une super puissance.

◆ **Monde multipolaire :** orgnisation du monde caractérisée par la multiplicité des acteurs (États, FTN, ONG, etc.)

◆ **Nationalité :** un groupe national est composé de personnes se reconnaissant dans une histoire, une langue, une tradition et une culture commune. Cette nationalité peut souhaiter vivre dans un État-nation indépendant ; c'est un droit reconnu par le principe du « droit des peuples à disposer d'eux-mêmes » énoncé par le président américain Wilson en 1918.

◆ **Terrorisme :** action violente se manifestant ponctuellement par des attentats ou des prises d'otages. L'action terroriste s'inscrit dans une stratégie du faible au fort. Elle peut s'exercer dans le cadre d'un État ou dans le cadre international.

2. DÉCOLONISATION ET CONSTRUCTION DE NOUVEAUX ÉTATS

◆ **Anticolonialisme :** courant de pensée opposé à la domination coloniale d'un pays sur d'autres peuples et territoires.

◆ **Décolonisation :** processus pacifique ou conflictuel à l'issue duquel les métropoles reconnaissent l'indépendance de leur colonie.

◆ **Développement :** processus de sortie du « sous-développement » économique et social.

◆ **Impérialisme :** volonté pour un État d'étendre sa domination sur d'autres territoires.

◆ **Non-alignement** : voie politique des pays nouvellement indépendants qui pendant la guerre froide refusent de se ranger dans les camps des États-Unis (Ouest) ou de l'URSS (Est).

◆ **Tiers monde/Sud : Tiers monde** désigne les parties du monde n'appartenant ni aux pays industrialisés ni aux pays du camp communiste. L'expression sera remplacée par celle de **Sud** regroupant les pays pauvres situés surtout dans la zone intertropicale.

3. LA FRANCE SOUS LA Vᵉ RÉPUBLIQUE

◆ **Alternance :** succession au pouvoir de tendances politiques opposées (gauche ou droite).

◆ **Cohabitation :** situation dans laquelle les deux têtes de l'exécutif, (Président et Premier ministre) appartiennent à des courants politiques opposés.

◆ **Constitution :** loi fondamentale d'un pays qui définit les principes de la République, l'organisation des pouvoirs publics et les rapports entre gouvernants et gouvernés.

◆ **Droite-Gauche :** organisation de la vie politique française autour de deux grandes orientations républicaines : la droite d'inspiration libérale et conservatrice, la gauche plus ouverte aux questions sociales.

◆ **Parti politique :** organisation regroupant des adhérents partageant les mêmes opinions et valeurs politiques, et les défendant lors des élections. L'existence de plusieurs partis est une condition nécessaire à l'existence de la démocratie politique.

4. LES TERRITOIRES DANS LA MONDIALISATION

- **Aire de puissance :** portion d'espace, d'étendue variable où se concentrent les moyens permettant d'agir sur le monde (pouvoir, décision, innovation, etc.).

- **Centre d'impulsion :** région qui réunit des activités décisionnelles, de recherche et d'innovation.

- **Interface :** zone de contact terrestres ou façades maritimes entre deux systèmes spatiaux différenciés.

- **Intégration/Marginalisation :** termes caractérisant la place des pays et territoires dans la mondialisation.

- **Intégration :** se fait par une forte connexion aux autres régions (réseaux de transport et communication, flux commerciaux).

- **Marginalisation :** s'applique à l'inverse à des territoires à l'écart ou à ceux qui s'intègrent « par le bas » aux échanges mondiaux, en fournissant par exemple des matières premières.

- **Mégalopole :** vaste ensemble urbain constitué de villes reliées entre-elles par de multiples réseaux de transport et de communication.

5. LA MONDIALISATION : ACTEUR, FLUX ET RÉSEAUX

- **Acteurs spatiaux :** individus, FTN, ONG, des États, médias, organisations criminelles, etc. dont les actions ont des effets sur les territoires et leurs populations.

- **Division internationale du travail** : spécialisation des pays dans certains secteurs pour lesquels ils présentent un avantage comparatif (ressources, main-d'œuvre, niveau de développement, stabilité politique, etc.).

- **Flux :** déplacement de personnes, de marchandises, de données immatérielles (flux financiers ou d'informations). Les flux circulent à différentes échelles, du local à l'international, en empruntant des réseaux.

- **FTN :** (firme transnationale) entreprise qui, en gardant une attache dans un État, exerce ses activités dans plusieurs autres pays, directement ou par l'intermédiaire de filiales. Les FTN réalisent des IDE (investissements directs à l'Étranger).

- **Mondialisation :** processus d'intensification des échanges matériels, immatériels et humains, entre les territoires à l'échelle du monde.

- **Réseaux :** infrastructures qui mettent en relation des territoires, par exemple réseaux ferré, routier ou aérien ou satellitaire. Les réseaux sont faits de nœuds d'où partent des routes irriguant les territoires.

6. LA FRANCE DANS LE MONDE

- **Francophonie :** ensemble de la communauté linguistique de langue française dans le monde. C'est aussi une organisation réunissant les pays de langue française.

- **Géostratégie :** moyens d'action par lesquels un pays cherche à défendre ou a étendre ses zones d'influence dans le monde.

- **Puissance :** pour un pays, capacité à exercer une influence (économique, culturelle, diplomatique, etc.) hors de son territoire.

- **ZEE :** zone maritime de 200 miles (370 km) au-delà des côtes dans laquelle le pays riverain peut se réserver l'exploitation exclusive des ressources économiques.

LE MOYEN-ORIENT

- **Qu'est ce que le Moyen-Orient ?**
- **Une région** qui s'étend de la rive orientale de la Méditerranée jusqu'à l'Asie centrale. Elle occupe un milieu climatique aride avec de vastes zones désertiques (Péninsule arabique, Golfe persique).
- **Des populations** qui sont pour l'essentiel arabes, Farsi (Perse) en Iran, ou appartiennent à des minorités ethniques (Kurdes) ou religieuses (chrétiens d'Orient).
- **Des États** : Liban, Syrie, Israël, Palestine, Égypte, Jordanie, Turquie, Arabie saoudite, Koweït, Qatar, Bahreïn, Émirats arabes unis, Oman, Yémen, Irak, Iran.

- **Le Moyen-Orient c'est :**
- 60 % des réserves mondiales de pétrole conventionnel ;
- 40 % des réserves mondiales de gaz.

L'AMÉRIQUE LATINE

- **Amérique latine :** désigne les États de taille très inégale issus de la colonisation espagnole et portugaise. Le Brésil est le plus vaste (8,5 millions de km² et le plus peuplé (194 millions d'habitants). L'Amérique latine comprend le continent sud américain, l'isthme d'Amérique centrale et l'espace caraïbe. Elle est caractérisée par un mélange de cultures : celle des Indiens, celle des colonisateurs espagnols et portugais, celle des descendants d'esclaves noirs (Brésil, Cuba).

L'ALGÉRIE DE 1954 À 1964

- **FLN (Front de libération nationale algérien) :** organisation principale de lutte contre la colonisation, qui lance les attentats du **1er novembre 1954** et conduit une lutte armée avec l'**ALN** (Armée de libération nationale).

- **Bataille d'Alger** : lutte menée par les parachutistes et le général Massu, en 1957, contre les « terroristes », avec un recours généralisé à la torture.

- **OAS (Organisation armée secrète) :** organisation clandestine extrémiste refusant l'indépendance de l'Algérie. En 1961 pour empêcher les négociations, elle lance des attentats en France métropolitaine et souhaite une politique de « terre brûlée » (destructions) en Algérie.

- **5 juillet 1962 :** proclamation de l'indépendance de l'Algérie.

L'UNION INDIENNE

Quelques figures de l'Inde contemporaine

- **Gandhi** : 1869-1948 surnommé le Mahâtma (la grande âme) inspirateur et leader de la résistance non violente contre le colonisateur britannique ; assassiné.

- **Nehru :** négociateur de l'indépendance et premier ministre de 1947 à 1964, il est l'un des leaders du mouvement des non-alignés.

- **Indira Gandhi :** fille de Nehru, Premier ministre de 1975 à 1984 ; assassinée.

- **Tata group :** plus grand groupe industriel indien fondé en 1868, il possède depuis 2008 Jaguar et Land Rover, anciens fabricants automobiles anglais.

L'ÉLECTION PRÉSIDENTIELLE

- **Intérim** : période de vacance de la Présidence, suite à une démission ou à un décès. Avant de nouvelles élections, le pouvoir présidentiel est assuré par le président du Sénat.

- **François Mitterrand** est le seul président de la Ve République à effectuer deux septennats complets (1981-1995).

- **Ségolène Royal** a été la première femme présente au second tour de la présidentielle.

- **Dates des élections présidentielles au suffrage universel :** 1965, 1974, 1981, 1988, 1995, 2002, 2007, 2012, 2017.

Repères de géographie

LONDRES ET SHANGHAÏ

• ***City* :** quartier d'affaires du centre de Londres ; c'est historiquement le premier CBD (Central Business District)

• **Ville mondiale :** ou ville globale expression forgée en 1991 par la sociologue Saskia Sassen pour désigner des villes réunissant des fonctions supérieures leur permettant d'organiser le monde, par exemple New York, Londres, Tokyo, Paris, Francfort.

LES MIGRATIONS INTERNATIONALES

• **Émigré :** personne ayant quitté son pays d'origine pour un autre.

• **Expatrié :** personne résidant de manière temporaire à l'étranger généralement pour exercer une activité professionnelle.

• **Immigré :** personne vivant dans un pays de manière temporaire ou définitive, tout en étant née à l'étranger.

• **Réfugié :** personne ayant quitté son pays sous l'effet d'une menace (11 millions dans le monde).

TRANSPORTS ET ROUTES MARITIMES

• **Conteneurisation :** technique de transport des marchandises dans des caisses métalliques fermées empilables, et aux dimensions normalisées.

• **Fret :** terme désignant selon les cas les marchandises transportées ou le coût du transport.

• **Littoralisation :** phénomène géographique de concentration des activités près des côtes et des ports, en lien avec le transport maritime.

LA FRANCE DANS LE MONDE

• **AEFE :** Agence française pour l'enseignement à l'étranger (310 000 élèves scolarisés).

• **Humanitaire :** domaine d'action visant à venir en aide à des populations mises en danger par des catastrophes naturelles (séismes, inondations, sécheresse), des raisons sanitaires ou médicales (épidémies) ou des faits de guerre (réfugiés, blessés).

• **ONG :** organisation non gouvernementale ; elles ne dépendent pas des États pour leur financement, elles peuvent avoir des actions indépendantes.

• **OPEX** (opération extérieure) : désigne l'intervention des forces armées françaises hors du territoire national.

Exercice 1 voir Fiche Savoir 1.1

Le jeu des puissances dans un espace mondialisé de 1945 à nos jours

1. Caractérisez la période de la guerre froide.
2. Citez les principaux acteurs de la crise de Berlin.
3. Justifiez l'affirmation suivante : « depuis la fin de la guerre froide le monde est devenu multipolaire ».
4. Datez les événements suivants : chute du Mur de Berlin ; 1er choc pétrolier ; crise des fusées de Cuba.
5. Complétez la légende de la carte de l'Allemagne en 1946.

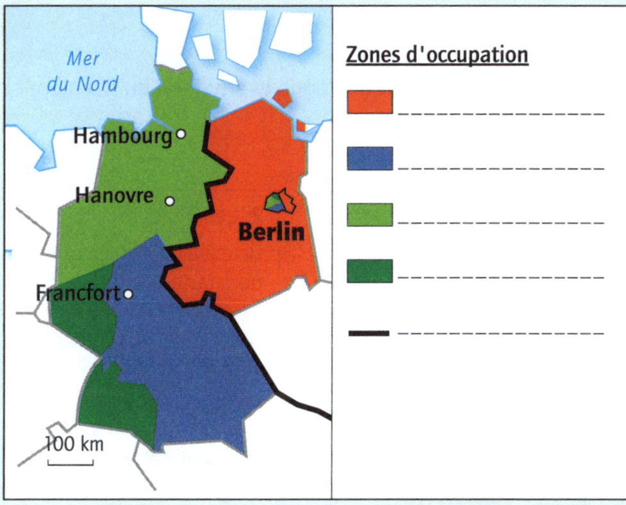

FAIT ☐ REVU ☐

Exercice 2 voir Fiche Savoir 1.2

Le Moyen-Orient et le pétrole

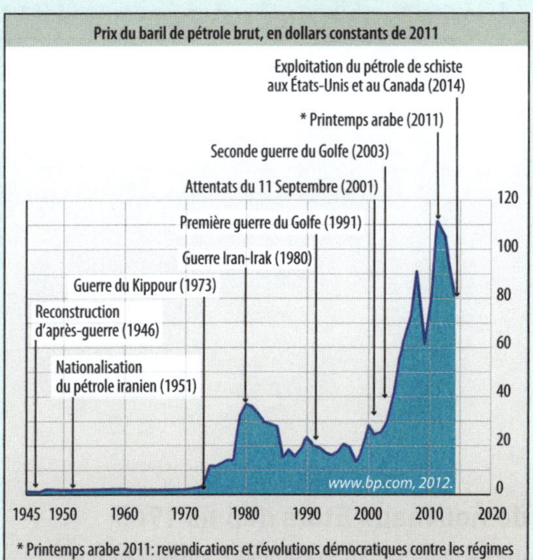

L'évolution des prix du pétrole depuis 1945

1. Présentez le document (nature, informations apportées, tendance générale de l'évolution).
2. En faisant appel à vos connaissances, montrez l'importance du Moyen-Orient pour le marché mondial du pétrole depuis 1945.
3. En vous appuyant sur trois situations historiques, précisez le lien existant entre événements au Moyen-Orient et variation du prix du pétrole.
4. L'évolution récente des prix du pétrole reflète-t-elle un affaiblissement ou un renforcement du rôle du Moyen-Orient sur le marché du pétrole ?

FAIT ☐ REVU ☐

Exercice 3 voir Fiche Savoir 1.3

L'Amérique latine : entre domination traditionnelle des États-Unis et remise en cause du leadership nord-américain

1. Précisez quels sont les différents types d'intervention des États-Unis en Amérique latine (doc. 1).
2. Montrez en quoi le contexte de guerre froide contribue à expliquer l'interventionnisme des États-Unis (doc. 1).
3. Présentez les acteurs de la Crise de Cuba (doc. 1).
4. Donnez un titre à la carte (doc.1).
5. Que signifie « Brasilia » dans ce texte (doc. 2).
6. Montrez quels changements sont intervenus dans la situation du Brésil par rapport à la situation représentée sur le document 1.

FAIT ☐ REVU ☐

1 ....

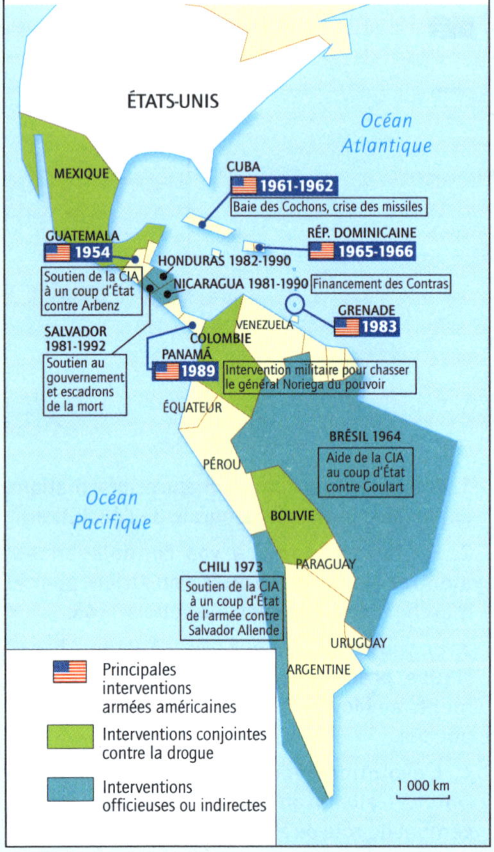

2. Les ambitions géopolitiques du Brésil

Brasilia cherche à obtenir un siège de membre permanent au Conseil de sécurité de l'ONU, dépêche ses troupes à Haïti, appartient au G20, aux BRICS. Héraut (celui qui défend une cause) du multilatéralisme, désendetté envers le FMI, médiateur entre les puissances du Nordet les pays du Sud, « gagnant » de la mondialisation, le Brésil se pose comme un leader du XXIe siècle. (...) L'émergence du Brésil contribue au basculement du monde, les lignes bougent en sa faveur, le Brésil est en passe d'obtenir une meilleure place dans l'architecture mondiale, sans pour autant rechercher un leadership que ni les grandes puissances occidentales, ni la Chine ne sont prêts à lui laisser.

A. Degans, « Le Brésil émergent, un géant du XXIe siècle ?

Exercice 4 voir Fiche Savoir 2.1

De la décolonisation à la mise en place de nouveaux États depuis 1945

1. Citez trois éléments contribuant à la mise en cause de la domination coloniale après 1945.
2. Datez les indépendances suivantes : Algérie ; Angola ; Inde.

3. Expliquez la notion de « non-alignement ».

4. Justifiez l'affirmation suivante « Il n'est plus possible aujourd'hui de parler au singulier *du Tiers-monde* ou *du Sud* ».

5. Donnez un exemple de décolonisation négociée.

6. Complétez la légende de la carte et nommez un exemple de pays pour chacune des étapes de la décolonisation.

7. Indiquez sur la carte deux exemples de guerres d'indépendance.

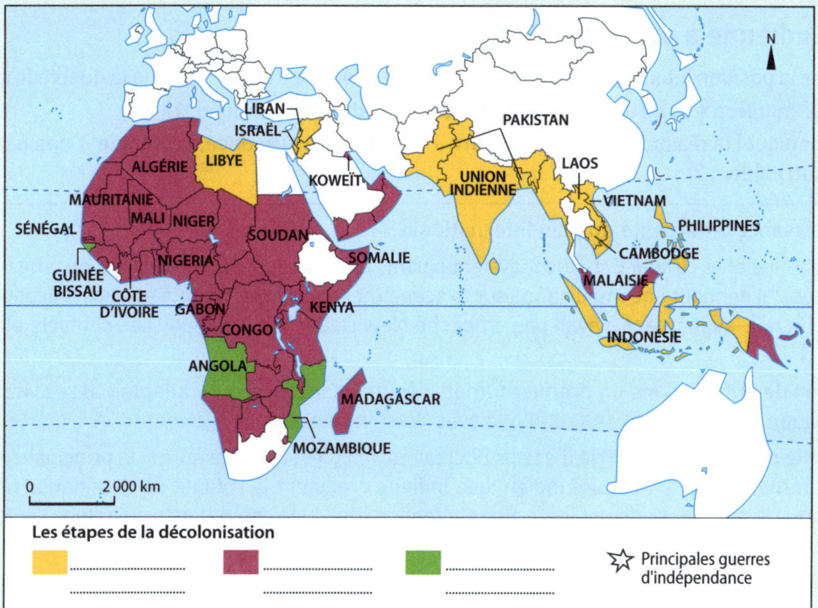

Les étapes de la décolonisation

FAIT ☐ REVU ☐

Exercice 5 voir Fiche Savoir 2.2

L'Algérie de 1954 à 1962

Appel du FLN au peuple algérien, le 1er novembre 1954

« Nous retraçons ci-après les grandes lignes de notre programme politique.

But : L'indépendance nationale par :

1. La restauration de l'État algérien souverain, démocratique et social dans le cadre des principes islamiques.
2. Le respect de toutes les libertés fondamentales sans distinction de race et de confession.

Moyens de lutte : conformément aux principes révolutionnaires et compte tenu des situations intérieure et extérieure, la continuation de la lutte par tous les moyens jusqu'à notre but. (...)

En contrepartie :

1. Les intérêts français, culturels et économiques, honnêtement acquis, seront respectés ainsi que les personnes et les familles.
2. Tous les Français désirant rester en Algérie auront le choix de leur nationalité. (...)

Algérien ! Nous t'invitons à méditer notre Charte ci-dessus. Ton devoir est de t'y associer pour sauver notre pays et lui rendre sa liberté. Le Front de libération nationale est ton front. Sa victoire est la tienne. Quant à nous, résolus à poursuivre la lutte, sûrs de tes sentiments anti-impérialistes, forts de ton soutien, nous donnons le meilleur de nous-mêmes à la patrie. »

HISTOIRE GÉOGRAPHIE

1. Précisez le contexte historique dans lequel s'inscrit le document.
2. Qui s'exprime ?
3. Qu'annonce cet appel ?
4. Quel a été l'avenir de cet appel dans l'Algérie des années 1954 à 1962 ?

FAIT ☐ REVU ☐

Exercice 6 voir Fiche Savoir 2.3

L'Union indienne à partir de 1947

1. Présentez la position internationale de la République indienne de la période de la guerre froide. (doc. 1)
2. De quelle manière s'est-elle adaptée aux évolutions du monde ? (doc. 1)
3. Montrez en quoi la diaspora indienne assure à cet État une présence, régionale d'une part, et mondiale de l'autre. (doc. 2)

1. Une puissance émergente au plan international

La guerre froide et le clivage Est-Ouest avaient permis à l'Inde d'occuper une place comme leader des non-alignés, lui donnant une importance sur la scène mondiale supérieure à son poids économique ou militaire. Ce non-alignement n'avait pas empêché New Delhi de développer des contacts étroits avec l'URSS. (...)

L'implosion de l'URSS, dans un premier temps, déstabilisait l'Inde qui s'adaptait assez vite à la nouvelle situation en améliorant ses relations avec Washington. (...)

En 1998, elle procédait à une série d'essais nucléaires. (...) C'est la Chine qui est la principale motivation du programme nucléaire militaire indien. Les Indiens craignent la volonté de domination chinoise et déplorent que le monde occidental prête plus d'attention à la Chine communiste qu'à l'Inde démocratique. (...)

L'Inde défend la vision d'un monde multipolaire (...) fondé sur l'égalité entre les pays riches et pauvres. Elle revendique un siège de membre permanent au Conseil de sécurité de l'ONU.

D'après P. Boniface, *Le Monde contemporain : grandes lignes de partage*, PUF, 2003.

2. L'Inde dans la mondialisation : la diaspora indienne

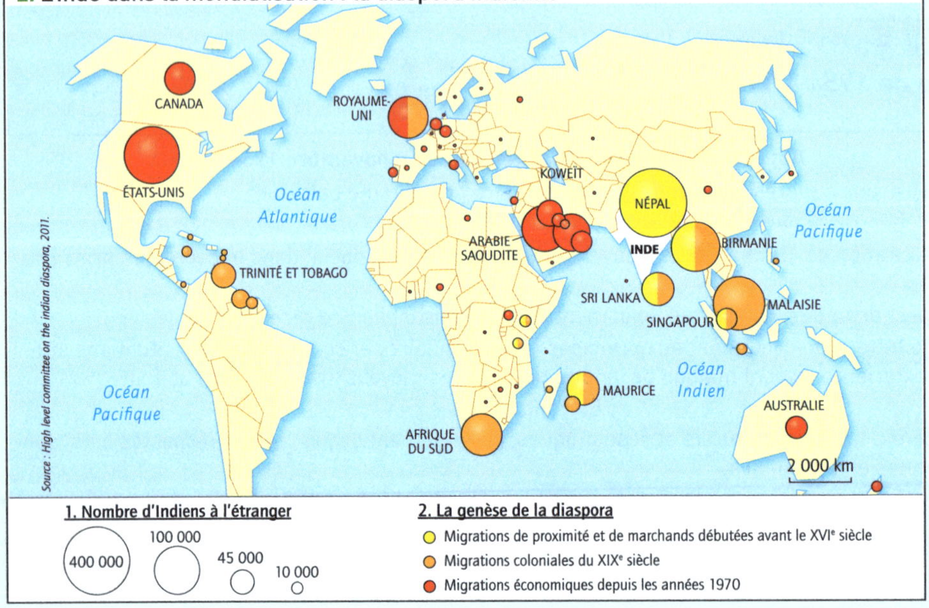

FAIT ☐ REVU ☐

Exercice 7 voir Fiche Savoir 3.1

L'évolution politique de la Ve République

1. Choisissez parmi les affirmations suivantes celle qui correspond le mieux à la Ve République et justifiez votre choix.

a. La Ve République est un régime principalement parlementaire ;
b. La Ve République est un régime principalement présidentiel ;
c. La Ve République est un régime à la fois parlementaire et présidentiel.

2. Citez un épisode de cohabitation entre Gauche et Droite sous la Ve République.

3. Donnez un exemple d'alternance politique à la tête du pays.

4. Citez deux modifications de la constitution concernant l'élection du Président de la République.

5. Parmi les éléments suivants quels sont ceux qui composent le pouvoir exécutif : Gouvernement, Président de la République, Sénat, Premier ministre, Assemblée nationale.

6. Attribuez les rôles suivants au personnage correspondant (Président ou Premier ministre).

– préside le conseil des ministres – assure l'exécution des lois – dirige l'action du Gouvernement – peut prononcer la dissolution de l'Assemblée nationale – est le chef des armées – est responsable de la défense nationale.

FAIT ☐ REVU ☐

Exercice 8 voir Fiche Savoir 3.2

Les femmes dans la société française

1. Relevez deux formes d'inégalités femmes-hommes présentées dans le document 1.

2. Quel lien pouvez-vous établir entre niveau de formation et niveau de revenu ? (doc. 2)

3. Comment évolue l'écart de revenu femmes-hommes depuis 1989 ? (doc. 2)

4. Quelle est la date de cette loi, et quel est son objet ? (doc. 1)

5. Expliquez le sens du titre de la loi en mettant en relation les documents 1 et 2.

1. Loi du 4 août 2014 pour l'égalité réelle femmes-hommes

– Article 1

L'État et les collectivités territoriales, ainsi que leurs établissements publics, mettent en œuvre une politique pour l'égalité entre les femmes et les hommes selon une approche intégrée. Ils veillent à l'évaluation de l'ensemble de leurs actions.

– **Titre Ier :** DISPOSITIONS RELATIVES À L'ÉGALITÉ ENTRE LES FEMMES ET LES HOMMES DANS LA VIE PROFESSIONNELLE

– Article 2

Lorsqu'un écart moyen de rémunération entre les femmes et les hommes est constaté, les organisations liées par une convention de branche ou, à défaut, par des accords professionnels font de sa réduction une priorité.

[...] les critères d'évaluation retenus dans la définition des différents postes de travail sont analysés afin d'identifier et de corriger ceux d'entre eux susceptibles d'induire des discriminations entre les femmes et les hommes et afin de garantir la prise en compte de l'ensemble des compétences des salariés.

2. L'égalité femmes-hommes, entre principes et réalités sociales

L'écart du revenu salarial femmes-hommes

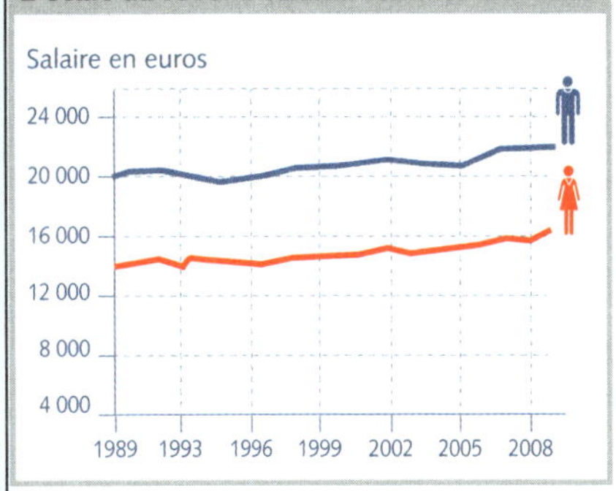

Proportion des diplômés du supérieur de 25 à 29 ans (en 2010)

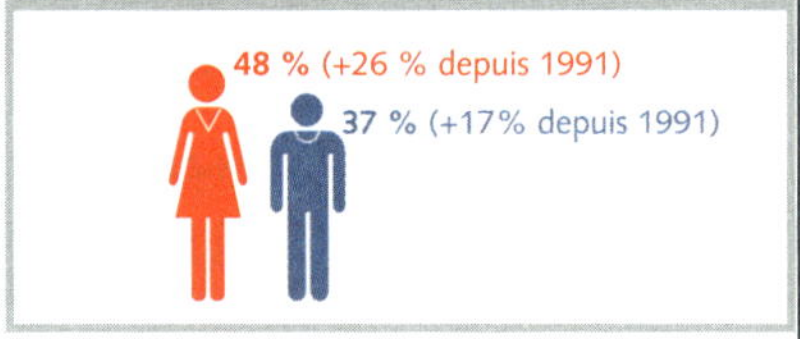

Tâches domestiques quotidiennes

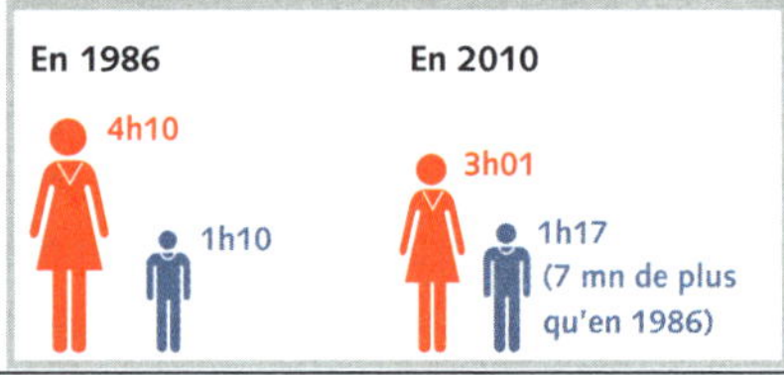

FAIT ☐ REVU ☐

Exercice 9 voir Fiche Savoir 3.3

L'élection présidentielle, un enjeu majeur de la vie politique française

1. Quelles sont les modifications apportées en 1965 et en 2000 à l'élection présidentielle ? (doc. 1)
2. Précisez quelle est, selon l'auteur, la place de l'élection présidentielle dans la vie politique française. (doc.1)
3. Quelles évolutions l'auteur du texte mentionne-t-il et dénonce-t-il ? (doc. 1)
4. Comment expliquer que la participation électorale soit en général plus forte au 1er tour qu'au 2nd tour ? (doc. 2)
5. Peut-on, au vu du document, parler d'une désaffection des citoyens pour la vie politique ? (doc. 2)

1. Le rituel de l'élection présidentielle

L'élection présidentielle au suffrage universel est un trait essentiel du système politique français. Elle réunit un consensus. Elle est structurante, en amenant les partis d'opposition à se rapprocher pour défendre leur chance face à la majorité. Mais avec le quinquennat, mis à l'étude déjà par Georges Pompidou et ratifié par référendum du 24 septembre 2000, elle rapproche les échéances, aiguise les ambitions, crée selon certains les conditions d'une « campagne électorale permanente ». D'une manière générale, depuis 1965, s'est produite une professionalisation des techniques de campagne : télévision, sondages d'opinion, Internet, techniques de publicité et de marketing. Depuis le moment où les candidat(e)s se décident et annoncent leur participation, tout contribue à la personnalisation maximum de cette élection.

H. Néant, *La politique en France du XIXe siècle à nos jours*, Hachette, 2010.

2. Les abstentions aux élections présidentielles depuis 1965

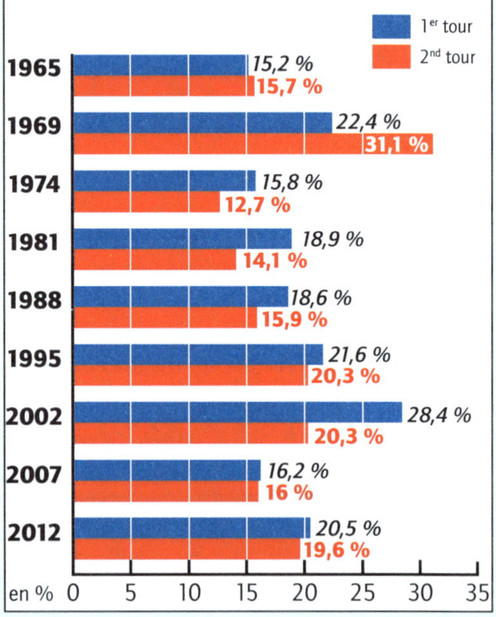

FAIT ☐ REVU ☐

Exercice 10 voir Fiche Savoir 4.1

Centres d'impulsion et inégale intégration

1. Proposez une définition pour aire de puissance.
2. Citez deux mégalopoles.
3. Parmi les affirmations suivantes relevez celles qui vous paraissent justifiées :
   - les PMA sont des pays dont l'économie se développe ;
   - les PMA souffrent de marginalisation dans le système mondial d'échanges ;
   - les PMA ont les indicateurs de développement humain défavorables ;
   - les PMA ont réussi leur intégration au système mondial d'échanges.
4. Citez les fonctions caractéristiques d'une ville mondiale.
5. Complétez le croquis et sa légende en indiquant :
   - les 3 principales aires de puissance ;
   - 2 puissances émergentes ;
   - 3 « villes mondiales ».

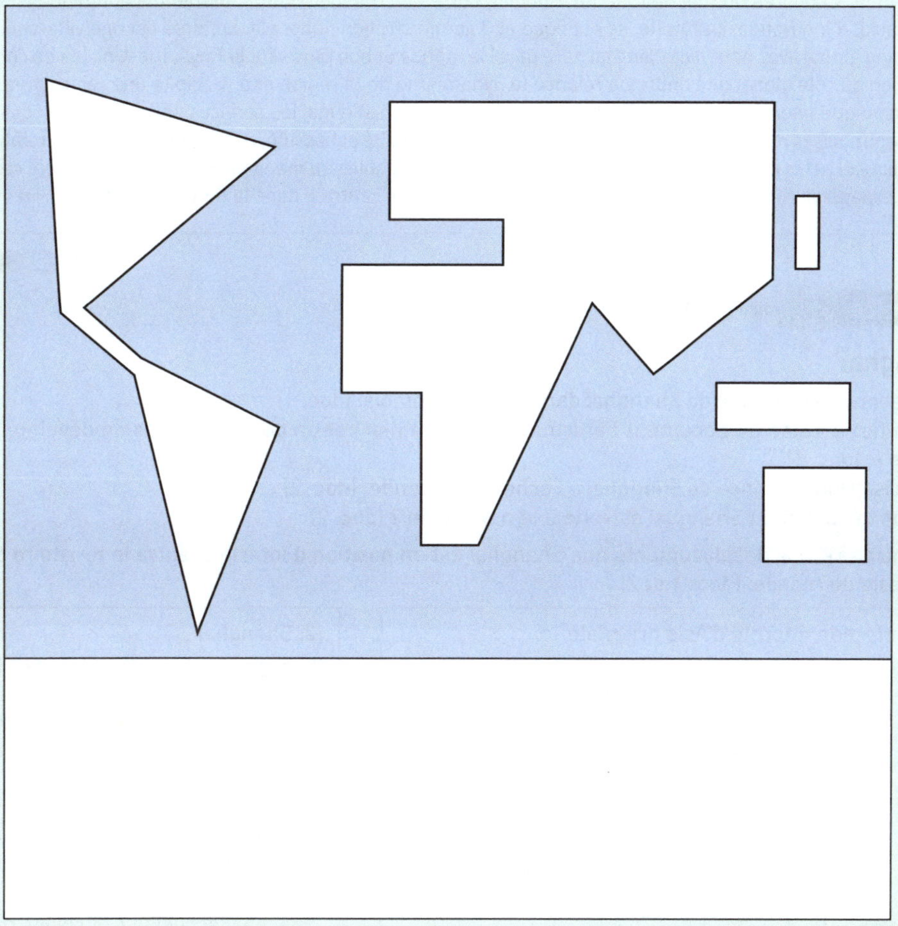

FAIT ☐ REVU ☐

Exercice 11 voir Fiche Savoir 4.2

Londres

1. **Nommez le phénomène évoqué dans les premières lignes du document.**
2. **Justifiez le passage du texte qui affirme que : « Londres est une ville-capitale de rang global » en citant deux fonctions de la ville.**
3. **Quels sont d'après le document les « savoir-faire » historiques de Londres ?**
4. **Relevez dans le document les secteurs d'activité qui fondent le rôle de métropole mondiale de Londres.**

• Londres

Depuis les années 1970, à mesure que l'économie s'internationalisait, les fonctions de contrôle des grandes firmes s'aggloméraient dans un petit nombre de sites, nichés au cœur des pays les plus avancés (...). Les plus grandes métropoles des pays d'Europe, d'Asie et d'Amérique ont ainsi pu, par accumulation de compétences, d'infrastructures et par une masse critique, concentrer ces activités d'encadrement de l'économie mondialisée. Les savoir-faire dans les domaines du commerce, du négoce et de l'assurance assurent à Londres un rôle de marché mondial, outre son rôle de commandement économique (sièges sociaux), d'innovation, culturelle, scientifique et d'administration nationale. Londres est une ville-capitale de rang global avec pour *hinterland* (arrière pays) le monde et non plus seul le Royaume-Uni. (...) La confirmation du rôle global de Londres a relancé le dynamisme de la région et a précipité une restructuration économique interne. Espace de production de services sophistiqués, les services spécialisés nécessaires aux entreprises multinationales (assurances, droit, comptabilté et fiscalité, conception, publicité et relations publiques) et les nouveaux instruments financiers indispensables au management planétarisé y ont connu une expansion rapide. La présence de grands groupes a été centrale dans la floraison de ces activités.

FAIT ☐ REVU ☐

Exercice 12 voir Fiche Savoir 4.3

Shanghai

1. **Présentez la situation de Shanghai dans l'espace chinois. (doc. 1)**
2. **Justifiez à l'aide du document l'affirmation « Shanghai est un des trois pôles de développement chinois ». (doc. 1)**
3. **Précisez l'importance de Shanghai à l'échelle du monde. (doc. 2)**
4. **Selon le document Shanghai est-elle une métropole ? (doc. 2)**
5. **Montrez à l'aide des documents que Shanghai est en position d'interface entre le territoire chinois et le reste du monde. (docs 1 et 2).**

1. La façade littorale d'Asie orientale

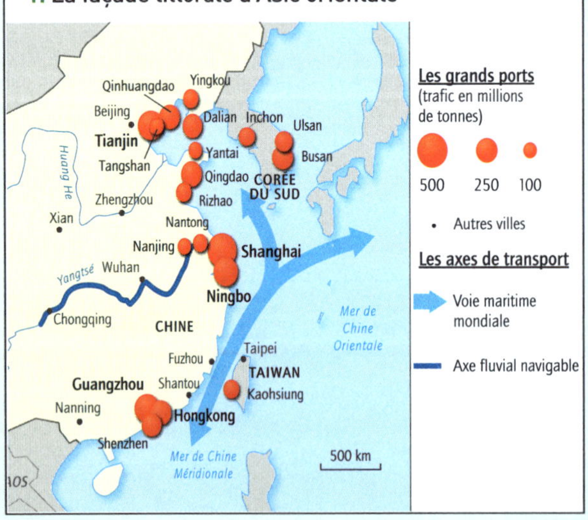

2. Shanghai

Shanghai est la neuvième mégapole du monde (...) et la première métropole économique chinoise. Entre 15 et 20 millions de citadins sont agglomérés entre l'ancienne ville de 1950 et la mer. (...)

L'activité tertiaire y est désormais dominante (...) avec un tertiaire supérieur important (finance, conception, formation, communication).

Shanghai accueille 424 sièges régionaux de FTN en 2005.

Elle demeure la principale destination des investissements étrangers en Chine frôlant les 50 %.

P. Pelletier, V. Thébault, Géopolitique de l'Asie, Nathan, 2014.

FAIT ☐ REVU ☐

Exercice 13 voir Fiche Savoir 5.2

Les migrations internationales

1. **Expliquez les termes « immigration », « émigration » et « migration » en vous appuyant sur la carte pour donner des exemples.**
2. **D'après la carte, proposez trois grandes catégories permettant de différencier les régions d'arrivée.**
3. **Donnez deux exemples de migrations :**
• Sud/Nord • Nord/Nord • Sud/Sud
4. **En vous appuyant sur vos connaissances dites quelle est la part de chacun de ces mouvements dans les migrations internationales.**

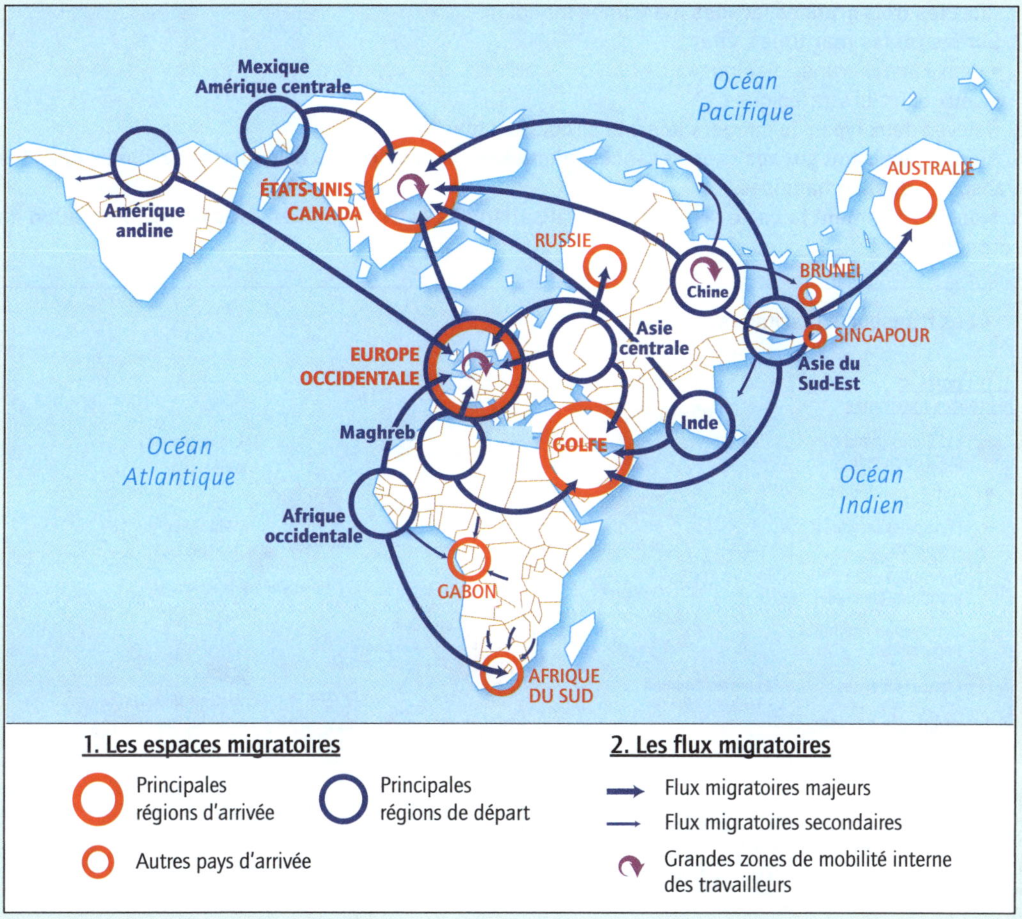

FAIT ☐ REVU ☐

Exercice 14 voir Fiche Savoir 5.1

Mondialisation et firmes transnationales

1. **Expliquez ce qu'est une firme transnationale.**
2. **Donnez une définition de la division internationale du travail.**
3. **Les firmes transnationales assurent :**
a) un quart du PIB mondial
b) la moitié du PIB mondial
c) un quart des échanges mondiaux
d) les deux tiers des échanges mondiaux

4. L'affirmation suivante est-elle justifiée ?
« Avec la mondialisation les États ont perdu tout pouvoir face aux FTN. »
5. Citez différents types de flux circulant sur les réseaux.
6. Expliquez l'affirmation :
« Les FTN ont des stratégies mondialisées. »

FAIT ☐ REVU ☐

Exercice 15 voir Fiche Savoir 5.3

Transports et routes maritimes

1. Citez les trois grandes façades maritimes mondiales.
2. Sur les routes maritimes, citez :
   - deux canaux transocéaniques ;
   - deux détroits stratégiques.
3. Relevez deux types de dangers liés à la circulation maritime.
4. En vous appuyant sur vos connaissances, montrez l'importance des transports maritimes dans les transports de marchandises.
5. Montrez comment la carte reflète la littoralisation des activités en lien avec la mondialisation de l'économie.

• Les transports maritimes

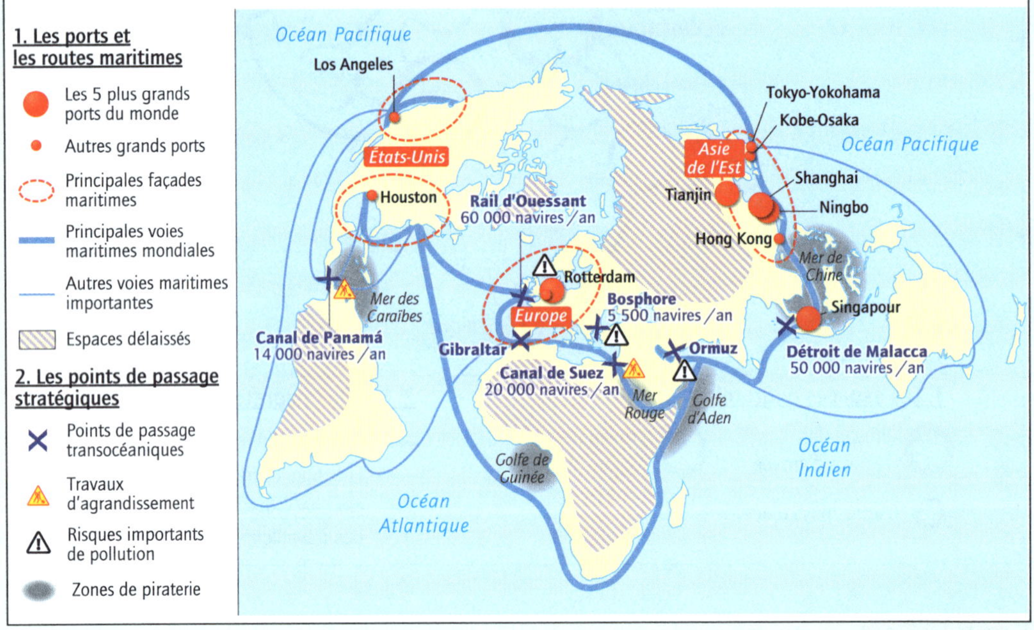

FAIT ☐ REVU ☐

Exercice 16 voir Fiche Savoir 6.1

La présence de la France dans le monde

1. **Choisissez l'affirmation qui convient le mieux pour définir la notion de francophonie :**
   - ensemble des pays qui ont en commun l'utilisation de la langue française pour la totalité ou une partie de la population ;
   - ensemble des anciennes colonies françaises ;
   - ensemble des pays dont le français est la langue maternelle de toute la population.
2. **Justifiez l'affirmation suivante :**
   « La France est une puissance moyenne aux ambitions mondiales. »
3. **Citez trois grandes firmes transnationales françaises opérant dans des secteurs d'activité différents.**
4. **Définissez « ZEE » et montrez l'importance de celle-ci pour la France.**
5. **Indiquez sur la carte les noms des départements et territoires de l'outre-mer français.**

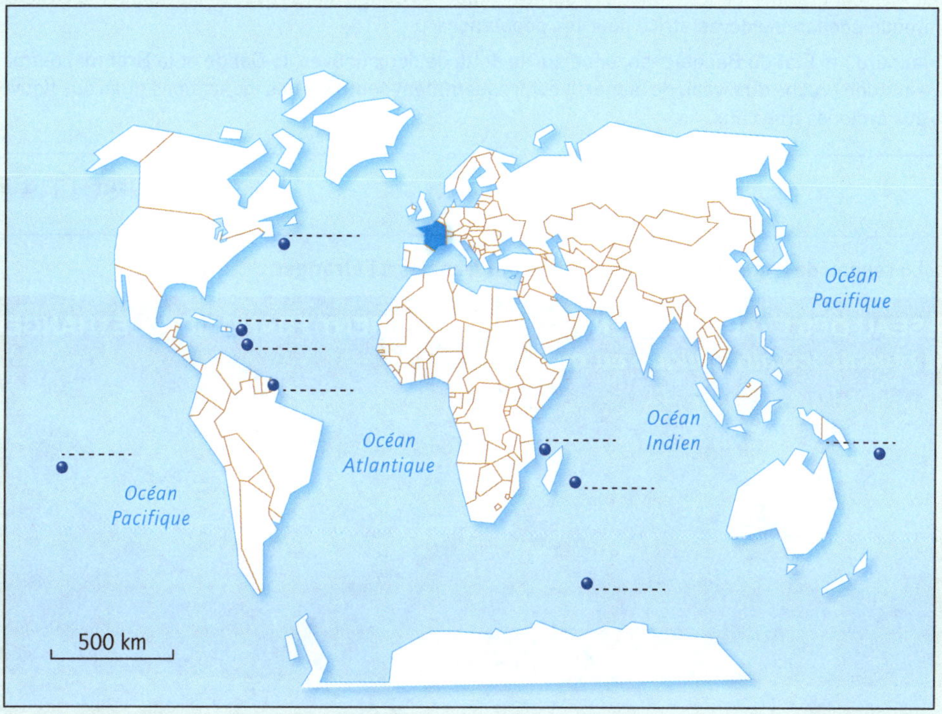

FAIT ☐ REVU ☐

Exercice 17 voir Fiche Savoir 6.2

Les engagements militaires et humanitaires de la France dans le monde

1. **À quels domaines appartiennent les interventions évoquées dans les documents 1 et 2 ?**
2. **Quels sont les acteurs de ces interventions ? (docs 1 et 2)**
3. **Relevez les informations sur l'origine de Médecins sans Frontières. (doc. 1)**
4. **Présentez le financement et le statut de l'organisation Médecins sans Frontières (doc. 1).**
5. **Montrez en quoi les interventions présentées dans les documents contribuent à une image positive de la France dans le monde.**

1. Médecins Sans Frontières

Le 21 décembre 1971, un groupe de médecins et journalistes [français] crée l'association Médecins Sans Frontières. Les uns sont des « anciens » du Biafra*, les autres se situent dans la mouvance du journal médical *Tonus* qui lance un appel aux médecins pour porter secours aux victimes d'inondations au Pakistan oriental** [...] Depuis quarante ans, Médecins Sans Frontières apporte une assistance médicale à des populations dont la vie ou la santé est menacée : principalement en cas de conflits armés, mais aussi d'épidémies, de pandémies, de catastrophes naturelles ou encore d'exclusion des soins. Toutes ces situations nécessitent des ressources médicales et logistiques adaptées. Indépendante de tous pouvoirs politiques, militaires ou religieux, MSF agit en toute impartialité, après évaluation des besoins médicaux des populations. La garantie de l'indépendance de l'association s'enracine dans son financement, assuré par la générosité de ses donateurs privés. En France, en 2010, 96,7 % des ressources de MSF étaient d'origine privée. Aucun fonds n'est accepté du gouvernement français.

http://www.msf.fr, consulté le 25 septembre 2012.

* En Afrique, province de la République démocratique du Congo alors ravagée par la guerre civile qui provoque une famine dévastatrice pour les populations.

** Aujourd'hui État du Bangladesh, situé sur le delta de deux fleuves, le Gange et la Brahmapoutre, à une altitude proche du niveau de la mer, il est fréquemment soumis à des inondations dues aux fleuves ou aux cyclones tropicaux.

FAIT ☐ REVU ☐

2. Le réseau de l'Agence pour l'enseignement français à l'étranger

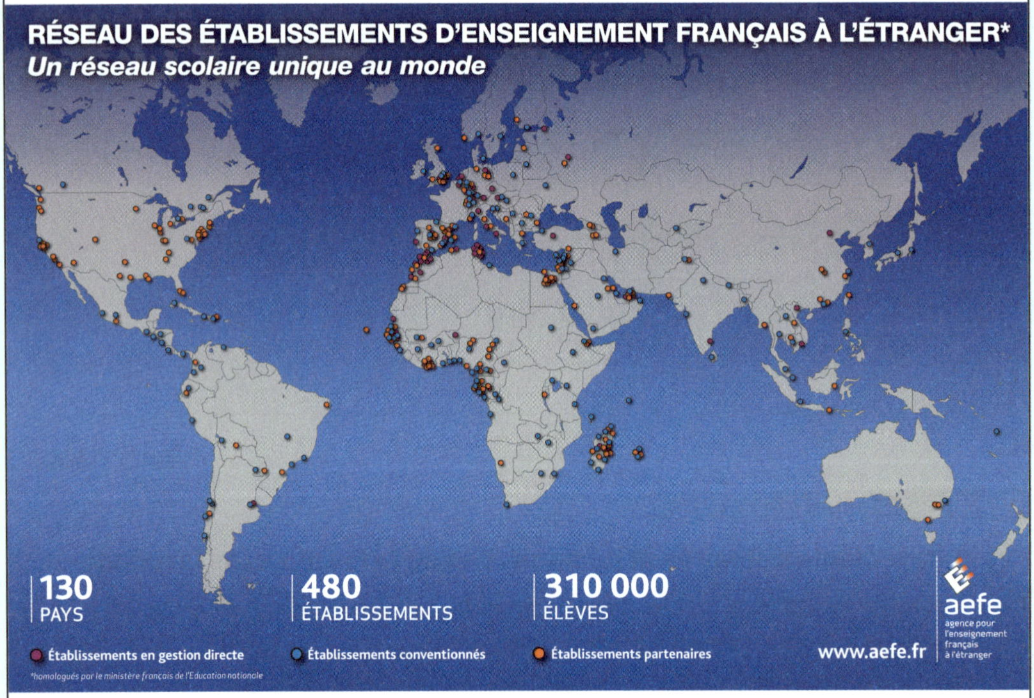

Le réseau d'établissements français à l'étranger a été créé à l'origine pour la scolarisation des enfants d'expatriés français, il est également ouvert aux enfants des populations locales. L'AEFE en chiffres : 310 000 élèves dont près de 115 000 Français, 480 établissements (de niveau primaire ou secondaire) implantés dans 130 pays ; environ 13 000 bacheliers chaque année, plus de 6 500 personnels titulaires de l'Éducation nationale et environ 20 000 personnels recrutés localement (données 2012).

FAIT ☐ REVU ☐

Exercice 1

1. De 1947 à 1989, les deux super puissances (États-Unis et URSS) s'opposent dans un conflit de puissance à la fois idéologique, et géopolitique. En raison de l'équilibre de la terreur lié à l'arme nucléaire, il n'y a pas de guerre directe entre les deux grands mais des crises (Cuba, Berlin) et des affrontements indirects dans le Tiers-monde.

2. Les principaux acteurs de la crise de Berlin : l'URSS et ses alliés du Pacte de Varsovie, les États-Unis et leurs alliés de l'OTAN, les berlinois et Allemands dont les familles sont séparées par le Mur.

3. Depuis la fin de l'affrontement bipolaire entre EU et URSS, de nouveaux acteurs sont apparus au niveau international (puissances économiques émergentes, terrorisme, etc.).

4. Chute du Mur de Berlin : 1989 ; 1er choc pétrolier : 1973 ; crise des fusées de Cuba : 1962.

5. Sur la légende de la carte : en rouge : URSS, en bleu : États-Unis, en vert-clair : Royaume-Uni, en vert-foncé : France.

Exercice 2

1. Courbe retraçant l'évolution du pétrole brut en dollars de 1945 à nos jours. Après un palier à très bas prix jusqu'en 1970, la courbe se redresse pour culminer dans les années 2010.

2. Le Moyen-Orient recèle 60 % des réserves mondiales de pétrole conventionnel et 40 % des réserves mondiales de gaz. Tout événement dans cette région a des répercussions mondiales.

3. La guerre du Kippour en octobre 1973 provoque le premier choc pétrolier avec le redressement de la courbe. Puis, la guerre Iran-Irak en 1980, fait baisser l'offre de pétrole et monter les prix. Enfin le printemps arabe (Tunisie, Égypte, Libye) provoque une inquiétude dans les États du Golfe et une hausse des prix.

4. L'exploitation du pétrole de schiste aux États-Unis et au Canada fait baisser la demande de pétrole du Moyen-Orient et entraîne une baisse des cours.

Exercice 3

1. Des interventions armées directes, des interventions contre la drogue, des interventions officieuses (CIA).

2. Les interventions armées destinées à lutter contre l'expansion du communisme sont nombreuses jusqu'en 1989.

3. Les acteurs de la crise de Cuba : l'URSS (N. Krouchtchev) qui souhaite installer des fusées à ogives nucléaires pouvant atteindre les États-Unis, Fidel Castro nouveau dirigeant de Cuba soutenu par l'URSS, les États-Unis (J. F. Kennedy).

4. Titre de la carte : L'Amérique latine sous la tutelle des États-Unis pendant la guerre froide.

5. Dans ce texte, Brasilia signifie le pouvoir politique brésilien ; Brasilia étant le siège de la présidence et du gouvernement.

6. De pays soumis aux États-Unis (coup d'État de 1964 renversant le président démocratiquement élu) le Brésil, puissance économique émergente, cherche à devenir une puissance géopolitique en Amérique latine et dans le monde (BRICS, G 20, etc.).

Exercice 4

1. Les revendications des peuples colonisés ; la condamnation de la colonisation (ONU, États-Unis, URSS) ; l'affaiblissement des métropoles européennes.

2. Indépendance de l'Algérie : 1962
– Indépendance de l'Angola : 1975
– Indépendance de l'Inde : 1947.

3. C'est le refus de certains pays du Tiers-monde d'entrer dans l'opposition Est-Ouest en s'alignant sur l'une des deux super puissances (URSS ou EU).

4. Les situations des pays du « Tiers-monde » ou « Sud » se sont diversifiées, on y trouve à la fois des puissances émergentes et des PMA (Pays les moins avancés).

5. L'Inde, L'Afrique noire francophone, le Maroc, la Tunisie.

6. Légende de la carte : Jaune : la fin des années 1940 ; violet : Les années 1950-1960 ; vert : 1975, fin de l'empire portugais.

– Un exemple de pays pour chacune des étapes de la décolonisation : Inde, Algérie, Angola.

7. Exemples de guerre d'indépendance : L'Algérie, l'Angola, le Mozambique.

Exercice 5

1. Le 1er novembre 1954 « Toussaint rouge » plusieurs attentats ont lieu sur le sol algérien, le même jour ce communiqué annonce qui en sont les auteurs et quels sont leurs buts.

2. Le FLN, front de libération nationale algérien, organisation politique et militaire qualifiée de « terroriste » par la France.

3. L'appel annonce l'objectif de la lutte (indépendance nationale), sa forme (lutte armée), des garanties données à la population et il incite les Algériens à rejoindre ce combat.

4. La lutte menée par le FLN se développe dans les campagnes puis dans les villes, à partir de 1960, le FLN est militairement très affaibli, mais politiquement vainqueur. La France engage la processus d'autodétermination qui aboutit à l'indépendance en 1962, le FLN s'installe alors au pouvoir en Algérie.

Exercice 6

1. Elle est l'un des leaders du mouvement des non-alignés.

2. Après la déstabilisation liée à la fin de l'URSS, elle devient une puissance nucléaire, et défend la vision d'un monde multipolaire dont elle veut être un acteur.

3. Les effectifs de la diaspora sont importants dans l'espace régional proche, dans l'Océan indien, en Amérique du Nord et en Europe, c'est-à-dire pratiquement dans l'ensemble du monde.

Exercice 7

1. La Ve République est un régime à la fois parlementaire et présidentiel.

2. Trois exemples possibles de cohabitation sous la Ve République : En 1986 : Mitterrand/Chirac, en 1993 : Mitterrand/ Balladur, en 1997 : Chirac/Jospin.

3. En 1981, la gauche remporte les élections présidentielles et législatives pour la première fois depuis 1958.

4. L'élection su suffrage universel direct (1962) Le quinquennat (2005).

5. Président de la République, Gouvernement dirigé par le Premier ministre.

6. Président : préside le conseil des ministres ; peut prononcer la dissolution de l'Assemblée nationale ; est le chef des armées.
Premier ministre : dirige l'action du Gouvernement ; est responsable de la défense nationale ; assure l'exécution des lois.

Exercice 8

1. L'écart de rémunération – les discriminations liées à la définition des différents postes de travail.

2. Les femmes sont plus nombreuses à être diplômées du supérieur, mais l'écart de revenu femmes/hommes persiste.

3. L'écart reste pratiquement constant, avec un léger rattrapage depuis 2008.

4. La loi date de 2014, elle cherche à obtenir une réelle amélioration de la situation des femmes pour que le principe d'égalité soit enfin appliqué.

5. L'égalité réelle femmes/hommes suppose que les inerties sociales soient surmontées (niveau de rémunération au travail, et répartition des charges quotidiennes du foyer.

Exercice 9

1. 1965 : élection au suffrage universel direct et 2000 : instauration du quinquennat.

2. C'est un trait essentiel du système politique, elle est structurante avec une forte personnalisation de l'élection.

3. Avec le quinquennat : risque d'être en « campagne électorale permanente », professionnalisation des techniques de campagne.

4. L'abstention est moins forte au 1er tour dans la mesure où l'offre politique (diversité des candidats) est plus variée.

5. Les abstentions les plus fortes s'observent en 1969 (2nd tour) et en 2002 (1er tour) ; pour l'élection présidentielle, il est difficile de parler d'une désaffection croissante des citoyens.

Exercice 10

1. C'est un espace de dimension variable, qui regroupe des pôles de puissance (villes, réseaux de transport et communication), des fonctions de commandement et d'impulsion (politique, économique, financier, culturel), et des fonctions de recherche et de production dans les secteurs de haute technologie.

2. Mégalopolis (Nord-Est des États-Unis), Europe (de Londres à Milan).

3. Les affirmations justifiées :
– les PMA souffrent de marginalisation dans le système mondial d'échanges ;
– les PMA ont les indicateurs de développement humain défavorables.

4. Les fonctions caractéristiques d'une ville mondiale : commandements financier et économique, rayonnement culturel, recherche et enseignement.

5. Croquis et légende :
– Principales aires de puissance : Nord-Est des États-Unis, Europe du Nord-Ouest, façade maritime de l'Asie y compris Japon.
– Puissances émergentes : Afrique du Sud, Brésil, Chine, Inde.
– « Villes mondiales » : New York, Londres, Paris, Tokyo.

Exercice 11

1. C'est le phénomène de métropolisation.

2. Fonctions : rôle de commandement économique, marché mondial, innovation, rôle culturel.

3. Le commerce, le négoce, l'assurance.

4. Production de services sophistiqués, services aux entreprises multinationales, instruments financiers, présence de grands groupes internationaux.

Exercice 12

1. Situation de Shanghai : position littorale en bordure de la mer de Chine, au débouché du fleuve Yangtsé.

2. La Chine comporte 3 pôles économiques principaux : région nord (Beijong/Tianjin) région sud (Hong Kong/Guangzhou) et pôle de Shanghai.

3. Shanghai : 9e mégapole mondiale, 424 sièges de FTN, 50 % des investissement étrangers en Chine.

4. Oui, Shanghai est une métropole, par l'importance de sa population et surtout par ses activités (tertiaire supérieur).

5. Shanghai est en façade littorale (port, ouverture sur le monde), elle accueille des entreprises et capitaux en provenance du reste du monde, elle est reliée à l'intérieur du pays par la vallée du Yangtsé.

Exercice 13

1. – Immigration : arrivée dans un pays autre que son pays d'origine (par exemple pays d'Europe occidentale ou pays du Golfe arabo-persique).
– Émigration : départ de son pays d'origine (pays d'Afrique, Inde).
– Migration : mouvement de déplacement à longue (Asie du Sud-Est/Golfe) ou plus courte (Asie du Sud-Est/Chine) distance.

2. Pays riches et développés du Nord (Europe, Amérique du Nord),
Pays du Golfe riches et peu peuplés
Pays du Sud (Par exemple Gabon).

3. Sud/Nord : Mexique/États-Unis, Afrique/Europe.
Nord/Nord : Europe/Amérique du Nord
Sud/Sud : migrations internes entre pays d'Afrique (Gabon)

4. 1/3 pour chacun de ces grands mouvements.

Exercice 14

1. Entreprise exerçant ses activités (recherche, production, vente) dans plusieurs pays.

2. Localisation des activités d'une entreprise en fonction des avantages procurés par les différents pays (personnels qualifiés pour la recherche/développement, main-d'œuvre bon marché pour la production).

3. Les firmes transnationales assurent :
- un quart du PIB mondial ;
- les deux tiers des échanges mondiaux.

4. Les États sont affaiblis, mais ils gardent du pouvoir en matière de législation (travail, environnement, normes...) et de fiscalité.

5. Flux matériels (marchandises brutes ou produits manufacturés), flux financiers, décisions et flux d'informations).

6. Elles utilisent les différenciations mondiales pour répartir leurs activités de recherche, de production et la vente de leurs produits (marketing mondialisé).

Exercice 15

1. Amérique du Nord, Europe, Asie de l'Est.

2. – Deux canaux transocéaniques : Suez, Panama
– Deux détroits stratégiques : Ormuz, Malacca

3. La piraterie qui menace les navires et les risques de pollution en cas d'accident ou naufrage.

4. Ils assurent 90 % des transports internationaux de marchandises, en vrac ou en conteneurs (produits fabriqués).

5. En lien avec l'importance des transports maritimes, les façades maritimes sont les espaces les mieux reliés au monde ; elles sont avantagées par rapport à l'intérieur des continents et sont les aires les plus dynamiques.

Exercice 16

1. Ensemble des pays qui ont en commun l'utilisation de la langue française pour la totalité ou une partie de la population.

2. La France se situe environ au 6e rang des puissances économiques, elle est ouverte aux échanges commerciaux, elle a un rôle diplomatique et militaire important, son territoire (outre-mer) lui assure une présence sur les 3 grands océans.

3. Total (pétrole), GDF-Suez (énergie) Carrefour (commerce), PSA (automobile) Danone (agro alimentaire)...

4. Tout pays peut se réserver l'exploitation des ressources de sa zone économique exclusive (environ 180 km au-delà des côtes). Avec ses nombreuses îles en outre-mer la France dispose du 2e domaine maritime mondial.

5. Saint Pierre et Miquelon, Martinique, Guadeloupe, Guyane, Réunion, Mayotte, Terres australes françaises, Polynésie française, Nouvelle Calédonie. (Vous pouvez vérifier à l'aide d'un atlas.)

Exercice 17

1. Des interventions humanitaires, des activités d'enseignement.

2. Une ONG (Médecins sans Frontières), l'État (Ministères des affaires étrangères et de l'Éducation nationale).

3. ONG créée en 1972 pour secourir les populations victimes de la Guerre du Biafra (province du Nigeria en Afrique).

4. C'est une association (loi de 1901) totalement indépendante de l'État dont plus de 96 % des ressources financières sont d'origine privée.

5. Dans un cas, il s'agit d'une initiative privée (*French doctors*) destinée à secourir des populations en danger, dans l'autre d'une action de l'État pour instruire et éduquer sur le modèle de l'enseignement français (les établissements de l'AEFE accueillent les enfants d'expatriés français et plus de 50 % d'élèves du pays d'implantation).

1 La culture

LU ☐
SU ☐
REVU ☐

La culture désigne toutes les productions humaines. Elle semble d'emblée s'opposer à la nature. N'est-il pas naturel chez l'homme d'avoir une culture ? N'est-ce pas ce qui fonde son essence ?

1. La nature et la culture sont-elles opposées ?

La nature et la culture semblent s'opposer dans la nature même de leurs définitions.

a) La culture n'est pas une simple accumulation de connaissances. Elle est la capacité qu'a l'homme de comprendre le monde et de le modifier par son travail. Étymologiquement, culture vient du latin *colere* : le travail de la terre.

b) La culture est donc ce par quoi l'homme transforme le monde pour le rendre conforme à sa volonté, elle est ce qui permet à l'humanité de faire des progrès. Par la culture, l'homme s'éloigne de ses instincts animaux innés et acquiert de nouvelles capacités.

c) La culture distinguerait l'homme de l'animal. Elle fonde notre humanité.

2. Une culture ou des cultures ?

La culture est attachée à une société donnée. Existe-t-il une pluralité de cultures ou une seule culture de l'humanité ?

a) Toute société possède une culture : la culture est universelle.

CITATION *« Toutes les nations, quoiqu'ayant été fondées séparément, éloignées qu'elles étaient les unes des autres par d'immenses distances d'espace et de temps, gardent les trois coutumes humaines suivantes : toutes ont quelque religion, toutes contractent des mariages solennels, toutes ensevelissent leurs morts. »* Giambattista Vico, *La Science Nouvelle*, 1725.

b) Mais chaque société possède une culture singulière qui semble parfois si éloignée de ce que l'on connaît qu'on ne la considère plus comme une culture à part entière.

CITATION *« Chacun appelle barbarie ce qui n'est pas conforme à ses usages. »*
Montaigne, *Essais*, 1580.

3. Peut-on juger une culture ?

On a souvent tendance à considérer notre culture comme la seule culture valable, comme un absolu.

a) On confond souvent culture et civilisation. Ceux qui ne partagent pas notre culture seraient moins civilisés. Leurs traditions nous semblent inhumaines et primitives.

b) C'est l'ethnocentrisme, qui consiste à considérer que la culture à laquelle on appartient est la meilleure, la seule véritable culture. Les autres civilisations seraient alors qualifiées de sauvages.

c) Mais la culture consiste justement à savoir voir que chaque individu nous ressemble en tant qu'il est un être humain. En considérant l'autre comme un barbare, nous nous comportons nous-mêmes de manière inhumaine.

CITATION *« Le barbare, c'est d'abord celui qui croit à la barbarie*, 1952. *»*
Lévi-Strauss, *Race et histoire*, 1952.

Repères — **Essence ◆ Absolu/relatif ◆ Progrès ◆ Inné/acquis ◆ Universel/singulier ◆ Barbarie ◆ Ethnocentrisme**

L'art et la technique

LU ☐
SU ☐
REVU ☐

On a l'habitude d'opposer art et technique. L'art produirait le beau, tandis que la technique produirait l'utile. L'art inventerait, créerait, tandis que la technique se contenterait d'exécuter et de reproduire. Cependant, l'opposition est-elle si radicale entre l'art et la technique ?

1. L'art et la technique : à la recherche de définitions

Il n'existait pas d'opposition entre art et technique jusqu'au XVIIIe siècle.

a) Sous la Grèce antique, l'art et la technique étaient confondus. D'un point de vue étymologique, les deux termes désignent alors tout ce qui résulte d'une production humaine, tout ce qui n'est pas naturellement présent dans la nature. L'art désignait donc aussi bien l'art (la manière) de faire quelque chose, que la réalisation d'œuvres esthétiques.

b) On oppose depuis le XVIIIe siècle et l'apparition du terme « technique » dans le vocabulaire, la technique et l'art. Tandis que la technique vise l'utile, l'art vise le beau.

c) Aujourd'hui, l'art et la technique se confondent dans le design, qui vise à produire des objets qui ont à la fois une utilité pratique et une dimension esthétique.

2. Un rapprochement entre art et technique : artiste, artisan et technicien

Il existe en fait de nombreux points communs entre les artistes et les artisans.

a) L'artiste et l'artisan ont cela en commun qu'ils travaillent tous deux la matière, ils la transforment pour créer une œuvre.

b) Cependant on peut penser que l'artisan ne fait que produire un objet utile, là où l'artiste crée une œuvre esthétique et désintéressée. L'artisan aurait alors un certain talent dans l'exécution et l'artiste, lui, du génie. Ce génie résiderait dans cette apparente facilité de la création. Alors que pour Nietzsche, tout le génie de l'artiste réside dans sa capacité à faire croire à son génie, à faire oublier son travail.

CITATION *« Personne ne peut voir dans l'œuvre de l'artiste comment elle s'est faite ; c'est là son avantage, car partout où l'on peut observer une genèse on est quelque peu refroidi. »*
Friedrich Nietzsche, *Humain, trop humain*, 1878.

3. L'art, le révélateur d'une autre réalité

La technique produit des objets utiles qui nous font parfois perdre de vue le sens même de la vie. L'art est alors peut-être ce qui nous permet de redécouvrir le monde.

a) L'art est révélateur d'une autre réalité, car il n'est pas simplement reproduction du réel. Il nous permet de découvrir une autre vérité sur le monde.

b) L'art est désintéressé. Il ne doit servir au sens strict à rien. Il ne doit rien viser d'autre que le beau qui est quelque chose qui s'éprouve et qui ne se prouve pas. Il est subjectif.

CITATION *« Le beau est ce qui plaît universellement sans concept. »*
Emmanuel Kant, *Critique de la faculté de juger*, 1790.

c) Par l'art, l'homme retrouve donc sa nature d'être de culture, il s'humanise. Tandis que la technique peut constituer un danger si elle n'est pas maîtrisée. L'homme par la technique apprend que le progrès n'est pas nécessairement positif.

Repères

Universel/particulier ◆ Nécessaire/contingent ◆ Transcendant ◆ Progrès ◆ Fin/finalité

Savoir
3

LU ☐
SU ☐
REVU ☐

Les échanges

Les échanges désignent d'abord une action par laquelle on offre ou on reçoit une chose ou une valeur contre une autre considérée comme ayant une valeur équivalente. Ils sont constitutifs de la société, mais peuvent aussi déshumaniser les relations entre les individus s'ils ne se basent que sur un principe marchand.

1. Les échanges fondent la société

La recherche de l'intérêt individuel et commun ainsi que la division du travail font que les échanges se trouvent au fondement de la société.

a) L'homme ne pouvant pas se suffire à lui-même, il a besoin d'échanger avec autrui. Comme l'homme a besoin d'échanger, il doit vivre avec ses semblables.

b) En visant l'intérêt particulier, on augmente le bien être total de la société. Le boulanger a intérêt à fabriquer du bon pain, non pas parce qu'il vise le bien-être de ses clients, mais d'abord pour garder ses clients. Ce n'est pas l'altruisme mais l'égoïsme qui meut les hommes.

CITATION *« Ce n'est pas de la bienveillance du boucher, du boulanger que nous attendons notre dîner mais du soin qu'ils apportent à leurs intérêts. Nous ne nous adressons pas à leur humanité mais à leur égoïsme et ce n'est jamais de nos besoins que nous leur parlons mais toujours de leur intérêt. »*
Adam Smith, *Recherches sur la nature et les causes de la richesse des nations*, 1776.

c) Par les échanges et par le commerce, l'intérêt rapproche les hommes et on pourrait même soutenir qu'il engendre la paix.

2. Les échanges comme source de destruction du lien social

Pour les utilitaristes, les échanges économiques se trouveraient donc au fondement de la société. Mais l'intérêt individuel ne peut à lui seul construire un véritable lien social.

a) La poursuite de l'intérêt individuel seul risque de conduire à une destruction de la société. L'échange, s'il n'est qu'économique, reste instable, et le lien qu'il entraîne également.

CITATION *« Si l'intérêt rapproche les hommes, ce n'est jamais que pour quelques instants. »*
Émile Durkheim, *De la division du travail social*, 1893.

b) L'échange économique ne fait que favoriser l'absence de conflit. Le lien social ainsi établi n'est pas un véritable lien. Sans lien qui transcende l'intérêt individuel, on peut réellement se demander si c'est bien une société qui est constituée et non une simple communauté d'intérêt.

3. Des échanges humanisés créateurs de liens

Il faudrait donc retrouver une dimension autre qu'économique aux échanges, afin que ceux-ci puissent être porteurs d'humanité.

a) Il ne faut pas réduire les échanges à leur dimension économique.

b) L'échange suppose la réciprocité. Il est surtout ce qui doit permettre à chacun d'être reconnu dans son individualité. Il est ce par quoi nous devons reconnaître autrui pour ce qu'il est et non comme un simple objet utilisable. C'est là toute la dimension de l'amitié qui repose sur des échanges réciproques et désintéressés.

Repères

Transcender ◆ Utilitarisme ◆ Division du travail

La vérité

LU ☐
SU ☐
REVU ☐

Opposée à l'opinion et à la croyance, la vérité nous permettrait de posséder une connaissance parfaite, certaine, du monde et de nous-mêmes. Mais existe-t-il seulement une vérité unique, absolue et universelle ? La vérité pourrait-elle être relative à chacun ?

1. Quels sont les critères pour affirmer : « c'est la vérité » ?

Les critères qui constituent la vérité sont multiples.

a) La première forme de vérité est ce que l'on nomme la «vérité correspondance». Serait vrai ce qui correspondrait à la réalité.

CITATION *La vérité est « l'adéquation de la chose et de l'esprit. »*
Thomas d'Aquin, *Somme théologique*, 1266-1273.

b) Par la «vérité cohérence» on admet que la vérité n'existe qu'au sein des propositions que nous émettons à propos du monde qui nous entoure. La vérité tiendrait donc à la cohérence de nos raisonnements et de nos énoncés.

c) Cependant, nous pouvons ne pas percevoir la réalité telle qu'elle est vraiment et produire des énoncés en apparence cohérents mais finalement faux. Le critère le plus « certain » pour atteindre la vérité serait donc l'évidence.

CITATION *« Est vrai ce qui se présenterait si clairement et distinctement à mon esprit que je n'eusse aucune occasion de la mettre en doute. »*
René Descartes, *Discours de la méthode*, 1637.

2. La recherche de la vérité

Il existe différentes méthodes pour rechercher la vérité.

a) Le rationalisme postule que nous ne pouvons atteindre la vérité que par la force de la raison car l'expérience sensible serait source d'illusions. La vérité ne peut être qu'une construction rigoureuse de la pensée. C'est le cas du *cogito* de Descartes, vérité première et issue d'un raisonnement purement logique.

CITATION *« Je pense, donc je suis. »* René Descartes, *Méditations métaphysiques*, 1641.

b) L'empirisme postule au contraire qu'une connaissance vraie ne peut provenir que de l'expérience sensible, c'est-à-dire de nos sensations.

CITATION *« L'expérience est le fondement de toutes nos connaissances, et c'est de là qu'elles tirent leur première origine. »* John Locke, *Essai sur l'entendement humain*, 1689.

c) Cependant on peut penser que la vérité absolue n'existe pas, et qu'il serait donc inutile de la rechercher. La vérité serait propre à chacun. C'est le relativisme.

3. Faut-il toujours rechercher la vérité ?

Croire en la vérité pourrait s'avérer chose dangereuse. N'est-elle qu'un idéal ?

a) Croire en la vérité serait constitutif de comportements dangereux comme le dogmatisme et le fanatisme qui nous pousseraient à l'intolérance.

b) C'est pourquoi il ne faudrait pas perdre de vue qu'un des premiers critères de la vérité serait sans doute de pouvoir être remise en question. C'est l'objet du falsificationnisme (Popper) qui permettrait le progrès.

Repères : **Rationalisme ◆ Empirisme ◆ Scepticisme ◆ Relativisme ◆ Opinion ◆ Dogmatisme ◆ Fanatisme ◆ Falsificationnisme**

La raison et la croyance

LU ☐
SU ☐
REVU ☐

La raison est la capacité de penser, de juger. Elle permet la connaissance. On lui oppose la croyance, qui relèverait de l'opinion et qui ne mènerait pas à une vérité certaine. Faut-il opposer la raison qui mènerait à la vérité et la croyance qui mènerait à la superstition ?

1. La raison, fondement de la vérité

La raison mènerait à l'évidence d'une vérité certaine.

a) La raison est le propre de l'homme, elle est une qualité innée et universelle.

CITATION *« La raison est la chose la mieux partagée au monde. »*
René Descartes, *Discours de la méthode*, 1637.

b) La raison donne des règles de pensée et de vie c'est-à-dire un pouvoir de contrôler et de justifier nos convictions et nos actions.

c) La raison serait la source de la pensée scientifique. Elle nous permet de comprendre la réalité grâce à des lois. Elle nous donne donc une connaissance théorique du monde.

2. Les différentes formes de croyance

A priori, la croyance relève de la superstition et serait source d'erreur ou en tous cas de dogmatisme. Il existe différentes formes de croyances.

a) La croyance relèverait tout d'abord de l'opinion. C'est celle qui s'exprime par : « je crois à ». C'est une croyance qui n'exprime pas un doute prudent, mais une affirmation propre à un préjugé. Elle est l'obstacle à la connaissance en effet, la recherche de la vérité impose une « conversion », un arrachement au préjugé.

CITATION *« Allégorie de la caverne dans laquelle Socrate cherche à faire sortir ses interlocuteurs de leur ignorance. »*
Platon, *La République*, 380 av. J.-C.

b) La croyance est aussi ce qui dénote de l'incertitude. Elle s'exprime alors par : « je crois que ». Pour les sceptiques, cette croyance constitue en fait le plus haut degré de vérité que nous puissions atteindre.

c) La croyance relève aussi de la foi. Elle s'exprime alors par : « je crois en ». La foi n'est ni une certitude, ni une simple opinion, ni une croyance consciente de son caractère incertain. La foi postule l'existence d'un ordre de vérité au-delà des vérités de raison et d'expérience : non démontrable et non constatable. C'est ce que Pascal nomme les « connaissances du cœur ».

3. Raison et croyance fondatrices de deux ordres de vérités différents

L'opposition entre raison et croyance semble simpliste.

a) La raison n'est peut-être pas capable de tout démontrer. La croyance serait alors une adhésion à ce qui serait évident mais indémontrable comme les premiers principes, qui ont pour conséquences d'autres savoirs.

CITATION *« Nous connaissons la vérité, non seulement par la raison, mais encore par le cœur ; c'est de cette dernière sorte que nous connaissons les premiers principes. »*
Blaise Pascal, *Pensées*, 1670.

b) La croyance serait de plus une nécessité à notre humanité, ce qui nous permettrait de nous questionner sur le monde.

Repères
Principe/conséquence ◆ Scepticisme ◆ Dogmatisme ◆ Loi ◆ En théorie/en pratique ◆ Inné/acquis

L'expérience

LU ☐
SU ☐
REVU ☐

L'expérience concerne la perception et la sensation. On peut considérer que c'est nécessairement par l'expérience que l'on peut parvenir à la vérité. Mais est-ce vraiment le cas ?

1. Les caractéristiques de l'expérience

L'expérience concerne l'ensemble des données que nos cinq sens nous apportent.

a) L'expérience est pratique. Elle est concrète et s'oppose à la théorie qui est une construction abstraite issue d'un travail de la raison.

b) L'expérience est particulière, elle est vécue par un individu, à un instant dans certaines circonstances. Elle ne fonde donc en elle-même aucune loi générale. Elle ne semble pas suffire à fonder la vérité.

c) On peut aussi penser que l'expérience sensible relève d'une certaine passivité. Les informations proviennent en effet à nos sens sans que nous le décidions. Dans ce cas, l'expérience pourrait-elle réellement mener à une connaissance certaine ?

2. L'expérience mène à la connaissance

Pour les empiristes, l'expérience est au fondement de toute connaissance.

a) Les seuls principes de la raison ne peuvent constituer un réel savoir pour les empiristes, car cela resterait trop abstrait, et trop éloigné de la réalité. De plus, on ne pourrait les vérifier par l'expérimentation.

b) C'est seulement à partir des données sensibles que nous pouvons construire un savoir certain. La connaissance ne s'acquiert qu'à partir de l'expérience. Les données de l'expérience sont donc irremplaçables.

CITATION *« Puisqu'il semble bien ne pas y avoir d'idées dans l'esprit avant que les sens n'en aient introduit, je conçois que les idées dans l'entendement sont contemporaines de la sensation. »*
John Locke, *Essai sur l'entendement humain*, 1689.

3. L'expérience ne suffit pas pour aboutir à une connaissance certaine

Mais l'expérience seule ne semble pas pouvoir constituer un savoir certain.

a) Nos sensations sont parfois trompeuses et peuvent être source d'illusion. C'est ce qui arrive par exemple lors des illusions d'optique.

b) L'expérience est ce qui permet de constater un fait. Mais elle ne permet pas, seule, de construire une théorie scientifique certaine. L'expérience est nécessaire pour fonder la connaissance mais elle n'est pas suffisante. Il faut que la raison ordonne les informations de l'expérience pour parvenir à la connaissance. C'est l'objet de la *méthode expérimentale* mise en place par Claude Bernard qui est constituée de trois étapes : l'observation d'un phénomène, l'élaboration d'une hypothèse et sa vérification par l'expérimentation.

CITATION *« Il y a dans toute connaissance expérimentale trois phases : observation faite, comparaison établie et jugement motivé. »*
Claude Bernard, *Introduction à l'étude de la méthode expérimentale*, 1865.

c) Il existe donc une différence entre expérience commune et expérience scientifique, l'expérimentation qui est la vérification d'une hypothèse dans un cadre scientifique et raisonné. Cette vérification d'une théorie par l'expérimentation peut constituer le critère de la vérité.

Repères

Théorie/pratique ◆ Général/particulier ◆ Expérimentation ◆ Empirisme ◆ Nécessaire/contingent ◆ Abstrait/concret ◆ Entendement

La liberté

LU ☐
SU ☐
REVU ☐

Notre liberté nous apparaît souvent comme une évidence : notre qualité d'être humain implique que l'on soit libre. Mais si la liberté n'était pas innée chez l'homme ?

1. La liberté est limitée

La liberté n'est peut-être qu'une illusion. En effet, est-on absolument libre ?

a) La liberté est limitée par les lois de la nature. Le déterminisme entrave également potentiellement la liberté. Il est possible que nos actes et nos pensées soient déterminés par avance.

CITATION *« Homme faible et vain ! tu prétends d'être libre ; [...] ? Ne vois-tu pas [...] que ce sont des circonstances indépendantes de toi qui modifient ton être et qui règlent ton sort ? »* Paul-Henri Thiry d'Holbach, *Système de la nature*, 1770.

b) La liberté est limitée par les désirs. Peut-être n'a-t-on pas conscience que ce sont nos désirs et nos instincts qui nous poussent à agir ?

CITATION *« Les hommes se croient libres pour cette seule cause qu'ils sont conscients de leurs actions et ignorants des causes par où ils sont déterminés. »* Spinoza, *Éthique*, 1677.

c) La liberté est limitée par la présence d'autrui avec lequel on vit.

CITATION *« L'homme est né libre, et partout il est dans les fers. »* Jean-Jacques Rousseau, *Du contrat social*, 1762.

2. Les contraintes, conditions de la liberté

L'homme est libre, mais cette liberté ne peut être totale au risque de détruire la liberté.

a) Le déterminisme et les désirs ne sont pas fatals à la liberté. Le stoïcisme nous invite à maîtriser nos désirs afin d'atteindre l'ataraxie.

CITATION *« Ce n'est pas par la satisfaction des désirs que s'obtient la liberté, mais par la destruction du désir. »* Épictète, *Manuel*, 125 ap. J.-C.

b) La loi est une autre condition à la liberté. Elle est la condition de la liberté collective. Sans loi, impossible de vivre en société.

CITATION *« Une fois la société civile constituée, chaque citoyen ne conserve qu'autant de liberté qu'il lui en faut pour vivre bien et vivre en paix, de même les autres perdent de leur liberté juste ce qu'il faut pour qu'ils ne soient plus à redouter. »* Thomas Hobbes, *Le Citoyen*.

c) Pour être réellement libre on ne doit obéir qu'à soi-même. On doit donc être autonome, c'est-à-dire être capable de suivre sa propre loi.

CITATION *« L'obéissance à la loi qu'on s'est prescrite est liberté. »* Jean-Jacques Rousseau, *Du contrat social*, 1762.

3. La conquête de la liberté

La liberté n'est pas innée. Elle se conquiert.

a) La liberté consiste donc à avoir le choix et à être capable de choisir en connaissance de cause. C'est le libre arbitre.

b) Pour l'existentialisme, nous sommes libres par essence ce qui implique que nous devons assumer l'ensemble de nos choix. Ce qui peut entraîner une angoisse face à la liberté.

Repères
Libre arbitre ◆ Existentialisme ◆ Autonomie ◆ Contrainte/obligation ◆ Stoïcisme ◆ Déterminisme ◆ Ataraxie

Savoir

8

La justice et la loi

LU ☐
SU ☐
REVU ☐

Il semble que nous ayons naturellement l'intuition de ce qui est juste ou non. La loi est-elle nécessairement pourvoyeuse de justice ?

1. La loi et la justice : des définitions multiples

La loi et la justice sont des termes polysémiques. Quelles définitions peut-on leur donner ?

a) La justice est tout à la fois un idéal, une vertu, mais aussi un ensemble d'institutions que met en place un État afin de faire respecter les lois.

b) La loi peut se comprendre comme loi positive ou loi naturelle.

c) La loi positive désigne les lois mises en place par un gouvernement. La loi naturelle désigne cet idéal de justice dont nous avons spontanément l'instinct.

d) Qu'est-ce qu'être juste ? Est-ce simplement respecter les lois et les institutions ou est-ce plutôt poursuivre un idéal de justice que nous dicte la loi naturelle ?

2. Il n'y a pas de justice sans loi

Pour établir la justice dans la société, il semble nécessaire de mettre en place des règles.

a) Une société sans loi est une société où règne nécessairement l'injustice. Il faut donc qu'une puissance supérieure, l'État, fasse naître des lois qui s'appliquent à tous afin de permettre la vie en communauté.

CITATION *« Là où il n'est pas de pouvoir commun, il n'est pas de loi ; là où il n'est pas de loi, il n'est pas d'injustice. »* Thomas Hobbes, *Léviathan*, 1651.

b) À l'état de nature, c'est donc la loi du plus fort qui règne. La loi, pour être juste, et pour être fondée, doit reposer sur la loi naturelle afin que chacun comprenne qu'il est dans son intérêt comme dans celui de la communauté d'y obéir. La force ne peut être le fondement de la loi.

CITATION *« S'il faut obéir par force on n'a pas besoin d'obéir par devoir, et si l'on n'est plus forcé d'obéir on n'y est plus obligé. On voit donc que ce mot de droit n'ajoute rien à la force ; il ne signifie ici rien du tout. »* Jean-Jacques Rousseau, *Du contrat social*, I, 3, 1762.

3. L'égalité des lois.

Obéir aux lois ne suffit pas à être juste. Ce qui est légal n'est pas légitime.

a) La loi, pour être juste, doit d'abord être générale, elle doit s'appliquer à tous. Pourtant, si la loi est générale, elle ne sert à traiter que des cas particuliers. Il ne faudrait donc pas faire preuve de stricte égalité mais bien d'équité.

CITATION *« Telle est la nature de l'équitable : c'est d'être un correctif de la loi, là où la loi a manqué de statuer à cause de sa généralité. »* Aristote, *Éthique à Nicomaque*, V, 14, 350 av. J.-C.

b) Quand la loi ne semble pas légitime, il est du devoir du citoyen de lui désobéir, afin ne pas se retrouver lui-même agent de l'injustice. L'idéal de la loi naturelle doit toujours être à l'origine de la loi positive pour que celle-ci soit juste.

CITATION *« Le respect de la loi doit venir après celui du droit. »*
Henry-David Thoreau, *La Désobéissance civile*, 1849.

Repères
Loi positive ◆ Loi naturelle ◆ Légal/légitime ◆ Général/particulier ◆ Égalité/équité ◆ État de nature

Le bonheur

LU ☐
SU ☐
REVU ☐

Le bonheur semble être le moteur de nos vies. Pourtant, le bonheur a toujours tendance à se dérober à nous. Est-il quelque chose d'humain ?

1. Plaisir, joie, bonheur : des notions à ne pas confondre

Il ne faut pas confondre le bonheur avec le plaisir et la joie.

a) Le plaisir est un sentiment lié au corps, à la satisfaction du désir. Ce sentiment est passager.

b) La joie est un peu plus durable que le plaisir. Elle est procurée par le sentiment d'un travail accompli et nous sommes donc les artisans de ces moments de joie.

c) Le bonheur, au sens philosophique du terme, est éternel, et est un état où plus aucune douleur ne se fait sentir. Il apparaît donc que le bonheur ne peut être qu'un idéal vers lequel nous tendons car rien chez l'homme ne semble durer éternellement.

2. Des recettes pour atteindre le bonheur ?

Le bonheur se trouverait dans l'absence de troubles, ce que les grecs nomment l'ataraxie.

a) Pour les stoïciens, la clé du bonheur se trouve dans la maîtrise de nos désirs. Il faut savoir refuser ce qui ne dépend pas de notre volonté.

CITATION *« Ne désire pas que les choses arrivent comme tu le désires, mais désire qu'elles arrivent comme elles arrivent et tu seras heureux. »* Épictète, *Manuel*, 125 ap. J.-C.

b) Pour les épicuriens, le bonheur se trouve dans les choses simples de la vie. Il faut savoir faire le tri entre ses désirs pour ne conserver que ceux qui nous rendront assurément heureux : les désirs naturels et les désirs nécessaires.

CITATION *« Parmi nos désirs, les uns sont naturels, les autres vains. Parmi les désirs naturels, les uns sont nécessaires et les autres naturels seulement. »* Épicure, *Lettre à Ménécée*.

c) On peut penser que le bonheur se trouve dans la connaissance de soi et du monde qui nous entoure. La vérité nous permettrait de réellement goûter au bonheur qui ne serait sans elle qu'illusion.

CITATION *« Il vaut mieux être moins gai et avoir plus de connaissances. »* René Descartes, *Lettres à Élizabeth*, 1645.

3. Le bonheur, un idéal inatteignable et inhumain ?

L'homme est-il voué au malheur par essence ?

a) L'homme n'est pas capable d'être au présent, de se rendre compte de son bonheur au moment où il l'effleure. Nous semblons rester éternellement insatisfaits.

CITATION *« Nous ne vivons jamais, mais nous espérons de vivre ; et nous disposant toujours à être heureux, il est inévitable que nous ne le soyons jamais. »* Blaise Pascal, *Pensées*, 1670.

b) C'est à nous de savoir nous rendre compte de ces moments précieux constitutifs de notre bonheur, et de nous rendre compte que nous devons être les artisans de ce bonheur.

CITATION *« Il est impossible que l'on soit heureux si on ne veut pas l'être ; il faut donc vouloir son bonheur et le faire. »* Alain, *Propos sur le bonheur*, 1923.

Repères

Désir naturel ◆ Désir nécessaire ◆ Ataraxie ◆ Hédonisme ◆ Pessimisme

Exercice 1 voir Fiche savoir 1

La culture

1. Que signifie cette citation de Giambattista Vico : *« Toutes les nations, quoiqu'ayant été fondées séparément, éloignées qu'elles étaient les unes des autres par d'immenses distances d'espace et de temps, gardent les trois coutumes humaines suivantes : toutes ont quelque religion, toutes contractent des mariages solennels, toutes ensevelissent leurs morts. » ?*

a) Tous les hommes n'ont pas la même culture.
b) Tous les hommes partagent le fait d'avoir une culture.
c) Tous les hommes ont la même culture.

2. Que veut dire Montaigne lorsqu'il écrit : *« Chacun appelle barbarie ce qui n'est pas conforme à ses usages. » ?*

a) Il est difficile de comprendre une culture éloignée de la nôtre.
b) La barbarie, c'est ne pas avoir de culture.
c) Ceux qui ont une culture différente sont des sauvages.

3. Qu'est-ce que l'ethnocentrisme ?

a) Croire que toutes les cultures se valent.
b) Croire que sa culture est supérieure à celle des autres.
c) Croire qu'il existe une culture commune.

FAIT ☒ REVU ☐

Exercice 2 voir Fiche savoir 2

L'art et la technique

1. Qu'est-ce que le progrès au sens philosophique ?

a) L'accroissement des connaissances.
b) L'amélioration des techniques.
c) L'amélioration de l'humanité.

2. Quelle différence fait-on aujourd'hui entre art et technique ?

a) L'art produit des objets esthétiques tandis que la technique produit des objets utiles.
b) Aucune.
c) L'art produit des œuvres coûteuses tandis que la technique produit des objets abordables.

3. Quel est le point commun entre l'artiste et l'artisan ?

a) Ils travaillent tous deux sur la transformation de la matière.
b) Ils utilisent tous les deux la technique.
c) Ils n'ont pas de point commun.

4. Que veut dire Nietzsche quand il écrit : *« Personne ne peut voir dans l'œuvre de l'artiste comment elle s'est faite ; c'est là son avantage, car partout où l'on peut observer une genèse on est quelque peu refroidi. » ?*

a) L'artiste est un génie, ses créations sont divines.
b) Le talent de l'artiste consiste à faire croire dans la facilité de la réalisation de son œuvre.
c) Il ne faut pas regarder les artistes travailler.

5. Que veut dire Kant quand il écrit : *« Le beau est ce qui plaît universellement sans concept. » ?*

a) L'art conceptuel n'est pas esthétique.
b) Tout ce qui est beau est de l'art.
c) Le beau s'éprouve, il ne se prouve pas rationnellement.

FAIT ☐ REVU ☐

Exercice 3 voir Fiche savoir 3

Les échanges

1. Qu'est-ce que la division du travail ?

a) L'instauration d'une durée de travail limitée par semaine.
b) La spécialisation des tâches.
c) L'instauration des congés payés.

2. Pourquoi l'homme vit-il en société selon Adam Smith ?

a) Car il ne se suffit pas à lui-même, il a besoin d'échanger.
b) Car l'union fait la force.
c) Car c'est dans sa nature.

3. Que veut dire Durkheim quand il écrit : *« Si l'intérêt rapproche les hommes, ce n'est jamais que pour quelques instants. » ?*

a) Les échanges sont ce qui permet la paix au sein de la société.
b) Les échanges créent des conflits au sein de la société.
c) Les échanges ne suffisent pas à instaurer la paix au sein de la société.

4. Qu'est-ce que l'utilitarisme ?

a) Une doctrine selon laquelle le but de toute action est le maximum de contentement pour un minimum d'effort.
b) Une doctrine selon laquelle il faut absolument respecter toutes les personnes humaines quelles que soient les circonstances.
c) Une doctrine selon laquelle les personnes qui ne sont pas utiles à la société doivent être éliminées.

FAIT ☐ REVU ☐

Exercice 4 voir Fiche savoir 4

La vérité

1. Quel est le premier critère de la vérité selon cette citation de Descartes : « *Est vrai ce qui se présenterait si clairement et distinctement à mon esprit que je n'eusse aucune occasion de la mettre en doute.* »
a) La démonstration.
b) L'évidence.
c) La preuve.

2. Qu'est-ce que le rationalisme ?
a) Une doctrine philosophique selon laquelle est vrai ce qui est raisonnable.
b) Une doctrine philosophique selon laquelle la raison serait la seule source de la connaissance.
c) Une doctrine philosophique selon laquelle ce qui est vrai se vérifie par l'expérience.

3. Que veut dire Locke lorsqu'il écrit : « *L'expérience est le fondement de toutes nos connaissances, et c'est de là qu'elles tirent leur première origine.* » ?
a) La connaissance peut se passer de l'expérience.
b) La connaissance doit se passer de l'expérience pour mener à la vérité.
c) L'expérience se trouve au fondement de toute connaissance.

4. Qu'est-ce que le falsificationnisme ?
a) Une théorie selon laquelle la preuve est le critère de la vérité d'une théorie scientifique.
b) Une théorie selon laquelle le fait de pouvoir être réfutée est le critère de la scientificité d'une théorie scientifique.
c) Une théorie selon laquelle est vrai ce qui ne peut pas se prouver.

FAIT ☐ REVU ☐

Exercice 5 voir Fiche savoir 5

La raison et la croyance

1. Que veut dire Descartes lorsqu'il écrit : « *La raison est la chose la mieux partagée au monde.* » ?
a) La raison est une qualité innée à tous les hommes.
b) Tout le monde n'est pas capable de se servir de sa raison.
c) La raison est une qualité dont seulement certains hommes disposent.

2. Qu'est-ce que le dogmatisme ?
a) Une attitude qui consiste à avoir des certitudes sans les vérifier.
b) Croire que rien n'est vrai.
c) Croire en une religion.

3. Que veut dire Pascal lorsqu'il écrit : « *Nous connaissons la vérité, non seulement par la raison, mais encore par le cœur ; c'est de cette dernière sorte que nous connaissons les premiers principes.* » ?
a) Il existe des vérités qui ne se démontrent pas mais qui s'éprouvent, dont nous avons l'intuition.
b) La vérité ne peut provenir que de la raison.
c) La raison ne nous apporte aucune connaissance.

4. Qu'est-ce que le scepticisme ?
a) Une doctrine philosophique selon laquelle il faut douter de tout, rien n'est absolument certain.
b) Une doctrine philosophique selon laquelle la vérité n'existe pas.
c) Une doctrine philosophique selon laquelle tout est vrai.

FAIT ☐ REVU ☐

Exercice 6 voir Fiche savoir 6

L'expérience

1. Qu'est-ce que l'empirisme ?
a) Une doctrine philosophique selon laquelle toute connaissance provient de la raison.
b) Une doctrine philosophique selon laquelle toute connaissance provient de l'expérience.
c) Une doctrine philosophique selon laquelle toute connaissance est innée.

2. Que veut dire Locke lorsqu'il écrit : « *Puisqu'il semble bien ne pas y avoir d'idées dans l'esprit avant que les sens n'en aient introduit, je conçois que les idées dans l'entendement sont contemporaines de la sensation.* » ?
a) Toutes les idées sont innées.
b) Il n'y a pas d'idées qui soient innées.
c) Toutes nos idées ont pour fondement l'expérience sensible.

3. Quelle différence existe-t-il entre l'expérience commune et l'expérience scientifique ?
a) Il n'y en a pas.
b) L'expérience scientifique nécessite une réflexion et est donc active, tandis que l'expérience commune est passive.
c) L'expérience commune est théorique alors que l'expérience scientifique est pratique.

4. Qu'est-ce que l'entendement ?
a) La faculté d'entendre, l'ouïe.
b) L'ensemble de nos connaissances.

c) La faculté de comprendre et de connaître grâce à l'intelligence.

FAIT ☐ REVU ☐

Exercice 7 voir Fiche savoir 7

La liberté

1. Le déterminisme est une théorie selon laquelle :
a) nous sommes absolument libres de nos choix.
b) l'homme ne serait pas libre car l'ensemble de nos choix seraient les conséquences de faits antérieurs.
c) tout est écrit à l'avance.

2. Que veut dire Spinoza lorsqu'il écrit : *« Les hommes se croient libres pour cette seule cause qu'ils sont conscients de leurs actions et ignorants des causes par où ils sont déterminés. » ?*
a) Les hommes sont conscients des causes qui les poussent à agir.
b) Les hommes ont une conscience.
c) Les hommes se pensent libres alors qu'ils ne connaissent pas les raisons qui les poussent à agir.

3. Qu'est-ce que le stoïcisme ?
a) C'est maîtriser ses désirs afin d'atteindre une liberté intérieure.
b) C'est rester indifférent à tout ce qui nous arrive.
c) C'est assouvir l'ensemble de ses désirs.

4. Qu'est-ce que l'autonomie au sens philosophique ?
a) La capacité de se donner à soi-même sa propre loi.
b) La capacité de vivre seul.
c) L'indépendance.

FAIT ☐ REVU ☐

Exercice 8 voir Fiche savoir 8

La justice et la loi

1. Qu'est-ce que la loi naturelle ?
a) La loi de la jungle qui règle les rapports entre les individus.
b) La loi écrite par le gouvernement.
c) La loi qui est issue de la morale et qui doit constituer le principe de toute loi.

2. Qu'est-ce que l'équité selon Aristote ?
a) C'est être juste en étant parfaitement égal.
b) C'est être juste en prenant en compte la valeur de chacune des parties.
c) C'est être injuste car on fait des différences selon les individus.

3. Que veut dire Thoreau quand il écrit : *« Le respect de la loi doit venir après celui du droit. » ?*
a) On doit d'abord respecter la loi naturelle avant la loi positive.
b) On doit d'abord respecter la loi positive avant la loi naturelle.
c) On ne doit pas respecter la loi quelle qu'elle soit.

4. Que veut dire Hobbes lorsqu'il écrit : *« Là où il n'est pas de pouvoir commun, il n'est pas de loi ; là où il n'est pas de loi, il n'est pas d'injustice. » ?*
a) Une société sans loi est une société où il ne peut pas y avoir d'injustice.
b) Le pouvoir du gouvernement est créateur d'injustices.
c) Une société sans loi est une société où règne nécessairement l'injustice.

FAIT ☐ REVU ☐

Exercice 9 voir Fiche savoir 9

Le bonheur

1. Qu'est-ce que l'ataraxie ?
a) Vouloir toujours plus que ce que l'on possède.
b) Un détachement des plaisirs matériels.
c) L'absence de troubles, la tranquillité de l'âme.

2. Qu'est-ce que l'épicurisme ?
a) Une doctrine selon laquelle il faut satisfaire tous ses désirs pour être heureux.
b) Une doctrine selon laquelle le bonheur se trouve dans la simplicité.
c) Une doctrine selon laquelle le bonheur n'existe pas.

3. Que veut dire Pascal lorsqu'il écrit : *« Nous ne vivons jamais, mais nous espérons de vivre ; et nous disposant toujours à être heureux, il est inévitable que nous ne le soyons jamais. » ?*
a) Nous ne savons pas profiter du bonheur à l'instant où il nous arrive.
b) Nous ne pouvons pas être heureux car nous avons conscience que nous sommes mortels.
c) Il est illusoire de chercher à être heureux.

4. Qu'est-ce que le pessimisme ?
a) Une doctrine philosophique selon laquelle le pire arrive toujours.
b) Une doctrine philosophique selon laquelle le bonheur n'existe pas.
c) Une doctrine philosophique selon laquelle l'homme n'est pas destiné à être heureux.

FAIT ☐ REVU ☐

Exercice 10 Explication de texte

La *loi* ne consiste pas tant à limiter un agent *libre* et *intelligent* qu'à le *guider* vers ses propres intérêts, et elle ne prescrit pas au-delà de ce qui conduit au bien général de ceux qui sont assujettis à cette loi. S'ils pouvaient être plus heureux sans elle, la *loi* s'évanouirait comme une chose inutile : et ce qui nous empêche seulement de tomber dans les marais et les précipices mérite mal le nom de contrainte. De sorte que, quelles que soient les erreurs commises à son propos, la *finalité de la loi* n'est pas d'abolir ou de restreindre mais de *préserver et d'élargir la liberté* ; et, dans toutes les conditions des êtres créés qui sont capables de vivre d'après des lois, *là où il n'y a pas de lois, il n'y a pas de liberté*. Car la *liberté* consiste à être délivré de la contrainte et de la violence exercées par autrui, ce qui ne peut être lorsqu'il n'y a point de loi ; mais la liberté n'est pas ce que l'on nous dit, à savoir une *liberté, pour tout homme, de faire ce qui lui plaît* (car qui peut être libre quand n'importe quel homme peut nous imposer ses humeurs ?). Mais c'est une *liberté* de disposer et d'ordonner comme on l'entend sa personne, ses actions, ses biens et l'ensemble de sa propriété, dans les limites de ce qui est permis par les lois auxquelles on est soumis ; et, dans ces limites, de ne pas être assujetti à la volonté arbitraire de quiconque, mais de suivre librement sa propre volonté.

Locke.

Questions de l'explication

1. Dégagez la thèse de ce texte et mettez en évidence les étapes de son argumentation.

2. a) Précisez la conception de la liberté à laquelle Locke s'oppose dans ce texte.

b) En vous appuyant sur l'image de la ligne 4, expliquez : « *guider* [un agent *libre et intelligent*] vers ses propres intérêts ».

c) Comment Locke définit-il la liberté ? Expliquez cette définition en vous appuyant précisément sur le texte.

3. La loi est-elle la condition de la liberté ?

Pour répondre à ces questions, suivez la démarche guidée, étape par étape.

Démarche guidée

Étape 1 (question 1) : dégager la thèse et le plan du texte

Dégagez la thèse de ce texte et mettez en évidence les étapes de son argumentation.

1. Quelle est l'idée principale du texte ?

a) La loi empêche la liberté de s'exercer.

b) La loi s'oppose à la liberté.

c) La loi est la condition de la liberté.

2. Dans quelle phrase du texte la thèse est-elle présente ?

a) « La *loi* ne consiste pas tant à limiter un agent *libre* et *intelligent* qu'à le *guider* vers ses propres intérêts. »

b) « *Là où il n'y a pas de lois, il n'y a pas de liberté.* »

c) « La *liberté* consiste à être délivré de la contrainte et de la violence exercées par autrui. »

3. Remettez les étapes de l'argumentation dans l'ordre.

a) **1 :** Locke rappelle le préjugé selon lequel la loi s'oppose à la liberté, elle en serait destructrice, puisqu'elle la limite par définition

2 : La loi est ce qui nous permet de préserver nos droits face à autrui. Elle est la garante de la liberté.

3 : La liberté se trouve donc dans la reconnaissance de la légitimité de la loi, dans une certaine forme d'autonomie.

b) **1 :** Locke nous dit que la loi est un obstacle à la liberté.

2 : Il ne faut pas suivre la loi pour pouvoir survivre face à autrui.

3 : La liberté consiste donc à faire tout ce que l'on veut.

c) **1 :** Dans un premier temps Locke rappelle le principe selon lequel la loi est la condition de la liberté.

2 : Il faut alors se méfier de la croyance selon laquelle la loi est un obstacle à la liberté.

3 : La liberté ne consiste donc pas dans le pouvoir de faire ce que l'on veut.

Étape 2 (question 2) : expliciter le sens d'un extrait du texte

2. a) Précisez la conception de la liberté à laquelle Locke s'oppose dans ce texte.

b) En vous appuyant sur l'image des lignes 1-2, expliquez : « *guider* [un agent *libre et intelligent*] vers ses propres intérêts ».

c) Comment Locke définit-il la liberté ? Expliquez cette définition en vous appuyant précisément sur le texte.

Étape 3 (question 3) : rédiger la réponse

La loi est-elle la condition de la liberté ?

La réponse à la question 3 de l'explication de texte répond aux mêmes critères que la dissertation, différence faite qu'elle s'appuie sur le texte étudié et que vous devez donc citer le texte.

Les questions précédentes sont là pour vous aider à construire votre réflexion à propos du texte.

1. Quelle phrase parmi les propositions suivantes pourrait constituer le point de départ de l'introduction ?

a) Locke remet en question le préjugé selon lequel la liberté est le pouvoir de faire tout ce que l'on veut sans aucune limite.

b) La liberté est un problème que de nombreux philosophes ont traité.

c) Tout le monde souhaite être libre. Mais comment atteindre cette liberté alors que nous vivons sous des lois ?

2. Quelle est la problématique la plus adaptée à la question posée ?

a) La loi est-elle la condition de la liberté ?

b) Peut-on être libre libre et soumis aux lois en même temps ?

c) Qu'est-ce que la liberté ?

3. Quel est le plan le plus adapté pour répondre au sujet ?

a) **I.** La loi est la condition de la liberté
II. Qu'est-ce que la liberté ?

b) **I.** Définition de la liberté
II. Ce que n'est pas la liberté

c) **I.** La loi est un obstacle à la liberté
II. Pourtant, sans loi la liberté n'existerait pas

Exercice 11 Dissertation

Sujet

Peut-on connaître ce dont on n'a pas l'expérience ?

Démarche guidée

Étape 1 : comprendre le sens du sujet

– À quoi vous invite à réfléchir l'intitulé de ce sujet ?

a) Savoir si l'expérience sensible est une condition de la connaissance.

b) Savoir s'il faut être expérimenté pour connaître le monde qui nous entoure.

c) Savoir si l'on peut connaître la vérité.

Étape 2 : formuler la problématique

– Quel est le problème que pose véritablement le sujet ?

a) Peut-on connaître sans savoir ?

b) Existe-t-il une connaissance parfaitement a priori ?

c) L'expérience est-elle un frein à la connaissance ?

Étape 3 : élaborer le plan

– Quel plan est le mieux adapté à la question posée par le sujet ?

a) **I.** Oui, il existe des connaissances a priori.
II. Non, il n'y a pas de connaissance possible sans l'expérience.
III. La connaissance commence par l'expérience mais ne s'y limite pas.

b) **I.** Oui.
II. Non.

c) **I.** Il faut de l'expérience pour connaître.
II. Il faut être expérimenté pour connaître
III. L'expérience reste trop subjective pour mener à une connaissance certaine.

Étape 4 : structurer les sous-parties

– Maintenant que vous avez trouvé les grandes étapes du plan, remettez dans l'ordre l'ensemble des arguments qui le composent (un argument par sous-partie).

a) Toute connaissance ne dérive pas nécessairement de l'expérience.

b) Nous possédons certaines idées sans en avoir fait l'expérience.

c) C'est l'activité du sujet qui rend possible à la fois la connaissance et l'expérience.

d) L'origine de certains concepts se trouvent dans nos sens.

e) Nous ne pouvons nous représenter certaines choses qu'après en avoir la connaissance.

f) L'esprit est une table rase (vide de toute représentation).

Étape 5 : rédiger l'introduction

– Quelles sont les étapes à respecter dans une introduction ?

a) Annonce de la problématique et annonce du plan.

b) Accroche qui caractérise le problème, annonce de la problématique et annonce du plan.

c) Rappel du sujet et annonce du plan.

Étape 6 : rédiger la conclusion

– Quelle réponse la réflexion que nous avons construite nous permet-elle d'apporter au sujet ?

a) On ne peut pas connaître ce dont on a n'a pas l'expérience.

b) On peut connaître ce dont on n'a pas l'expérience.

c) Connaître nécessite non seulement l'expérience mais aussi une activité de la raison.

Étape 7 : passez à la rédaction de la dissertation

Exercice 1

1. Réponse b).
2. Réponse a).
3. Réponse b).

Exercice 2

1. Réponse c). Attention, au sens large, le progrès peut être défini par l'ensemble des réponses proposées. Dans le sens de la question, on comprend que tout progrès technique n'est pas forcément un progrès pour l'humanité (exemple de la bombe atomique).
2. Réponse a).
3. Réponses a) et b).
4. Réponse b).
5. Réponse c).

Exercice 3

1. Réponse b).
2. Réponse a). Attention, pour d'autres écoles de pensée, la réponse c) est valable. C'est l'idée d'Aristote lorsqu'il écrit que « l'homme est un animal politique », cela signifie que l'homme ne peut pas réaliser son humanité sans la présence d'autrui.
3. Réponse c).
4. Réponse a).

Exercice 4

1. Réponse b).
2. Réponse b).
3. Réponse c).
4. Réponse b).

Exercice 5

1. Réponse a).
2. Réponse a).
3. Réponse a).
4. Réponse a).

Exercice 6

1. Réponse b).
2. Réponses b) et c).
3. Réponse b).
4. Réponse c).

Exercice 7

1. Réponse b). Attention à ne pas confondre déterminisme et fatalisme (réponse c)
2. Réponse c).
3. Réponse a).
4. Réponse a). Attention à ne pas confondre indépendance et autonomie.

Exercice 8

1. Réponse c).
2. Réponse b).
3. Réponse a).
4. Réponse c).

Exercice 9

1. Réponse c).
2. Réponse b).
3. Réponse a).
4. Réponse c).

Exercice 10

Étape 1 : dégager la thèse et le plan du texte

1. Réponse c).
2. Réponse b).
3. Réponse a).

Étape 2 : expliciter un extrait du texte

2. a) Locke s'oppose ici à la conception de liberté comme indépendance, c'est-à-dire comme pouvoir de faire tout ce que l'on veut. Pour lui, la liberté est obéissance raisonnable aux lois.
2. b) La loi guide un « agent libre » car il n'est pas soumis à la contrainte d'autrui et « intelligent » car il n'est pas soumis à la contrainte de ses désirs. En effet, nous avons tendance à nous laisser guider par nos désirs ce qui nous pousse dans les marais et les précipices. C'est pourquoi la loi existe afin de nous protéger de nos propres décisions que nous pouvons prendre sous l'emprise de nos passions. La loi protège nos intérêts et nous y obéissons donc volontairement.
3. La liberté selon Locke est de ne pas être soumis à autrui, ni aveuglé par ses propres désirs. La

liberté se trouve dans l'autonomie : l'obéissance à la loi que l'on s'est soi-même prescrite.

Étape 3 : rédiger la réponse à la question 3

1. Réponse a). Nous reprenons ici le point de départ du texte de Locke.
2. Réponse b).
3. Réponse c).

Plan détaillé de la réponse à la question 3
Introduction :
Locke remet en question le préjugé selon lequel la liberté est le pouvoir de faire tout ce que l'on veut sans aucune limite. Pour lui, la loi est la condition de la liberté, elle en est la garantie. Mais peut-on être libre libre et soumis aux lois en même temps ? On pourrait penser que la liberté se définit par l'indépendance. Pourtant, la loi garantit l'existence de la liberté qui périt si elle n'est pas limitée.

I. La liberté comme pouvoir de faire ce que l'on veut
A/ La loi limite la liberté
– La liberté se définit comme absence de contraintes. La loi prend l'apparence d'une contrainte en tant qu'elle pose des interdits et des obligations.
– La liberté suppose de pouvoir faire ce que l'on veut. La loi est alors un obstacle à la liberté, contrairement à ce qu'affirme Locke.

B/ La conception anarchiste
– La liberté entre en conflit avec les lois. C'est ce que dénonce le mouvement anarchiste en affirmant qu'il est « interdit d'interdire ».
– « La liberté est indivisible » dit Bakounine. Donc retirer un peu de liberté à l'homme, c'est anéantir toute la liberté pour lui.
– On doit donc contester l'autorité politique qui anéantit la liberté individuelle, essence de l'homme.

C/ De la nécessité des lois positives
– L'homme est un être égoïste qui cherche à garantir son intérêt personnel.
– Parallèle Hobbes « l'homme est un loup pour l'homme ». Sans loi, pas de liberté.
– « La liberté consiste à être délivré de la contrainte et de la violence exercées par autrui. » Locke (l. 8). La loi contraint chacun à respecter les droits inaliénables de tous.
– Mais à quelles conditions concilier loi et liberté ?

II. La loi, condition nécessaire de la liberté
A/ Obligation et contrainte
– Dire que la loi est contrainte, c'est considérer qu'elle va à l'encontre de la volonté de l'homme. Mais ne devons-nous pas vouloir la loi pour pouvoir vivre en société ? Reconnaître la légitimité de la loi, c'est aussi reconnaître qu'on doit lui obéir. La loi doit apparaître comme un guide et non comme une contrainte.
– Obéir à la loi, c'est donc d'abord obéir à soi-même (//démocratie), c'est choisir d'obéir car on reconnaît que c'est dans cette obéissance que se situe notre intérêt.
– La loi n'est donc pas, dans ce sens, obstacle à notre liberté car elle est obligation qui émane de notre propre volonté.

B/ La liberté comme autonomie
– La loi est utile, comme le dit Locke, car les hommes ne peuvent se limiter d'eux-mêmes. « S'ils pouvaient être plus heureux sans elle, la loi s'évanouirait comme une chose inutile. »
– La liberté suppose une obéissance interne à la raison, elle est autonomie. L'homme est libre lorsqu'il agit suivant sa volonté, guidé par la raison.
– Ce n'est pas l'indépendance, mais l'autonomie qui caractérise la liberté (Kant). La liberté est maîtrise de soi, capacité à se limiter soi-même.

C/ Mais toute loi n'est pas source de liberté
– Certaines lois peuvent, être profondément injustes. Les lois arbitraires décrétées par tel ou tel dictateur peuvent ne pas favoriser la liberté.
– Pour que la loi soit source de liberté, elle doit répondre à plusieurs exigences.
– Rousseau (*Du Contrat social*) montre que la loi de l'État vise avant tout à garantir la liberté civile. Souveraineté du peuple. La loi émane de la volonté générale, volonté de tous en vue du bien commun.
– Tous étant soumis aux mêmes lois, chacun n'obéit finalement qu'à lui-même. Les lois, pour permettre la liberté, doivent être légitimes et ne pas aller à l'encontre du droit naturel.
Conclusion :
La liberté ne réside pas dans l'indépendance. La liberté est autonomie. De ce fait, la loi positive est la condition de la liberté tant qu'elle est légitime et qu'elle ne va pas à l'encontre de la loi naturelle.

Exercice 11

Étape 1

Réponse a). Ici le terme expérience est à prendre au sens d'expérience sensible, c'est-à-dire l'ensemble des informations que nous apportent nos cinq sens.

Étape 2

Réponse b). Le sujet invite à se poser la question du rôle de l'expérience dans la connaissance. Peut-on connaître sans se servir des informations que nous apportent nos cinq sens ? Est-il possible de se passer de l'expérience pour connaître le réel ?

Étape 3

Réponse a). Pour traiter le sujet il faut confronter les thèses rationaliste et empiriste. On finira alors par dire que la connaissance nécessite à la fois une part de raison et une part d'expérience. La réponse b) reste trop caricaturale et ne permet pas de répondre au sujet. De plus, ce genre de plan ne montre pas que vous avez réfléchi au problème posé par le sujet. La réponse c) est incorrecte car elle joue sur les différents sens du terme expérience, ce qui mène dans ce cas au hors-sujet.

Étape 4

L'ordre logique des arguments est le suivant : b) e) d) f) a) c).

Étape 5

Réponse b). L'introduction de la dissertation doit montrer que vous avez compris le problème posé par le sujet. Ici, il faut particulièrement montrer que le terme « expérience » est à prendre exclusivement au sens « d'expérience sensible ».

Étape 6

Réponse c). La conclusion doit résumer les étapes de votre argumentation et donner une réponse claire au sujet.

Étape 7

Cette réflexion doit vous mener à rédiger un plan détaillé au brouillon qui vous permettra de construire une dissertation structurée et pertinente qui doit être entièrement rédigée sur votre copie. Le plan ne doit pas apparaître. Les transitions servent à bien faire comprendre au correcteur la logique de votre réflexion.

Introduction :

Toute connaissance ne se réduit sans doute pas à la description d'une expérience réelle, néanmoins il semble raisonnable de poser qu'une connaissance fait systématiquement référence à une expérience au moins possible. Pourtant, il suffit de considérer, par exemple, les sciences dites « dures », et en particulier les mathématiques, pour s'apercevoir que la question est plus complexe. On connaît en effet des objets tels qu'une droite ou une fonction, mais peut-on dire qu'on a l'expérience de tels objets ? Et si nous pouvons nous passer de l'expérience pour certains objets, alors d'où vient la connaissance que nous en avons ? On peut donc se demander si une connaissance parfaitement a priori est possible ?

Il apparaît que répondre à ces questions requiert que l'on définisse ce qu'est la connaissance, car si l'on juge que l'expérience est nécessaire à toute connaissance, alors il faudra rejeter hors du domaine de la connaissance toute proposition à propos d'un objet dont on ne peut avoir l'expérience. Expliciter les conditions qui rendent possibles la connaissance, c'est tenter de se doter d'un critère pour distinguer la connaissance du fantasme.

I. Oui, il existe des connaissances a priori.

A/ Nous possédons certaines idées sans en avoir fait l'expérience.

– Une idée peut-elle être innée, c'est-à-dire se trouver en notre esprit sans avoir été provoquée par un élément extérieur ?

– Descartes donne des exemples de telles idées : « l'idée de Dieu, de l'esprit, du corps, du triangle, et en général toutes celles qui représentent des essences vraies, immuables et éternelles. » Descartes juge ainsi que ces idées sont présentes en tous les esprits, car sinon, il nous serait impossible de les acquérir, puisqu'il n'y en a pas d'expérience possible.

B/ Nous ne pouvons nous représenter certaines choses qu'après en avoir la connaissance.

– Descartes déduit l'existence nécessaire d'idées innées du fait que certaines idées que nous avons ne peuvent pas venir de l'expérience.

Exemple : celui d'une droite. Nous savons qu'une droite n'est pas bornée, contrairement au segment. Autrement dit, elle est infinie. Or nous n'avons jamais l'expérience de l'infini. L'infini est ce qui échappe à toute expérience possible.

– Dès lors, si nous pouvons concevoir ces objets sans en avoir l'expérience, il faut postuler que ce sont des idées innées. Et comme, à partir de ces idées, des connaissances peuvent être élaborées et même des sciences toutes entières (la géométrie pure), on peut en conclure qu'il est possible de connaître ce dont on n'a pas l'expérience.

Transition :
D'où peuvent nous venir ces idées puisque ce n'est pas de l'expérience ? Quelle peut être l'origine de ces idées qui ne s'acquièrent pas ?

II. Non, il n'y a pas de connaissance possible sans l'expérience.

A/ L'origine de certains concepts se trouvent dans nos sens
– D'après les empiristes, affirmer comme le fait Descartes l'existence des idées innées est un postulat arbitraire et non fondé.
– Ainsi, Hume, dans le *Traité de la nature humaine*, montre que « l'idée de causalité est tirée de l'expérience ». Pourtant, l'idée même de l'enchaînement nécessaire de la cause et de l'effet ne peut être l'objet d'une expérience, donc un rationaliste strict pourrait la mettre au rang des idées innées.
– Hume conteste cet état de fait : il ne s'agit selon lui que d'une généralisation abusive à partir de corrélations entre phénomènes que nous observons. Nos sens ne sont capables de nous fournir qu'une information limitée.

B/ L'esprit est une table rase
– L'empirisme suggère que l'entendement est, au départ au moins, comparable à une table rase, c'est-à-dire un vide initial qui se remplit grâce à l'acquisition d'informations provenant des sens.
– Locke, dans l'*Essai sur l'entendement humain*, tente de montrer qu'en considérant que l'esprit est au départ une table rase, on peut reconstruire toutes les idées innées des rationalistes. Ainsi reconstruites, les idées prétendument innées apparaissent tirées de l'expérience et Locke peut conclure : « l'expérience : c'est le fondement de toutes nos connaissances, et c'est de là qu'elles tirent leur première origine ».

Transition :
L'expérience est la seule origine de nos connaissances, celle-ci vient de nos sensations. On pourrait ainsi dire que nous ne connaissons rien, nous ne faisons que sentir.

III. La connaissance commence par l'expérience, mais ne s'y limite pas.

A/ Toute connaissance ne dérive pas nécessairement de l'expérience.
– Kant admet au départ que « toute notre connaissance commence avec l'expérience ». Considérant que l'esprit ne fonctionne pas sans matière sur laquelle réfléchir, il déduit que les premières idées ne peuvent venir que des données de l'expérience sensible.
– Mais il ajoute, dans l'introduction à la seconde édition de la *Critique de la raison pure*, que « si toute notre connaissance débute avec l'expérience, cela ne prouve pas qu'elles dérivent toutes de l'expérience ». Ainsi, lorsque nous émettons des jugements, qui sont autant de connaissances, nous le faisons hors de toute expérience.

B/ C'est l'activité du sujet qui rend possible à la fois la connaissance et l'expérience.
– Pendant une expérience, nous recevons des informations sur la réalité extérieure et nous en conservons la mémoire. Dans le même temps, nous avons conscience de recevoir ces informations.
– Le propre de l'esprit est d'être actif et non purement passif, il n'est pas qu'un simple récepteur des sensations. Il donne du sens, interprète les impressions que nous avons reçues et les rapporte au sujet que nous sommes. Finalement, l'expérience n'est possible que parce que l'esprit est avant tout activité de synthèse.

Conclusion :
Les idées que l'esprit construit hors de toute expérience possible ne sont pas des connaissances. Elles ne correspondent pas à une prise de conscience d'un fait nouveau ou d'une loi nouvelle mais ne sont que le résultat du jeu de l'activité de l'esprit. Néanmoins, cette activité même empêche de réduire la connaissance à l'expérience sensible. Car la condition de possibilité de l'expérience est l'activité de l'esprit, c'est-à-dire de la raison.

Absolu/Relatif : L'absolu se suffit à lui-même. L'absolu est sans limites, et ne dépend de rien d'autre que de lui-même. Par opposition, est relatif ce qui dépend d'autre chose que de lui-même.
Abstrait/Concret : Est abstrait ce qui est vague, que l'on ne retrouve pas dans la réalité. Est concret ce qui est réel, matériel, ce à quoi on peut directement se rattacher dans la réalité.
Acquis : Voir inné/acquis.
Ataraxie : Tranquillité de l'âme, paix intérieure, absence de trouble.
Autonomie : Capacité de se donner à soi-même sa propre loi, de se déterminer par soi-même. Différent de l'indépendance, qui est le fait de suivre l'ensemble de ses désirs sans distinction.
Barbarie : Au sens commun, désigne l'absence de civilisation. Initialement on appelait barbare, sous la Grèce antique, tous ceux qui ne participaient pas de la culture grecque. Aujourd'hui la barbarie désigne des actes inhumains, contraires à la loi naturelle.
Concret : Voir abstrait/concret.
Conséquence : Voir principe/conséquence.
Contingent : voir nécessaire/contingent.
Contrainte/Obligation : La contrainte est une force extérieure qui nous entrave dans notre liberté. L'obligation est une force intérieure qui nous pousse à agir moralement, elle réside dans notre conscience morale.
Désir naturel : Désir en accord avec la nature humaine, dont la réalisation ne causera pas plus de souffrance que de plaisir.
Désir nécessaire : Désir dont la satisfaction constitue un besoin. Exemple : manger, boire...
Déterminisme : Doctrine selon laquelle le monde serait ordonné en fonction d'un principe d'enchaînement de causes et de conséquences nécessaires. De ce fait, l'homme ne serait pas libre, car l'ensemble de ses actions et de ses idées seraient le résultat de causes antérieures.
Division du travail : Repose sur le principe selon lequel un individu ne peut pas être doué dans tous les domaines. Il s'agit donc de répartir les tâches afin de gagner en productivité. C'est la spécialisation des tâches.
Dogmatisme : Attitude qui consiste à considérer que l'on a raison sans pour autant pouvoir prouver ce que l'on avance et sans jamais accepter de remettre son prétendu savoir en question.
Droit : Au sens commun, le droit désigne l'ensemble des lois édictées par un État. Le terme peut prendre un sens moral et renvoie ici aux principes des lois naturelles (ou droit naturel).
Empirisme : Doctrine philosophique notamment représentée par John Locke et David Hume selon laquelle toute connaissance proviendrait de l'expérience sensible. L'expérience serait le socle nécessaire à toute connaissance. On ne pourrait s'affranchir de l'expérience sensible pour parvenir à la vérité. S'oppose au rationalisme.
Entendement : Au sens général, l'entendement est la raison. C'est la capacité de l'homme à connaître et comprendre grâce à l'intelligence. Chez Kant, l'entendement et la raison ont deux fonctions différentes. L'entendement permet d'ordonner et de faire la synthèse des informations qui nous sont apportées par nos cinq sens et la raison est ce qui nous permet de connaître les premiers principes.
Égalité/Équité : L'égalité est un principe juridique selon lequel tous les hommes doivent être traités exactement de la même manière quelque soit leur valeur ou les circonstances. L'équité est un principe juridique selon lequel il faut adapter l'application de la loi en fonction des circonstances et des personnes.
Équité : Voir égalité/équité.
Essence : Nature d'une chose. Ce qui définit une chose, qui fait qu'elle est ce qu'elle est.
État de nature : Hypothèse qui décrit ce qu'aurait été la situation des hommes précédant toute mise en place d'un pouvoir hiérarchiquement supérieur ou d'un gouvernement. S'oppose à l'état civil.
Ethnocentrisme : Attitude qui consiste à considérer sa culture comme étant supérieure, la meilleure, la seule culture valable. Cela amène à considérer ceux qui ne participent pas de cette culture comme des barbares ou des sauvages.
Existentialisme : Doctrine philosophique qui place l'existence humaine au centre de sa réflexion. Pour Jean-Paul Sartre, représentant de cette doctrine, l'homme est libre de choisir son essence tout au long de son existence. Il n'est pas prédéterminé.
Expérimentation : L'expérimentation est différente de l'expérience commune. C'est une expérience scientifique, qui nécessite donc un protocole et un raisonnement préalable. L'expérience scientifique réfléchie s'oppose donc à l'expérience sensible immédiate.
Fanatisme : Attitude qui consiste à considérer que l'on détient la vérité absolue et à chercher à faire adhérer par tous les moyens les autres à cette prétendue vérité.
Falsificationnisme : Théorie philosophique mise en place par Karl Popper. Il considère que la vérité n'est pas absolue mais qu'elle est en perpétuelle évolution grâce au progrès scientifique. La possibilité

d'être réfutée constituerait donc le critère de la scientificité d'une théorie.
Fatalisme : Théorie selon laquelle tout serait déterminé par avance, tout serait écrit au préalable. On ne pourrait donc pas échapper à notre destin.
Fin/Finalité : Au sens philosophique, le but, l'objectif, ce vers quoi on tend. S'oppose aux moyens.
Général/Particulier : Est général ce qui correspond à une majorité des cas. Est particulier ce qui ne correspond qu'à une minorité des cas.
Hédonisme : Doctrine selon laquelle le plaisir mène au bonheur.
Immanence : Est immanent ce qui ne relève pas d'une instance extérieure. Ce qui ne peut excéder l'expérience.
Inné/Acquis : Est inné ce dont on dispose dès notre naissance, ce que l'on possède naturellement. Par opposition, est acquis ce que l'on ne possède pas naturellement, ce qui est donc notamment apporté par l'apprentissage et la culture.
Légal/Légitime : Est légal ce qui est conforme à la loi positive. Est légitime ce qui est conforme à la loi naturelle.
Légitime : Voir légal/légitime.
Libre-arbitre : Capacité proprement humaine à choisir de manière rationnelle entre plusieurs possibilités. Concerne le pouvoir de la volonté humaine de se déterminer elle-même sans aucune contrainte extérieure.
Loi : En science, une loi est un rapport universel et constant établi entre deux phénomènes naturels. En droit, la loi est une règle obligatoire établie par les autorités à laquelle nous devons nous conformer et qui permet de réguler les rapports des hommes au sein de la société.
Loi positive/Loi naturelle : La loi positive est la loi attachée à un État ou un à un gouvernement à laquelle nous devons obéir sous peine de sanctions. La loi naturelle concerne les normes que nous devons suivre selon une dimension morale.
Nécessaire/Contingent : Est nécessaire ce qui ne peut pas ne pas être, ou ce qui ne pourrait être autrement. Est contingent ce qui aurait pu ne pas être ou être différent.
Obligation : Voir contrainte/obligation.
Opinion : Au sens commun, avis, jugement qui ne relève pas d'une connaissance rationnelle et vérifiable. En philosophie, on considère que l'opinion est l'ennemie de la vérité, car elle a tendance à se faire passer pour telle.
Pessimisme : Doctrine philosophique selon laquelle le bonheur ne serait qu'une illusion. L'homme ne pourrait jamais atteindre le bonheur.
Particulier : Voir général/particulier.
Pratique : Voir théorie/pratique.
Principe/Conséquence : Le principe est au fondement d'une chose. En ce qui concerne la connaissance, le principe est ce qui se trouve au fondement d'une théorie. Dans le domaine de la morale, un principe est une règle qui commande nos actions. La conséquence est ce qui découle du principe.
Progrès : Le progrès est l'évolution d'un phénomène. Le progrès technique concerne l'accroissement des connaissances et la capacité de l'homme à transformer la nature. Au sens large, le progrès concerne toute amélioration de l'humanité.
Rationalisme : Doctrine philosophique notamment représentée par René Descartes selon laquelle la connaissance ne proviendrait que de la raison. Pour Descartes, la connaissance ne peut pas provenir de l'expérience car nos sens sont source d'illusion.
Relatif : voir absolu/relatif.
Relativisme : En ce qui concerne la philosophie de la connaissance, théorie selon laquelle la vérité est relative aux individus. Il n'y aurait donc pas de vérité absolue.
Scepticisme : Doctrine philosophique selon laquelle nous ne serons jamais certains d'atteindre la vérité. Aucune vérité n'est indubitable, il faut donc douter de tout.
Stoïcisme : Doctrine philosophique antique représentée par Épictète qui enseigne de se libérer de l'emprise de ses désirs. Il faut donc accepter ce qui ne dépend pas de nous pour atteindre l'ataraxie.
Théorie/Pratique : La théorie serait ce qui constituerait le principe abstrait de toute connaissance. La pratique est la mise en application concrète d'une théorie.
Transcendance : Du latin *transcendere* : passer au-delà, surpasser. Idée de supériorité. Est transcendant ce qui est d'une nature supérieure, au-delà de toute expérience possible. Opposé à immanence.
Universel/Singulier : Est universel ce qui est valable dans tous les cas, ce qui concerne tous les êtres humains sans exception quelle que soit l'époque, la région du monde, etc. Est singulier ce qui ne concerne qu'une seule personne à un moment donné, dans des circonstances précises. Est singulier ce qui est unique.
Utilitarisme : Doctrine philosophique mise en place notamment par Jeremy Bentham et John Stuart Mill, qui repose sur le principe que le but de la société doit être le bonheur du plus grand nombre. Pour l'utilitarisme, l'utilité est donc le seul critère de la moralité.

 Achevé d'imprimer par l'Imprimerie de Champagne à Langres — France N° de projet : 10251315 - Dépôt légal : JANVIER 2019